로마 홀리데이

로마 홀리데이

2023년 6월 5일 개정 1판 1쇄 펴냄

지은이	오한결
발행인	김산환
책임편집	윤소영
편집	박해영
디자인	윤지영
지도	글터
펴낸 곳	꿈의지도
인쇄	다라니
종이	월드페이퍼

주소	경기도 파주시 경의로 1100, 604호
전화	070-7535-9416
팩스	031-947-1530
홈페이지	blog.naver.com/mountainfire
출판등록	2009년 10월 12일 제82호

979-11-6762-055-2-14980
979-11-86581-33-9-14980(세트)

지은이와 꿈의지도 허락 없이는 어떠한 형태로도 이 책의 전부, 또는 일부를 이용할 수 없습니다.
※ 잘못된 책은 바꾸어 드립니다.

ROMA
로마 홀리데이

오한결 지음

꿈의지도

프롤로그

첫 해외 여행지는 로마였다. 까마득하게 어린 시절 가족과 함께 했던 여행이었지만 여행의 잔상은 머리와 가슴 깊숙한 곳에 저장됐다. 생소한 맛의 이탈리아식 파스타, 웅장함이 피부로 고스란히 느껴졌던 콜로세움, 거리에서 풍겨 나오는 로마 고유의 분위기와 향기. 이국적인 낯섦에 매료됐던 순간이었다. 로마로부터 여행의 매력을 처음 알게 됐고, 현재 여행 작가의 탈을 쓴 한량이 된 것에는 로마의 책임도 분명 존재한다.

책 사이에 빳빳하게 끼워둔 리라(이탈리아 옛 화폐)를 문득문득 발견할 때면 로마에 대한 그리움과 갈망이 커져갔다. 동전을 던지면 다시 로마에 돌아가게 된다는 트레비 분수의 마법이 통한 것일까? 시간이 훌쩍 흘러 혼자서 여행할 수 있는 나이가 될 무렵 다시 로마를 방문하게 됐다. 여행 작가의 길을 걷게 되면서 로마를 소개하는 책까지 집필할 수 있는 기회도 주어졌다. 도시 전체가 거대한 박물관인 로마를 꼼꼼하게 파헤치기 위해 로마에서 살아보는 것을 선택했다. 수천 년의 시간이 화석처럼 남아있는 도시에서 숨 쉬고 있다는 것조차 하루하루 가슴 벅찬 나날이었다.

현지인과 여행자의 중간 시선으로 로마 구석구석을 눈에 담으며 독자에게 알찬 정보를 제공하기 위해 노력했다. 로마에서 느꼈던 감동적인 순간을 로마 여행을 꿈꾸는 분들도 함께 느낄 수 있기를 바란다. 〈로마 홀리데이〉가 여행의 좋은 길잡이가 되었으면 좋겠다.

Special Thanks to

무한한 응원과 격려를 보내준 가족과 친구들,
이탈리아어 첫걸음을 내딛게 도와준 Gianluca Sacconi,
채찍보다는 당근을 주며 긴 작업 함께 호흡해온 정보영 편집자님,
완성도 높은 책을 위해 마지막까지 힘껏 달려 준 서수빈 편집자님,
〈로마 홀리데이〉를 예쁘게 재단장하는 데 애써 준 박해영 편집자님,
사랑스러운 로마의 모습을 세심하게 담아 준 윤지영 디자이너님,
로마에서 지내며 만났던 소중한 인연들.

모두 진심으로 감사합니다.
Grazie mille!

오 한 결

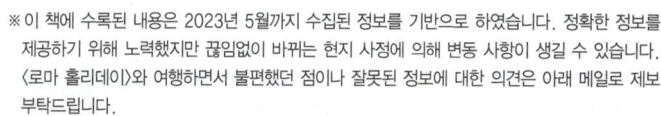

※ 이 책에 수록된 내용은 2023년 5월까지 수집된 정보를 기반으로 하였습니다. 정확한 정보를 제공하기 위해 노력했지만 끊임없이 바뀌는 현지 사정에 의해 변동 사항이 생길 수 있습니다. 〈로마 홀리데이〉와 여행하면서 불편했던 점이나 잘못된 정보에 대한 의견은 아래 메일로 제보 부탁드립니다.

오한결 작가   hangyual@daum.net

〈로마 홀리데이〉 100배 활용법

로마 여행 가이드로 〈로마 홀리데이〉를 선택하셨군요. '굿 초이스'입니다.
로마에서 뭘 보고, 뭘 먹고, 뭘 하고, 어디서 자야 할지 더 이상 고민하지 마세요.
친절하고 꼼꼼한 베테랑 〈로마 홀리데이〉와 함께라면 당신의 로마 여행이 완벽해집니다.

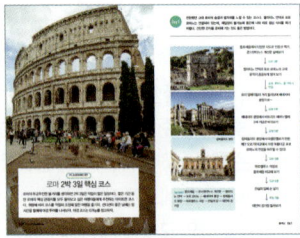

01
로마를 꿈꾸다
STEP 01 » PREVIEW 를 먼저 펼쳐보세요. 콜로세움, 스페인 광장 등 과거와 현재가 공존하는 도시, 로마에서 꼭 봐야 할 것, 해야 할 것, 먹어야 할 것들을 안내합니다. 놓쳐서는 안 될 핵심 요소들을 사진으로 만나보세요.

02
여행 스타일 정하기
STEP 02 » PLANNING 을 보면서 나의 여행스타일을 정해 보세요. 짧지만 알찬 2박 3일 일정부터 기본 4박 5일, 또 다른 분위기를 느낄 수 있는 근교 당일치기 여행 등 로마와 로마 근교를 정복할 수 있는 다양한 코스를 제안합니다.

03
할 것, 먹을 것, 살 것 고르기
여행의 밑그림을 그렸다면 여행의 내용을 알차게 채워 넣는 단계입니다. STEP 03 » ENJOYING 에서 STEP 05 » SHOPPING 까지 마음에 드는 스폿에 포스트잇을 붙여 보세요. 고대 로마 시대를 옮겨 놓은 듯한 박물관부터 유네스코 세계 문화유산들, 미식의 나라 이탈리아에서 맛보는 다양한 음식들, 로마에서만 살 수 있는 쇼핑 리스트 등을 체크하면 됩니다.

04
숙소 정하기
로마로 여행지를 선택했다면 그 다음엔 숙소를 정해야 합니다. STEP 06 » SLEEPNG 을 보면서 내가 묵고 싶은 로마 숙소들을 체크해 두세요. 로마에는 호스텔부터 고급 호텔까지 다양한 숙소가 있습니다. 자신의 여행 스타일에 맞게 선택해 봅시다.

05
지역별 일정 짜기
여행의 콘셉트와 목적지를 정했다면 이제 지역별로 자세한 동선을 짜 봅시다. ROMA BY AREA 에서 로마의 구역별 명소와 레스토랑, 쇼핑센터 등을 보면 이동 경로를 짜는 것이 수월해집니다.

06
근교 여행 계획하기
로마에서 당일치기로 여행할 수 있는 SPECIAL 1 DAY TOUR 의 근교 도시들도 놓치지 마세요. 특별한 로마 여행이 될 것입니다.

07
D-day 미션 클리어
일정을 정했다면 여행준비 컨설팅 을 보면서 혹시 빠뜨린 것은 없는지 챙겨 보세요. 여행 90일 전부터 출발 당일까지 날짜별로 챙겨야 할 것들이 리스트 업 되어 있습니다.

08
홀리데이와 최고의 여행 즐기기
이제 모든 준비가 끝났으니 〈로마 홀리데이〉는 필요없는 걸까요? 그렇지 않습니다. 여행에서 돌아올 때까지 함께 해야죠! 여행 일정이 틀어지거나, 계획하지 않은 모험을 즐기고 싶다면 언제라도 〈로마 홀리데이〉를 펼쳐야 하니까요. 〈로마 홀리데이〉는 당신의 여행을 끝까지 책임집니다.

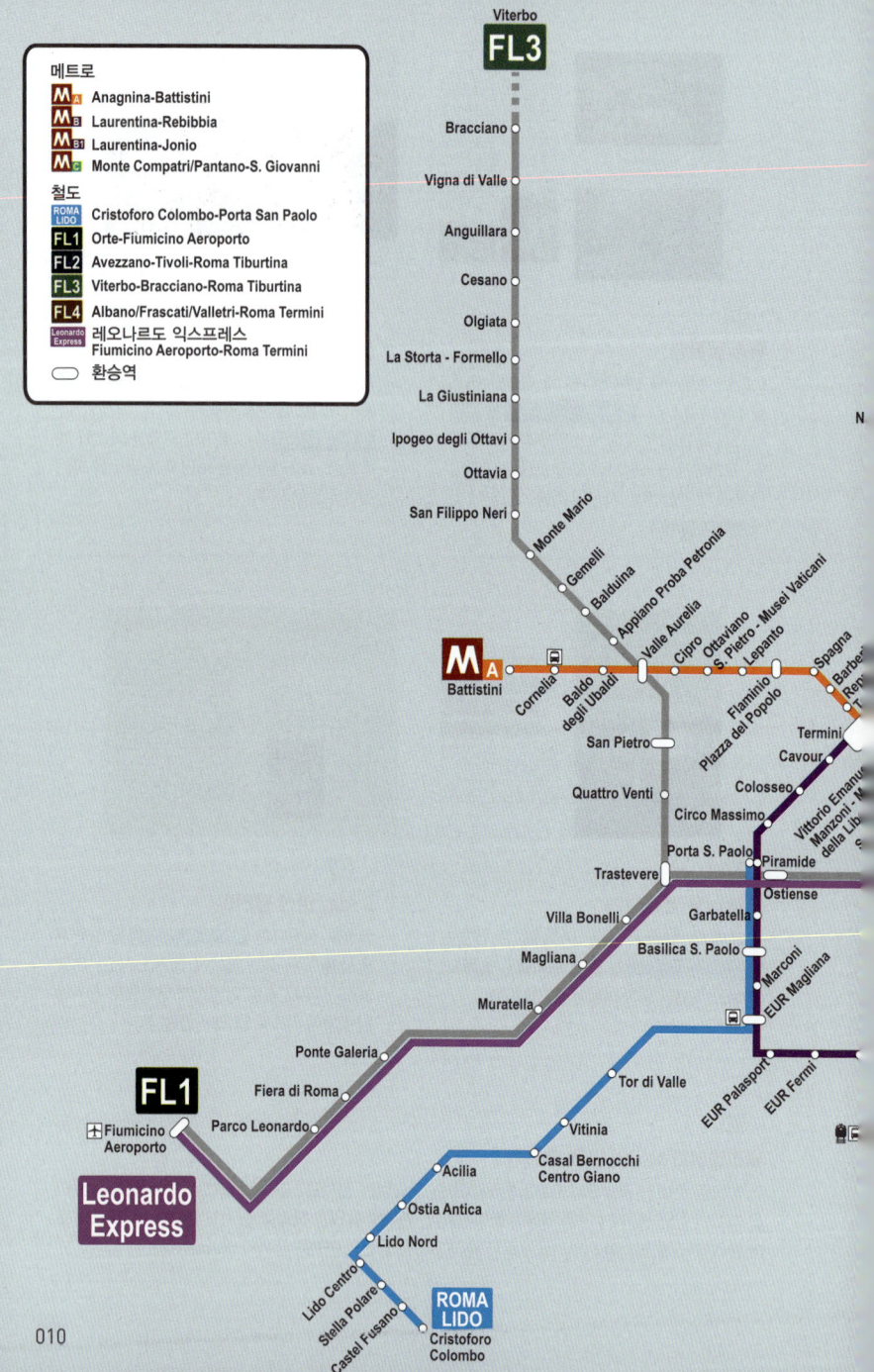

CONTENTS

006 　프롤로그
008 　100배 활용법
010 　메트로·철도 주요 노선도

ROMA BY STEP
여행 준비&하이라이트

STEP 01
PREVIEW
로마를 꿈꾸다
018

020 　01 로마 MUST SEE
026 　02 로마 MUST DO
030 　03 로마 MUST EAT

034 　01 로마 여행 입문하기
036 　02 로마 여행 만들기
039 　03 로마 드나들기
046 　04 로마 대중교통 완전 정복
051 　05 렌터카와 스쿠터로 여행하기
054 　06 로마 여행의 유용한 정보
060 　07 로마 2박 3일 핵심 코스
064 　08 로마 4박 5일 기본 코스
066 　09 로마 근교 당일치기 여행

STEP 02
PLANNING
로마를 그리다
032

STEP 03
ENJOYING
로마를 즐기다
068

- **070** 01 찬란했던 로마의 역사 이야기
- **074** 02 로마 전경을 한눈에 담다
- **076** 03 로마의 밤은 낮보다 아름답다
- **080** 04 로마 박물관 이용법
- **084** 05 영화로 떠나는 로마
- **088** 06 베르니니와 함께 하는 로마 산책
- **092** 07 유네스코 세계 문화유산을 찾아가는 여행
- **094** 08 로마 여행 100배 즐기기
- **096** 09 골목 어디에서나 마주하는 로마의 성당
- **099** 10 로마의 휴일

STEP 04
EATING
로마를 맛보다
102

- **104** 01 이탈리아 레스토랑 A to Z
- **108** 02 이탈리아 음식의 대표 주자, 파스타&피자
- **112** 03 골라 먹는 재미가 있는 젤라토
- **115** 04 그윽한 커피향이 유혹하는 로마
- **118** 05 로마인처럼 마트에서 장보기
- **120** 06 소소한 즐거움, 마트의 먹거리

STEP 05
SHOPPING
로마를 남기다
122

- **124** 01 로마에서 쇼핑하기
- **128** 02 로마 여행 쇼핑 리스트
- **130** 03 로마의 쇼핑 거리
- **134** 04 로마의 아웃렛, 카스텔 로마노

STEP 06
SLEEPING
로마에서 자다
136

- **138** 01 로마 숙소의 모든 것
- **142** 02 로마 숙소 한눈에 살펴보기

ROMA BY AREA
로마 지역별 가이드

01 콜로세움 주변
146

- 148 콜로세움 주변 미리 보기
- 149 콜로세움 주변 추천 코스
- 150 콜로세움 주변 MAP
- 151 SEE
- 167 EAT
- 169 SLEEP

02 캄피돌리오
170

- 172 캄피돌리오 미리 보기
- 173 캄피돌리오 추천 코스
- 174 캄피돌리오 MAP
- 175 SEE
- 186 EAT

03 나보나 광장&판테온
188

- 190 나보나 광장&판테온 미리 보기
- 191 나보나 광장&판테온 추천 코스
- 192 나보나 광장&판테온 MAP
- 194 SEE
- 217 EAT
- 225 BUY
- 228 SLEEP

04 트레비 분수&스페인 광장
230

- 232 트레비 분수&스페인 광장 미리 보기
- 233 트레비 분수&스페인 광장 추천 코스
- 234 트레비 분수&스페인 광장 MAP
- 236 SEE
- 250 EAT
- 256 BUY
- 261 SLEEP

05 바티칸 시국
264

- 266 바티칸 시국 미리 보기
- 267 바티칸 시국 추천 코스
- 268 바티칸 시국 MAP
- 270 SEE
- 298 EAT
- 302 BUY
- 303 SLEEP

06 로마 북부
304

- 306 로마 북부 미리 보기
- 307 로마 북부 추천 코스
- 308 로마 북부 MAP
- 311 SEE
- 321 EAT

07 몬티&에스퀼리노&산 로렌초
324

- 326 몬티&에스퀼리노&산 로렌초 미리 보기
- 327 몬티&에스퀼리노&산 로렌초 추천 코스
- 328 몬티&에스퀼리노&산 로렌초 MAP
- 330 SEE
- 340 EAT
- 346 BUY
- 350 SLEEP

08 트라스테베레
352

- 354 트라스테베레 미리 보기
- 355 트라스테베레 추천 코스
- 356 트라스테베레 MAP
- 358 SEE
- 367 EAT
- 371 SLEEP

09 산 조반니&첼리오&테스타초&아벤티노
372

- 374 산 조반니&첼리오&테스타초&아벤티노 미리 보기
- 375 산 조반니&첼리오&테스타초&아벤티노 추천 코스
- 376 산 조반니&첼리오&테스타초&아벤티노 MAP
- 378 SEE
- 384 EAT
- 386 BUY

10 로마 남부&에우르
388

- 390 로마 남부&에우르 미리 보기
- 391 로마 남부&에우르 추천 코스
- 393 로마 남부&에우르 MAP
- 394 SEE
- 407 BUY

SPECIAL 1 DAY TOUR
스페셜 원데이 투어

01 오스티아 안티카
410

- 411 미리 보기
- 412 추천 코스
- 412 MAP
- 413 SEE

02 카스텔 간돌포
417

- 418 미리 보기
- 419 추천 코스
- 420 MAP
- 421 SEE
- 424 EAT

03 티볼리
425

- 426 미리 보기
- 427 찾아가기
- 429 추천 코스
- 430 MAP
- 431 SEE
- 438 EAT

04 브라차노
440

- 441 미리 보기
- 442 찾아가기
- 443 추천 코스
- 443 MAP
- 444 SEE

05 오르비에토&치비타 디 바뇨레조
446

- 447 미리 보기
- 448 찾아가기
- 451 추천 코스
- 452 MAP
- 453 SEE
- 460 EAT
- 463 BUY

- 464 여행준비 컨설팅
- 474 인덱스

라치오주 Lazio

- 토스카나 Toscana
- 오르비에토 Orvieto
- 치비타 디 바뇨레조 Civita di Bagnoregio
- 바뇨레조 Bagnoregio
- 움브리아 Umbria
- 볼세나 호수 Lago di Bolsena
- 라치오 Lazio
- 브라차노 호수 Lago di Bracciano
- 브라차노 Bracciano
- 티볼리 Tivoli
- 티레니아해 Mar Tirreno
- 로마 Roma
- 레오나르도 다빈치 국제공항 (피우미치노 공항) Aeroporto Intercontinentale Leonardo da Vinci
- 오스티아 안티카 Ostia Antica
- 참피노 공항 Aeroporto di Ciampino
- 카스텔 간돌포 Castel Gandolfo
- 알바노 호수 Lago Albano
- 오스티아 해변 Lido di Ostia

Step 01
Preview

로마를
꿈꾸다

01 로마 MUST SEE
02 로마 MUST DO
03 로마 MUST EAT

PREVIEW 01

로마 MUST SEE

과거의 발자취와 현재의 시간이 공존하는 로맨틱 도시, 로마!
파란만장한 역사와 다채로운 문화가 스며들어 있는
로마의 치명적인 매력을 탐닉해 보자.

1 콜로세움

로마의 상징인
원형 경기장
▶ 151p

2 포로 로마노

고대 로마의 찬란한 역사가
새겨진 곳. 고대 로마 시민
들의 생활 중심지 ▶ 155p

3 산탄젤로성

건축광 하드리아누스 황제가
직접 설계하고 잠들어 있는 영묘
▶ 296p

4 카피톨리니 박물관

고대 조각상들의 향연이 펼쳐지는 세계
에서 가장 오래된 박물관 ▶ 177p

5 캄피돌리오 광장

미켈란젤로의 천재성이 꽃피워 낸 광장 ▶ 180p

6 나보나 광장

바로크 예술의 거장 베르니니와 보로미니의 손길이 닿은
낭만과 예술이 흐르는 광장 ▶ 194p

7 산 피에트로 대성당

바티칸 시국의 중심이자
가톨릭의 총본산 ▶ 289p

8
판테온
신비로운 분위기를 자아내는 놀라운 고대 건축 기술이 빚어낸 걸작 ▶ 289p

9
산타 마리아 소프라 미네르바 성당
미술관 못지않은 흥미로운 예술 작품으로 채워진 고딕 양식 성당 ▶ 204p

10
바티칸 박물관
세계 3대 박물관 중 하나
▶ 274p

11 트레비 분수
'분수의 도시' 로마에서 가장 으뜸으로 손꼽히는 분수 ▶ 242p

12 스페인 광장
영화 〈로마의 휴일〉 속 오드리 헵번과 그레고리 펙이 썸 타던 계단
▶ 245p

13 빌라 데스테
르네상스 양식이 묻어나는 화려한 물의 정원 ▶ 431p

15 빌라 아드리아나
유네스코도 인정한 로마 황제의 호화로운 별장
▶ 435p

14 보르게세 미술관
세계적인 명화와 조각이 가득한 보물 창고
▶ 311p

프리뷰 025

PREVIEW 02

로마 MUST DO

로마에서의 하루는 아침부터 밤까지 분주하다. 이국적인 풍경을 만끽하며 잊지 못할 특별한 경험과 추억을 만들어 보자.

1 바티칸 우체국에서 엽서 보내기 ▶ 272p

3 트레비 분수에서 소원 빌며 동전 던지기
▶ 242p

4 진실의 입에 조심스럽게 손 넣어 보기 ▶ 184p

2 활기찬 에너지가 가득한 캄포 데 피오리 구경하기 ▶ **212p**

5 보르게세 공원에서 자전거 타기 ▶ **314p**

6 핀초 언덕에서 붉게 물들어 가는 일몰 감상하기 ▶ **247p**

7 자니콜로 언덕에서 시원하게 펼쳐지는 전망 바라보며 맥주 한잔 즐기기 ▶ **365p**

9 로마의 밤을 화려하게 장식하는 야경 감상하기 ▶ **076p**

8 커피 향이 그윽하게 풍기는 카페 방문하기
▶ **117p**

10 동화 같은 풍경을 지닌 로마 근교의 소도시 찾아가기 ▶ **445p**

PREVIEW 03

로마 MUST EAT

로마는 눈과 입이 빈틈없이 즐거운 도시다. 지중해 햇살을 가득 머금고 자란 신선한 식재료들이 이탈리아 요리를 풍성하게 만든다. 메인 요리에서 디저트까지 어느 것 하나 빠지지 않는 로마의 맛에 흠뻑 빠져들어 보자.

로마인의 아침 식사
코르네토

생크림으로 가득 채워진 빵
마리토초

가볍게 먹기 좋은 샌드위치
파니노

신선한 토마토가 빵에 얹어진
브루스케타

이탈리아 대표 음식
피자

다양한 면과 소스로 요리하는
파스타

촉촉하고 고소한
이탈리아식 볶음밥
리소토

라치오주 전통의 구운
돼지고기 요리
포르케타

각종 살라메와 치즈를
맛볼 수 있는
탈리에레

탱글탱글한 토마토와
신선한 모차렐라의 만남
카프레제

식감 좋은 라이스 볼 튀김
수플리

담백한 호박꽃 튀김
**피오리 디 추카
프리티**

아티초크를
바삭하게 튀긴
카르초피 알라 주디아

설명이 필요 없는 이탈리아
아이스크림
젤라토

달콤하고
폭신폭신한 디저트
티라미수

깊고 진한 맛이 일품인
이탈리아 커피

요리에 풍미를 더해 주는
이탈리아 와인

달콤 쌉쌀한 이탈리아 칵테일
스프리츠

Step 02
Planning

로마를 **그리다**

01 로마 여행 입문하기
02 로마 여행 만들기
03 로마 드나들기
04 로마 대중교통 완전 정복

05 렌터카와 스쿠터로 여행하기
06 로마 여행의 유용한 정보
07 로마 2박 3일 핵심 코스
08 로마 4박 5일 기본 코스
09 로마 근교 당일치기 여행

PLANNING 01

로마 여행 입문하기

로마 여행을 계획하고 있다면 로마에 대한 기본적인 정보를 알아두도록 하자. 여행지에 대한 최소한의 배경 지식을 알고 있으면 여행을 하는데 큰 도움이 된다. 로마로 떠나기 전 로마 여행의 밑그림을 그려 보자.

로마의 소개

로마는 이탈리아의 수도이자 이탈리아 중부에 위치한 라치오주Lazio의 주도다. 로마의 젖줄인 테베레강Fiume Tevere 하류에 자리잡고 있다. 로마의 면적은 1,285.31㎢로 서울보다 두 배 정도 넓다. 로마는 여행자들의 이목이 집중되는 최대 관광 도시 중 하나로 유럽의 문화 유적이 즐비해 볼거리가 무궁무진하다. 로마는 가톨릭의 총본산인 바티칸 시국도 품고 있어 전 세계 가톨릭의 중심이 된다. 해마다 수많은 여행자와 순례자가 바티칸 시국을 방문한다.

로마 행정 구역

로마의 행정 구역

로마는 15개의 무니치피오municipio(행정구)로 이뤄졌다. 로마 중심부 안에서는 22개의 세부 행정 구역인 리오네rione(지구)로 나뉜다. 책에서는 독자들이 쉽게 지역을 구별할 수 있도록 생소한 이름의 무니치피오와 리오네로만 구성하기 보다는 주요 무니치피오, 리오네, 관광지 명을 섞어서 지역 이름을 정했다.

로마의 기후

한국과 마찬가지로 사계절이 있지만 전반적으로 더 온화한 편이다. 봄과 가을에는 맑고 따뜻해 여행하기 좋다. 한여름인 7~8월에는 40도 넘게 올라가는 뜨거운 날씨가 이어진다. 기온은 높지만 습도가 낮은 편이고, 비도 거의 오지 않아 후텁지근한 느낌은 없다. 이글거리는 태양을 피해 그늘로 숨으면 시원하다. 11월부터 비가 잦아지며 겨우내 로마를 촉촉하게 적신다. 기온은 영하로 쉽게 내려가지 않지만 비가 오는 날에는 으슬으슬 더 추울 수 있다.

로마 기본 정보

언어: 이탈리아어
종교: 가톨릭 97%
통화: 유로화
비자: 무비자 90일
시차: 한국보다 8시간 느리다. 서머 타임이 시작되는 3월 마지막 일요일부터 10월 마지막 일요일까지는 시차가 7시간으로 줄어든다.
전압: 220V, 50Hz(두 개의 핀으로 한국과 동일하거나 핀 간격이 더 좁을 수도 있으니 어댑터를 챙겨가자.)
층 표시: 한국과 이탈리아는 층 표시가 다르다. 한국에서의 1층이 이탈리아에서는 0층이다. 책에는 모두 이탈리아식 층 표시에 따라 표기됐다.

PLANNING 02

로마 여행 만들기

여행은 준비하는 순간부터 그 두근거림이 시작된다. 항공권 구입부터
여행 준비물까지 최고의 여행을 위해 차곡차곡 준비해 보자.

언제 가는 것이 좋을까?

로마는 사계절 모두 여행자들로 가득한 도시다. 여행하기 가장 좋은 시기는 쾌청한 날씨가 이어지는 4~6월과 9~10월이다. 7~8월에는 비도 오지 않고 날씨도 화창하지만 최고 기온이 40도 가깝게 올라가기 때문에 뜨거운 태양 아래를 거닐다 지치기 쉽다. 11월에는 우기가 시작된다. 여행자들은 상대적으로 줄어들며, 숙박비도 저렴해진다. 12월이 되면 크리스마스트리와 크리스마스 장식이 거리 곳곳에서 불을 환하게 밝힌다.

항공권 준비하기

비행기 티켓 알아보기는 여행 계획의 첫걸음이다. 언제 로마행 항공권을 구매하는 것이 가장 좋을까? 여행 시기에 따라 가격이 천차만별이기 때문에 정해진 답은 없다. 성수기를 피한다면 최소 3개월 전에는 예약하는 것이 좋다. 한국의 성수기인 7~8월, 12월 말~1월, 추석 등에 여행을 한다면 비행기 티켓이 나오는 대로 재빠르게 좌석을 확보하는 것이 중요하다. 경유 조건과 항공사에 따라서도 가격은 달라진다. 왕복 항공권 직항은 140~170만 원, 경유 90~120만 원 정도다(2023년 기준). 직항 항공사는 대한항공과 아시아나항공 두 곳이다. 항공사마다 프로모션 이벤트를 진행하는 경우도 있으니 그 기간에는 특가 상품을 득템할 수 있다. 스카이스캐너, 카약, 구글 플라이트 등 가격 비교 사이트를 통해 가격을 알아보고 선택하자.

항공사 홈페이지
대한항공 www.koreanair.com
아시아나항공 www.flyasiana.com

항공권 가격 비교 사이트
스카이스캐너 www.skyscanner.co.kr
카약 www.kayak.co.kr
구글 플라이트 www.google.com/flights

여행 경비는 얼마나 들까?

여행 예산은 항공권, 숙박비, 교통비, 식비, 입장료, 쇼핑 비용 등으로 구성된다. 그중 가장 큰 비중을 차지하는 것은 항공권인데 90~170만 원(이코노미석 기준)으로 가격이 형성됐다. 숙박은 호스텔과 민박을 이용할 경우 1박에 최소 5만 5천 원(도미토리), 중가 호텔은 20만 원대(더블룸), 고급 호텔은 50만 원(더블룸) 이상이다. 저렴한 식사는 조각 피자집에서 8천 원 정도로도 한 끼가 가능하다. 보통 레스토랑은 한 끼에 3~4만 원으로 예산을 잡으면 된다. 입장료는 얼마나 많은 유료 스폿을 방문하느냐에 따라 달라진다. 최대한 알뜰한 여행을 한다면 하루에 10만 원으로도 숙박, 식비, 교통비, 입장료(스폿 1개)가 해결된다. 일반적인 여행을 한다면 하루에 예산을 30~35만 원 정도로 잡는다. 동행이 있다면 숙박비는 줄어든다.

현금VS신용카드

돈을 현금으로 모두 환전해 가져가는 것이 부담스럽다면 여행 경비는 현금과 신용카드를 적절히 섞어 사용하자. 호텔, 고급 레스토랑, 상점 등에서 목돈을 결제할 때는 신용카드를 사용해도 괜찮다. 신용카드를 사용할 때마다 수수료가 부과되니 너무 적은 금액에는 사용하지 않는 것이 좋다. 현지에서 온라인을 통한 숙박, 교통, 입장권을 예약할 때도 신용카드가 유용하게 쓰인다. 소규모 가게와 교통편을 이용할 때는 현금 결제만 가능한 경우도 종종 있으니 현금을 늘 준비해 두자. 분실과 사용이 불가능한 경우를 대비해 여분의 카드도 챙기자. 신용카드를 잃어버리면 바로 분실 신고를 할 수 있도록 해당 카드사의 전화번호를 확인해 두자.

분실 정지 전화번호
비자카드 800-781-769
마스터카드 800-870-866

어떻게 입을까?

로마는 한국보다 날씨가 따뜻한 편이다. 3월에는 로마의 봄이 시작되니 니트, 재킷 등 화사한 봄옷을 챙기자. 4월 중순부터 10월 중순까지는 기본적으로 여름옷을 가져가는 것이 좋다. 봄, 가을에는 일교차가 크기 때문에 아침과 밤에는 반팔 위에 얇은 재킷과 카디건을 걸치자. 비가 오면 날씨가 급변해 도톰한 겉옷, 스카프, 모자 등이 요긴하다. 6월부터 9월은 완연한 여름으로 시원한 옷차림을 하는 것이 좋다. 11월에는 늦가을에 입을 만한 두터운 겉옷을 준비하자. 비가 잦아지니 방수가 되는 옷도 좋겠다. 로마의 겨울은 한국만큼 춥지 않아 코트와 가벼운 패딩만으로 충분하다. 로마에서 인생 사진을 찍기 위해서는 흰색을 제외한 무채색을 피하는 것이 좋다. 고전적인 로마 풍경과 어울리는 로맨틱한 원피스와 단정한 셔츠 한 벌 정도는 가방 안에 챙겨 보자. 로마의 날씨가 변덕스러울 수 있으니 출발하기 전에 일기 예보를 확인한 후 적절한 옷차림을 준비하자.

로마 여행을 윤택하게 만들어 주는
아이템 10가지

- 소매치기로부터 지갑과 핸드폰을 지켜주는
  옷핀과 스프링 줄[1]
- 핀 사이가 좁은 콘센트를 만났을 때 이용 가능한
  멀티 어댑터
- 도미토리에서 머물 때 유용한 소음 방지
  귀마개[2]**와 자물쇠**[3]
- 여행 중에 입은 옷을 보관하기 좋은 **세탁 망**
- 울퉁불퉁한 돌길을 걷기 위한 필수 아이템
  편한 신발
- 로마의 뜨거운 태양을 피하기 위한
  선글라스와 모자
- 동전을 챙겨 넣어 가지고 다닐 수 있는 **동전 지갑**
- 햇볕에 달아오른 피부를 진정시켜주는
  시트팩과 알로에 젤[4]
- 하루 종일 걸어 지친 다리를 쉬게 해 주는
  쿨링 풋 패치[5]
- 비행기 타기 전에 얼굴을 말끔하게 만들어 주는
  클렌징 폼 샘플과 화장품 샘플

PLANNING 03
로마 드나들기

로마는 비행기, 기차, 버스를 이용해 갈 수 있다. 로마에 들어선 후 숙소로 향하는 이동 수단까지 당황하지 않도록 빈틈없이 계획하자.

1. 비행기로 드나들기

로마의 공항은 두 곳이다. 한국에서 비행기를 탈 경우 레오나르도 다빈치 국제공항(피우미치노 공항)으로 입국한다. 직항을 이용하는 경우 12시간 정도 소요된다. 유럽이나 이탈리아 도시에서 로마로 이동할 경우는 레오나르도 다빈치 국제공항이나 참피노 공항으로 도착한다.

| 로마로 입국하기 |

❶ 공항에 도착하면 모든 짐을 빠짐없이 챙겨서 비행기를 나온다.
❷ 입국 심사대Immigrazione에서는 EU 외 국가Non EU Nationals에 줄을 서서 기다린다.
❸ 별도의 입국 신고서를 쓸 필요 없이 여권만 제시하고 입국 도장을 받는다.
❹ 입국 심사대를 통과한 후 수하물 찾는 곳 Ritiro Bagagli에서 짐을 찾는다. 짐이 도착하지 않았다면 근처에 있는 수하물 신고 센터에 찾아가 수하물 보관 증서를 보여주고 리포트를 작성하자. 수하물을 찾을 경우 리포트에 기재된 주소의 숙소에서 1~7일 후 받을 수 있다.
❺ 출구Uscita로 나와 이정표를 보고 목적지에 맞는 교통편의 승차장으로 향한다.

| 레오나르도 다빈치 국제공항 Aeroporto Intercontinentale Leonardo da Vinci |

한국에서 비행기를 탈 경우 입국하게 되는 공항이다. 로마 시내에서 34km 떨어져 있다. 공항의 이름은 이탈리아 출신의 천재 화가 레오나르도 다빈치의 이름에서 유래했다. 공항 안에는 이를 증명하듯 레오나르도 다빈치 조형물이 설치됐다. 공항의 예전 이름인 '피우미치노 공항Aeroporto di Fiumicino'으로 더 흔하게 불린다. 공항은 터미널 두 개(T1, T3)로 운영된다. 대한항공, 아시아나항공, 영국항공, 카타르항공, 아에로플로트 러시아항공 등을 이용할 경우에는 3터미널로 입국한다. 아에로이탈리아, 루프트한자, 핀에어, 에어프랑스, KLM네덜란드항공 등을 타면 1터미널로 들어선다. 공항 내에는 관광 안내소, 환전소, 면세점, 레스토랑, 카페, 라운지, 수하물 보관소 등 부대시설이 있다. 무료 와이파이 사용도 가능하다. 공항에서 시내로 이동하려면 레오나르도 익스프레스, 기차, 셔틀버스, 택시 등을 이용할 수 있다.

Data 전화번호 06-65951 홈페이지 www.adr.it

레오나르도 다빈치 국제공항에서 시내로 이동하기

❶ 레오나르도 익스프레스 Leonardo Express

공항에서 테르미니역Stazione Termini까지 논스톱으로 달리는 고속기차다. 배차 간격은 15~30분이며, 테르미니역 23번과 24번 플랫폼에서 정차한다. 입국장에서 나와 오른쪽으로 가면 기차 그림의 이정표가 보인다. 직진해서 걷다가 '기차역Stazione Ferrovia' 표지판과 화살표가 보이면 에스컬레이터를 타고 내려가자. 걷다가 '레오나르도 익스프레스Leonardo Express' 표지판이 보이면 그

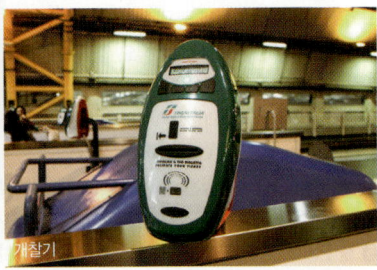
개찰기

대로 따라가면 된다. 매표소나 자동판매기를 통해 티켓을 구매한다. 전광판에서 출발 시각과 플랫폼 번호를 알 수 있다. 개찰기에 승차권을 넣어 스탬프를 받은 후 기차에 오르자. 지정 좌석제가 아니므로 원하는 곳에 앉으면 된다. 테르미니역에서 공항으로 향할 경우 역 안의 자동판매기를 통해 티켓을 구입하자.

Data 요금 14유로, 미니 그룹(4명) 40유로
소요 시간 32분 운행 시간 공항 출발 05:38~23:53,
테르미니역 출발 04:50~23:05
홈페이지 www.trenitalia.com

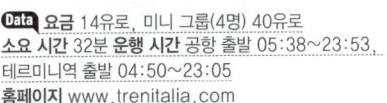
티켓 판매기

❷ 기차

공항에서 티부르티나역Stazione Tiburtina까지 일반 기차인 FL1을 타고 갈 수도 있다. 배차 간격은 15~30분이다. 티부르티나역까지 기차로 이동한 후에 메트로나 버스로 갈아타고 목적지로 향하면 된다. 레오나르도 익스프레스보다 저렴하지만 갈아타기 번거롭다.

Data 요금 8유로 소요 시간 48분
운행 시간 공항 출발 05:57~23:27, 티부르티나역 출발 05:01~22:01
홈페이지 www.trenitalia.com

❸ 셔틀버스

가장 저렴하게 시내로 진입할 수 있는 교통수단이다. 입국장에서 나온 후 '에어포트 셔틀Airport Shuttle'이 적힌 표지판을 따라 청사 밖으로 나가자. 코트랄Cotral, 시트SIT, 탐 T.A.M, 테라비시온Terravision, 로마 에어포트 버스-스키아피니Rome Airport Bus-Schiaffni 등 여러 종류의 버스가 공항에서 테르미니역까지 운행된다. 코트랄은 1터미널 앞, 시트, 탐, 테라비시온, 로마 에어포트 버스-스키아피니는 3터미널 앞에 정류장이 있다. 배차 간격은 30분~2시간 정도다. 회사별로 배차 시간과 중간에 서는 정류장이 다르다. 시트는 바티칸 시국 근처에서도 정차한다. 늦은 시간에 공항에 도착한다면 코트랄이나 탐을 이용하자. 코트랄은 오전, 오후에 배차되는 차량이 많지 않고 대부분 새벽에 운행된다. 공항에서는 정류장에 있는 매표소에서 티켓을 구매하면 된다. 테르미니역에서 공항으로 가는 버스 티켓은 근처 타바키Tabacci(담배나 버스표를 판매하는 작은 가게)나 버스 안에서 판매한다. 운전사에게 티켓을 구입할 경우에는 현금만 사용 가능하다. 시트는 테르미니역 근처 마르살라 거리

공항 셔틀버스 정류장

5번지Via Marsala 5에서 탑승한다. 코트랄, 탐, 테라비시온, 로마 에어포트 버스-스키아피니는 테르미니역에 인접한 조반니 졸리티 거리Via Giovanni Giolitti(코인 근처, 지도 329p-G)에 정류장이 있다. 바티칸 시국에서는 크레센치오 거리 19번지Via Crescenzio 19에서 시트를 탈 수 있다. 버스 시간표는 유동적으로 변경 가능하니 해당 홈페이지에서 스케줄을 확인하자. 교통 상황에 따라 소요 시간이 달라진다.

테르미니역 앞 버스 정류장

셔틀버스 종류

코트랄 Cotral
Data 요금 편도 타바키 5유로, 운전사 7유로
소요 시간 32~45분
운행 시간 공항 출발 월~토 01:45, 03:45, 05:45, 일 24:45~05:45,
테르미니역 출발 월~토 00:34, 02:34, 04:35, 일 23:35~04:35
전화 800-174471
홈페이지 www.cotralspa.it

시트 SIT
Data 요금 편도 7유로, 왕복 13유로
소요 시간 40~75분
운행 시간 공항 출발 08:30~21:55,
테르미니역 출발 04:45~20:00,
바티칸 시국 출발 05:00~20:15
전화 06-591-6826
홈페이지 www.sitbusshuttle.com

탐 T.A.M
Data 요금 편도 6유로, 왕복 11유로
소요 시간 40~60분 운행 시간 공항 출발 05:40~02:30, 테르미니역 출발 24시간
전화 06-6504-7426 홈페이지 www.tambus.it

테라비시온 Terravision
Data 요금 편도 6유로, 왕복 11유로 소요 시간 55분
운행 시간 공항 출발 08:30~24:30, 테르미니역 출발 04:30~19:50 전화 06-9761-0632
홈페이지 www.terravision.eu

로마 에어포트 버스-스키아피니 Rome Airport Bus-Schiaffni
Data 요금 편도 5.90유로, 왕복 9.90유로
소요 시간 50분 운행 시간 공항 출발 05:40~24:05, 테르미니역 출발 04:15~23:00
전화 06-7130-5377
홈페이지 www.romeairportbus.com

❹ 택시

'택시Taxi'라고 쓰인 표지판을 따라 청사 밖으로 나가면 승강장이 보인다. 반드시 정해진 택시 정류장에서 공인된 흰색 택시만 타도록 하자. 공항에서 로마 중심부로 향할 경우 택시비는 50유로로 금액이 정해져 있다. 택시 요금이 정액제라 하더라도 기사에 따라 달라질 수 있으니 타기 전에 택시 기사에게 요금을 확인하자. 택시에서 내릴 때는 요금을 덜 주었다며 사기 치는 경우도 빈번하니 지폐 하나하나를 같이 확인한 후 건네자. 소요 시간은 30~40분이며, 24시간 운행한다.

| 참피노 공항 Aeroporto di Ciampino |

레오나르도 다빈치 국제공항이 한국의 인천국제공항이라면 참피아노 공항은 김포공항과 비슷하다. 작은 규모의 공항으로 이탈리아를 비롯한 유럽을 비행하는 저비용 항공이 주로 운행된다.

Data 전화번호 06-65951 홈페이지 www.adr.it

참피노 공항에서 시내로 이동하기

셔틀버스로 이동하는 것이 가장 편리하다. 시트, 테라비시온, 로마 에어포트 버스-스키아피니 등이 테르미니역까지 버스를 운행한다. 테르미니역 정류장은 피우미치노 공항 셔틀버스 정류장과 같다. 티켓은 버스에서 구매 가능하다. 참피노 에어링크Ciampino Airlink는 버스와 기차가 결합된 서비스다. 공항에서 버스를 타고 참피노역에 도착한 후 기차로 갈아탄다. 가격은 2.70유로로 저렴하다. 테르미니역까지 35~45분 걸린다(홈페이지 www.atral-lazio.com). 공항에서 로마 중심부까지 택시를 이용할 수도 있다. 택시비는 31유로며, 소요 시간은 30분 정도다.

셔틀버스 종류

시트 SIT
Data 요금 편도 6유로, 왕복 11유로 소요 시간 30~50분
운행 시간 공항 출발 08:30~23:30,
테르미니역 출발 04:30~18:30
전화 06-591-6826 홈페이지 www.sitbusshuttle.com

테라비시온 Terravision
Data 요금 편도 6유로, 왕복 11유로 소요 시간 40분
운행 시간 공항 출발 08:45~23:40,
테르미니역 출발 04:30~19:30
전화 06-9761-0632
홈페이지 www.terravision.eu

로마 에어포트 버스-스키아피니
Rome Airport Bus-Schiaffni
Data 요금 편도 6.90유로, 왕복 9.90유로 소요 시간 40분
운행 시간 공항 출발 03:30~23:30, 테르미니역 출발 04:15~24:30 전화 06-7130-5377
홈페이지 www.romeairportbus.com

| 로마에서 출국하기 |

출국 2시간 전에는 공항에 도착해 수속을 시작하자. 세금 환급을 받으려면 최소한 3~4시간 전에는 공항으로 가야 한다.

공항에서 세금 환급 받기

레오나르도 다빈치 국제공항에서 세금 환급을 받기 위해서는 여권, 비행기 티켓(이티켓 가능), 택스 리펀드 서류, 영수증, 구매한 제품을 소지해야 한다. 이티켓이 가능하지만 간혹 보딩 패스를 요구하는 경우도 있다. 터미널에서 'VAT REFUND' 표지판을 따라가면 세금 환급 창구Agenzia delle Dogane가 보인다. 환급받을 물품을 위탁 수하물로 보낼 경우 이곳에서 확인 도장을 받는다. 핸드 캐리(직접 갖고 가는 경우)할 경우에는 체크인을 하고 보안 검색대를 통과한 후 세금 환급 창구를 방문한다.

한국인이 가장 많이 이용하는 레오나르도 다빈치 국제공항 3터미널의 세금 환급 창구 앞은 세 줄로 갈라진다. 왼쪽에는 이탈리아에서 구입한 물건으로 취급사가 플래닛Planet과 택스 리펀드Tax Refund인 경우, 가운데는 이탈리아 외에 다른 EU국가에서 물건을 구매한 경우, 오른쪽에는 이탈리아에서

구매한 아이템으로 취급사가 글로벌 블루Global Blue인 경우니 상황에 맞게 줄을 서자. 택스 리펀드 서류 봉투의 로고를 보면 쉽게 취급사를 확인할 수 있다. 제품 구매 시 미리 세금 환급을 받았다면 직원의 안내에 따라 서류를 봉투에 담아 우체통에 넣거나 해당 창구에 서류를 제출해야 하니 도장을 받을 때 정확하게 물어보자. 확인 도장을 받은 후에는 해당 취급사의 '환급 카운터Refund Office'로 가서 현금이나 신용카드로 환급받으면 된다. 미리 매장에서 세금을 환급받고 스탬프를 찍은 서류를 나중에 제출한 상황이거나 공항에서 신용카드로 환급을 받은 경우 누락될 경우가 있으니 만약을 대비해 택스 리펀드 서류와 영수증을 사진으로 남겨두자. 세금 환급 규정은 바뀔 수 있으니 여행 전 미리 검색 후 이용하는 것이 좋다.

2. 기차로 드나들기

이탈리아를 비롯한 유럽의 주요 도시에서는 기차를 타고 로마로 들어설 수 있다. 로마의 기차역은 테르미니역Stazione Termini, 티부르티나역Stazione Tiburtina, 오스티엔세역Stazione Ostiense, 트라스테베레역Stazione Trastevere, 투스콜라나역Stazione Tuscolana 등이 있다. 로마의 메인 기차역은 테르미니역으로 거의 모든 기차가 이곳을 지나간다. 총 31개의 플랫폼을 갖췄으며, 역에는 관광 안내소, 통신사, 우체국, 수하물 보관소, 상점, 레스토랑, 슈퍼마켓, 약국 등 여행자에게 필요한 모든 것이 모여 있다. 테르미니역은 메트로 A선과 B선이 연결되며, 테르미니역 앞 500인 광장에는 시내버스 터미널이 있어 로마 어디로든 쉽게 갈 수 있다. 테르미니역 매표소에서 기차표를 구입하면 수수료가 부과되니 자동판매기를 이용하자. 티켓 예매를 도와주겠다며 접근하는 낯선 이들은 나중에 수고비를 요구할 수 있으니 무시하는 것이 좋다. 기차표 가격은 시간과 열차의 종류에 따라 달라진다. 트랜이탈리아 홈페이지(www.trenitalia.com)에서 미리 예매할 경우 할인된 가격으로 구매 가능하다. 티켓을 구매한 후에는 꼭 개찰기에 티켓을 넣어 탑승 일시를 각인시키자. 탑승 일시가 각인되어 있지 않을 경우 무임승차로 추정돼 54.90유로의 벌금을 물게 된다. 테르미니역은 플랫폼 간의 간격이 넓기 때문에 시간 여유를 갖고 도착하자.

티켓 판매기

개찰기

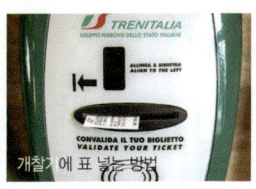
개찰기에 표 넣는 방법

3. 버스로 드나들기

로마의 시외버스 회사는 이타버스Itabus, 마로치Marrozi, 코트랄Cotral 등이 있다. 이타버스는 로마와 이탈리아 전역을 연결해 주고, 마로치는 로마와 이탈리아 남부를 이어준다. 코트랄은 라치오주에 속한 로마 근교에서 운행된다. 장거리 버스인 이타버스와 마로치는 메트로 B선 티부르티나Tiburtina역 앞 티부르티나 버스 터미널Autostazione Tiburtina에서 승차한다. 이 터미널에는 유럽 주요 도시와 연결된 버스도

있다. 플릭스버스Flixbus에서 운행하는데, 가격이나 시간 대비 효율적인 방법은 아니다. 코트랄은 메트로 B선 폰테 맘몰로Ponte Mammolo역 앞 광장에 버스 터미널이 있다. 장거리 버스 티켓은 홈페이지를 통해 예매 가능하다.

〈버스 회사와 운행 도시〉

버스 회사	주요 운행 도시	홈페이지
이타버스 Itabus	피렌체, 베니스, 밀라노	www.italybus.it
마로치 Marrozi	아말피, 소렌토, 폼페이, 포지타노	www.marozzivt.it
코트랄 Cotral	티볼리, 바뇨레조	www.cotralspa.it
플릭스버스 Flixbus	파리, 베를린, 빈, 부다페스트	global.flixbus.com

> **Tip** 공항, 기차역, 버스 터미널에서 유용한 이탈리아어
>
> · **입구** Entrata [엔뜨라따]
> · **출구** Uscita [우쉬따]
> · **도착** Arrivi [아리비]
> · **출발** Partenze [빠르뗀쩨]
> · **입국 심사** Immigrazione [이미그라찌오네]
>
> · **수하물 찾는 곳**
>   Ritiro Bagagli [리띠로 바갈리]
> · **세금 환급 창구**
>   Agenzia delle Dogane
>   [아젠찌아 델레 도가네]
> · **기차** Treno [뜨레노]
>
> · **매표소** Biglietteria [빌리엣떼리아]
> · **시간** Orario [오라리오]
> · **편도** Andata [안다따]
> · **왕복** Andata e Ritorno
>   [안다따 에 리또르노]
> · **플랫폼** Bin, Binario [비나리오]

PLANNING 04

로마 **대중교통 완전 정복**

로마의 주요 관광지는 고만고만한 곳에 모여 있어 도보 여행이 주를 이룬다. 동선에 따라 적절하게 대중교통을 이용해 효율적인 여행을 즐겨보자. 로마 패스로 대중교통을 이용하려면 082p를 참고하자.

1. 메트로 Metro

로마의 메트로는 A선(오렌지색), B선·B1선(파란색), C선(초록색)으로 되어 있다. 로마는 땅만 파면 고대 유적이 발견되는 도시라 메트로 노선 확장에 어려움이 많다. A선은 테르미니역, 산 조반니 인 라테라노 대성당, 레푸블리카 광장, 바르베리니 광장, 스페인 광장, 포폴로 광장, 바티칸 박물관 등을 지나고, B선은 테르미니역, 콜로세움, 대전차 경기장, 세스티우스의 피라미드 등을 지난다. 승차권은 역에 있는 자동판매기 Biglietteria Automatica를 이용하자. 무니고MooneyGo 앱으로도 티켓을 판매한다. 비접촉 결제 서비스인 탭앤고Tap&Go를 이용해도 된다. 비자 카드, 마스터 카드, 아메리칸 익스프레스 카드만 사용 가능하니 자세한 사항은 홈페이지를 참고하자. 메트로, 버스, 트램의 티켓은 공용으로 사용한다. 언제 검표를 당할지 모르니 티켓은 반드시 소지하고 있자. 로마 메트로는 출구 번호가 없다. 출구가 여러 곳인 경우 출구 방향에 쓰인 길 이름을 따라 나가면 된다.

로마 도시 교통 공사 홈페이지 www.atac.roma.it

자동판매기 이용법

❶ 화면 왼쪽 하단의 영국 국기를 눌러 영어로 전환하자.
❷ 원하는 승차권 종류를 선택하자. 1회권을 선택하려면 'BIT'를 터치한다. 24시간권, 48시간권, 72시간권은 숫자가 표기되어 있어 헷갈리지 않는다. 1주일권은 'CIS'를 누르자.
❸ 원하는 티켓 수만큼 '+1 biglietto'를 눌러 매수를 선택하자.
❹ 화면에 표시되는 금액만큼 동전을 투입구에 넣자. 자동판매기마다 이용 가능한 지폐와 동전 종류가 다를 수 있으니 확인 후 이용하자.
❺ 인쇄된 승차권과 잔돈을 챙기자.

〈메트로, 버스, 트램 요금〉

승차권 종류	승차권 이름	요금
1회권(100분)	BIT	1.50유로
24시간권	ROMA 24H	7유로
48시간권	ROMA 48H	12.50유로
72시간권	ROMA 72H	18유로
1주일권	CIS	24유로
1개월권	Mensile Personale	35유로

> **Tip** 1개월권을 메트로 판매소가 아닌 타바키, 키오스크 등에서 구매할 경우 카드값 3유로가 추가된다. 두 번째 달부터는 따로 카드를 구매할 필요 없이 동일한 카드로 충전 가능하다. 카드 뒤편에는 카드를 구매하거나 충전한 후 받은 영수증을 부착시키자.

운행 시간

A선(Anagnina-Battistini) 일~목 05:30~21:00*, 금·토 05:30~01:30
B선(Laurentina-Rebibbia) 일~목 05:30~23:30, 금·토 05:30~01:30
B1선(Laurentina-Jonio) 일~목 05:33~23:27, 금·토 05:33~01:30
C선(Monte Compatri/Pantano-S. Giovanni) 일~목 05:30~23:30, 금·토 05:30~01:30

*A선은 본래 저녁 11시 30분이 막차였지만 2023년 현재 보수 공사로 인해 단축 운행한다. 2023년 말까지 공사가 예정됐으니 이용에 참고하자.

2. 버스 Autobus

버스는 메트로와 함께 로마의 주요 대중교통 수단이다. 로마는 교통 체증이 심한 편이기 때문에 메트로로 여행하는 것이 효율적이지만 메트로가 닿지 않는 베네치아 광장, 나보나 광장, 보르게세 미술관, 트라스테베레, 아피아 가도 등은 버스로 이동해야 한다. 테르미니역 앞 500인 광장Piazza dei Cinquecento에서는 로마 중심부를 지나는 대부분의 버스가 정차한다. 베네치아 광장도 주요 관광지로 향하는 많은 버스들이 지나간다. 운행 시간은 버스마다 조금씩 다르지만 보통 05:30~24:00에 운행된다. 배차 간격은 10~30분 정도며, 교통 상황에 따라 늘어날 수도 있다. 야간 버스Notturna는 24:00~05:00에 20분~2시간 간격으로 운행된다. 야간 버스는 번호 앞에 'n(notturna)'이 붙는다. 신형 버스를 제외하고는 대체로 버스 안에서 안내 방송을 하지 않

으니 오른편 자리에 앉아 버스 정류장을 잘 확인하고 하차하자. 구글 맵스 앱을 활용해도 좋다. 버스 티켓은 메트로 승차권과 동일하다. 티켓은 바bar, 타바키tabacchi, 키오스크kiosk, 무니고 MooneyGo 앱 등에서 판매한다. 버스 정류장 주변에서 티켓을 판매하는 곳을 찾기 어려운 경우도 있으니 한 번에 여러 장 구매해 사용하는 것이 편리하다. 버스에 승차한 후에는 바로 노란색 개찰기 위쪽 투입구에 승차권을 넣어 각인시킨다. 검표 시 승차권을 각인하지 않은 것이 발각되면 무임승차한 것으로 인정돼 벌금 54.90유로를 물게 된다.

주요 버스 노선도

40번, 64번 테르미니역→베네치아 광장→라르고 디 토레 아르젠티나→바티칸 시국
62번 바르베리니 광장→트레비 분수→베네치아 광장→라르고 디 토레 아르젠티나→바티칸 시국
81번 바티칸 시국→나보나 광장→베네치아 광장→대전차 경기장→콜로세움
83번 진실의 입→베네치아 광장→트레비 분수→바르베리니 광장→보르게세 미술관
118번 아피아 가도→카라칼라 욕장→대전차 경기장→베네치아 광장→콜로세움
H번 테르미니역→레푸블리카 광장→베네치아 광장→트라스테베레

3. 트램 Tram

로마에서 가장 이국적인 교통수단이지만 로마 중심부를 지나지 않아 이용할 일은 많지 않다. 트라스테베레를 여행할 때 트램을 타고 이동해보자. 승차권 구매와 이용법은 버스와 동일하다.

주요 트램 노선도

3번, 8번* 콜로세움→대전차 경기장→트라스테베레

*8번 트램은 2023년 기준 공사 진행으로 운행에 차질을 빚고 있다.

4. 택시 Taxi

로마에서는 'Roma Cpitale'가 적힌 공인된 흰색 택시만 타도록 하자. 숙소에서 원하는 시간에 택시를 요청하면 편하게 탈 수 있다. 숙소 밖에서는 택시 승강장을 이용하거나 전화와 앱으로 편리하게 택시를 부른다. 로마 택시는 한국보다 비싼 편이다. 바가지 씌우거나 사기치려는 경우를 종종 마주하게 돼 불쾌한 경험을 하기 쉽다. 공항을 제외한 시내에서 택시를 이용할 때는 무조건 미터기를 켠 택시를 타자. 택시 요금은 1km당 1.14~1.66유로씩(오래 탈수록 km당 요금 상승)

추가된다. 한국의 콜택시인 라디오 택시는 4유로 추가 요금이 발생한다. 로마 공립 병원에 가거나, 여성 혼자 심야 시간에 타는 경우 미터기 요금에서 10% 할인된다. 레오나르도 다빈치 국제공항에서 로마 중심부까지는 50유로, 참피노 공항에서는 31유로로 택시비가 정해졌다. 요금을 낼 때는 돈이 덜 지불됐다는 사기를 당하지 않기 위해 지폐 하나하나를 택시 기사와 함께 확인한 후 건네자.

〈택시 예약 전화번호〉

택시 업체명		전화번호	앱
키아마 택시 ChiamaTaxi		06-0609	Chiama Taxi
라디오 택시 Radio Taxi	프론토택시 코페라티베 6645 Prontotaxi Cooperative 6645	06-6645	inTaxi
	라디오 3570 Radio 3570	06-3570	it Taxi
	사마르칸다 Samarcanda	06-5551	Samarcanda Plus

〈택시 기본요금〉

시간	기본요금
평일·토요일 06:00~22:00	3유로
일요일·공휴일 06:00~22:00	5유로
22:00~06:00	7유로

5. 시티 투어 버스 City Tour Bus

로마의 대표 관광지를 순환하는 시티 투어 버스를 이용해 둘러볼 수도 있다. 시티 투어 버스는 홉 온 홉 오프 hop on hop off 시스템으로 하루 종일 원하는 장소에서 자유롭게 타고 내리며, 오디오 가이드도 제공된다. 티켓은 홈페이지나 시티 투어 버스 정류장에서 구입한다. 홈페이지에서 미리 구매하는 것이 더 저렴한 편이다. 대부분 테르미니역에서 시작되며 루트는 버스마다 조금씩 다르다. 티켓 종류에 따라 사용기간도 다르다. 홈페이지를 통해 자세한 사항을 확인하자.

〈시티 투어 버스 종류〉

시티 투어 버스 종류	운행 시간	요금	홈페이지
시티 사이트싱 로마 City Sightseeing Roma	여름 09:00~19:00, 겨울 09:00~18:00	28.05유로~	www.city-sightseeing.it
빅 버스 투어 Big Bus Tours	09:00~17:32	27유로~	www.bigbustours.com
바티칸&로마 오픈 버스 Vatican&Rome Open Bus	09:00~18:00	27유로~	www.omniavaticanrome.org
아이 러브 로마 홉 온 홉 오프 투어 I Love Rome Hop On Hop Off Tour	09:00~17:30	1회권 19유로, 데일리 티켓 25유로~	www.grayline.com

6. 대중교통 이용에 유용한 앱

로마의 대중교통을 이용할 때 유용한 앱 네 가지를 소개한다. 앱을 통해 좀 더 편리하게 대중교통을 이용하자.

❶ **비아자 콘 아탁** Viaggia con ATAC
로마 시내의 메트로, 버스, 트램 등을 운영하는 로마 도시 교통 공사 ATAC에서 만든 앱. 앱을 다운로드한 후 하단 오른쪽 'Impostazioni'를 누른 후 'Lingua'에서 'Inglese'를 누르면 영어 버전으로 이용할 수 있다. 목적지까지 가장 빠른 교통수단을 안내해 준다.

❷ **무빗** Movit
메트로, 기차, 버스의 노선도와 시간표를 알 수 있는 앱. 목적지까지 교통수단과 이동 시간 검색이 가능하다. '내리는 곳 알림' 기능도 사용할 수 있다. 로마는 대중교통 파업이 잦은 편인데 파업을 할 경우 파업 sciopero 메시지가 미리 전송된다.

❸ **무니고** MooneyGo
로마 대중교통에 만능인 앱이다. 출발지와 목적지를 입력하면 교통편, 소요시간, 요금을 알려준다. 앱을 통해 대중교통 승차권과 일부 공항 셔틀버스 티켓도 살 수 있다. 택시도 예약된다.

❹ **구글 맵스** Google Maps
지도 검색이 가능하며 목적지에 맞는 대중교통을 안내해 준다.

> **Tip** 로마에서 횡단보도를 건너려면 무작정 기다리지 말고 신호등 하단에 있는 버튼을 누르자. 그래야 초록불이 켜진다.

> **Tip** 대중교통에서 유용한 이탈리아어
> - **정류장** Fermata [페르마따]
> - **정류장(복수)** Fermate [페르마떼]
> - **라인** Linea [리네아]
> - **역** Stazione [스따찌오네]
> - **티켓** Biglietto [빌리엣또]
> - **티켓 판매소** Biglietteria [빌리엣떼리아]
> - **분** Minuto [미누또]
> - **분(복수)** Minute [미누떼]
> - **오는 중** In arrivo [인 아리보]
> - **야간의** Notturna [놋뚜르나]
> - **출구** Uscita [우쉬따]
> - **파업** Sciopero [쇼뻬로]

PLANNING 05

렌터카와 스쿠터로 여행하기

자유로운 영혼들을 위한 이동 수단으로는 렌터카와 스쿠터가 있다.
렌터카와 스쿠터를 타고 로마 시내와 로마 근교 구석구석을 누비자.

렌터카를 이용해 여행하기

로마는 교통 체증이 심하고, 관광지나 레스토랑에 주차할 공간이 거의 마련되어 있지 않아 렌터카를 이용하는 것은 추천하지 않는다. 하지만 로마 근교로 여행을 떠난다면 이야기가 달라진다. 렌터카를 운전하면 기차나 버스 시간에 제약 없이 여행을 즐길 수 있다. 렌터카는 공항과 테르미니 역에서 빌릴 수 있다. 렌터카를 이용하려면 여행 전에 한국에서 미리 국제 운전면허증을 발급받아 한국 운전면허증과 함께 소지해야 한다.

추천 렌터카 업체

에이비스 Avis

글로벌한 대형 렌터카 기업이다. 이탈리아 출신 소형차 입실론부터 폼 나는 벤츠까지 다양하게 보유하고 있다. 비용은 24시간 기준 120~550유로 정도다.

Data 가는 법
피우미치노 공항, 참피노 공항, 테르미니역
전화
피우미치노 공항 06-6501-1531,
참피노 공항 06-7934-0195,
테르미니역 06-481-4373
운영시간
피우미치노 공항 07:00~23:59,
참피노 공항 08:00~16:00,
테르미니역 08:00~20:00
홈페이지 www.avisautonoleggio.it

유로 카 Euro Car

피아트, 푸조, 벤츠, 아우디, 지프 등이 렌트 가능하다. 렌트비는 113~590유로 정도 든다.

Data 가는 법
피우미치노 공항, 참피노 공항, 테르미니역
전화
피우미치노 공항 06-6576-1211,
참피노 공항 06-7934-0387,
테르미니역 06-488-2854
운영시간
피우미치노 공항 07:00~23:59, 24:00~24:59*,
참피노 공항 월~금 08:00~18:00, 토 08:00~13:00,
일 08:00~13:00*,
테르미니역 월~금 08:00~19:00,
토 08:00~16:00, 일 08:00~13:00
(*이 붙은 시간에는 수수료 추가)
홈페이지 www.europcar.com

스쿠터 타고 씽씽 달리기

영화 〈로마의 휴일〉에서 오드리 헵번과 그레고리 펙이 타고 다닌 이탈리아 명품 스쿠터 브랜드 베스파Vespa는 영화가 성공한 후 더욱 이름을 날렸다. 영화 속 주인공처럼 베스파를 타고 로마 구석구석을 탐험해 보자. 로마는 작은 골목들이 이어져 있는 곳이 많아 차보다는 스쿠터가 더 유용하다.

추천 스쿠터 렌털 숍

비치&바치 Bici&Baci

자전거와 스쿠터를 렌트해 준다. 로마 시내에 세 곳의 매장에 있으니 편한 곳을 이용하자. 픽업과 반납은 서로 다른 매장에서도 가능하다.

Data 지도 328p-B, 150p-A, 234p-F
가는 법 비미날레 거리 지점은 레푸블리카 광장에서 도보 3분. 카부르 거리 지점은 산 피에트로 인 빈콜리 성당에서 도보 5분.
보티노 거리 지점은 스페인 광장에서 도보 1분
주소
비미날레 거리 지점 Via del Viminale 5, Roma,
카부르 거리 지점 Via Cavour 302, Roma,
보티노 거리 지점 Vicolo del Bottino 8, Roma
전화
비미날레 거리 지점 06-482-8443,
카부르 거리 지점 06-9453-9240,
보티노 거리 지점 06-678-6788
운영시간 09:00~18:00
홈페이지 www.bicibaci.com

온모보 OnMovo

베스파 렌트와 베스파 투어를 할 수 있는 곳이다. 베스파 투어는 베스파를 타고 로마 시내와 로마 근교를 여행하는 프로그램이다. 여러 가지 흥미로운 주제로 투어가 구성되어 있으니 홈페이지에서 확인하자. 로마 시내를 비롯해 피우미치노 공항, 참피노 공항, 테르미니역, 오스티엔세역, 티부르티나역 등에 매장이 있다.

Data 지도 328p-F
가는 법 산타 마리아 마조레 대성당에서 도보 2분
주소 Via Cavour 80, Roma **전화** 06-481-5669
운영시간 09:00~14:00, 15:00~19:00
홈페이지 www.onmovo.com

PLANNING 06

로마 여행의 **유용한 정보**

스마트폰 사용부터 소매치기 대처법까지 로마를 여행하는 여행자들에게 쓸모 있는 정보들을 소개한다. 알아 두면 유용한 정보들이니 잘 기억해 두었다가 여행할 때 활용해 보자. 로마 여행이 더욱 즐거워질 것이다.

1. 스마트폰 사용하기

낯선 여행지에서 스마트폰의 가치는 더욱 빛난다. 스마트폰을 이용해 여행지 정보와 지도를 검색할 수 있고, 한국의 가족, 친구들과도 연락 가능하다. 스마트폰을 사용할 수 있는 방법은 세 가지다. 로밍을 하거나 심 카드를 이용한다. 심 카드를 따로 구입하지 않고 와이파이가 가능한 곳에서만 사용하는 방법도 있다. 로밍을 할 경우 심 카드를 구입하지 않아도 사용이 가능해 편리하지만 가격이 비싼 편이다. 무제한 데이터로 로밍을 이용할 경우 하루에 만 원 안팎의 비용이 발생하므로 3일 이상 로마에 머물 경우에는 심 카드를 구입하는 편이 더 경제적이다. 와이파이로만 스마트폰을 사용할 경우 숙소, 레스토랑, 카페 등에서 사용할 수 있다. 인터넷 검색이나 연락이 잘 되지 않아 불편하겠지만, 잠시나마 디지털 기기로부터 벗어나 자유로운 여행을 하고 싶다면 과감하게 스마트폰을 내려놓는 것도 좋은 방법이다.

2. 심 카드 구입하기

한국에서 미리 구입하거나 현지에서 직접 사는 방법이 있다. 한국에서 유럽 통합 심 카드 쓰리Tree를 미리 구입하는 것보다 로마 현지 통신사를 이용하는 것이 속도가 더 빠르다. 이탈리아에서는 팀Tim, 윈드Wind, 보다폰Vodafone 등 통신사를 이용할 수 있다. 팀은 가격이나 스피드 면에서 모두 무난해 여행자들이 많이 선택한다. 심 카드는 공항, 테르미니역, 시내 번화가에서 판매한다. 가능하면 공항보다는 테르미니역에서 구입하기를 추천한다. 공항에서 구매한 후 로마 중심부로 넘어왔을 때 심 카드가 제대로 작동되지 않으면 난감해진다. 테르미니역 1층(한국 기준 2층)에 위치한 팀 매장이 영어도 잘 통하고 친절한 편이다. 테르미니역 지하에도 팀 매장이 있다. 매장에 들어서면 먼저 번호표를 뽑고 순서를 기다리자. 순서가 되면 심 카드 플랜을 비교한 후 구입하자. 이탈리아에만 머물 것인지 유럽의 다른 나라도 방문할 것인지를 고려해 선택하자. 심 카드를 구매하려면 여권 소지가 필수다. 아이폰의 경우 컨트리 록이 해제되어야 이용 가능하다. 최신 모델은 해제된 상태로 출시하지만 구형, 리퍼폰, 해외 직구 제품은 확인을 해야 한다. 이탈리아 특성상 심 카드를 구입하는 데 시간이 오래 걸릴 수도 있으니 여유를 갖고 방문하자.

팀 Tim

Data 지도 329p-C
가는 법 테르미니역 1층에 위치
주소 Stazione Termini, Piazza dei Cinquecento 1, Roma
전화 06-487-2785
운영시간 08:00~20:00
홈페이지 www.tim.it

> **Tip** 인터넷 강국인 한국과 비교해 속도는 전반적으로 뒤처지는 편이다. 심 카드 교체 후 기존에 사용하던 심 카드는 잘 보관하자.

3. 공중전화 사용하기

한국보다 공중전화를 흔하게 볼 수 있다. 테르미니역을 비롯해 거리 곳곳에 공중전화가 설치되어 있다. 국내 전화는 0.20유로, 국제 전화는 1유로 이상을 넣어야 한다. 공중전화 카드는 타바키나 키오스크에서 살 수 있다. 공중전화 카드 사용은 전화 카드 뒷면에 있는 사용법을 참고하자.

> **Tip 유용한 전화번호**
> 응급조치 서비스 118
> 경찰서 112, 113
> 소방서 115

공중전화 이용 순서

❶ 수화기를 들어 발신음을 확인한 후 오른쪽 상단 부분의 빨간색 동전 투입구에 동전을 넣고 'Premi-Push' 버튼을 누른다.
❷ 화면에 투입 금액을 확인한 후 전화번호를 누르자.
❸ 이탈리아 내에서는 0을 포함한 지역 번호(로마는 '06')와 전화번호(혹은 핸드폰 번호)+'OK'를 누른다. 이탈리아에서 한국으로는 00+82(국가 번호)+0을 제외한 지역 번호(서울은 '2')와 전화번호(혹은 0을 제외한 핸드폰 번호)+'OK'를 누른다.

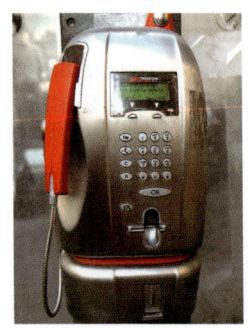

4. 화장실 이용하기

로마는 한국처럼 공중화장실이 흔하지 않고 심지어 유료다. 화장실 이용을 위해서라도 항상 동전을 소지하자. 비용은 0.5~1유로 정도다. 화장실 대신 근처 바bar에서 1유로 안팎의 커피 한 잔을 마시고 화장실을 사용하는 것도 좋은 방법이다.

5. 수하물 보관소

테르미니역 내부와 주변에 짐 보관소가 있다. 홈페이지에서 미리 매장 위치, 보관 시간, 비용 등을 확인한 후 더 합리적인 곳을 이용하자.

추천 수하물 보관소

키 포인트 Ki Point

Data 지도 329p-G
가는 법 테르미니역 플랫폼 24번 옆 주소 Stazione Termini, Via Giovanni Giolitti, Roma 전화 06-8901-4069 운영시간 07:00~21:00 요금 가방 1개당 최초 5시간 6유로, 6~12시간 시간당 1유로씩 추가, 13시간 이상 시간당 0.50유로씩 추가 홈페이지 www.kibag.it

캐피탈 러기지 디포짓
Capital Luggage Deposit

Data 지도 329p-G
가는 법 테르미니역 맞은편 주소 Via Giovanni Giolitti 127, Roma 전화 06-5656-9244 운영시간 09:00~19:00 요금 캐리어 1개당 온라인 예약 5유로, 현장 6유로 (24시간) 홈페이지 www.luggagedeposit.com

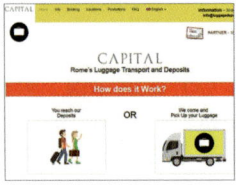

백스 프리 Bags Free

Data 지도 329p-C
가는 법 테르미니역에서 도보 5분 주소 Via del Castro Pretorio 32, Roma 전화 06-445-5792 운영시간 3~11월 08:30~19:00, 12~2월 예약 시에만 오픈 요금 캐리어 1개당 5유로~(당일) 홈페이지 www.bags-free.com

6. 관광 안내소 Informazioni Turistiche

로마 지도와 각종 정보를 얻을 수 있는 관광 안내소는 공항과 주요 관광지 근처에서 찾아볼 수 있다. 바르베리니 지점을 제외한 모든 관광 안내소에서는 로마 패스도 구매 가능하다.

〈주요 관광 안내소〉

관광 안내소	운영시간	주소
피우미치노 공항 Fiumicino APT	08:00~18:00	Aeroporto Intercontinentale Leonardo da Vinci(입국장 3터미널)
참피노 공항 Ciampino APT	08:30~18:00	Aeroporto di Ciampino(입국장)
포리 임페리알리 Fori Imperiali	09:30~19:00	Via dei Fori Imperiali, Roma
산 피에트로 San Pietro	09:00~18:00	Largo del Colonnato 1, Roma
산탄젤로성 Castel Sant'Angelo	2023년 3월 27일~10월 29일 09:30~19:00, 2022년 10월 31일~2023년 3월 26일 08:30~18:00	Piazza Pia, Roma
바르베리니 Barberini	월~목 09:30~12:30, 금 08:00~17:00	Via di San Basilio 51, Roma
민게티 Minghetti	09:30~19:00	Via Marco Minghetti, Roma
테르미니 Termini	08:00~19:00	Stazione Termini, Via Giovanni Giolitti 34, Roma

7. 우체국 Poste

로마는 도시 곳곳에서 크고 작은 우체국을 쉽게 찾아볼 수 있다. 여행자들이 가장 많이 방문하게 되는 곳은 테르미니역 우체국과 산 피에트로 광장의 바티칸 우체국이다. 상자에 넣어서 택배를 보내야 한다면 미리 박스를 준비하자. 우체국 내에 구비되어 있지 않은 경우가 종종 있다. 큰 상자는 마트에서 1유로 정도에 구매 가능하다. 한국까지 우편이나 택배가 도착하는 데는 2주에서 한 달 정도 소요된다.

테르미니역 우체국 Poste Italiane
Data 지도 329p-C
가는 법 테르미니역 24번 플랫폼 방향에 위치
주소 Stazione Termini, Via Marsala 39, Roma
전화 06-488-0673
운영시간 월~금 08:20~19:05, 토 08:20~12:35
홈페이지 www.poste.it

바티칸 우체국 Poste Vaticane
Data 지도 268p-J
가는 법 산 피에트로 광장에 위치
주소 Piazza San Pietro, Roma
전화 06-6989-0400
운영시간 월~토 08:30~18:30
홈페이지 www.vaticanstate.va

8. 경찰서 Polizia

로마는 소매치기가 많아 여행자들을 불안하게 만든다. 귀중품을 도난당했을 경우 경찰서에서 폴리스 리포트 police report를 받자. 로마에 오기 전 여행자 보험에 가입했다면 일정 부분 보상을 해 준다.

비미날레 경찰서
Polizia di Stato Commissariato Roma Viminale
Data 지도 328p-F
가는 법 테르미니역에서 도보 5분
주소 Via Farini 40, Roma
전화 06-462-0391 **운영시간** 24시간
홈페이지 questure.poliziadistato.it

9. 주 이탈리아 대한민국 대사관
Ambasciata della Repubblica di Corea in Italia

여권 분실과 신변 안전 관련 사건 사고 발생 시 대한민국 대사관에 도움을 요청하자. 여권 분실 후에 재발급을 할 경우에는 여권용 사진 1장(대사관 방문 접수 시 디지털 여권사진 촬영 가능), 여권 수수료(50유로), 신분증을 준비하자. 모든 민원 업무는 예약제로 운영되니 전화나 이메일(consul-it@mofa.go.kr)을 통해 예약해야 한다.

Data 지도 308p-B
가는 법 버스 223번 타고
Parioli/Santiago del Cile 정류장 하차, 도보 5분
주소 Via Barnaba Oriani 30, Roma
전화 06-802461 **운영시간** 월~금 09:30~12:00, 14:00~16:30 **홈페이지** ita.mofa.go.kr

10. 환전소 Cambio

은행이나 사설 환전소에서 환전이 가능하다. 공항, 나보나 광장, 바티칸 시국, 테르미니역 등 주요 관광지 근처에 환전소가 있다. 환전소마다 환율과 수수료는 조금씩 다르다.

11. 인터넷 포인트 Internet Point

테르미니역 주변에서 인터넷 사용 가능한 곳을 발견할 수 있다. 요금은 매장마다 다르다.

12. 병원 및 약국 Ospedale e Farmacia

여행 중 몸에 이상 기운이 감지된다면 남은 여행을 위해서라도 망설이지 말고 병원이나 약국을 활용하자.

카노바 진료소 Poliambulatorio Canova
Data 지도 234p-F
가는 법 아라 파치스 박물관에서 도보 3분
주소 Via Antonio Canova 19, Roma
전화 06-7730-6100
운영시간 월~금 07:30~17:30, 토 07:30~12:30

크리스토 레 약국 Farmacia Cristo Re
Data 지도 329p-C
가는 법 테르미니역 1번 플랫폼 옆
주소 Stazione Termini, Piazza dei Cinquecento, Roma
전화 06-488-0776 운영시간 07:30~22:00

13. 세탁소 Lavanderia

테르미니역 주변에서 셀프로 세탁할 수 있는 빨래방을 찾아볼 수 있다. 세제는 따로 구입해야 하니 한국에서 소량의 세제를 준비해 가는 것이 좋다.

푼토 블루 Punto Blu
Data 지도 328p-F
가는 법 산타 마리아 마조레 대성당에서 도보 5분
주소 Via Cavour 168, Roma
전화 06-9020-6278
운영시간 월~토 08:00~19:00, 일 09:00~17:00
요금 세탁 7kg당 4유로~

14. 소매치기 대처법

로마에서 불쾌한 소매치기 경험을 피하기 위해 혼잡한 대중교통과 관광지에서 소지품 관리에 유의하자. 관광지 중에서도 입장료가 무료인 곳에서 더 주의하도록 하자. 가방은 몸 앞쪽으로 매는 것이 좋다. 오토바이를 탄 날치기도 있으니 길 바깥쪽보다 안쪽으로 걷자. 친절을 가장해 소매치기를 목적으로 접근하는 사람들도 있으니 낯선 사람은 일단 경계하자. 스프링 줄이나 옷핀 등을 이용해 소매치기로부터 소지품을 보호할 수도 있다. 소매치기를 당했다면 경찰서로 가서 폴리스 리포트를 작성하자. 경찰서를 방문해 신고서를 작성하기까지는 시간이 많이 소요된다. 여행자 보험에 가입했다면 폴리스 리포트를 받아 귀중품의 일부를 보상받을 수 있지만 현금은 보상받지 못한다. 보상받을 수 있는 상황이 아니라면 현실적으로 경찰서 방문은 괜한 시간 낭비가 될 수도 있다.

15. 여행 관련 유용한 홈페이지

로마 관광청 www.turismoroma.it
이탈리아 관광청 www.italia.it
바티칸 시국 www.vatican.va

PLANNING 07

로마 2박 3일 핵심 코스

로마의 무궁무진한 볼거리를 생각하면 2박 3일은 턱없이 짧은 일정이다. 짧은 기간 동안 로마의 핵심 관광지를 모두 돌아보고 싶은 여행자들에게 추천하는 타이트한 코스다. 취향에 따라 코스를 적절히 조정해 알찬 여행을 즐기자. 컨디션이 좋은 날에는 밤 시간을 할애해 야경 투어를 나서보자. 야경 코스는 076p를 참고하자.

Day 1

찬란했던 고대 로마의 숨결과 발자취를 느낄 수 있는 코스다. 팔라티노 언덕과 포로 로마노는 연결되어 있는데, 재입장이 불가능해 중간에 나와 따로 점심 식사를 하기 어렵다. 간단한 간식을 준비해 가는 것도 좋은 방법이다.

콘스탄티누스 개선문

포로 로마노

캄피돌리오 광장

콜로세움에서 다양한 각도로 인증샷 찍기, 콘스탄티누스 개선문 살펴보기

↓ 도보 3분

팔라티노 언덕과 포로 로마노의 고대 유적지 꼼꼼하게 챙겨 보기

↓ 포로 로마노 출구에서 연결

포리 임페리알리 거리 둘러보며 베네치아 광장으로 향하기

↓ 도보 5분

베네치아 광장에서 비토리오 에마누엘레 2세 기념관 바라보기

↓ 도보 5분

캄피돌리오 광장에서 미켈란젤로가 만든 계단 오르기(이곳에서 가장 아름다운 포로 로마노의 전경을 마주할 수 있다)

↓ 도보 3분

마르켈루스 극장과 콜로세움 비교해 보기

↓ 도보 8분

진실의 입에 손 넣기

↓ 도보 3분

대전차 경기장 둘러보기

1st DAY 콜로세움 → 콘스탄티누스 개선문 → 팔라티노 언덕 → 포로 로마노 → 베네치아 광장 → 캄피돌리오 광장 → 마르켈루스 극장 → 진실의 입 → 대전차 경기장

Day 2 나보나 광장, 판테온, 트레비 분수, 스페인 광장 등 이름만 들어도 가슴이 두근거리는 로마 중심부의 명소를 둘러보는 일정이다.

나보나 광장의 베르니니 분수와
산타녜세 인 아고네 성당 구경하기

↓ 도보 3분

산타고스티노 성당에서 카라바조와
라파엘로 그림 보기, 산 루이지 데이
프란체시 성당에서 카라바조 작품 감상하기

↓ 도보 5분

타차 도로에서 커피 한잔하고, 판테온
구석구석 살펴보기, 산타 마리아 소프라
미네르바 성당과 엘레판티노 구경하기

↓ 도보 5~10분

나보나 광장과 판테온 근처에서
점심 식사

↓ 도보 10분

트레비 분수에서 소원 빌며 동전 던지고
인증샷 찰칵!

↓ 도보 8분

영화 〈로마의 휴일〉 속 주인공처럼
스페인 광장 계단 오르기,
트리니타 데이 몬티 성당 방문

↓ 도보 6분

폼피 티라미수나
벤키 젤라토로 당 충전

↓ 도보 9분

포폴로 광장의 오벨리스크와 분수
둘러보고, 산타 마리아 델 포폴로
성당에서 카라바조 그림 관람하기

↓ 도보 5분

핀초 언덕 테라스에서 로마 전망 눈에
담기, 특히 일몰이 아름다우니 참고할 것!

> **2nd DAY** 나보나 광장 → 산타고스티노 성당&산 루이지 데이 프란체시 성당 → 타차 도로 → 판테온 → 산타 마리아 소프라 미네르바 성당 → 트레비 분수 → 스페인 광장&트리니타 데이 몬티 성당 → 포폴로 광장 → 산타 마리아 델 포폴로 성당 → 핀초 언덕

나보나 광장

판테온

Day 3 로마 속 또 다른 나라, 바티칸 시국을 엿볼 수 있는 일정이다. 세계 3대 박물관에 속하는 바티칸 박물관을 시작으로 산 피에트로 광장, 산 피에트로 대성당, 산탄젤로성까지 차례로 둘러보자.

바티칸 박물관

산 피에트로 광장

산 피에트로 대성당

산탄젤로 다리

바티칸 박물관의 명화들 속에 빠져들기

↓ 도보 3~10분

바티칸 박물관 근처에서 점심 식사
간편하게 해결하려면 포르노 펠리치아나
모르디 샌드위치하우스를 방문하고, 제대로
갖춘 식사를 하고 싶다면 아르루를 선택하자

↓ 도보 6분

올드브릿지에서 젤라토 맛보기

↓ 도보 7분

산 피에트로 광장에서 베르니니의
천재적인 건축물에 감탄하기

↓ 도보 5분

산 피에트로 대성당 관람하고
쿠폴라까지 오르기

↓ 도보 15분

산탄젤로성 꼭대기에서
로마 전경 굽어보기

↓ 바로 앞에 위치

산탄젤로 다리의
천사 조각상 둘러보기

3nd DAY 바티칸 박물관 → 올드브릿지 → 산 피에트로 광장 → 산 피에트로 대성당 → 산탄젤로성 → 산탄젤로 다리

PLANNING 08

로마 **4박 5일 기본 코스**

남부럽지 않게 로마 구석구석을 즐길 수 있는 코스다. 로마의 핵심 코스는 2박 3일 일정에서 소화했으니 개인적인 취향에 따라 일정을 좀 더 유연하게 선택할 수 있다.

Day 4　로마 2박 3일 코스와 동일

싱그러운 초록빛을 머금은 보르게세 공원과 보르게세 미술관을 둘러본다. 무료로 예술 작품을 공개하는 광장과 성당도 방문하자.

보르게세 미술관 명작 감상 후 보르게세
공원 둘러보고 피크닉 즐기기

↓ 도보 10분

베네토 거리에서 바르베리니 광장으로,
산 카를로 알레 콰트로
폰타네 성당과 콰트로 분수 구경

↓ 도보 6분

산타 마리아 델라 비토리아 성당에서
베르니니 작품 감상

↓ 도보 5분

레푸블리카 광장에서 나이아디 분수
구경 후 디오클레티아누스 욕장 국립박물관
외관 살펴보기, 산타 마리아 델리 안젤리
에 데이 마르티리 성당 둘러보기

↓ 도보 10분

산타 마리아 마조레 대성당 방문

↓ 도보 5분

테르미니역 근처에서 저녁 식사

4th DAY 보르게세 미술관&공원 → 바르베리니 광장 → 산 카를로 알레 콰트로 폰타네 성당&콰트로 분수 → 산타 마리아 델라 비토리아 성당 → 레푸블리카 광장&나이아디 분수 → 산타 마리아 델리 안젤리 에 데이 마르티리 성당 → 산타 마리아 마조레 대성당 → 테르미니역

Day 5　로마 2박 3일 코스와 동일

오전에는 카피톨리니 박물관의 진귀한 작품들을 감상하고, 오후에는 이색적인 분위기가 흐르는 트라스테베레에서 시간을 보내자.

카피톨리니 박물관 관람

↓ 도보 5분

베네치아 광장 근처에서 점심 식사

↓ 도보 12분

티베리나섬 산책, 4~10월이라면
티베리나섬에서 유람선을 타는 것도 좋다

↓ 도보 10분

트라스테베레에서 젤라토 먹으며
마을 구경, 산타 마리아 인 트라스테베레
광장과 성당 돌아보기

↓ 도보 20분

산 피에트로 인 몬토리오 성당의
템피에토, 아콰 파올라 분수 살펴보기

↓ 도보 7분

자니콜로 언덕에 올라 탁 트인 전경 감상

↓ 도보 20분

트라스테베레에서 저녁 식사

5th DAY 카피톨리니 박물관 → 베네치아 광장 → 티베리나섬 → 트라스테베레 → 산타 마리아 인 트라스테베레 광장&성당 → 산 피에트로 인 몬토리오 성당(&포르타 세티미아나)&아콰 파올라 분수 → 자니콜로 언덕 → 트라스테베레

PLANNING 09
로마 근교 **당일치기 여행**

이탈리아는 도시마다 다채로운 풍경이 펼쳐져 여행자들에게 풍성한 볼거리를 선사한다. 로마만 둘러보기 아쉽다면 로마 근교로 눈길을 돌려보자. 복작거리는 로마와는 달리 한적한 분위기가 흐르는 소도시만의 색다른 매력에 흠뻑 빠지게 될 것이다.

오스티아 안티카 Ostia Antica

테베레강이 바다와 만나는 곳에 형성된 도시다. 고대 로마 시대에 풍요와 번영을 누렸던 발자취가 유적으로 남아 있다. 오스티아 안티카 근처에는 시원한 바닷바람을 맞이할 수 있는 오스티아 해변도 자리한다. ▶ **410p**

카스텔 간돌포 Castel Gandolfo

교황의 여름 별장이 있는 소담한 마을이다. 알바노 호수를 배경으로 아름다운 골목길 풍경이 펼쳐진다. 마을 자체가 볼거리니 여유롭게 동네를 산책해보자. ▶ **417p**

티볼리 Tivoli

티볼리의 하이라이트는 유네스코 세계 문화유산에 등재된 빌라 데스테와 빌라 아드리아나다. 빌라 데스테에서는 르네상스풍의 우아한 분수들이 시원하게 물줄기를 뿜어낸다. 빌라 아드리아나는 하드리아누스 황제의 여름 별장으로, 화려한 건축물의 흔적들이 거대한 규모로 남아 있다. ▶ **425p**

브라차노 Bracciano

15세기 세워진 고풍스러운 오데스칼키성과 한없이 맑고 푸른 브라차노 호수가 그림 같은 조화를 이룬다. 당신의 감성을 촉촉하게 적실 만한 풍경 속으로 발걸음을 내딛어보자.
▶ **440p**

오르비에토 Orvieto

치타슬로(슬로 시티)의 발상지. 도시 전체에 중세 시대의 정취가 느긋하게 흐른다. 마을의 상징인 오르비에토 두오모를 둘러보고, 땅 속 60m 깊이에 지어진 산 파트리치오 우물도 구경하자. 토레 델 모로 꼭대기에서는 황홀한 마을 전경을 만날 수 있다. 부지런한 여행자라면 오르비에토와 함께 치비타 디 바뇨레조도 당일치기로 방문 가능하다. ▶ **446p**

치비타 디 바뇨레조 Civita di Bagnoregio

미야자키 하야오 감독의 애니메이션 〈천공의 성 라퓨타〉의 배경이 된 곳이다. 애니메이션 속에서만 존재할 것 같은 신비로운 풍광이 여행자의 마음을 빼앗는다. 가파른 절벽 위에 마을이 홀로 우뚝 솟아 있어 하늘 위에 떠 있는 것 같은 착각을 하게 만든다. ▶ **458p**

Step 03
Enjoying

로마를 **즐기다**

01 찬란했던 로마의 역사 이야기
02 로마 전경을 한눈에 담다
03 로마의 밤은 낮보다 아름답다
04 로마 박물관 이용법
05 영화로 떠나는 로마

06 베르니니와 함께 하는 로마 산책
07 유네스코 세계 문화유산을 찾아가는 여행
08 로마 여행 100배 즐기기
09 골목 어디에서나 마주하는 로마의 성당
10 로마의 휴일

ENJOYING 01

찬란했던 로마의 **역사 이야기**

로마는 고대와 중세, 현대의 역사를 모두 고스란히 간직한 곳이다. 또한 도시 어느 곳에서도 과거와 현재가 잘 어우러져 자연스럽다. 여행하기 전, 2천 년이 넘는 로마의 역사를 차근차근 알아보자. 아는 만큼 보이는 법이니 로마를 더 깊이 알 수 있는 기회도 되고, 여행도 한층 즐거워질 것이다.

로마 왕정 시대 (BC 753~BC 509년)

전쟁의 신 마르스와 이탈리아 북부에 위치한 알바 롱가의 공주 실비아 사이에서 쌍둥이 형제인 로물루스와 레무스가 태어났다. 쌍둥이 형제는 태어난 직후 강가에 버려졌고, 늑대가 팔라티노 언덕 근처의 강가에서 이들을 발견하고 보살폈다. 늑대의 젖을 먹고 무럭무럭 자라난 형제는 자신들이 발견된 곳 주변에 새로운 나라를 건설하려고 했다. 도읍지를 정하는 데 있어서 둘 사이에 의견 충돌이 있었지만 로물루스가 시합에서 승리하며 그의 뜻대로 팔라티노 언덕 위에 새로운 나라를 세웠다. 나라의 이름은 로물루스의 이름을 따 '로마'라고 정했다. 로마 건국 신화에 등장한 암늑대는 로마의 상징이 됐고, 암늑대와 쌍둥이 형제의 모습을 표현한 조각은 카피톨리니 박물관과 도시 곳곳에서 찾아볼 수 있다.

로마 공화정 시대 (BC 509~BC 27년)

왕정이 무너지고 두 명의 집정관에 의해 통치가 이루어지는 공화정 시대가 열렸다. 로마는 3차에 걸친 포에니 전쟁을 승리로 이끌어 이탈리아 중부의 도시 국가에서 지중해 패권을 장악하는 제국으로 성장했다. 공화정 말기에 정치 체제와 사회 제도상의 문제로 잦은 내전이 발생했다. 그 혼란을 틈타 율리우스 카이사르가 쿠데타를 일으키며 로마 최고의 권력을 손에 쥐었다. 카이사르에 의해 공화정 시대가 막을 내리고, 제정 시대의 확립에 기틀을 세웠다. 카이사르가 암살당한 후 그의 후계자인 옥타비아누스가 황제의 자리에 올라 제정 시대의 시작을 알렸다. 이 시대에는 카스토르와 플룩스 신전, 포로 디 체사레, 마메르티노 감옥, 포로 보아리오, 세르비우스 성벽, 아피아 가도, 체칠리아 메텔라 영묘 등이 지어졌다.

로마 제정 시대 (BC 27~476년)

옥타비아누스는 원로원에게 '존엄한 자'라는 뜻의 '아우구스투스' 칭호를 받고 로마의 첫 번째 황제가 됐다. 아우구스투스 황제는 군대와 정치 개혁을 통해 시민들에게 열렬한 지지를 받았다. 이후 약 200여 년 동안 로마는 전성기를 누렸다. 이 시기를 '팍스 로마나Pax Romana(로마의 평화)'라고 부른다. 이때 콜로세움, 티투스 개선문, 마르켈루스 극장, 판테온, 포로 디 아우구스토, 아우구스투스 영묘 등 다양한 건축물과 수로가 지어졌다. 마르쿠스 아우렐리우스 황제가 지배하던 161년부터 잦은 외적의 침입으로 로마는 쇠락의 길에 접어들기 시작했다. 당시에 국가적 차원에서 기독교 박해가 심하게 일어났고, 기독교 탄압은 디오클레티아누스 황제 시절에 극에 달했다. 313년 콘스탄티누스 황제는 밀라노 칙령을 공포하고 기독교를 공인했다. 이로 인해 유럽의 기독교 문명이 널리 발전하게 됐다. 330년 콘스탄티누스 황제는 제국의 수도를 비잔티움으로 옮겼고, 395년 로마 제국은 동로마 제국과 서로마 제국으로 갈라졌다. 476년 이탈리아와 서유럽을 중심으로 한 서로마 제국은 게르만족에 의해 멸망했다.

중세 시대 (476년~13세기)

서로마 제국이 몰락한 후 이탈리아 반도는 여러 조각으로 분할되어 비잔티움 제국(동로마 제국), 프랑크 왕국, 아랍 왕국, 신성 로마 제국 등 강대국의 지배를 받았다. 이 시기는 이탈리아뿐만 아니라 유럽 전역이 이민족의 침입으로 혼란스러웠기에 암흑기라고 부른다. 중세 시대에는 반원 아치가 특징인 로마네스크 양식과 뾰족한 탑으로 상징되는 고딕 양식이 발달했다. 오르비에토 두오모는 로마네스크와 고딕이 결합된 대표적인 건축물이다.

르네상스 시대 (14~16세기)

중세가 지나고 사회가 안정되면서 문화적으로 풍요로운 르네상스 시대가 도래한다. 르네상스는 신 중심에서 벗어나 인간 중심 문화의 절정기였던 고대 그리스와 로마의 문화를 다시 살리기 위한 운동이었다. 14세기 후반 이탈리아 피렌체에서 시작되어 유럽 곳곳에 전파됐다. 르네상스 시대에는 문학, 미술, 과학 등이 발달했다. 르네상스를 대표하는 천재 화가 레오나르도 다빈치, 미켈란젤로, 라파엘로의 등장으로 르네상스 미술이 한 단계 업그레이드됐다. 바티칸 박물관에서는 세 화가의 작품을 모두 만나볼 수 있다. 이 시기에는 권력의 중심인 교황청의 부패가 날로 더 심해졌다. 교황청이 돈을 받고 죄를 용서하는 면죄부 판매는 종교 개혁의 시발점이 됐다. 루터와 칼뱅의 종교 개혁 운동이 일어났고, 이에 반대하는 반종교 개혁 운동이 대립 관계를 이루며 사회를 혼란 속에 빠뜨렸다. 종교 개혁으로 인해 개신교가 탄생했다.

바로크 시대 (17~18세기)

르네상스의 중심이 피렌체였다면 바로크의 중심은 로마라고 할 수 있다. 바로크는 로마에서 발생하여 이탈리아와 유럽으로 퍼져나갔다. 바로크 양식은 질서, 균형, 조화를 중요시했던 르네상스 양식과 달리 자유분방함이 강조된 예술 양식이다. 바로크 시대의 대표적인 조각가이자 건축가 베르니니는 로마 도시 전체를 바로크 양식으로 아름답게 수놓았다. 나보나 광장, 산 피에트로 광장, 산탄드레아 알 퀴리날레 성당 등이 베르니니의 손길이 닿은 대표적인 건축물이다. 각종 미술관과 성당에서는 그의 다양한 조각품을 감상할 수 있다.

통일 국가 수립과 현재 (19세기~)

1859년 사르데냐 왕국(토리노를 수도로 한 이탈리아 북부의 작은 왕국)의 비토리오 에마누엘레 2세Vittorio Emanuele II가 작은 국가로 나뉘어 있던 이탈리아를 주세페 가리발디 Giuseppe Garibaldi 장군의 도움을 받아 하나로 통일했다. 이탈리아의 수도는 토리노, 피렌체를 거쳐 1871년 로마가 되었다. 통일과 함께 베네치아 광장에 비토리오 에마누엘레 2세 기념관이 세워졌다. 1914년 제1차 세계대전이 일어나면서 파시즘의 창시자인 베니토 무솔리니Benito Mussolini가 혜성처럼 등장했다. 1914년 말 무솔리니는 제1차 세계대전 참전을 위해 파쇼Fascio(결속) 군대를 조직해 연합군 편에 서서 싸웠다. 1921년 무솔리니는 총리직을 가지며 음흉한 속내를 드러내기 시작했다. 당시 이탈리아는 승전국 자격으로 국제 정치에 주요 강대국으로 떠올랐지만 경제 불황과 대공황으로 불안정한 상태였다. 1922년 무솔리니는 혼란스러운 시기를 틈타 쿠데타를 일으켜 정권을 장악했다. 독일과 일본의 손을 잡고 국제 파시즘 진영을 구성해 제2차 세계대전에 참전했지만 영국과 프랑스를 상대로 패했다. 1945년 무솔리니가 반反파쇼 군인에게 체포되어 사살되면서 독재 정권은 막을 내렸다. 1946년 국민 투표를 통해 이탈리아 왕국을 해체하고 공화국으로 선포했다. 1999년 이탈리아는 EMU(유럽 단일 통화)에 가입하며 정치와 경제의 도약을 꿈꿨으나 아직까지 부패 정치, 높은 실업률, 낮은 경제 성장률, 남북의 경제 격차 등 해결해야 할 문제를 안고 있다.

ENJOYING **02**

로마 전경을 한눈에 담다

로마는 고대 유적지와 중세 건물이 어우러져 고풍스럽고 우아한 아름다움을 뽐낸다.
테베레강은 도시를 부드럽게 휘감아 흐르며 로마 풍경에 운치를 더한다.
눈부시게 빛나는 로마의 전망을 한눈에 담을 수 있는 명소를 소개한다.

산 피에트로 대성당

Basilica Papale di San Pietro

산 피에트로 대성당의 쿠폴라에 오르면 바티칸 시국과 로마의 전경이 시원하게 펼쳐진다. 좁고 길게 이어진 계단 덕에 다리는 후들거리지만 탁 트인 시야에 눈은 맑아진다. ▶ 289p

산탄젤로성 Castel Sant'Angelo

산탄젤로성 꼭대기에서는 바티칸 시국과 테베레강의 아름다운 경치를 굽어볼 수 있다. 특히 석양이 드리워질 무렵이 아름답다. ▶ 296p

핀초 언덕 Pincio

포폴로 광장부터 산 피에트로 대성당의 쿠폴라까지 한눈에 담긴다. 해질 무렵 붉게 물드는 도시의 모습이 황홀하다. ▶ 247p

자니콜로 언덕 Monte Gianicolo

로마 전경을 만끽하기에 최적의 장소다. 로마 중심부에서 바티칸 시국까지의 풍경이 끝없이 눈앞에 펼쳐진다. 맥주 한 캔을 들고 가면 더없이 좋다. ▶ 365p

사벨로 공원 Parco Savello

아벤티노 언덕에 자리 잡은 공원으로 조용하고 소소하게 로마 전망을 조망할 수 있다. ▶ 380p

ENJOYING 03

로마의 밤은 낮보다 아름답다

'만월의 달빛 아래 로마를 거닐어보는 즐거움은 실제로 해본 사람이 아니면 상상도 못 할 것이다.' 로마를 사랑한 독일의 대문호 괴테가 〈이탈리아 기행〉에 남긴 글이다. 괴테의 말처럼 로마는 해가 진 후 더 빛을 발한다. 하나둘씩 켜지는 은은한 불빛이 도시에 번져나가면 더없이 낭만적인 공기가 로마를 감싼다.

로마 야경 추천 코스

로마의 밤 풍경을 놓친다면 당신은 로마의 절반밖에 보지 못한 것이다. 관광지는 늦은 밤에도 치안이 안전한 편이지만 밤길이 낯설고 걱정된다면 투어로도 참여할 수 있다. 단, 투어로 야경을 볼 경우 시간과 장소가 한정적이어서 아쉬울 수 있다. 아래와 같은 코스를 추천한다.

로마 야경 BEST 9

❶ 콜로세움 Colosseo
언제 봐도 웅장하고 멋스러운 콜로세움. 밤에 마주하면 그 특별함은 배가 된다. 달빛과 불빛이 콜로세움의 창을 밝게 비추며 신비로운 분위기를 연출한다. ▶ 151p

❷ 포리 임페리알리 Fori Imperiali
콜로세움에서 베네치아 광장을 향해 거닐며 거리에 늘어서 있는 포리 임페리알리도 둘러보자. 조명을 받아 적당히 얼굴을 드러낸 모습이 낮보다 더 사랑스럽다. ▶ 163p

❸ 비토리오 에마누엘레 2세 기념관
Monumento a Vittorio Emanuele II

베네치아 광장 앞에 거대하게 들어선 기념관은 새하얀 옷을 입어 깜깜한 밤에 조명이 켜지면 더욱 아름답다. ▶ 175p

❹ 판테온 Pantheon
판테온 앞에 자리한 로톤다 광장 Piazza della Rotonda의 분수와 어우러져 고풍스러운 밤 풍경을 만들어낸다. ▶ 202p

❺ 나보나 광장 Piazza Navona
광장을 아름답게 장식한 베르니니의 분수들이 차분한 모습으로 반짝반짝 빛난다. ▶ 194p

❻ 트레비 분수 Fontana di Trevi
로마 최고의 관광지인 만큼 밤에도 여전히 사람들로 북적거린다. 조명으로 둘러싸인 트레비 분수는 한층 더 운치 있게 느껴진다. ▶ 242p

❼ 산탄젤로성&산탄젤로 다리
Castel Sant'Angelo&Ponte Sant'Angelo

먼저 산탄젤로 다리의 불빛과 어우러진 산탄젤로성을 감상하자. 그리고 다리 아래로 내려가 테베레강에 비치는 산탄젤로성까지 눈에 담자. ▶ 296p, 297p

❽ 산 피에트로 대성당&산 피에트로 광장
Basilica Papale di San Pietro&Piazza San Pietro

산 피에트로 대성당과 산 피에트로 광장 앞은 해가 진 후 로맨틱한 분위기가 물씬 풍겨 스냅 사진 찍기 좋은 곳으로 입소문이 났다. ▶ 289p, 295p

❾ 레푸블리카 광장 Piazza della Repubblica
낮보다 밤에 더 매력적인 곳이다. 밤에는 광장 주변의 건물들이 빛을 쏟아내 매혹적인 풍경을 자아낸다. ▶ 332p

ENJOYING 04

로마 박물관 이용법

로마에는 크고 작은 박물관들이 도시 곳곳에 빼곡하게 자리하고 있다. 박물관 방문은 과거와 현재의 로마를 더 가깝고 깊숙하게 느낄 수 있게 해 준다. 로마의 주요 박물관 소개와 박물관을 좀 더 알뜰하게 이용할 수 있는 노하우를 모두 공개한다.

로마에서 꼭 봐야할 박물관 BEST 3

바티칸 박물관 Musei Vaticani
말이 필요 없는 세계 3대 박물관이다. 역대 교황이 수집한 진귀한 예술품으로 가득 찼다. 미켈란젤로, 라파엘로, 레오나르도 다빈치, 카라바조 등의 미술품을 만날 수 있다. ▶ 274p

보르게세 미술관 Galleria Borghese
우아한 보르게세 가문 저택에 유럽의 회화 작품과 조각상이 전시되어 있다. 시간별로 한정된 인원만 수용하기 때문에 쾌적하게 관람할 수 있다. ▶ 311p

카피톨리니 박물관 Musei Capitolini
고대부터 중세에 이르는 미술품을 소장한다. 방대한 양의 조각상을 전시하니 조각에 관심이 많은 여행자라면 꼭 방문해보자. ▶ 177p

첫째 주 일요일에는 박물관이 무료!

매달 첫째 주 일요일에는 주요 유적지나 박물관을 입장료 없이 무료로 방문할 수 있다. 로마뿐만 아니라 로마 근교의 오스티아 안티카 유적지, 빌라 데스테, 빌라 아드리아나 등도 포함된다. 한 달에 한 번밖에 없는 기회이니 가고 싶은 곳, 동선 그리고 가격을 고려해 루트를 짜 보자. 누구에게나 1순위일 만한 인기 관광지는 대기 줄이 길게 늘어서기 때문에 2, 3순위의 박물관을 공략하는 것이 현명하다. 콜로세움+포로 로마노+팔라티노 언덕(16유로)을 하루 동안 보는 것보다 로마 북부에 위치한 보르게세 미술관(13유로+예약비 추가)+빌라 줄리아 에트루스코 국립 박물관(10유로)을 방문하는 것이 가격 면에서 더 이득이다. 바티칸 박물관은 매달 마지막 주 일요일이 무료입장이니 헷갈리지 말자. 홈페이지(www.turismoroma.it)를 통해 자세한 사항을 확인할 수 있다.

주요 박물관 및 유적지 리스트

콜로세움, 포로 로마노, 팔라티노 언덕, 국립 베네치아 궁전 박물관, 로마 국립 박물관(알템프스 궁전 국립 박물관, 발비의 묘소 국립 박물관, 마시모 궁전 국립 박물관, 디오클레티아누스 욕장 국립 박물관), 스파다 궁전, 바르베리니 궁전(예약비 1유로), 산탄젤로성, 보르게세 미술관(예약비 2유로), 국립 현대 미술관, 빌라 줄리아 에트루스코 국립 박물관, 코르시니 미술관(예약비 1유로), 카라칼라 욕장, 빌라 퀸틸리, 체칠리아 메텔라 영묘, 오스티아 안티카 유적지, 율리우스2세성, 빌라 데스테, 빌라 아드리아나(전체 리스트는 홈페이지에서 확인 가능).

마시모 궁전 국립 박물관
디오클레티아누스 욕장 국립 박물관
스파다 궁전
빌라 줄리아 에트루스코 국립 박물관
코르시니 미술관

로마 패스의 모든 것

로마 패스란?
로마 패스Roma Pass는 로마의 대중교통을 무제한으로 이용할 수 있는 카드다. 주요 유적지와 박물관의 무료입장과 할인 혜택도 적용된다. 로마에서 최소 2일 이상 머물고, 바티칸 박물관, 카타콤베를 제외한 두 곳 이상의 관광지를 방문할 계획이라면 구입하는 것을 추천한다. 무료로 입장하는 곳은 줄 서서 표를 살 필요 없이 입장이 가능하다. 관광지에 따라 로마 패스 소지자여도 예약이 필요한 경우가 있다.

Data 전화 06-0608 홈페이지 www.romapass.it

로마 패스의 종류
48시간권과 72시간권이 있으니 일정에 맞는 패스를 선택하자. 처음 개시한 시간을 기준으로 사용이 가능하다. 48시간권은 두 번째 방문지부터, 72시간권은 세 번째 방문지부터 할인 혜택이 적용된다.

종류	요금	유효 시간	무료입장	공통 조건
48시간권	32유로	48시간	한 곳	메트로, 버스, 트램 무료
72시간권	52유로	72시간	두 곳	무료입장 이후 방문지부터 할인 혜택

어디서 구입할까?
유적지, 박물관, 관광 안내소, 메트로역 매표소에서 구입할 수 있다. 홈페이지나 전화로도 예약이 가능하다. 본인이 원할 때 개시할 수 있어 미리 구매해도 상관없다.

로마 패스 주의 사항
1. 카드 뒷면에는 성과 이름 및 사용 일자를 기입해야 한다.
2. 로마 패스는 개시일부터 연속으로 사용된다.
3. 로마의 유적지, 박물관, 미술관은 대부분 월요일, 1월 1일, 5월 1일, 12월 25일 등 공휴일에는 휴관인 경우가 많으니 꼭 확인 후 방문하자.
4. 무료입장 이후 두 번째 혹은 세 번째 관광지부터는 매표소에서 직접 로마 패스를 제시하고 할인 혜택을 받아 티켓을 구입하자. 스폿마다 할인율은 다르다.
5. 매표원이 로마 패스와 함께 신분증을 요구할 수도 있으니 여권을 지참하자.
6. 콜로세움 통합권과 보르게세 미술관은 로마 패스를 사용해도 예약이 필수다.

스마트한 로마 패스 사용법

로마 패스를 이용하는 기간에는 패스 사용이 가능한 스폿 위주로 동선을 짜자. 개시 시간을 기준으로 이용이 가능하기 때문에 최대한 시간을 꽉 차게 활용하자. 첫째 날 오후에 72시간권을 개시한다면 넷째 날 오전에 마지막 박물관을 방문할 수 있다. 로마 패스로 무료 이용할 곳은 티켓 가격이 고가인 곳 중에서 할인 혜택을 많이 받지 못하는 곳을 선택하자. 예를 들어 카피톨리니 박물관의 티켓 가격은 원래 11.50유로지만 할인된 가격은 9.50유로라 큰 차이가 없으니 무료로 관람하는 것이 낫다. 보르게세 미술관은 13유로인 티켓 가격이 할인을 받으면 6.50유로까지 떨어져 이득을 볼 수 있다. 티켓 가격과 할인 가격은 홈페이지에서 비교 가능하다.

〈로마 패스 이용자 VS 비이용자〉

경비 내역	패스 이용자 A	패스 이용자 B	패스 비이용자
로마 패스 72시간권	52유로	52유로	-
콜로세움, 포로 로마노, 팔라티노 언덕	무료입장	무료입장	16유로
카피톨리니 박물관	무료입장	9.50유로(할인)	11.50유로
보르게세 미술관	6.50유로(할인)	무료입장	13유로
산탄젤로성	6유로(할인)	6유로(할인)	12유로
교통 72시간권	-	-	18유로
합계	64.50유로	67.50유로	70.50유로

* 예약비는 경비 내역에 포함되어 있지 않다. 로마의 경우 예약이 필요한 주요 관광지가 많고 온라인에서 티켓을 미리 구매하는 경우 대부분 1~2유로 수수료가 부과되니 알아두자.

** 카피톨리니 박물관과 보르게세 미술관은 특별전 진행이 잦으며, 특별전이 열릴 경우 티켓 가격이 상승한다.

카피톨리니 박물관

보르게세 미술관

영화로 떠나는 로마

자전거 도둑 (비토리오 데 시카, 1948년)
제2차 세계대전 직후의 로마를 배경으로 한 흑백 영화다. 자전거가 생존 수단인 주인공이 자전거를 도둑맞으면서 일어나는 일을 줄거리로 담았다. 당시 암울한 현실을 반영하듯 부조리한 사회의 이면을 깊게 들여다볼 수 있다.

`촬영 장소` 포르타 피아(321p), 포르타 포르테세 벼룩시장(364p)

미션 임파서블 3 (J.J. 에이브럼스, 2006년)
톰 크루즈가 바티칸 시국에 세워진 거대한 벽을 통해 교황의 연설장으로 침투하는 장면이 유명하다. 모터보트를 타고 탈출하는 장면은 테베레강을 배경으로 한다.

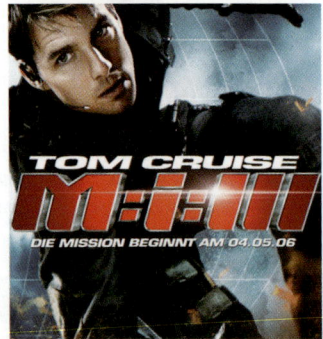

로마의 휴일 (윌리엄 와일러, 1953년)
영화가 나온 지 반세기가 훨씬 지났음에도 여전히 로마를 생각하면 제일 먼저 떠오르는 영화다. 1950년대 로마를 풍경으로 오드리 헵번과 그레고리 펙의 러브 스토리가 펼쳐진다. 오드리 헵번이 스페인 계단에서 먹었던 젤라토, 오드리 헵번과 그레고리 펙이 탔던 스쿠터 베스파Vespa 모두 이슈가 됐다.

`촬영 장소` 콜로세움(151p), 진실의 입(184p), 바르베리니 궁전(239p), 트레비 분수(242p), 스페인 광장(245p)

로마는 시선이 닿는 곳마다 고대 유적과 예술품이 가득해 도시 자체가 거대한 영화 세트장 같다. 로마를 무대로 한 수많은 영화는 로마 여행을 더욱 설레게 한다. 영화 속 매력적인 배경을 두 눈에 직접 담아보자.

먹고 기도하고 사랑하라 (라이언 머피, 2010년)

같은 이름의 유명 에세이를 바탕으로 만들어진 영화다. 주인공인 줄리아 로버츠는 안정적인 일상에서 벗어나 진정한 행복을 찾기 위해 1년 동안 긴 여행을 떠난다. 영화는 이탈리아, 인도, 발리의 이색적인 풍경을 담고 있다.

촬영 장소 나보나 광장(194p), 산테우스타키오 일 카페(223p), 산탄젤로성(296p)

달콤한 인생 (페데리코 펠리니, 1960년)

이탈리아를 대표하는 영화감독 페데리코 펠리니가 연출한 고전 영화다. 영화의 여주인공인 아니타 에크베르의 트레비 분수 목욕 장면은 수많은 남성들을 설레게 했고, 트레비 분수를 더 유명하게 만드는 데 일조했다.

촬영 장소 베네토 거리(238p), 트레비 분수(242p), 산 피에트로 대성당(289p), 수도교 공원(401p), 치빌타 델 라보로 궁전(403p)

천사와 악마 (론 하워드, 2009년)

〈다빈치 코드〉로 유명한 댄 브라운의 소설을 원작으로 한 영화다. 비밀 결사단 일루미나티와 로마 교황청 간의 갈등을 둘러싼 미스터리를 로마를 배경으로 흥미롭게 풀어낸다. '천사와 악마 투어'가 있을 정도로 영화 속 루트를 따라 로마 여행을 하는 재미가 쏠쏠하다.

`촬영 장소` 나보나 광장(194p), 판테온(202p), 산타 마리아 델라 비토리아 성당(236p), 산타마리아 델 포폴로 성당(249p), 산 피에트로 대성당(289p), 산 피에트로 광장(295p), 산탄젤로 성(296p)

그레이트 뷰티 (파올로 소렌티노, 2013년)

40여 년 전 소설 한 권을 출간한 후 더 이상 책을 쓰지 못해 작가라는 타이틀은 달았지만 그저 유명인사에 가까운 주인공이 첫사랑의 죽음을 계기로 아름다웠던 지난 시절을 반추하기 시작한다. 아름다운 배경과 몽환적인 연출이 돋보이는 영화다.

`촬영 장소` 콜로세움(151p), 카피톨리니 박물관(177p), 나보나 광장(194p), 베네토 거리(238p), 빌라 줄리아 에트루스코 국립 박물관(316p), 산 피에트로 인 몬토리오 성당(363p), 아콰 파올라 분수(364p), 몰타 기사단 광장(381p), 수도교 공원(401p)

로마 위드 러브 (우디 앨런, 2012년)

로마 관광청에서 제작한 홍보물처럼 우디 앨런이 심혈을 기울여 로마와 로마 근교 구석구석을 카메라로 담았다. 로마에 가본 이들에게는 향수를, 아직 로마를 가보지 못한 사람들에게는 여행 지름신을 불러일으키는 마법 같은 영화다. 영화는 다양한 인물들이 등장하는 네 가지 에피소드로 이뤄지지만 그중 주인공은 단연 '로마'라고 할 수 있겠다. 로마를 여행하기 전 단 한 편의 영화를 볼 수 있다면 〈로마 위드 러브〉를 추천한다. 영화가 가이드가 되어 당신이 앞으로 보게 될 장소들을 꼼꼼하게 안내해줄 것이다.

`촬영 장소` 콜로세움(151p), 포로 로마노(155p), 베네치아 광장(176p), 캄피돌리오 광장(180p), 마테이 광장(213p), 베네토 거리(238p), 트레비 분수(242p), 스페인 광장(245p), 포폴로 광장(248p), 보르게세 공원(314p), 파르코 델라 뮤지카 오디토리움(320p), 카라칼라 욕장(382p), 오스티아 해변(416p), 빌라 데스테(431p)

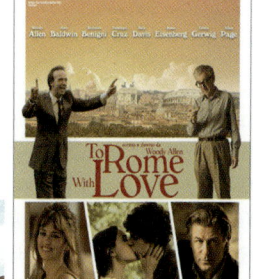

점퍼 (더그 라이만, 2008년)

영화 속 주인공은 원하는 곳 어디든 순간 이동을 할 수 있는 초능력자다. 로마, 런던, 파리, 뉴욕, 도쿄 등을 배경으로 흥미로운 볼거리를 선사하는 SF 영화다.

`촬영 장소` 콜로세움(151p)

> **Tip** 〈벤허〉와 〈글래디에이터〉는 대전차 경기장과 콜로세움을 배경으로 한 영화지만 실제 촬영은 모두 세트장에서 이뤄졌다.

ENJOYING 06

베르니니와 함께 하는 로마 산책

베르니니는 로마를 위해 태어났고, 로마는 베르니니를 위한 갤러리였다. 로마 어느 곳을 향해도 베르니니의 작품이 불쑥불쑥 눈앞에 나타나기 때문이다. 바로크 시대의 천재 조각가이자 건축가였던 베르니니의 발자취를 따라 여행을 떠나보자.

베르니니는 누구?

베르니니의 풀네임은 잔 로렌초 베르니니Gian Lorenzo Bernini로 조각가인 피에트로 베르니니Pietro Bernini의 아들이다. 1598년 이탈리아의 나폴리에서 출생했다. 베르니니는 일찍부터 역대 교황들의 눈에 띄어 조각과 건축에서 뛰어난 재능을 발휘했다. 그를 총애했던 교황 우르바노 8세는 '베르니니는 로마가 필요하고, 로마는 베르니니가 필요하다.'라는 말을 남겼다. 교황 우르바노 8세를 배출한 바르베리니 가문은 베르니니의 든든한 후원자였다. 베르니니는 수많은 예술 작품과 건축물을 남겼고, 이로 인해 로마는 바로크 예술의 화려한 꽃을 피울 수 있었다.

베르니니의 작품 살펴보기

교황 인노첸시오 10세
흉상 Busto di Innocenzo X

교황 인노첸시오 10세를 조각한 작품으로 도리아 팜필리 궁전이 소장하고 있다. ▶ 208p

바르베리니 궁전
Palazzo Barberini

미술관으로 사용되는 바르베리니 궁전 내부에서는 베르니니가 설계한 계단을 볼 수 있다. ▶ 239p

트리톤 분수
Fontana del Tritone

바르베리니 광장 중앙에서 시원하게 물줄기를 뿜어내는 분수다. 바다의 신 트리톤이 조개껍데기 위에 앉아 고둥을 불고 있는 모습을 표현했다. ▶ 237p

꿀벌 분수 Fontana delle Api

바르베리니 광장 코너에서 볼 수 있는 분수다. 거대한 조개 껍데기에 귀여운 꿀벌 세 마리가 조각되어 있다. ▶ 237p

엘레판티노 Elefantino

산타 마리아 소프라 미네르바 성당 앞 코끼리 조각상이다. 코끼리가 거대한 오벨리스크를 힘겹게 등으로 떠받치고 있으며, 고개를 살짝 돌려 판테온 쪽을 바라보고 있다. ▶ 206p

메두사 Medusa

카피톨리니 박물관이 소장한 대리석 조각상으로 로마 신화에 등장하는 메두사를 표현했다. 고통스러운 표정을 한 메두사의 얼굴이 생생하게 묘사됐다. ▶ 177p

나보나 광장 Piazza Navona

베르니니가 조성한 아름다운 광장이다. 광장 한가운데 있는 피우미 분수와 남쪽에 있는 모로 분수의 무어인 조각상은 베르니니가 제작한 것이다.
▶ 194p

아폴로와 다프네
Apollo e Dafne

보르게세 미술관에 전시된 조각상이다. 사랑에 빠진 아폴로가 다프네에게 구애를 하며 쫓아가지만 다프네는 거절하고 월계수로 변한다. 역동성과 정교함이 잘 표현됐다. ▶ 312p

페르세포네의 납치
Ratto di Proserpina

보르게세 미술관에서 감상할 수 있는 베르니니의 또 다른 조각품이다. 플루토가 페르세포네를 납치하는 모습을 사실적으로 묘사했다. ▶ 312p

성녀 테레사의 환희 Santa Teresa Trafitta dall'Amore di Dio

산타 마리아 델라 비토리아 성당에서 볼 수 있는 베르니니의 조각품이다. 성녀 테레사의 정신적 환희의 순간을 표현한 것이지만 보는 이에 따라 관능적인 쾌락의 절정처럼 오해할 소지가 있다. ▶ 236p

축복받은 루도비카 알베르토니 Beata Ludovica Albertoni

산 프란체스코 다시시 아 리파 성당에 놓여 있는 조각상이다. 복녀 루도비카 알베르토니의 모습을 묘한 상상력을 불러일으킬 만큼 관능적으로 조각했다. ▶ 359p

거북이 분수 Fontana delle Tartarughe

마테이 광장 중앙에서 물줄기를 뿜고 있는 분수다. 분수의 윗부분을 장식하는 청동 거북을 베르니니가 만들었다.
▶ 213p

산탄드레아 알 퀴리날레 성당
Chiesa di Sant'Andrea al Quirinale

베르니니가 설계에 참여한 성당으로 그의 작품 중에서 유독 애지중지했던 곳이다. ▶ 244p

산타 마리아 마조레 대성당 Basilica di Santa Maria Maggiore

베르니니의 마지막 숨결을 느낄 수 있는 곳이다. 성당 안에 베르니니의 무덤이 안치되어 있다. ▶ 335p

산 피에트로 광장
Piazza San Pietro

타원형으로 만들어진 광장으로 웅장하고 화려한 자태가 눈길을 끈다. 가운데는 이집트에서 공수해온 오벨리스크가 중심을 잡고 있다. 양옆 좌우 대칭으로 분수를 설치해 안정감이 느껴진다. 베르니니의 천재성을 엿볼 수 있는 대표적인 건축물이다. ▶ 295p

산 피에트로 대성당
Basilica Papale di San Pietro

성당 내부 장식의 일부와 발다키노가 베르니니의 손에서 탄생했다. 청동 구조물인 발다키노에는 베르니니의 후원 가문이었던 바르베리니가家의 문장인 벌꿀 모양이 여러 군데 조각되어 있다. ▶ 289p

하박국과 천사
Abacuc e l'Angelo

산타 마리아 델 포폴로 성당의 키지 예배당을 장식하고 있는 조각상이다. 천사가 예언자 하박국의 머리카락을 한 손으로 들어 올리며 다른 한 손으로는 하박국이 만나야 할 예언자 다니엘이 있는 곳을 손가락으로 가리키고 있다. ▶ 249p

다니엘과 사자
Daniele e il Leone

〈하박국과 천사〉와 함께 키지 예배당에 자리 잡은 조각품이다. 예언자 다니엘이 사자굴에 있는 모습을 표현했다.
▶ 249p

산탄젤로 다리
Ponte Sant'Angelo

베르니니는 산탄젤로 다리 위를 장식하는 천사 조각상 제작에도 참여했다. 베르니니의 손길이 닿은 두 개의 조각상은 교황 클레멘스 9세에 의해 옮겨져 현재는 산탄드레아 델레 프라테 성당에서 보관하고 있으며, 복제품이 그 자리를 대신하고 있다. ▶ 297p

> ENJOYING 07

유네스코 세계 문화유산을 찾아가는 여행

로마는 도시 전체가 세계 문화유산이라고 부를 만큼 진귀한 유적과 건축물이 가득하다. 로마 근교의 티볼리에서도 세계 문화유산에 선정된 별장을 찾아볼 수 있다.

로마 역사 지구-바티칸 시국의 유산들과 산 파올로 푸오리 레 무라 대성전
Centro Storico di Roma, le Proprietà Extraterritoriali della Santa Sede nella Città e San Paolo Fuori le Mura

로마에는 세계 문화유산에 등재된 문화 유적들이 빼곡하게 모여 있어 여행자들을 끊임없이 끌어들인다. 1980년 로마 역사 지구와 바티칸 시국이 세계 문화유산으로 지정되었으며, 1990년까지 이 지역 안에 세계 문화유산에 등재된 건축물은 계속 늘어났다. 로마 역사 지구에는 고대 로마 시대의 정치와 문화를 엿볼 수 있는 공공 건축물이 대거 포함되어 있다. 콜로세움, 포로 로마노, 팔라티노 언덕, 콘스탄티누스 개선문, 대전차 경기장, 트리야누스 원기둥, 마르켈루스 극장, 판테온, 마르쿠스 아우렐리우스 원기둥, 아우구스투스 영묘, 산탄젤로성, 디오클레티아누스 욕장, 카라칼라 욕장 등이 대표적인 유적이다. 바티칸 시국 내부에 있는 바티칸 박물관, 산 피에트로 대성당, 산 피에트로 광장을 비롯해 바티칸 시국의 소유지만 로마 곳곳에 흩어져 있는 산타 마리아 마조레 대성당, 산 조반니 인 라테라노 대성당, 산 파올로 푸오리 레 무라 대성당까지 모두 바티칸 시국의 문화유산에 속한다.

빌라 데스테 Villa d'Este

빌라 아드리아나와 함께 티볼리에 위치한 저택이다. 빌라 데스테는 이탈리아 빌라 정원의 독보적인 아름다움을 보여주는 곳이다. 르네상스 양식으로 제작된 분수와 연못이 정원을 화려하게 장식한다. 2001년 유네스코 세계 문화유산으로 선정됐다. ▶ 431p

빌라 아드리아나 Villa Adriana

1999년 유네스코 세계 문화유산에 등재됐다. 하드리아누스 황제가 건설한 여름 별장으로 거대한 규모의 화려한 건축물이 늘어섰던 곳이다. 현재는 많은 부분이 훼손되었지만 과거의 영광이 담긴 건축물의 흔적을 찾아볼 수 있다. ▶ 435p

ENJOYING 08
로마 여행 100배 즐기기

테베레강에서 유람선 타기

로마 풍경을 좀 더 가까이에서 보고 싶다면 테베레강 유람선을 추천한다. 테베레강에서는 4~10월 유람선을 운행하는데 강을 따라 가며 로마 곳곳을 바라볼 수 있다. 티베리나섬에서 출발해 포폴로 광장 근처까지 배가 지나간다. 티베리나섬 외에 시스토 다리Ponte Sisto, 산탄젤로성, 포폴로 광장 근처에서 유람선을 탈 수 있다. 정확한 위치는 홈페이지를 참고하자. 목요일에서 일요일까지는 간단한 식사와 와인이 제공되는 아페르티프 크루즈를 즐길 수 있다.

Data 지도 193p-K
가는 법 티베리나섬과 룽고테베레 델리 안귈라라 거리Lugotevere degli Anguillara 사이
전화 347-541-5439
운영시간 4~10월 10:00~18:00 **요금** 16유로~
홈페이지 www.romeboat.com

내 손으로 직접 만드는 쿠킹 클래스

식재료 천국인 로마에서는 요리 욕구가 불쑥불쑥 솟아난다. 쿠킹 클래스에서는 이탈리안 셰프와 함께 요리를 해 볼 수 있다. 직접 만들어 보면 이탈리아 음식을 좀 더 깊게 이해할 수 있다. 즐거운 추억은 덤이다. 피자, 파스타, 젤라토 등 다양한 종류의 클래스가 있으니 비교 후 골라보자. 와인 애호가라면 와인 테이스팅 클래스로 눈길을 돌려봐도 좋다. 프로그램은 대부분 영어로 진행된다. 클래스를 등록할 때는 호텔 픽업이 포함되는지 잘 살펴보자. 아래 사이트에서 여러 종류의 쿠킹 클래스를 안내받을 수 있다.

쿠킹 클래스 비교 및 등록 홈페이지
Data 요금 29유로~
홈페이지 www.viator.com/Rome-tours/Cooking-Classes/d511-g6-c19

뻔한 관광지만 둘러보는 여행은 이제 그만! 로마 여행을 더욱 특별하게 즐기는 방법을 소개한다. 유람선 타기, 쿠킹 클래스, 오페라 관람, 축구 투어로 로마 여행에 색다른 경험을 추가하자.

우아하게 오페라 관람하기

로마에서는 이탈리아가 본고장인 오페라를 쉽게 접할 수 있다. 한국보다 저렴한 가격에 퀄리티 높은 공연을 볼 수 있어서 좋다. 음악 시간에 배웠던 베르니니, 푸치니, 로시니 등의 오페라를 눈과 귀에 담아보자. 특히 푸치니의 <토스카>는 로마에서 초연됐던 오페라라 더 의미 있다. 로마 국립 오페라 극장 홈페이지를 통해 프로그램 확인 후 티켓을 예매하자. 저렴한 자리는 일찍 표가 매진되니 서둘러야 한다. 7~8월 초에는 카라칼라 욕장에서 열리는 특별한 오페라도 있다. 탁 트인 야외에서 고대 유적을 배경으로 별빛 아래 오페라가 펼쳐진다. 프로그램과 티켓은 국립 로마 오페라 극장 홈페이지에서 확인 가능하다.

Data 요금 22유로~
홈페이지 www.operaroma.it

열정적인 이탈리아 축구 관전하기

이탈리아를 생각하면 떠오르는 단어 중 하나가 축구다. 로마에서는 프로 축구 시즌인 8월부터 5월까지 세리에 A 경기를 즐길 수 있다. 세리에 A는 4부로 구성된 이탈리아 프로 축구 리그의 1부로 영국 프리미어리그, 스페인 프리메라리가와 함께 세계 3대 프로 축구 리그로 꼽힌다. 세리에 A에서 AS 로마와 SS 라치오는 로마를 홈그라운드로 하는 팀이다. AS 로마와 SS 라치오가 붙는 더비(같은 연고지의 팀끼리 하는 경기)가 흥미로운 편이다. 경기는 스타디오 올림피코에서 열리며, 티켓은 현장이나 로또를 판매하는 로토마티카, AS 로마 공식 홈페이지(www.asroma.com) 등에서 구매할 수 있다.

Data 홈페이지 www.legaseriea.it

ENJOYING 09

골목 어디에서나 마주하는
로마의 성당

로마에서는 발걸음을 내디딜 때마다 수많은 성당과 마주 보게 된다. 로마의 성당은 종교적인 의미뿐만 아니라 예술적인 가치가 큰 곳이다.

> **Tip 성당 방문을 위한 팁**
> 1. 성당에 방문할 때는 민소매, 반바지, 미니스커트 등 노출이 있는 의상은 피해야 한다. 더운 여름에 성당을 방문할 시 얇은 스카프나 카디건이 유용하다.
> 2. 로마에 있는 성당은 대부분 무료지만 경우에 따라 성당 안에 걸린 그림을 제대로 보려면 0.5~1유로를 지불해야 한다. 작품 앞에 설치된 기계에 동전을 넣으면 환한 불빛이 그림을 비춘다.

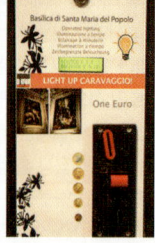

이탈리아 성당의 종류

이탈리아 성당은 바실리카basilica, 키에사chiesa, 두오모duomo로 나뉜다. 바실리카는 고대 로마 시대에 상업 거래소와 법정으로 사용된 공공건물이었다. 건물 안에 양쪽으로 기둥이 늘어서 있고, 끝에는 반원형의 애프스가 자리한 형태였다. 오늘날에는 오래된 역사를 가지고 있거나 성인 또는 역사적인 사건과 관련된 성당 건물을 바실리카라고 부른다. 바실리카는 일반 성당인 키에사보다 격이 높다. 키에사는 동네 성당이라고 생각하면 이해하기 쉽다. 두오모는 이탈리아 각 도시를 대표하는 대성당을 의미한다. '집'을 뜻하는 라틴어 도무스domus에서 유래했다. 로마에서는 두오모를 찾아볼 수 없지만 로마 근교의 오르비에토에서는 두오모를 볼 수 있다.

로마의 4대 성전

이 성당들은 로마에서 종교적으로 가장 중요한 역할을 하는 대성당으로, 모두 바티칸 시국에 소속되어 있다. 가톨릭 순례 여행을 한다면 빼놓지 말고 둘러봐야 할 곳들이다.

산 피에트로 대성당
Basilica Papale di San Pietro

산 피에트로 대성당

가톨릭의 총본산으로 성 베드로의 무덤 위에 건립됐다. 미켈란젤로의 〈피에타Pieta〉를 비롯해 볼거리가 무궁무진하다. 박물관이라고 해도 손색이 없을 정도다.
▶ 289p

산타 마리아 마조레 대성당
Basilica Papale di Santa Maria Maggiore

산타 마리아 마조레 대성당

성모 마리아에게 최초로 봉헌된 성당이다. 한여름 눈이 내린 에스퀼리노 언덕 위에 지어졌다. 성당 내부는 금빛으로 화려하게 꾸며져 있다. ▶ 335p

산 조반니 인 라테라노 대성당
Basilica Papale di San Giovanni in Laterano

산 조반니 인 라테라노 대성당

로마에 세워진 최초의 성당이다. 전 세계 성당의 어머니라고 부를 만한 곳으로 천 년 가까이 가톨릭 성당의 중심이었다. ▶ 378p

산 파올로 푸오리 레 무라 대성당
Basilica Papale di San Paolo Fuori le Mura

산 파올로 푸오리 레 무라 대성당

성 바오로를 기리기 위해 설립된 성당이다. 성 바오로의 무덤이 성당 안에 안치되어 있다. 성당은 거대한 규모에 엄숙한 분위기가 흐른다. ▶ 400p

카라바조를 만날 수 있는 성당

미켈란젤로 다 카라바조Michelangelo da Caravaggio는 이탈리아 바로크 시대의 대표적인 화가다. 화려한 르네상스 회화와 대비되도록 배경은 어둡게 하면서 중심 인물에게만 빛을 비추어 극적인 효과를 연출해 냈다. 명암의 대비가 뚜렷한 카라바조의 작품은 루벤스, 렘브란트, 모네 등 바로크 화가들에게 큰 영향을 끼쳤다. 카라바조의 걸작은 미술관뿐만 아니라 무료로 입장 가능한 성당에서도 쉽게 만날 수 있다.

산타고스티노 성당 Basilica di Sant'Agostino

1604년에 카라바조가 그린 〈로레타의 성모 마리아 Madonna dei Pellegrini〉가 걸린 성당이다. 카라바조의 작품뿐만 아니라 베르니니와 라파엘로의 작품도 살펴볼 수 있다. ▶ 200p

산 루이지 데이 프란체시 성당
Chiesa di San Luigi dei Francesi

카라바조가 성 마태오의 일생을 표현한 연작을 볼 수 있는 곳이다. 〈성 마태오의 소명 Vocazione di San Matteo〉, 〈성 마태오의 영감San Matteo e l'Angelo〉, 〈성 마태오의 순교Martirio di San Matteo〉를 소장하고 있다. ▶ 198p

산타 마리아 델 포폴로 성당
Basilica Parrocchiale Santa Maria del Popolo

이 성당에는 〈성 바오로의 개종Conversione di San Paolo〉과 〈성 베드로의 십자가형Crocifissione di San Pietro〉이 남아 있다. ▶ 249p

ENJOYING 10

로마의 휴일

로마는 사계절 내내 다채로운 이벤트로 가득한 도시다. 특히 여름이 시작되면 도시 곳곳에 활기가 넘친다. 로마에서 열리는 흥미로운 축제와 함께 풍성한 로마의 휴일을 보내자.

2월

카니발 Carnevale

이탈리아 최대 이벤트인 베네치아 카니발만큼 규모가 크고 명성이 높지는 않지만 로마에서도 카니발이 열린다. 카니발은 고기를 끊는 풍습이 있는 사순절 전에 열리는 축제로, 고기를 먹고 즐겁게 노는 가톨릭 국가의 행사다. 눈길을 사로잡는 코스튬을 장착한 사람들이 흥미로운 퍼레이드를 펼친다. 나보나 광장, 스페인 광장, 포폴로 광장, 코르소 거리Via del Corso, 티부르티나 거리Via Tiburtina, 등에서 행진이 진행된다. 부활절을 기준으로 해마다 축제 기간이 달라지니 인터넷 검색을 통해 확인하자.

4월

부활절 Pasqua

산 피에트로 광장에서 교황이 부활절 미사를 집전한다. 부활절 주간에는 문을 닫는 관광지나 레스토랑이 많으니 여행에 참고하자.

모스트라 델레 아찰레에 Mostra delle Azalee

4월 초부터 스페인 계단은 진달래꽃으로 화사하게 물들며 봄이 온 것을 알린다. 한 달 가량 꽃이 피어 있다. 이때가 스페인 광장이 가장 사랑스러운 시기다. 인생 사진을 남길 확률이 매우 높다.

나탈레 디 로마 Natale di Roma

4월 21일은 로마의 탄생일이다. 대전차 경기장과 포리 임페리알리 거리Via dei Fori Imperiali를 중심으로 불꽃놀이, 퍼레이드 등 다양한 이벤트가 열린다.

Data 홈페이지 www.natalidiroma.it

5월

노동절 Primo Maggio

5월 1일 노동절에는 산 조반니 인 라테라노 광장에서 거대한 록 콘서트가 펼쳐진다.

Data 홈페이지 www.primomaggio.net

6월

에스타테 로마나 Estate Romana

'로마의 여름'이라는 뜻이다. 6월부터 10월 사이에 열리는 로마의 가장 큰 여름 축제다. 음악회, 영화, 공연 등의 프로그램을 만나볼 수 있다.

Data 홈페이지 www.estateromana.comune.roma.it

룽고 일 테베레 Lungo il Tevere

테베레 강변은 여름밤이 되면 불빛이 환하게 켜지며 레스토랑, 클럽, 바, 야외 갤러리, 문화 행사 등이 열린다. 시스토 다리Ponte Sisto와 수블리초 다리Ponte Sublicio 사이를 거닐며 로마의 밤을 만끽하자.

Data 홈페이지 www.lungoiltevereroma.it

7월
페스타 데 노안트리 Festa de' Noantri
마돈나 델 카르미네Madonna del Carmine의 헌신에 경의를 표하는 행사다. 7월의 마지막 2주 동안 트라스테베레 지역을 뜨겁게 달군다. 산타 마리아 인 트라스테베레 광장을 중심으로 불꽃 축제, 길거리 공연 등이 진행된다.

Data 홈페이지 www.festadenoantri.it

8월
성모 대성전 봉헌 축일
Festa della Madonna della Neve

8월 5일은 성모 대성전 봉헌 축일이다. 한여름에 기적적으로 눈이 내린 곳에 세워진 산타 마리아 마조레 대성당에서 하얀 꽃잎을 눈처럼 흩뿌린다.

9월
로마에우로파 Romaeuropa
세계적인 아티스트들이 무대 위에서 재능을 뽐내는 페스티벌이다. 무용, 연극, 콘서트 등이 9월부터 11월까지 이어진다. 테아트로 아르젠티나, 파르코 델라 뮤지카 오디토리움 등에서 다양한 프로그램이 진행된다.

Data 홈페이지 www.romaeuropa.net

10월
로마 필름 페스티벌
Festa del Cinema di Roma

베니스 영화제와 함께 이탈리아를 대표하는 영화 축제다. 할리우드와 유럽의 유명한 영화인들이 레드 카펫에 선 모습을 볼 수 있다. 영화제는 파르코 델라 뮤지카 오디토리움에서 진행된다. 프로그램과 티켓 예매는 홈페이지에서 확인하자.

Data 홈페이지 www.romacinemafest.it

11월
로마 재즈 페스티벌 Roma Jazz Festival
11월 초부터 3주 정도 파르코 델라 뮤지카 오디토리움에서 재즈 페스티벌이 열린다. 홈페이지를 통해 참가 뮤지션과 공연 정보를 확인할 수 있다. 티켓 예매는 티켓원(www.ticketone.it)에서 가능하다.

Data 홈페이지 www.romajazzfestival.it

12월
크리스마스 마켓
Mercatino di Natale della Befana

12월이 시작되면 나보나 광장에서 화려한 크리스마스 마켓이 열린다. 마켓에서는 크리스마스 장식품, 수공예품, 인형, 스낵 등을 판매한다.

Step 04
Eating

로마를
맛보다

01 이탈리아 레스토랑 A to Z
02 이탈리아 음식의 대표 주자, **파스타&피자**
03 골라 먹는 재미가 있는 **젤라토**
04 **그윽한 커피향이** 유혹하는 로마

05 로마인처럼 마트에서 장보기
06 소소한 즐거움, 마트의 먹거리

EATING 01

이탈리아 레스토랑 A to Z

맛있는 로마 여행을 즐기기 위해 이탈리아 레스토랑의 모든 것을 파헤쳐 보자. 낯선 문화와 용어를 알고 나면 여행이 좀 더 즐거워진다.

이탈리아 음식점 종류

격식을 차리고 식사를 할 수 있는 리스토란테부터 캐주얼한 바bar까지 다양한 종류의 식당이 있다. 자신의 취향이나 방문 목적에 맞는 곳을 골라 가 보자.

리스토란테 Ristorante
고급 레스토랑을 말하며, 요리가 코스로 준비된다.

트라토리아 Trattoria
리스토란테보다 한 단계 격식이 낮은 식당이다.

오스테리아 Osteria
트라토리아보다 규모가 작고, 한정된 메뉴를 제공한다.

에노테카 Enoteca
와인은 물론 와인과 어울리는 음식을 즐길 수 있다.

파니노테카 Paninoteca
이탈리아 샌드위치인 파니노를 전문적으로 판매한다.

젤라테리아 Gelateria
이탈리아 아이스크림인 젤라토를 맛볼 수 있는 가게다.

피체리아 Pizzeria
피자 전문점이다. 화덕에 불을 지펴 피자를 구우며, 대부분 저녁 시간에만 문을 연다.

피자 아 탈리오 Pizza a Taglio
다양한 종류의 피자를 탐미할 수 있는 조각 피자집이다.

타볼라 칼다 Tavola Calda
'뜨거운 식탁'이라는 의미다. 미리 조리된 음식들을 빠르게 먹을 수 있다.

포르노 Forno
이상한 상상은 금물! 여러 종류의 빵을 살 수 있는 베이커리다.

바 Bar
커피와 간단한 베이커리를 판다.

이탈리아 레스토랑 메뉴 탐구하기

이탈리아 레스토랑은 보통 안티파스토, 프리모 피아토, 세콘도 피아토, 돌체 순서로 음식이 준비된다. 네 가지 음식을 모두 맛보기는 부담스러울 수 있으니 프리모 피아토와 세콘도 피아토 중 하나를 고르는 것이 좋다.

❶ 안티파스토 Antipasto
식전에 식욕을 돋우기 위해 먹는 음식. 브루스케타Bruschette, 피오르 디 추카Fior di Zucca, 카르초피Carciofi 등이 있다.

❷ 추파 Zuppa
이탈리아 요리에서 수프를 말한다.

❸ 프리모 피아토
Primo Piatto

직역하면 '첫 번째 접시'라는 의미다. 각종 파스타와 리소토 등이 속한다.

❹ 세콘도 피아토
Secondo Piatto

'두 번째 접시'라는 뜻. 메인 요리를 의미한다. 육류 요리carne와 생선 요리pesce가 있다.

❺ 콘토르노 Contorno
세콘도 피아토에 함께 곁들여 먹기 좋은 음식들이다. 샐러드, 감자튀김 등이 있다.

❻ 피자 Pizza
피자는 프리모 피아토나 세콘도 피아토에 속하지 않고 메뉴에 따로 마련되어 있다.

❼ 돌체 Dolce
디저트를 가리킨다. 이탈리아 대표 디저트인 티라미수와 시칠리아 출신 돌체가 인기다.

❽ 카페 Caffè
이탈리아어로 커피를 카페라고 한다. 식후에는 우유가 들어가지 않은 커피를 마신다.

❾ 테 Tè
마시는 차를 말한다. 디저트와 함께하기 좋다.

⓿ **베반데** Bevande
마실 것을 의미한다.

⓫ **아콰** Acqua
이탈리아어로 물을 아콰라고 부른다. 로마의 식당에서는 물을 무료로 제공하지 않으니 따로 주문해야 한다. 아콰 나투랄레acqua naturale가 일반 생수고, 아콰 미네랄레acqua minerale가 탄산수다.

⓬ **비노** Vino
이탈리아 식탁에서 빠질 수 없는 와인이다. 레드 와인은 비노 로소vino rosso, 화이트 와인은 비노 비앙코vino bianco라고 부른다.

⓭ **비라** Birra
맥주를 의미한다. 이탈리아 맥주로는 페로니Peroni와 비라 모레티Birra Moretti가 유명하다.

팁 문화와 자릿세

이탈리아 레스토랑은 대부분 서비스 요금이 이미 가격에 포함되어 있어 팁을 따로 지불할 필요가 없다. 영수증을 보면 주문한 메뉴 외에 코페르토Coperto 요금이 따로 계산된 것을 볼 수 있다. 코페르토는 보통 1인당 1.50~5유로 정도다. 고급 레스토랑의 경우는 서비스 비용이 별도로 추가될 수 있으니 메뉴판 하단을 잘 살펴보자. 음식과 서비스가 만족스러웠다면 여행자가 재량껏 팁을 남길 수도 있다.

> **Tip 식당에서 유용한 이탈리아어**
>
> - **메뉴** Menu [메뉴]
> - **메뉴판 주세요.** Il menu, per favore. [일 메누 뻬르 파보레]
> - **맛** Gusto [구스또]
> - **~로 주문하겠습니다.** Vorrei prendere~ [보레이 쁘렌데레]
> - **커피 한 잔 주세요.** Un caffè, per favore. [운 까페 뻬르 파보레]
> - **건배!** Salute! [쌀루떼]
> - **맛있게 드세요!** Buon appetito! [부오나뻿띠또]
> - **맛있어요!** Buono! [부오노]
> - **영수증** Conto [꼰또]
> - **영수증 주세요.** Il conto, per favore. [일 꼰또 뻬르 파보레]
> - **자릿세** Coperto [꼬뻬르또]
> - **서비스 비용 포함** Servizio incluso [세르비찌오 인끌루조]

`EATING 02`

이탈리아 음식의 대표 주자,
파스타&피자

이탈리아 음식을 생각했을 때 가장 먼저 떠오르는 것은 파스타와 피자다. 우리에게는 이미 익숙한 음식들이지만 본고장에서 맛보는 요리는 색다르게 다가온다. 파스타와 피자의 무궁무진한 세계 속으로 빠져들어 보자.

이탈리아 파스타 입문하기

로마 여행에서 파스타를 맛보고 실망하는 여행자들이 종종 있다. 한국식 파스타에 익숙하다면 이탈리아 파스타가 조금 낯설 수 있다. 이탈리아에서는 파스타 면을 완전히 익히지 않고 알덴테al dente(파스타 면의 삶기를 중간 정도로 설익힌 것)로 요리한다. 이는 재료 본연의 맛과 식감을 최대한 살리기 위함이다. 파스타 면은 모양과 굵기가 다양하며, 그에 따라 명칭도 달리한다. 파스타 이름에는 제일 먼저 파스타 면 종류가 나오고 뒤에는 파스타 소스나 곁들여진 재료가 정의된다. 스파게티 알 포모도로Spaghetti al Pomodoro는 스파게티 면에 토마토pomodoro가 들어간 파스타라고 해석하면 된다. 레스토랑마다 들어가는 재료에 따라 파스타 이름은 조금씩 달라지니 파스타 면과 주재료를 보고 선택하자.

: 파스타 면 종류 :

스파게티 Spaghetti
가장 대중적인 파스타 면이다. 주로 토마토소스나 미트 소스로 요리된다.

페투치네 Fettuccine
길고 넓적한 면이다. 버터, 파르메산 치즈로 만든 알프레도 소스를 대체로 곁들인다.

탈리아텔레 Tagliatelle
페투치네와 비슷하지만 조금 더 면적이 넓다.

라비올리 Ravioli
고기, 치즈, 채소 등으로 속을 채워 만두같이 빚었다.

라자냐 Lasagna
폭이 넓은 사각형 형태의 파스타 면이다.

펜네 Penne
둥근 관 모양의 짧은 파스타로, 끝을 사선으로 자른 것이다.

푸실리 Fusilli
짧고 꼬불꼬불하게 생겼다.
샐러드, 차가운 파스타, 그라탱 등에 사용된다.

파르팔레 Farfalle
파르팔레는 '나비'라는 뜻이다. 나비넥타이 모양으로 생긴 파스타 면이다. 샐러드에 많이 이용된다.

뇨키 Gnocchi
감자와 밀가루를 반죽해 만든 수제비 같은 면이다. 그라탱을 만들 때 넣는다.

마카로니 Macaroni
좁고 짧은 통 모양의 면이다. 주로 샐러드 재료로 쓰인다.

: 로마에서 먹어 봐야 할 파스타 리스트 :

스파게티 알 포모도로
Spaghetti al Pomodoro

토마토소스를 끼얹은 가장 기본적인 스파게티. 호불호 없이 누구나 즐길 만한 맛이다.

스파게티 아이 프루티 디 마레 Spaghetti ai Frutti di Mare

새우, 홍합, 오징어 등 다양한 해산물과 토마토소스를 이용해 만든다.

스파게티 알라 볼로녜제
Spaghetti alla Bolognese

우리에게도 친숙한 스파게티로 미트 소스가 들어간다.

스파게티 알라 카르보나라 Spaghetti alla Carbonara

로마식 전통 카르보나라는 달걀노른자와 치즈로 소스를 만들어 파스타 면에 버무려 낸다. 한국에서 파는 파스타와는 사뭇 다르다.

스파게티 카초 에 페페
Spaghetti Cacio e Pepe

양젖으로 만든 페코리노pecorino 치즈와 후추로만 맛을 낸 심플한 스파게티다.

탈리아텔레 알 타르투포
Tagliatelle al Tartufo

트러플로 향긋한 풍미를 살린 파스타. 트러플이 유명한 오르비에토에서 쉽게 맛볼 수 있다.

페투치네 알랄프레도
Fettuccine all'Alfredo

로마의 유명 셰프인 알프레도가 개발했다. 넓적한 파스타면에 버터, 파르메산 치즈 등으로 만든 알프레도 소스를 넣어 요리한다.

페투치네 디 캄포딜로네 콘 아스티체 에 포모도리니
Fettuccine di Campodilone con Astice e Pomodorini

랍스터와 토마토소스가 넓적한 면 위에 어우러진 파스타다.

라비올리 디 카르네 콘 살사 알 풍기 포르치니
Ravioli di Carne con Salsa al Funghi Porcini

양송이버섯 소스가 가미된 라비올리다. 부드럽고 촉촉하다.

라자냐 Lasagna

넓적한 직사각형 모양으로 자른 파스타를 고기, 치즈, 채소 등과 함께 층층이 쌓아 오븐에 구운 요리다. 부드러운 식감이 특징이다.

: 이탈리아 피자 종류 :

이탈리아 피자는 미국식 피자와는 다르다. 기름지고 여러 가지 토핑이 많이 올라간 미국식 피자와는 달리 얇은 도우에 2~3가지 토핑만 올린 이탈리아 피자는 맛이 담백하고 심플하다. 모차렐라를 제외한 노란빛 치즈가 많이 들어갈수록 피자는 더 짭짤해지니 메뉴 선택에 참고하자. 피자와 맥주가 함께하는 피맥 조합은 언제나 옳다.

프루티 디 마레 Frutti di Mare
홍합, 새우, 오징어 등 해산물을 토핑으로 올린 피자다.

멜란차네 Melanzane
가지로 토핑한 피자다. 바삭한 도우와 말랑한 가지의 조화가 좋다.

풍기 Funghi
버섯으로 만든 피자다. 주로 토마토소스를 베이스로 하며, 한국인 입맛에 비교적 잘 맞는다.

마르게리타 Margherita
가장 기본적이고 대중적인 이탈리아 피자다. 도우 위에 올려진 빨간색 토마토와 흰색 모차렐라 그리고 초록색 바질 삼총사는 이탈리아 국기를 상징한다.

비앙카 피자 Pizza Bianca
토마토소스가 들어가지 않고 올리브오일과 소금으로만 만든 피자를 말한다. 빵 고유의 식감을 즐기며 먹을 수 있다.

콰트로 스타조니 Quattro Stagioni
'사계'라는 뜻의 피자다. 네 가지 다른 맛의 피자가 한 판에 담겨 나온다.

칼초네 Calzone
반원형으로 만들어진 피자다. 빵 사이에 고기, 치즈, 채소 등을 넣고 만두처럼 만들어 구웠다.

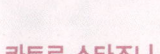

콰트로 포르마지 Quattro Formaggi
'네 가지 치즈'라는 의미다. 네 가지 맛 치즈가 피자에 들어간다. 주로 고르곤졸라, 폰티나, 스트라키노, 모차렐라 등을 사용한다. 네 가지 치즈가 시너지를 내며 짭짤함이 극에 달하니 신중하게 선택하자.

피오르 디 추카 Fiori di Zucca
끈적한 치즈가 펼쳐진 도우 위에 노란색 호박꽃이 활짝 폈다. 한국에서는 맛보기 어려운 별미다. 간혹 안초비가 토핑으로 추가된다. 안초비는 한국인 입맛에는 너무 짤 수 있으니 피하는 것이 좋다.

(EATING 03)

골라 먹는 재미가 있는 **젤라토**

젤라토는 이탈리아 여행의 꽃이라고 말할 수 있다. 로마에서는 어른, 아이 할 것 없이 누구나 '1일 1젤라토'를 외치게 된다. 여행을 더욱 활기차게 만들어주는 젤라토 세계를 탐닉해보자.

젤라토가 뭐지?

16세기 이탈리아에서 처음 만든 아이스크림이다. 일반 아이스크림과 달리 질감을 부풀리는 수분이 들어가지 않고, 얼리는 과정에서 공기가 서서히 주입되기 때문에 얼음이 씹히지 않고 부드럽다. 유지방 함량이 낮아 주재료의 맛이 진하고 향미가 강하다. 과일, 초콜릿, 견과류 등을 재료로 많이 사용한다.

인기 젤라토 TOP 12

피스타키오 Pistacchio
젤라토의 기본 중 기본이다. 견과류인 피스타치오가 들어가 쫄깃하고 고소하다. 젤라테리아를 평가할 때 가장 먼저 보는 것이 피스타치오의 색깔이다. 어두운 올리브색이면 합격. 인위적으로 밝은 녹색이라면 다른 젤라테리아로 발길을 돌리자.

리소 Riso
쌀로 만든 젤라토다. 쌀 알갱이가 씹히고 고소한 맛이 특징이다.

프라골라 Fragola
상큼한 딸기가 듬뿍 들어갔다.

리모네 Limone
이탈리아 남부에서 자란 레몬으로 만든 새콤한 젤라토다.

안구리아 Anguìria
여름에만 맛볼 수 있는 수박 젤라토다.

망고 Mango
달콤한 망고로 만들었다.

멜로네 Melone
부드럽고 향이 좋은 멜론 젤라토다.

초콜라토 Ciocolatto
달콤하고 쫀쫀한 초콜릿 맛이 입안을 지배한다.

스트라차텔라 Straciatella
초코칩이 바삭바삭 씹힌다.

티라미수 Tiramisu
맛있는 티라미수와 맛있는 젤라토가 만나 맛있음이 두 배가 된다.

요구르트 Yogurt
요구르트의 진한 풍미가 느껴진다.

카페 Caffè
커피 맛 젤라토다.

젤라토 사이즈 선택 방법

젤라토 사이즈는 제일 작은 사이즈인 피콜로piccolo, 중간 사이즈인 메디오medio, 큰 사이즈인 그란데grande, 특대형 사이즈인 지간테gigante 등이 있다. 보통 피콜로는 두 가지, 메디오는 세 가지 맛 선택이 가능하다. 콘cono과 컵copa 중에 고를 수 있다.

젤라토 주문 이렇게 하자!

1. 젤라토 사이즈를 선택한 후 카운터에서 계산을 하고 영수증을 받는다.
2. 컵과 콘 그리고 젤라토 맛을 고른 후 영수증을 제시하고 주문하면 된다. 과일 젤라토와 초콜릿 젤라토는 맛이 섞이면 좋지 않기 때문에 같은 콘이나 컵에 주문하지 않는 것이 젤라토에 대한 예의(?!)다.
3. 젤라토에 생크림을 무료로 얹어주는 곳도 있으니, 더 달달한 젤라토를 원한다면 올려 달라고 하자.

눈여겨볼 만한 로마의 젤라테리아

한국인들에게 알려진 로마의 TOP 3 젤라토집은 지올리띠(224p), 올드브릿지(300p), 파시(345p)다. 이미 유명한 이 세 곳의 젤라테리아 외에 현재 현지인과 여행자들에게 핫한 플레이스를 소개한다.

젤라테리아 프리지다리움 Gelateria Frigidarium
나보나 광장 근처에 있는 젤라테리아. 아침부터 밤까지 주문을 기다리는 줄이 계속 이어진다. 초콜릿 종류의 젤라토가 가장 인기 있다. ▶ 221p

일 젤라토 디 클라우디오 토르체 Il Gelato di Claudio Torcè
젤라토 장인 클라우디오 토르체가 만든 신선한 젤라토를 판매한다. 과일 젤라토가 맛있다. 로마 시내 중심부에 위치하지는 않지만 대전차 경기장이나 카라칼라 욕장을 방문한 후에 들를 만하다. ▶ 386p

벤키 Venchi
이탈리아 유명 수제 초콜릿 브랜드 벤키에서 젤라토도 판매한다. 초콜릿 젤라토와 과일 젤라토 모두 괜찮다. 판테온과 스페인 광장 근처에 매장이 있다. ▶ 253p

EATING 04

그윽한 커피향이
유혹하는 로마

커피는 로마 사람들의 삶에서 빼놓을 수 없는 중요한 존재다. '남자는 커피처럼 강하고, 착하고, 열정적이어야 한다'는 이탈리아 말이 있을 정도로 커피는 찬양받는 대상이다. 로마의 카페는 이른 아침부터 커피로 아침을 깨우려는 사람들로 붐빈다. 깊고 진한 카페나 부드러운 카푸치노로 이탈리아 명품 커피의 맛에 빠져들어 보자.

로마의 커피 메뉴

카페 Caffè
카페는 이탈리아어로 '커피'라는 뜻이다. 이탈리아에서는 에스프레소를 보통 카페라고 말한다. 진한 농도의 커피로 취향에 따라 설탕을 넣어 마신다.

카푸치노 Cappuccino
에스프레소 원액에 하얀 우유 거품이 올라가고, 그 위에 계핏가루가 뿌려진다. 현지인들이 코르네토와 함께 아침에 즐겨 마신다.

카페 라테 Caffè Latte
라테는 '우유'라는 뜻이다. 카페 라테는 에스프레소 원액에 스팀 밀크를 부어 만든다. 카푸치노보다 우유 함유량이 더 많다.

카페 데카페이나 Caffè Decaffeina
카페인 성분을 제거한 카페다. 데카페이나는 '디카페인'을 의미한다. 로마의 커피 숍에서는 대부분의 커피 메뉴를 디카페인으로도 만날 수 있어서 좋다.

카페 프레도 Caffè Freddo
아이스커피지만 '아이스'는 없다. 에스프레소에 얼음이 약간 들어가지만 순간적으로 다 녹아버린다. 프레도의 뜻은 '차가운'이며, 프레도가 음료의 이름에 붙어 있으면 냉음료인 것을 알 수 있다.

라테 마키아토 Latte Macchiato
스팀 밀크에 에스프레소 원액을 조금씩 떨어뜨려 우유가 얼룩진 것처럼 만드는 커피다. 마키아토는 '얼룩진'이라는 의미다. 우유가 풍부하게 들어 있어 부드러운 맛이 난다.

카페 마키아토 Caffè Macchiato
라테 마키아토와 반대로 에스프레소 위에 우유를 소량 얹은 것이다.

카페 콘 판나 Caffè con Panna
에스프레소에 생크림이 올라간 달콤한 커피다.

그라니타 디 카페 Granita di Caffè
얼은 커피를 갈아서 만든 것이다. 커피 위에 생크림을 올려 마시기도 한다.

카페 이용법

로마의 카페는 테이블 없이 바bar만 있는 경우가 많다. 테이블이 있더라도 대부분 커피값보다 비싼 테이블 차지가 붙는다. 로마의 커피 맛은 장소를 가리지 않고 훌륭하니 현지인처럼 바에서 캐주얼하게 커피를 즐겨보자. 분위기 좋은 노천카페라면 잠시 앉았다 가도 좋겠다. 바를 이용할 경우에는 메뉴를 고른 후 카운터에서 먼저 계산을 한다. 영수증을 받은 후에 바리스타가 있는 바로 가서 영수증을 내밀고 주문하자. 사람이 많다면 눈치껏 치고 들어가 바리스타와 아이 콘택트를 하자.

주목할 만한 로마의 카페

타차 도로 Tazza d'Oro
로마에서 손꼽히는 유명한 커피 전문점이다. 에스프레소, 카푸치노, 그라니타 디 카페 콘 판나가 훌륭하다. 로마를 떠나면 그리워지는 것 중 하나가 타차 도로의 커피일 것이다. ▶ 223p

산테우스타키오 일 카페 Sant'Eustachio Il Caffè
영화 〈먹고 기도하고 사랑하라〉의 배경이 된 커피 숍이다. 직접 수입한 원두를 로스팅해 맛있는 커피를 내려준다. 넉넉한 양의 그란 카페와 그란 카푸치노를 맛볼 수 있다.
▶ 223p

안티코 카페 그레코 Antico Caffè Greco
괴테를 비롯한 유명 인사들이 즐겨 찾던 카페다. 우아하고 고풍스러운 인테리어가 여행자들의 발걸음을 붙잡는다. 테이블을 차지할 경우 자릿세가 1인당 5유로 정도 추가된다. ▶ 252p

EATING 05

로마인처럼 **마트에서 장보기**

현지인의 삶 속에 살며시 스며들어갈 수 있는 마트 장보기는 여행에 또 다른 즐거움을 선사한다. 알록달록한 지중해 과일과 파릇파릇한 채소를 구경하는 재미가 쏠쏠하다. 파스타 면, 치즈, 올리브오일, 와인 등 다양하고 품질 좋은 식재료도 눈길을 사로잡는다. 한국보다 물가도 낮은 편이라 요리 욕구가 절로 솟아난다. 로마 중심부에서 쉽게 접할 수 있는 마트들을 소개한다.

까르푸 익스프레스 Carrefour Express

다채로운 과일, 채소, 치즈, 와인 등을 착한 가격에 판매한다. 여행에 필요한 생활용품도 있다. 물과 맥주도 싸게 살 수 있으며, 묶음으로 살 경우 더 저렴하다. 매장마다 물건 종류는 조금씩 다르다. 바티칸 시국 근처와 로마 시내 곳곳에 매장이 있다.

Data 지도 268p-F
가는 법 바티칸 박물관에서 도보 2분 **주소** Via Sebastiano Veniero 10A, Roma
전화 06-3973-3050
운영시간 월~토 08:00~22:00, 일 09:00~21:00
홈페이지 www.carrefour.it

코프 Coop 와 인코프 InCoop

70여 년의 역사를 가지고 있는 체인 마켓이다. 로마에서 흔하게 볼 수 있는 마트 중 하나다. 나보나 광장 근처를 비롯해 테르미니역, 트레비 분수, 스파다 궁전, 산탄젤로성 등 다양한 곳에 체인점이 자리한다. 매장마다 규모가 달라 구비하고 있는 아이템도 다르다.

Data 지도 193p-G
가는 법 나보나 광장에서 도보 3분
주소 Via Giustiniani 7, Roma
전화 06-683-3166
운영시간 08:30~22:00
홈페이지 www.unicoop-tirreno.it

사포리&딘토르니 코나드 Sapori&Dintorni Conad

테르미니역 지하 1층에 위치한 매장은 대형 슈퍼마켓 체인 코나드Conad의 럭셔리 버전으로 다양한 식료품과 생활용품을 구비한다. 간단하게 먹을 수 있는 샌드위치, 파스타, 샐러드, 초밥 등도 판매한다. 커피, 모카포트 등 선물용품도 구매할 수 있다. 접근성이 좋아 여행자들이 많이 방문한다. 로마 시내의 다른 대형 마켓에 비해 가격이 저렴하지는 않은 편이다.

Data 지도 329p-G
가는 법 테르미니역 지하
주소 Stazione Termini, Piazza dei Cinquecento, Roma
전화 06-8740-6055
운영시간 05:30~23:30
홈페이지 www.conad.it

투오디 Tuodì

현지인들이 즐겨 이용하는 마트다. 식료품과 생필품을 합리적인 가격에 제공한다. 바티칸 박물관 주변에서도 매장을 찾아볼 수 있다.

Data 지도 328p-F
가는 법 산타 마리아 마조레 대성당에서 도보 1분
주소 Via Liberiana 16, Roma
전화 349-970-2292
운영시간 월~토 08:00~21:00, 일 09:00~21:00
홈페이지 www.tuodi.it

팜 로칼 Pam Local

이탈리아 유통회사에서 운영하는 슈퍼마켓 브랜드다. 대형 슈퍼마켓부터 편의점까지 'Pam'을 붙인 상점들이 거리에서 쉽게 보인다. 알차고 신선한 식재료를 취급한다. 베네치아 광장, 바르베리니 광장, 산타 마리아 마조레 대성당 등지에 체인점이 있다.

Data 지도 174p-B
가는 법 베네치아 광장에서 도보 2분
주소 Via delle Botteghe Oscure 3, Roma
전화 06-8932-0361
운영시간 월~토 08:00~22:00, 일 09:00~22:00
홈페이지 www.pampano-rama.it

EATING 06

소소한 즐거움, **마트의 먹거리**

물 Acqua
타바키나 관광지에서 물을 사려면 1유로 이상이니 마트에서 구입하는 것이 좋다. 0.5유로 안팎으로 500ml를 구매할 수 있으며, 묶음으로 사면 더 저렴하다.

과일 Frutta
로마의 마트에서는 컬러풀하고 싱싱한 지중해 과일을 볼 수 있다. 원하는 만큼 봉지에 담은 후 셀프로 무게를 달고 가격표를 붙인다. 껍질 제거가 귀찮다면 포장되어 있는 것을 구매하자.

모차렐라 Mozzarella
하얗고 말랑말랑한 이탈리아 치즈다. 주로 샐러드나 피자 재료로 들어간다. 한국에서는 보기 어려운 신선한 모차렐라를 아주 저렴한 가격에 판매한다. 토마토와 올리브오일을 곁들여 간편하게 카프레제를 만들어 먹어도 좋다.

밀레폴리에 디탈리아 Millefoglie d'Italia
이탈리아의 유명한 과자 브랜드 마틸데 비첸치 Matilde Vicenzi에서 만든 바삭바삭한 페이스트리다. 페이스트리 속은 버터, 커스터드 크림, 헤이즐넛 크림 등으로 채워졌다.

누텔라 Nutella
안 먹어 본 사람은 있어도 한 번만 먹어 본 사람은 없다는 헤이즐넛 초콜릿 잼이다. 맛과 칼로리가 치명적이라 '악마의 잼'이라고 불린다. 빵과 비스킷에 발라 먹다 보면 무한대로 들어간다.

페레로 로셰 Ferrero Rocher
한국에서도 절찬리에 판매되는 이탈리아 유명 초콜릿이다. 페레로 회사는 페레로 로셰를 비롯해 누텔라, 포켓 커피, 몽 셰리 등을 탄생시키며 이탈리아 초콜릿 시장에 큰 획을 그었다.

포켓 커피 Pocket Coffee
초콜릿 안에 에스프레소가 숨어 있다. 달콤 쌉쌀한 맛의 적절한 조화에 쉽게 중독된다. 디카페인도 있다. 날씨가 추워지는 10월 중순부터 판매를 시작해 여름에는 살 수 없다.

바치 Baci
이탈리아 페루자에서 탄생한 헤이즐넛 초콜릿이다. 바치는 '키스'라는 뜻. 초콜릿을 감싼 은색 포장지에는 달콤한 사랑의 메시지가 적혀 있다.

부담스럽지 않은 가격에 장바구니를 풍성하게 채워주는 마트의 먹거리를 소개한다.
이탈리아에서 만들어진 초콜릿과 커피가 특히 유명하다.

몽 셰리 Mon Chéri
프랑스어로 '나의 달링'이라는 뜻이다. 이름처럼 맛은 그렇게 달달하지 않다. 다크 초콜릿 안에 술에 절인 체리가 들어 있어 독특한 향을 풍긴다. 포켓 커피와 마찬가지로 겨울 시즌에만 마트에서 볼 수 있다.

체레알 요 Cereal-Yo
요구르트 크림이 들어간 샌드 과자다. 오리지널 외에 카카오Cacao, 꿀Miele, 베리Frutti Rossi 맛도 있다.

페로니 Peroni
이탈리아를 대표하는 맥주로 부드럽고 순한 맛의 라거다. 페로니 칠 레몬 Peroni Chill Lemon은 청량감 가득한 레몬 맛 맥주로 여심을 저격한다. 페로니를 피자에 곁들이면 환상의 피맥 조합이 완성된다.

비라 모레티 Birra Moretti
페로니와 함께 이탈리아의 대중적인 맥주다. 1996년 매각돼 현재는 하이네켄 소유다. 옅은 황금색의 라이트한 맥주로 약간의 홉 맛이 느껴진다.

키안티 Chianti
이탈리아 토스카나 지방 와인. 세계적으로 명성이 자자하다. 한국보다 훨씬 저렴한 가격으로 만나볼 수 있으니 안 사고는 못 배긴다.

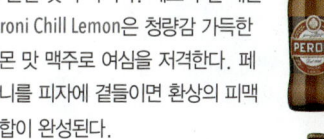

그란 골리아 Gran Golia
이탈리아의 유명한 목캔디. 세계적인 이탈리아 성악가 파바로티가 입에 물고 살아 '파바로티 캔디'라고도 불린다. 캔디를 입에 넣으면 목이 뻥 뚫리며 금세 시원함이 느껴진다.

트론키 Tronky
한국의 초코하임과 비슷한 모양의 과자다. 바삭한 과자 속에 달콤함이 가득 차 있다. 헤이즐넛Nocciola, 카카오Cacao, 우유와 시리얼Latte e Cereali 맛이 있다. 냉장고에 넣어 두었다 먹으면 더 맛있다.

파스타 면 Pasta
마트에는 다양한 색깔, 모양, 굵기의 파스타 면이 있다. 소스를 사서 현지에서 요리해도 좋고, 선물로 구입하기에도 적당하다.

일리 Illy
한국인도 믿고 마시는 이탈리아 커피 브랜드다. 100% 아라비카 원두로만 블렌딩됐다.

라바짜 Lavazza
이탈리아에서는 일리보다 더 많이 마시는 커피가 라바짜다. 이탈리아를 넘어서 유럽 시장에서도 최대 시장 점유율을 자랑한다. 한국보다 다양한 제품을 저렴한 가격에 구입할 수 있다.

Step 05
Shopping

로마를
남기다

01 로마에서 **쇼핑하기**
02 로마 여행 **쇼핑 리스트**
03 로마의 **쇼핑 거리**
04 로마의 아웃렛, **카스텔 로마노**

SHOPPING 01

로마에서 **쇼핑하기**

로마는 화려한 명품 브랜드부터 실용적인 브랜드까지
폭넓은 쇼핑을 하기 좋다. 언제 어디서 무엇을 살지 쇼핑 계획을 짜 보자.

무엇을 살까?

로마는 고가의 명품부터 중저가 브랜드까지 두루두루 쇼핑하기 좋은 곳이다. 이탈리아 명품인 프라다, 구찌, 살바토레 페라가모, 돌체앤가바나, 펜디, 발렌티노, 조르지오 아르마니, 발리 등의 신상을 한국보다 먼저 만나볼 수 있다. 이월 상품이 아닌 이상 가격은 한국과 비슷하거나 조금 밑도는 수준이다. 막스마라와 몽클레르는 국내보다 훨씬 저렴한 가격에 구매할 수 있어 한국인들에게 인기가 많다. 수페르가, 베네통, 리우조Liu Jo 등 이탈리아 중저가 브랜드도 눈여겨볼 만하다. 화장품은 수도사들이 만든 천연 화장품 산타 마리아 노벨라 약국과 '이탈리아의 미샤'인 키코가 유명하다. 이탈리아 명품 치약 마르비스는 구매 대행을 할 정도로 인기다. 품격 있는 이탈리아 커피와 커피를 더 맛있게 만들어주는 비알레티 모카포트도 쇼핑에서 빠질 수 없다. 음식에 관심이 많다면 파스타 면, 올리브오일, 트러플 제품, 치즈, 와인, 리몬첼로, 초콜릿 등에도 주목해 보자.

콘도티 거리

라 리나센테

카스텔 로마노

이틀리

어디서 살까?

명품은 콘도티 거리Via dei Condotti, 일반 브랜드는 코르소 거리Via del Corso에 매장이 밀집했다. 다양한 물건을 한큐에 둘러보고 싶다면 트레비 분수 근처에 있는 백화점 라 리나센테 La Rinascente로 발길을 향하자. 여행자들을 위한 기념품 가게는 나보나 광장과 바티칸 시국 주변에서 쉽게 볼 수 있다. 테르미니역에는 캐주얼한 의류 브랜드와 세포라, 키코 등 화장품을 한곳에서 구매할 수 있어서 편리하다. 디자이너 브랜드의 파격적인 할인 혜택을 받고 싶다면 아웃렛 카스텔 로마노Castel Romano를 방문하자. 본격적인 식료품 쇼핑을 하려면 이틀리 Eatly를 추천한다. 신선한 채소와 과일을 구입하려면 캄포 데 피오리나 누오보 메르카토 에 스퀼리노를 이용하자.

언제 살까?

로마에 있는 상점들은 일요일과 공휴일에 문을 닫는 경우가 많으니 주말에는 영업시간을 확인하고 방문하는 것이 좋다. 매년 1~2월과 7~8월에 두 차례 대규모 세일이 진행된다. 일부 명품 숍부터 개성 있는 편집숍까지 30~70% 할인된

가격으로 물건을 판매한다. 세일 초반에는 다양한 아이템과 사이즈로 선택의 폭은 넓으나 세일 폭은 작다. 반대로 세일 기간 막바지에 달하면 할인율은 커지지만 물건 종류는 많지 않다.

세금 환급받기

택스 리펀드 가맹점에서 한 번에 155유로 이상 구매할 경우 세금 환급이 가능하다. 물건을 계산할 때 여권을 제시하고 택스 리펀드 서류와 영수증을 챙기자. 출국 시 이탈리아 공항이나 마지막으로 방문하는 EU국가에서 세관 도장을 받고 세금을 환급받을 수 있다. 로마 공항에서의 세금 환급 방법은 043p를 참고하자.

사이즈 조견표

이탈리아에서 옷과 신발을 구매할 때 한국과 사이즈 단위가 달라 혼동하기 쉽다. 아래에 표기된 사이즈 표를 참고하여 옷을 고르자. 옷의 종류나 브랜드에 따라 사이즈가 조금씩 다를 수 있으니 직접 입어본 후에 구입하는 것이 가장 좋다.

〈여성 의류〉

한국 사이즈	44(XS)	55(S)	66(M)	77(L)
이탈리아 사이즈	36	38~40	42~44	46~48

〈여성 신발〉

한국 사이즈	230	235	240	245
이탈리아 사이즈	36	36.5	37	37.5

〈남성 의류〉

한국 사이즈		S	M	L	XL
이탈리아 사이즈	티셔츠, 재킷	15	15.5	16	16.5
	셔츠	37~38	39~40	41~42	43~44
	스웨터	80	89	98	107

〈남성 정장〉

한국 사이즈	81~87	85~88	89~92	93~96	97~100	101~104
이탈리아 사이즈	42	44	46	48	50	52

〈남성 신발〉

한국 사이즈	260	265	270	275
이탈리아 사이즈	40	41	42	43

> **Tip** 쇼핑할 때 유용한 이탈리아어
>
> · **가격** Prezzo [쁘렛쪼]
> · **세일** Saldi [쌀디]
> · **할인** Sconto [스꼰또]
> · **모든** Tutto [뚯또]
>
> · **~%까지** Fino al ~% [피노 알]
> · **~를 사고 싶어요.** Vorrei comprare~ [보레이 꼼쁘라레]
> · **얼마예요?** Quanto costa questo? [꽌또 꼬스따 꿰스또]
> · **비싸네요.** È caro. [에 까로]

> SHOPPING **02**

로마 여행 **쇼핑 리스트**

로마까지 왔는데 빈손으로 돌아가기는 아쉽다. 여행의 여운을 오래 간직할 수 있는 기념품부터 '어머, 이건 사야 해!'라는 말이 절로 나오는 핫한 아이템까지! 당신의 지갑을 노리는 로마에서 꼭 사야 할 쇼핑 리스트를 공개한다.

로마를 냉장고 문에 찰싹!
마그네틱

아름다운 로마 풍경이 담긴
엽서

피노키오 모양의
목제품

바티칸 시국의 경건함이 묻어나는
바티칸 성물

수도사가 만든 천연 화장품
산타 마리아 노벨라 약국

가성비 만점 화장품
카말돌리 약국

색조가 유명한 이탈리아
중저가 화장품 **키코**

치약계의 샤넬
마르비스

향과 맛 모두 명품인
이탈리아 커피

콧수염 아저씨가 그려진
비알레티 모카포트

모양도 예쁘고 맛도 좋은
파스타 면

레몬으로 만든 술
리몬첼로

쇼핑 129

SHOPPING 03

로마의 **쇼핑 거리**

로마에서 가장 쇼핑하기 좋은 곳은 스페인 광장과 포폴로 광장 주변이다. 세계적으로 유명한 명품 숍이 즐비한 콘도티 거리와 실속 있는 브랜드가 늘어선 코르소 거리가 여행자들의 다채로운 취향을 저격한다.

코르소 거리 Via del Corso

포폴로 광장에서 베네치아 광장까지 이어진 쇼핑 거리다. 캐주얼한 분위기의 상점이 모여 있는 곳으로 현지인들의 패션 스타일을 엿볼 수 있다. 콘도티 거리는 가까이하기에 조금 부담스러운 고가의 명품 숍이 많지만, 코르소 거리에서는 비교적 합리적인 가격의 아이템을 만나볼 수 있다. 주로 이탈리아 중저가 브랜드와 글로벌 SPA 브랜드가 자리잡고 있다. 리우조, AS 로마 스토어, 키코 등 이탈리아 브랜드와 나이키, H&M, 갭, 자라, 망고, 폴로 랄프 로렌, 세포라 등 우리에게도 친근한 브랜드들이 즐비하다. 여행 중에 입을 옷이 필요하다면 코르소 거리를 들러보자.

Data 지도 234p-F
가는 법 포폴로 광장의 쌍둥이 성당 사이에서 시작. 메트로 A선 Flaminio역 하차 후 도보 2분 **주소** Via del Corso, Roma **운영시간** 10:00~20:00 (매장마다 조금씩 다름)

콘도티 거리 Via dei Condotti

스페인 광장 앞으로 뻗어 있는 쇼핑 거리다. 다양한 명품 브랜드가 모여 있어 쇼퍼들의 눈길을 사로잡는다. 한국보다 먼저 신상을 접할 수 있기 때문에 쇼윈도만 둘러봐도 최신 트렌드가 읽힌다.

Data 지도 234p-F, J
가는 법 스페인 광장의 바르카차 분수 맞은편. 메트로 A선 Spagna역 하차, 도보 1분
주소 Via dei Condotti, Roma **운영시간** 10:00~19:00(매장마다 조금씩 다름)

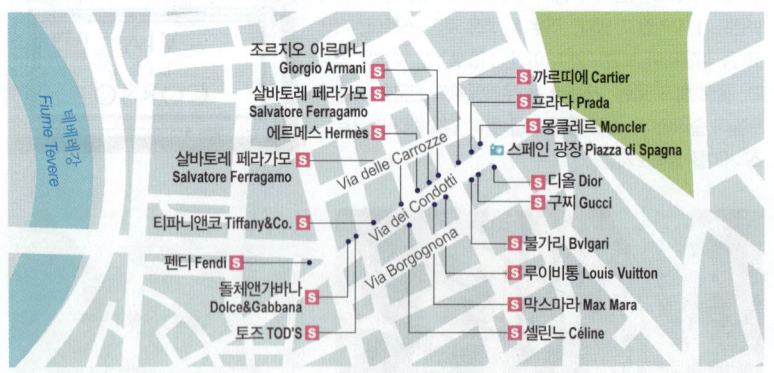

콘도티 거리 주요 매장

몽클레르 Moncler
프랑스에서 태어난 브랜드지만 2003년 이탈리아의 기업가에 의해 인수되며 국적이 달라졌다. 패딩 제품이 유명하며, 국내보다 저렴한 가격에 구입할 수 있어 한국인들에게 인기가 높다.

프라다 Prada
이탈리아 대표 브랜드. 포코노 나일론과 사피아노 가죽으로 만든 가방은 한국뿐만 아니라 세계적으로 큰 인기를 얻었다.

불가리 Bvlgari
이탈리아 명품 주얼리 브랜드다. 1905년 불가리 매장이 콘도티 거리에 문을 열면서 명품 쇼핑 거리가 조성되기 시작했다.

조르지오 아르마니 Giorgio Armani
아르마니 브랜드 계열 중 가장 상위 포지션에 위치한다. 조르지오 아르마니는 성공한 남성을 나타내는 일종의 상징적인 브랜드로 고급스러운 남성 정장이 유명하다.

구찌 Gucci
1921년 구찌오 구찌가 피렌체에서 탄생시킨 명품 브랜드다. '그린-레드-그린'의 컬러 조합과 더블 G 패턴으로 구찌의 아이덴티티를 부여한다. 지갑, 가방, 구두, 선글라스 등이 인기다.

살바토레 페라가모 Salvatore Ferragamo
한국에도 한때 바라Vara 슈즈(바라 그로스그레인 리본Vara Grosgrain Ribbon 장식이 달린 구두)로 선풍적인 인기를 끌었던 이탈리아 명품 브랜드다.

막스마라 MaxMara
커리어 우먼의 느낌이 물씬 풍기는 여성 의류를 판매한다. 퀄리티 높은 원단과 클래식하고 심플한 디자인은 오래도록 입기 좋다. 한국보다 더 다양한 아이템을 갖추고 있으며, 가격도 훨씬 저렴하다.

펜디 Fendi
모피를 비롯해 더블 F로고를 사용한 가죽 제품을 선보이는 이탈리아 브랜드다. 매장이 아름답게 꾸며져 있어서 쇼핑을 하지 않아도 구경하는 재미가 있다.

SHOPPING 04

로마의 아웃렛, **카스텔 로마노**

쇼윈도에서 봤던 블링블링한 명품이 눈에 아른거리지만 막상 가격이 부담스럽다면 주저하지 말고 버스를 타자. 로마에서 버스를 타고 40분 정도 가면 로마의 아웃렛, 카스텔 로마노에 도착한다.

카스텔 로마노 Castel Romano

로마 중심지에서 가장 가까운 아웃렛이다. 아웃렛 내부는 놀이동산처럼 컬러풀하고 예쁘게 꾸며졌다. 살바토레 페라가모, 발렌티노, 버버리, 베르사체, 휴고 보스, 마이클 코어스, 코치, 훌라, 리우조, 디젤, 스톤 아일랜드, 갭 등 150여 개가 넘는 이탈리아 브랜드와 글로벌 브랜드 매장이 입점해 있다. 고가의 명품 브랜드보다는 중저가 브랜드가 주를 이룬다. 이탈리아 대표 명품 브랜드인 프라다와 구찌는 아쉽게도 찾아볼 수 없다. 주방 용품과 유아 용품을 취급하는 상점도 있다. 상시 30~70% 할인된 가격에 판매하니 득템할 기회가 많다. 다양한 종류의 레스토랑과 카페도 있어서 하루 종일 쇼핑하며 시간 보내기 좋다.

Data 가는 법 테르미니역에서 셔틀 버스로 40분 **주소** Via Ponte di Piscina Cupa 64, Roma **전화** 06-505-0050 **운영시간** 10:00~20:00 **홈페이지** www.mcarthurglen.com

카스텔 로마노 가는 법

테르미니역 옆 조반니 졸리티 거리 48번지Via Giovanni Giolitti 48(지도 329p-G)에서 매일 셔틀버스를 운행한다. 버스 티켓은 비나리오 체로 카페Binario Zero Cafè(지도 329p-C)나 홈페이지에서 구매 가능하다. 왕복 티켓은 15유로, 소요 시간은 40분 정도다. 테르미니역으로 돌아올 때는 내렸던 곳에서 다시 타면 된다. 셔틀버스를 놓치면 대중교통으로는 이동하기 어려우니 버스 시간표를 유념하자.

버스 시간표	
테르미니역 → 카스텔 로마노	9:00, 10:00, 11:00, 12:00
카스텔 로마노 → 테르미니역	16:00, 17:00, 18:30, 19:30

성공적인 쇼핑을 위한 팁

❶ 카스텔 로마노에 도착하면 제일 먼저 인포메이션 센터에서 지도를 요청하자. 셔틀버스를 타고 왔다면 버스 티켓에 붙어 있는 바우처로 브랜드에 따라 10% 추가 할인이 가능한 패션 패스포트Fashion Passport를 받자.
❷ 한 매장에서 155유로 이상 구매했을 경우 세금 환급이 가능하니 여권을 꼭 챙기자.

Step 06
Sleeping

로마에서
자다

01 로마 숙소의 **모든 것**
02 로마 **숙소** 한눈에 살펴보기

SLEEPING 01

로마 숙소의 모든 것

로마는 이탈리아의 수도답게 호스텔부터 고급 호텔까지 다양한 형태의 숙박 시설을 갖추고 있다. 자신의 여행 스타일과 동선, 그리고 예산에 맞춰 로마의 보금자리를 결정해 보자.

| 로마의 숙소 종류 |

1. 호텔

로마 중심부에서는 유명한 프랜차이즈 호텔을 찾아보기 어렵다. 각자 고유의 개성을 지닌 호텔들이 여행자를 기다린다. 1박에 600유로가 넘는 5성급 럭셔리한 호텔부터 100유로 언저리의 저렴한 호텔까지 선택의 폭이 매우 넓다. 여행 중심지와 가깝고 뷰가 괜찮을수록 가격은 높아진다. 가격이 무난하고 객실 컨디션이 괜찮은 곳에서 묵으려면 3성급 호텔 정도면 된다. 로마는 건물 개축에 엄격한 기준이 적용되기 때문에 세련된 신축 건물들이 모여 있는 곳보다는 세월의 흔적이 느껴지는 곳에 호텔이 있는 경우가 많다. 일반 객실의 경우 면적도 넓지 않다. 숙박 예약은 호텔 홈페이지와 예약 사이트에서 가격 비교를 해 본 후 결정하자.

호텔 및 호스텔 예약 사이트

부킹닷컴 www.booking.com
익스피디아 www.expedia.co.kr
호텔스닷컴 kr.hotels.com
아고다 www.agoda.com
호스텔월드 www.korean.hostelworld.com

2. B&B

현지인들이 여행자를 대상으로 집 전체 혹은 일부를 렌트해 주는 것이다. 집주인과 한 공간에서 생활을 하다 보면 로컬의 삶을 엿보는 특별한 경험을 할 수 있다. 스튜디오나 아파트 전체를 빌리면 오롯이 나만의 공간을 갖게 된다. 키친 사용이 가능할 경우에는 다양한 이탈리아 식재료로 직접 요리를 할 수 있어서 좋다. 장기간 머물 경우 할인 혜택이 제공되는 곳도 있다. 보통 에이전시를 통해 예약한다. 단, B&B는 렌트한 곳에 문제가 생기면 집주인과 일대일로 해결해야 하는 단점이 있다. 체크인 직전에 일방적으로 취소되는 경우도 생긴다. 집주인과 개인적으로 해결할 수 없는 심각한 문제가 발생했을 경우에는 에이전시에 도움을 요청하자.

예약 사이트

에어비앤비 www.airbnb.co.kr

B&B 체크리스트

1. 호스트 정보와 리뷰 꼼꼼하게 살펴보기. 후기가 좋으면 슈퍼 호스트로 표시된다.
2. 위치, 편의 시설, 이용 규칙을 확인하자. 특히 에어컨, 와이파이, 부엌, 세탁기, 엘리베이터, 아침 식사, 시티 택스를 꼭 체크하자. 오래된 건물이 많은 로마는 엘리베이터가 없어 무거운 짐을 가지고 계단으로 올라가야 하는 경우가 생긴다. 체크인과 체크아웃 시간은 호스트와 메시지를 통해 조정 가능하다.

3. 궁금한 것은 호스트에게 메시지를 통해 직접 답변을 듣는 것이 좋다.
4. 카드로 예약할 때 유로, 달러, 원에 따라 지불되는 금액이 다를 수 있으니 비교 후에 결제하자.

3. 호스텔

주머니 가벼운 여행자들이 묵을 수 있는 숙박 형태다. 다양한 국적의 여행자들과 어울릴 기회가 많고, 새로운 정보를 얻기도 좋다. 도미토리를 이용할 경우 예산을 가장 절감할 수 있지만 소음에 민감한 여행자라면 쉽게 잠을 이루지 못할 수도 있다. 소음 방지 귀마개를 챙겨 가면 도움이 된다. 개인 소지품은 도난당하지 않도록 개인 로커에 잘 챙기자. 호스텔에서는 주로 공용 화장실을 이용하게 된다. 주방 사용이 가능하다면 마트에서 간단하게 장을 봐서 요리해 먹으면 식비를 절약할 수 있다. 수건, 샴푸, 비누 등이 제공되지 않는 경우가 많으니 꼼꼼하게 챙기자. 호텔보다는 호스텔에서 베드버그가 출몰할 확률이 높으니 호스텔마다 리뷰를 반드시 확인하자. 베드버그에 물렸을 경우 지체하지 말고 약국으로 가 연고를 구입해 바르자. 베드버그는 물린 후 2~3일의 잠복기를 거쳐 가렵기 시작하고 환부가 붉게 부풀어 오른다. 옷과 가방에 베드버그가 숨어 들어갈 수 있으니 일광 소독을 해야 한다.

4. 한인 민박

낯선 로마에서 반가운 한국을 만날 수 있는 곳이다. 한인 민박의 최대 장점은 한국어로 원활하게 소통할 수 있고, 조식으로 한식이 제공되는 것이다. 민박집에 따라 석식까지 준비되는 곳도 있다. 한국인 여행자와 여행 정보를 공유하기도 쉽다. 민박에서 연계하는 투어도 참여할 수 있다. 민박에 묵을 경우 이탈리아 정부의 숙박업 정식 허가를 받은 곳인지 확인하자. 호텔처럼 리셉션이 있는 것이 아니라 체크아웃 후에 짐을 맡길 때에는 개별적인 연락을 통해서 짐을 찾아야 하는 불편함이 있다.

예약 사이트
마이 리얼 트립 www.myrealtrip.com
민다 www.theminda.com

| 로마 지역별 숙소의 특징 |

나보나 광장과 스페인 광장 주변에서 5성급 고급 호텔을 찾아볼 수 있다. 여행자들이 주로 머무는 곳이라 치안도 좋고 관광지와 레스토랑도 인접해 있다. 나보나 광장 근처는 아침부터 밤까지 여행자들로 북적거려 시끄러울 수 있으니 숙소의 소음 상태를 꼭 확인하자. 콜로세움과 트레비 분수 근처에도 호텔이 즐비하다. 호텔 주변은 현지인보다는 여행자를 대상으로 하는 레스토랑과 상점이 주를 이룬다. 바티칸 시국 근처에도 호텔과 B&B가 있다. 매일 아침 일어나 멋스러운 바티칸 시국의 전경을 눈에 담고 싶다면 이곳에 숙소를 마련해도 좋겠다. 거리도 비교적 말끔하고 안전한 편이다. 테르미니역 가까이에는 다양한 중저가 호텔과 호스텔, 한

인 민박이 있다. 이곳의 최대 장점은 저렴한 가격과 편리한 교통이다. 한국 여행사의 투어 프로그램 참여나 당일치기 여행이 잦을 경우 테르미니역 부근에 묵는 것이 효율적이다. 바티칸 박물관을 제외한 투어 프로그램은 대부분 테르미니역 근처에서 모이게 된다. 주변에 한인 식당과 마트도 쉽게 찾아볼 수 있다. 늦은 밤에는 역 주변으로 치안이 좋지 않은 편이며, 거리도 청결하지 못하다. 트라스테베레 지역에서는 이국적이고 고풍스러운 곳에서 로마의 밤을 맞이할 수 있다. 다만, 메트로가 연결되어 있지 않아 다른 지역에 비해 접근성이 떨어지고, 바닥이 온통 돌길이어서 캐리어 이동에 불편함이 있다.

| 로마의 시티 택스 |

로마에서 머무는 관광객들은 필수적으로 숙박에 대한 시티 택스City Tax를 지불해야 한다. 시티 택스는 호텔 등급에 따라 달라지며, 숙박비에 포함되어 있지 않다. 시티 택스는 객실 당이 아니라 1인당 계산된다. 10세 미만 아이의 경우 시티 택스는 무료다. 같은 숙소에서 10일 이상 머물 경우 10일 이후에는 택스를 낼 필요가 없다. B&B나 한인 민박은 간혹 숙박비에 택스가 포함되어 있는 경우도 있으니 호스트가 명시해 놓은 이용 규칙을 잘 살펴보자.

〈숙소 형태에 따른 시티 택스 지불액〉

숙소	1박
1~2성급 호텔, 호스텔	3유로
3성급 호텔	4유로
4성급 호텔	6유로
5성급 호텔	7유로
B&B, 한인 민박	3.50유로

| 로마 호텔의 팁 문화 |

여행을 하면서 은근히 신경 쓰이는 것이 팁 문화다. 팁을 내야 하는지, 팁을 낸다면 얼마나 내야 하는지 고민된다. 로마에서는 그런 고민을 접어둬도 좋다. 로마의 호텔에서는 별도의 팁을 지불할 의무가 없기 때문이다. 특별하게 감사의 표시를 하고 싶다면 1~2유로 정도 남기자. 고급 호텔에서 직원이 가방을 객실까지 옮겨준다면 가방당 팁을 1~2유로라고 생각하면 되고, 5유로 이상은 지불하지 않는다.

SLEEPING 02
로마 숙소 한눈에 살펴보기

여행자들 사이에서 평이 좋은 로마의 숙소들을 예산별로 소개한다. 전반적인 분위기를 살펴보고 숙소를 정하는데 참고하자.

| 로마의 휴일을 럭셔리하게 보낼 수 있는 최고급 호텔 |

팔라초 만프레디 Palazzo Manfredi
고급 호텔 연합인 를레 앤 샤토에 속한 별 다섯 개 호텔이다. 콜로세움에서 가까운 곳에 있다. 객실 창문에서 콜로세움의 멋진 전경이 보인다.
▶ 169p

하슬러 로마 Hassler Roma
스페인 계단 근처에 자리 잡은 5성급 호텔이다. 객실에서는 스페인 광장의 전경을 굽어볼 수 있다. 위치와 객실 컨디션 모두 최고다.
▶ 261p

| 적당한 가격에 품위를 유지할 수 있는 호텔 |

부티크 호텔 캄포 데 피오리
Boutique Hotel Campo de' Fiori

개성 있는 객실이 돋보이는 부티크 호텔이다. 호텔 주변의 고풍스러운 분위기가 눈길을 끈다. ▶ 229p

호텔 콜로세움
Hotel Colosseum

루프 톱이 멋진 3성급 호텔이다. 테르미니역과 산타 마리아 마조레 대성당이 가깝게 있어 교통이 편리하다. ▶ 350p

호텔 산타 마리아
Hotel Santa Maria

트라스테베레의 그림 같은 풍경에 딱 어울리는 아름다운 호텔이다. 널찍하고 깔끔한 객실을 갖췄다. ▶ 371p

| 예산을 절약할 수 있는 호텔과 B&B |

레지덴차 볼로 아파트먼츠 Residenza Bollo Apartments
캄포 데 피오리 근처에 자리 잡은 레지던스. 가격과 위치 모두 매력적인 곳이다. ▶ 229p

아르피넬리 릴레 Arpinelli Relais
가족적인 분위기가 느껴지는 B&B다. 트레비 분수와 가까운 곳에 위치하며, 객실은 클래식하게 꾸며졌다. ▶ 263p

| 배낭여행자에게 안성맞춤인 호스텔 |

코믹스 게스트하우스 Comics Guesthouse
유쾌한 만화 캐릭터가 호스텔 곳곳을 장식하는 곳이다. 포폴로 광장과 바티칸 시국을 도보로 여행하기 좋다. ▶ 303p

프리 호스텔스 Free Hostels
테르미니역 가까이 자리 잡은 호스텔이다. 프라이빗하고 깔끔한 시설이 특징이다. ▶ 351p

| 한국처럼 편하게 머물 수 있는 한인 민박 |

대부분 테르미니역 근처에서 찾아볼 수 있다. 한국인에게 평이 좋은 민박집 리스트를 소개한다. 기본적으로 모두 한식 조식을 제공하며 카카오톡을 통해 숙박 문의가 가능하다.

한인 민박	도미토리 1박	특징	카카오톡 ID
로마 까사미아	40유로	도미토리와 2인실 보유, 모든 방에 전용 욕실 구비	romacasamia
로마의 휴일	45유로	도미토리, 프라이빗룸, 가족실, 별관 보유, 공항 픽업(50유로~)	maggiore
로마 필그림 하우스	1인실 100유로	레푸블리카 광장 근처 안전한 곳에 위치, 공항 샌딩(50유로~), 공항 픽업(60유로~), 티라미수 만들기 체험과 성지순례 투어 유료로 운영	romapilgrim
밥앤잠	45유로	2022년 리모델링, 샴푸, 비누, 수건 제공, 매일 달라지는 다양한 한식	babjam
봉구네 민박	45유로	도미토리, 커플룸, 패밀리룸 보유, 공항 픽업(60유로~), 웰시코기 봉구가 2호점에 거주하니 강아지 공포증이나 알레르기가 있을 경우 주의	huroma1

Roma
By Area

로마
지역별 가이드

01 콜로세움 주변
02 캄피돌리오
03 나보나 광장&판테온
04 트레비 분수&스페인 광장
05 바티칸 시국

06 로마 북부
07 몬티&에스퀼리노&산 로렌초
08 트라스테베레
09 산 조반니&첼리오&테스타초&아벤티노
10 로마 남부&에우르

Roma By Area

01

콜로세움 주변
Colosseo

눈부시고 찬란하게 빛나던 고대 로마가 움튼 곳. 콜로세움부터 포로 로마노, 팔라티노 언덕까지 과거의 영광이 고스란히 느껴지는 역사의 현장 속으로 빠져들어 가 보자.

콜로세움 주변
미리보기 🔍

콜로세움을 눈앞에서 보는 것만으로도 가슴이 벅차다. 콜로세움을 비롯하여 포로 로마노, 팔라티노 언덕, 포리 임페리알리의 유적들을 통해 번영했던 고대 로마 시대를 생생하게 그려볼 수 있다. 밤에는 달빛과 불빛 아래 반짝이는 유적들이 더 낭만적인 풍경으로 다가온다.

SEE
로마 여행의 하이라이트는 단연 콜로세움이다. 요리 보고 조리 봐도 그 웅장하고 멋스러운 모습에 한 번 반하고 두 번 반하게 된다. 고대 유적들이 밀집되어 있는 포로 로마노와 팔라티노 언덕도 인상적이다. 콜로세움 주변에서 펼쳐지는 야경도 놓칠 수 없는 즐거움이다.

EAT
콜로세움 길 건너 맞은편에는 현대의 건물들이 들어서 있다. 그곳에 마트와 식당이 있으니 콜로세움 관람 전후로 식사를 하는 것이 좋다. 간편하게 식사를 하려면 라 프레체몰라나로, 천천히 이탈리아의 맛을 즐기고 싶다면 카페 카페로 향하자. 팔라초 만프레디 꼭대기에는 콜로세움 뷰를 품은 레스토랑 아로마가 있다. 간단하게 도시락을 준비해 팔라티노 언덕에서 점심을 해결하는 것도 시간을 절약할 수 있는 방법이다.

BUY
관광에만 집중하자. 지갑은 가방 깊숙이 넣어 두어도 좋다.

어떻게 갈까?

콜로세움은 메트로 B선을 타고 콜로세오Colosseo역에서 하차한다. 51, 75, 85, 87, 118번 버스를 타면 콜로세오Colosseo(mb) 정류장에서에서 내린다. 3번 트램도 콜로세오Colosseo 정류장과 연결되어 있다. 대전차 경기장은 메트로 B선 치르코 마시모 Circo Massimo역에서 하차한다. 콜로세움과는 메트로로 한 정거장 차이다.

어떻게 다닐까?

콜로세움부터 포리 임페리알리 거리를 따라 볼거리들이 모여 있어 도보로 가능하다. 거리를 따라 천천히 걸으며 사방으로 펼쳐지는 고대 유적지를 마음껏 즐기자.

콜로세움 주변
📍 1일 추천 코스 📍

콜로세움을 중심으로 고대 로마의 향기에 흠뻑 빠져보자. 콜로세움, 포로 로마노, 팔라티노 언덕을 전부 빠짐없이 보려면 꼬박 한나절이 걸린다. 몰려드는 여행자들을 피하려면 아침 일찍부터 서두르는 게 좋다. 콜로세움이나 포로 로마노를 시작으로 둘러보자.

웅장한 규모의 콜로세움 바라보기

→ 도보 1분 →

승자의 위풍당당함이 묻어나는 콘스탄티누스 개선문 둘러보기

→ 도보 3분 →

로마가 탄생한 팔라티노 언덕 위에 올라가기

↓ 포로 로마노와 연결

포리 임페리알리 거리를 거닐며 포리 임페리알리 감상하기

← 도보 1분 ←

고대 로마 유적들로 가득 찬 포로 로마노 꼼꼼하게 살펴보기

SEE

로마의 상징
콜로세움 Colosseo [꼴롯쎄오]

로마에 가야 하는 이유 중 하나는 바로 콜로세움이 있기 때문이다. 콜로세움은 로마를 넘어서 이탈리아를 대표하는 건축물이다. 72년 베스파시아누스 황제가 축조를 시작해 80년 티투스 황제가 완공했다. 이후에 도미티아누스 황제가 다시 바통을 이어받아 4층까지 증축했다. 콜로세움 앞에 서면 높이 48m, 최대 지름 187m, 최소 지름 155m의 거대한 규모에 압도된다. 현재 볼 수 있는 모습은 원형의 1/3 정도라고 하니 원래의 모습은 얼마나 더 굉장했을지 상상이 되지 않는다. 콜로세움 안에는 비와 뜨거운 햇빛을 막기 위한 천막, 벨라리움 Velarium을 설치했고, 원활한 경기 진행을 위해 엘리베이터까지 고안했다. 언덕 사이 저지대에 세워졌는데도 완벽하게 급수와 배수 시설이 되어 있다. 2천 년 전 건축 기술이라고는 도저히 믿기 어려울 정도다. 세계 문화유산과 세계 신新 7대 불가사의에 선정되기도 했다. 콜로세움에서는 영화 〈글래디에이터〉에 나오는 검투사 경기를 비롯하여 맹수 시합, 연극 등이 성황리에 열렸다. 최고 인기 종목이었던 검투사 시합으로 검투사를 향한 대중의 인기는 하늘을 찔렀고, 피의 함성 소리는 콜로세움을 가득 메웠다. 523년을 마지막으로 콜로세움의 위용은 점점 사라졌다. 중세 시대 잦은 지진으로 파괴되던 콜로세움은 르네상스의 바람이 불면서 최악의 상황으로 치닫는다. 귀족들의 저택과 종교적인 건물을 짓기 위해 재료를 공수하는 채석장으로 전락했다. 지금의 모습이 된 속사정을 알게 되면 위풍당당하기만 했던 콜로세움의 모습이 어딘가 조금 쓸쓸해 보인다.

Data 지도 150p-D
가는 법 메트로 B선 Colosseo역 하차, 도보 1분. 버스 51, 75, 85, 87, 118번 타고 Colosseo(mb) 정류장 하차, 도보 1분. 버스 81번 타고 S.Gregorio 정류장 하차, 도보 5분. 트램 3번 타고 Colosseo 정류장 하차, 도보 4분
주소 Piazza del Colosseo 1, Roma
전화 06-3996-7700
운영시간 09:00~해지기 1시간 전 (16:30~19:15 사이. 정확한 시간은 홈페이지 참고, 마지막 입장 1시간 전)
요금 콜로세움 통합권 일반 16유로, 18세 미만 무료(예약비 2유로, 포로 로마노·팔라티노 언덕 포함, 24시간 동안 사용 가능), 로마 패스 가능
홈페이지 www.coopculture.it

콜로세움 속속 들여다보기

콜로세움을 배경으로 인증샷 하나만 남기고 가기에는 아쉽다. 콜로세움을 구성하고 있는 외관과 내부, 모두 빠짐없이 꼼꼼하게 살펴보며 콜로세움의 숨결을 구석구석 느껴보자.

검투사 경기가 벌어졌던 아레나 Arena

아레나는 검투사 경기가 벌어졌던 경기장으로 나무로 만들어졌다. 검투사들의 부상을 방지하고, 흘리는 피를 흡수하기 위해 나무 위에 모래를 뿌려두었다. 모래를 뜻하는 '아레나'는 여기서 비롯되어 오늘날 '원형 경기장'의 의미로 통용된다. 경기장과 경기 전 검투사들이 준비를 하고 있는 지하 공간이 연결되어 있어 경기장 진입이 용이했다.

신속하게 움직일 수 있었던 출구

콜로세움에서 수용했던 관람객은 입석까지 합치면 7만 명 가까이 된다. 오늘날의 경기장 시스템 뺨치게 효과적인 출입구를 설계해 수많은 관객들이 15분 만에 콜로세움을 빠져나갈 수 있게 만들었다. 76개의 출입구 번호를 각 출입구와 입장권에 새겨 질서 정연하게 오고 갈 수 있었다.

콜로세움을 꾸미고 있는 기둥

콜로세움은 각 층마다 기둥 양식이 다르다. 아래층은 무겁고 견고한 느낌이 들고, 위층으로 올라갈수록 더 가볍고 섬세해져 시각적인 안정감을 준다. 1층은 도리아 양식과 토스카나 양식이 혼재된 반원 모양의 기둥이다. 2층과 3층은 여성스러움이 물씬 풍기는 이오니아 양식과 코린토스 양식을 따른다. 4층은 원기둥이 아닌 복합된 양식의 벽기둥 형태를 띠고 있다.

카베아 Càvea와 포디움 Podium

콜로세움의 관중석은 신분에 따라 정해졌다. 황제를 비롯한 VIP들은 테라스가 있는 포디움에, 그 외 사람들은 카베아에 앉았다. 카베아의 가장 낮은 자리는 고위급 간부들이, 중간 자리는 부자들이 차지했다. 가장 높은 곳은 부나 명예와 거리가 먼 서민들을 위한 자리였다. 그중에서도 가장 안 좋은 자리는 여자들에게 돌아갔다.

Tip 콜로세움 스마트하게 여행하는 방법

콜로세움, 포로 로마노, 팔라티노 언덕은 예약이 필수다. 전화와 온라인으로 가능하며 온라인에서는 수수료 2유로가 더해진다. 로마 패스 소지자도 예외 없이 예약해야 한다. 콜로세움은 음식물 반입이 엄격하게 금지된다. 물조차도 가져갈 수 없으니 콜로세움 안의 식수대를 이용할 수 있도록 빈 물병을 준비하자. 콜로세움 밖에서는 로마 병사 코스프레를 하고 있는 사람이 친근하게 다가올 수 있다. 함께 사진을 찍는다면 5유로 이상 지불할 각오를 해야 한다.

콜로세움 베스트 포토 스폿

콜로세움은 멀리서 보아야 더 아름답다. 웅장한 크기의 콜로세움을 코앞에서 한눈에 담기는 어렵다. 콜로세움 주변은 아침부터 저녁까지 사람들로 북적거리기 때문에 마음에 드는 사진을 찍기 쉽지 않다. 콜로세움 전체를 조망할 수 있고, 콜로세움을 배경으로 인생 사진을 건질 수 있는 포토 스폿 네 곳을 소개한다.

메트로 B선 콜로세오역 출구 근처

콜로세오Colosseo역은 출구가 두 군데 있다. 콜로세움으로 바로 향하는 출구로 빠지지 말고 계단을 한 층 더 올라가 다른 출구로 나간다. 콜로세움과 마주보고 있는 담장 위에 앉아 사진을 찍어 보자. 콜로세움을 배경으로 멋진 사진을 남길 수 있다. 저녁에는 콜로세움 야경을 보며 맥주 한잔 하기에도 좋다.

콜레 오피오 공원

콜로세움 길 건너에 있는 공원에서도 여유롭고 한적하게 콜로세움을 즐길 수 있다. 벤치에 앉아 콜로세움과 함께 사진을 남겨보자. ▶ 336p

팔라티노 언덕의 비냐 바르베리니

팔라티노 언덕에 오르면 팔라티노 언덕뿐만 아니라 팔라티노 언덕에 자리한 비냐 바르베리니에서 보이는 콜로세움도 볼 수 있다. ▶ 160p

메트로 B선 콜로세오역 출구 근처의 구름다리

첫 번째로 소개한 스폿에서 콜로세움 반대 방향의 대로로 나가면 구름다리가 있다. 다리를 건너 돌아보면 콜로세움의 또다른 모습을 볼 수 있다.

고대 로마의 모든 것
포로 로마노 Foro Romano [포로 로마노]

고대 로마의 역사가 차곡차곡 쌓여 있는 곳이다. 팔라티노 언덕과 캄피돌리오 언덕 사이 저지대에 자리 잡은 포로 로마노는 '로마인의 광장'이라는 뜻으로 정치, 사회, 경제, 문화, 종교의 중심지였다. 여러 신을 모시던 신전, 공공 기관, 상점, 전쟁의 승리를 기념하는 개선문 등이 포로 로마노 울타리 안에 들어 있었다. 이곳에서 정치인들은 연설을 했고, 사제들은 종교 행사를 열었으며, 시민들은 물건을 사고팔며 다른 사람들과 교류할 수 있었다. 우후죽순으로 들어서는 건축물들 때문에 포로 로마노가 포화 상태에 이르자 포로 로마노 근처에 새로운 포럼들이 들어서기 시작했다. 그러면서 포로 로마노의 기능도 그쪽으로 옮겨갔다. 자연스럽게 천년 가까이 고대 로마의 심장부였던 포로 로마노는 사양길로 접어들었다. 로마 제국이 몰락한 후에 이곳은 아예 방치됐고, 중세 시대에는 포로 로마노의 건물들을 건축 자재로 사용했다. 18세기부터 시작된 유적 발굴 작업은 현재까지 이어지고 있다. 비록 많은 부분이 훼손되어 폐허가 되어버렸지만 남아 있는 유적의 흔적에서 과거의 영광을 찾아볼 수 있다. 포로 로마노는 캄피돌리오 광장 뒤편과 팔라티노 언덕에서 굽어보는 전망이 가장 아름답다.

Data 지도 150p-C
가는 법 콜로세움에서 도보 3분. 팔라티노 언덕과 연결
주소 Largo della Salara Vecchia 5/6, Roma
전화 06-3996-7700
운영시간 09:00~해지기 1시간 전 (16:30~19:15 사이. 정확한 시간은 홈페이지 참고. 마지막 입장 1시간 전)
요금 콜로세움 통합권 일반 16유로, 18세 미만 무료(예약비 2유로, 콜로세움·팔라티노 언덕 포함, 24시간 동안 사용 가능), 로마 패스 가능
홈페이지 www.coopculture.it

> **Tip** 한여름 오후 시간은 피하는 것이 좋다. 그늘 한 점 찾기 어렵기 때문에 뜨거운 로마의 햇살에 맞서기 위해서는 선글라스, 모자 등은 필수다. 포로 로마노는 팔라티노 언덕과 연결되어 있으며 한 번만 입장이 가능하다. 포로 로마노에서 팔라티노 언덕으로 이어지는 코스를 소화하려면 생수 한 병과 달달한 간식도 챙기자.

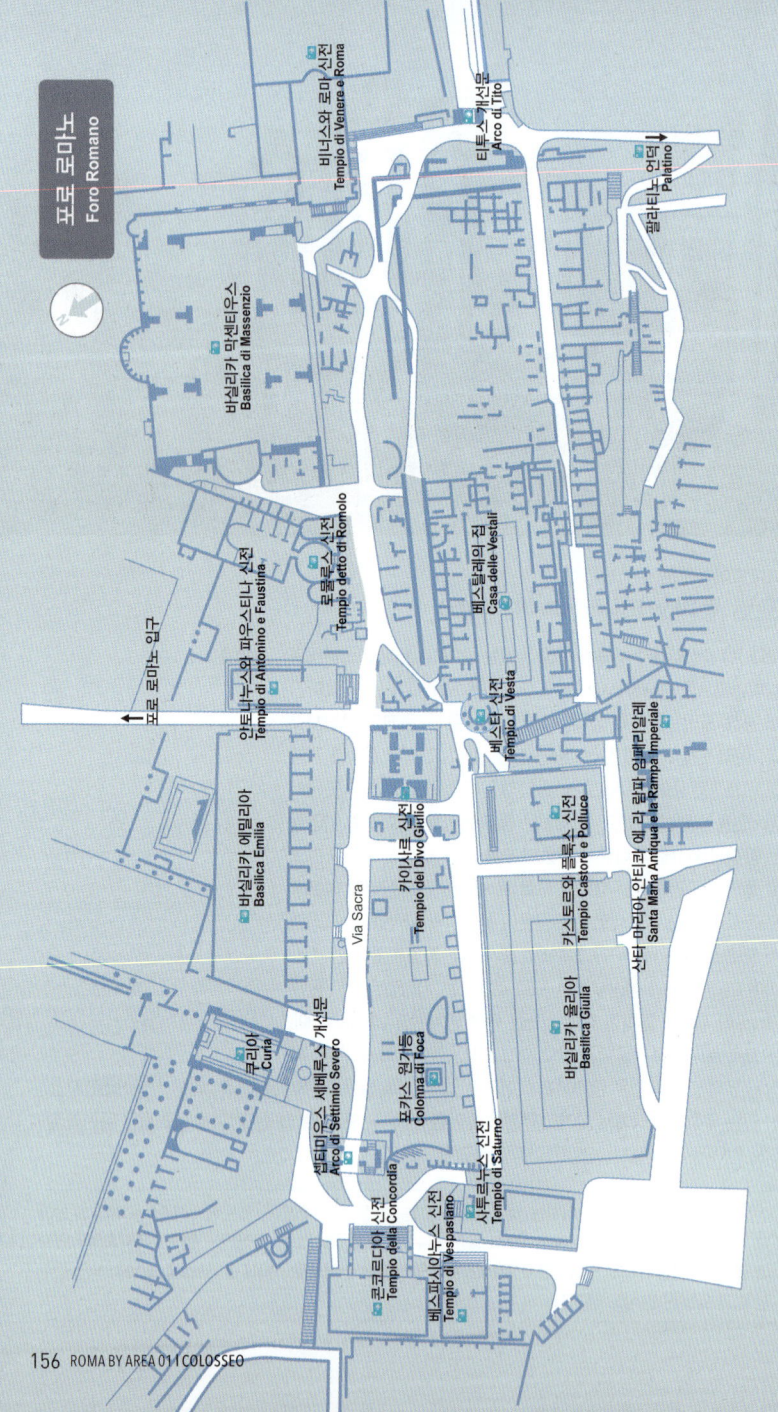

|Theme|
포로 로마노 유적지 둘러보기

발끝에 스치는 돌덩이 하나에도 영겁의 시간과 역사가 얽혀 있는 곳이
포로 로마노다. 포로 로마노 유적지는 아는 만큼 더 잘 보인다.

티투스 개선문 Arco di Tito

현존하는 로마의 개선문 중 가장 오래됐다. 도미티아누스 황제가 그의 형, 티투스 황제의 예루살렘 정벌을 기념하기 위해 세운 것이다. 개선문 아치 내부 벽에는 신격화된 티투스를 독수리가 데려가는 모습이 새겨져 있다. 티투스 개선문을 모델로 파리 샹젤리제 거리에 있는 에투알 개선문이 지어졌다.

안토니누스와 파우스티나 신전
Tempio di Antonino e Faustina

141년 안토니누스 황제가 파우스티나 황후의 죽음을 애도하여 세운 신전이다. 신전 앞을 장식하는 10개의 원기둥이 인상적이다. 8세기경 신전은 산 로렌초 인 미란다 성당 Chiesa di San Lorenzo in Miranda으로 바뀌었다.

카이사르 신전 Tempio del Divo Giulio

BC 29년 아우구스투스 황제가 브루투스에게 암살당한 카이사르를 추모하기 위해 세웠다. 카이사르가 화장된 돌무더기 위에는 그의 죽음을 기리는 꽃들이 놓여 있다.

카스토르와 플룩스 신전 Tempio Castore e Polluce

BC 499년 레길루스호 전투에서 유피테르의 쌍둥이 아들 카스토르와 플룩스의 도움으로 로마가 승리했는데, 이를 기념하기 위해 세운 신전이다. 5세기에 지어진 것으로 코린토스 양식 기둥이 3개 남아 있다. 신전 앞을 장식하던 쌍둥이 조각상은 캄피돌리오 광장 입구로 옮겨졌다.

콜로세움 주변

베스타 신전 Tempio di Vesta

포로 로마노에서 가장 신성시되는 유적이다. 베스타 신전은 불의 여신, 베스타를 모셨던 곳이다. 베스타 신전을 지키던 제관들은 총 여섯 명으로 여섯 살에서 열 살 사이의 소녀 중에 선택됐다. 선택된 소녀들은 30년 동안 순결한 상태로 성화를 지켜야 했다. 순결을 잃거나 불씨를 꺼뜨리면 생매장 당하는 엄벌에 처했다. 베스타 신전 뒤로는 베스탈레의 집Casa delle Vestali이 있다. 이곳은 베스타 신전을 모시는 제관인 베스탈레 Vestale가 머물던 곳이다. 당시 사회적 지위가 높았던 베스탈레에 걸맞게 3층으로 이루어진 집에 럭셔리한 50여 개의 방을 갖추고 있다.

바실리카 율리아 Basilica Giulia

카이사르의 이름을 딴 공공건물이다. BC 46년 카이사르가 짓기 시작해 아우구스투스 황제가 완성했다. 주로 법정으로 사용되었으며 정부 기관, 은행, 상점들도 있었다.

사투르누스 신전 Tempio di Saturno

캄피돌리오 언덕 발 기슭에 자리 잡은 신전이다. 농업의 신, 사투르누스에게 헌정된 곳으로 이오니아 양식 기둥 8개가 남아 있다. 신전에서는 매해 12월 17일 사투르누스를 기리기 위한 축제인 사투르날리아 Saturnalia가 일주일 동안 열린다. 이 축제는 성탄절의 효시가 됐다.

포카스 원기둥 Colonna di Foca

셉테미우스 세베루스 개선문 앞에 서 있는 원기둥이다. 포로 로마노에 세워진 마지막 건축물로, 비잔티움 제국의 황제 포카스가 로마에 방문한 것을 기념하기 위해 세운 것이다. 높이는 13m로 코린토스 양식이다.

쿠리아 Curia

공화정 시대 로마의 실질적인 통치를 담당했던 원로원이다. BC 1세기에 세워졌던 쿠리아는 새 단장 후에 중세 시대 성당으로 사용됐다. 고대 로마 덕후인 무솔리니는 1937년 쿠리아를 디오클레티아누스 황제 때의 옛 모습으로 돌려놨다. 외관은 대부분 재건축된 것이지만 내부에는 3세기 대리석 바닥이 남아 있다.

바실리카 막센티우스 Basilica di Massenzio

팔라티노 언덕에서 포로 로마노를 내려다볼 때 제일 먼저 눈에 띄는 유적이다. 가로 100m, 세로 65m, 높이 35m의 바실리카 막센티우스는 포로 로마노에서 가장 거대한 건축물이다. 막센티우스 황제가 짓기 시작해 315년 콘스탄티누스 황제가 마무리 지었다. '바실리카 콘스탄티누스'라고도 불린다. 이 웅장한 건축물은 여러 유럽 성당을 건축하는 데 영감을 줬다. 지금은 세 개의 아치형 천장만 남아 있다.

로물루스 신전 Tempio detto di Romolo

막센티우스 황제가 자신보다 먼저 세상을 떠난 아들, 로물루스를 위해 지은 신전이다. 건국 신화에 등장하는 로물루스와 헷갈리지 말자.

셉티미우스 세베루스 개선문
Arco di Settimio Severo

203년 셉티미우스 세베루스 황제가 자신의 두 아들, 카라칼라, 게타와 함께 파르티아를 상대로 한 전쟁에서 승리한 것을 기념하기 위해 세웠다. 개선문 아치 벽면에는 전쟁의 모습을 새겨 넣었다. 중세 시대 홍수로 인해 아치의 반 정도는 땅에 파묻혔다. 셉티미우스 세베루스 황제의 서거 이후 두 형제가 함께 로마를 통치했다. 212년 카라칼라가 게타를 살해한 후 혼자 로마를 지배하면서 아치에 새겨졌던 게타의 흔적을 모조리 제거했다.

고대 로마가 시작된
팔라티노 언덕 Palatino [빨라띠노]

로마의 일곱 언덕 중 센터는 단연 팔라티노 언덕이다. 팔라티노 언덕은 로마가 시작된 곳이다. 건국 신화에 의하면 전쟁의 신 마르스와 레아 실비아 사이에서 태어난 쌍둥이 아들 로물루스와 레무스는 뗏목에 실린 채 강에 버려졌다. 팔라티노 언덕 근처의 테베레 강에서 늑대가 쌍둥이 형제를 발견하고 언덕의 동굴에서 키웠다. BC 753년 쌍둥이 형인 로물루스는 팔라티노 언덕에 새로운 나라를 세웠고, 자신의 이름을 따서 '로마'라고 지었다. 카피톨리니 박물관(177p)에 전시된 루벤스의 작품 <로물루스와 레무스>에는 로물루스와 레무스가 테베레 강변에서 늑대의 젖을 빠는 장면과 쌍둥이 형제의 부모인 마르스와 레아 실비아가 사랑을 나누는 모습이 담겨 있다. 로물루스의 정통성을 이어받기 위해 로마 황제들은 이곳에 황궁을 지었다. 특히 로마의 초대 황제인 아우구스투스는 팔라티노에 대한 애착이 남달라 많은 건축물과 조각상을 만들었

Data 지도 150p-C
가는 법 콜로세움에서 도보 6분. 콜로세움에서 콘스탄티누스 개선문을 지나 큰 길로 직진하다 보면 오른쪽에 위치. 포로 로마노와 연결됨 **주소** Via di San Gregorio 30, Roma **전화** 06-3996-7700
운영시간 09:00~해지기 1시간 전 (16:30~19:15 사이). 정확한 시간은 홈페이지 참고. 마지막 입장 1시간 전)
요금 콜로세움 통합권 일반 16유로, 18세 미만 무료(예약비 2유로, 콜로세움·포로 로마노 포함, 24시간 동안 사용 가능), 로마 패스 가능
홈페이지 www.coopculture.it

다. 팔라티노의 수려한 경관은 귀족들까지 매혹시켜 BC 2세기경부터 팔라티노 일대에 고급 주택이 세워졌다. 지금은 팔라티노 언덕을 가득 채웠던 고대 건축물은 대부분 파손되고, 옛 영광의 흔적만 덩그러니 남아 있다. 게임을 즐기고 이벤트를 열던 공간인 스타디오 Stadio, 황제의 관저였던 도무스 아우구스타나Domus Augustana, 황제가 집무를 보거나 공공 행사를 수행했던 곳인 도무스 플라비아Domus Flavia 등이 눈여겨볼 만하다. 팔라티노 박물관Museo Palatino에서는 팔라티노 언덕에서 발견된 유물과 조각상을 전시하고 있다. 팔라티노 언덕에 오르면 비냐 바르베리니Vigna Barberini에서는 콜로세움이, 오르티 파르네시아니Orti Farnesiani에서는 포로 로마노가, 도무스 아우구스타나에서는 대전차 경기장의 전경이 시원하게 펼쳐지니 아낌없이 감상하자. 언덕에는 키 큰 소나무들이 우거져 있어 여름에 뜨거운 햇빛을 피해 쉬어가기에도 좋다.

스타디오

도무스 플라비아

팔라티노 박물관

도무스 아우구스타나

나폴레옹도 탐냈던
콘스탄티누스 개선문 Arco di Costantino [아르꼬 디 꼬스딴띠노]

로마 최대 규모의 개선문이다. 315년 콘스탄티누스 황제가 밀비우스 다리 전투에서 막센티우스 황제를 상대로 승리한 것을 기념하기 위해 세웠다. 높이 21m, 너비 25m, 두께 7.4m의 웅장한 규모가 존재감을 뽐낸다. 많은 부분이 훼손된 콜로세움과는 달리 원형 그대로 남아 콜로세움 옆을 지키고 있다. 개선문의 아래쪽은 세 개의 아치와 코린토스 양식 기둥으로 이루어졌다. 꼭대기는 아티카 양식으로 꾸며졌고, 대리석 위에 막센티우스와의 전투 장면이 조각됐다. 당시 재정적인 문제로 개선문 일부는 기존 건축물의 조각을 가져와 완성했다. 19세기 이 개선문은 세계 정복의 꿈을 펼치고 있던 나폴레옹의 마음을 빼앗아 버렸다. 나폴레옹에 의해 파리로 옮겨질 위기를 겪었지만 다행히 기술적인 문제로 실현되지 않았다. 나폴레옹은 이 개선문을 모티브 삼아 파리에 카루젤 개선문을 세웠다.

Data 지도 150p-D 가는 법 콜로세움에서 도보 1분 주소 Via di San Gregorio, Roma

한 템포 쉬어가기 좋은
산티 코스마 에 다미아노 성당

Basilica dei Santi Cosma e Damiano [바질리까 데이 싼띠 꼬스마 에 다미아노]

포로 로마노에 인접해 있는 소담한 성당이다. 포로 로마노에 속한 포로 디 베스파시아노 Foro di Vespasiano와 로물루스 신전의 터 일부를 빌려 자리 잡았다. 성당은 6세기 교황 펠릭스 4세가 당시 많은 로마인에게 존경받던 성인 코스마와 다미아노에게 헌정하기 위해 건립했다. 성당의 하이라이트는 성당 중앙에 반원형으로 장식된 모자이크다. 6세기 작품으로 비잔틴 양식으로 꾸며졌으며 성 베드로와 성 바오로가 성 코스마, 성 다미아노, 성 테오도루스, 교황 펠릭스 4세를 예수에게 소개하는 장면이 담겨져 있다. 성당 안 햇빛이 화사하게 비추는 정원은 분수와 함께 아기자기하게 조성되어 있다.

Data 지도 150p-C 가는 법 콜로세움에서 도보 3분 주소 Via dei Fori Imperiali 1, Roma 전화 06-699-0808 운영시간 10:00~13:00, 15:00~18:00 요금 무료 홈페이지 www.cosmadamiano.com

포로 로마노로는 부족해!
포리 임페리알리 Fori Imperiali [포리 임뻬리알리]

콜로세움에서 베네치아 광장까지 뻗어 있는 포리 임페리알리 거리Via dei Fori Imperiali를 걷다 보면 포로 로마노와 닮은 유적들의 정체가 궁금해진다. 이 도로 위에는 본래 고대 로마 황제들의 포럼이 있었다. 포로 디 네르바, 포로 디 체사레, 포로 디 아우구스토, 포로 디 트라이아노 등이 그 주인공으로, 이곳을 묶어서 황제들의 포럼이라는 뜻의 '포리 임페리알리'라고 부른다. BC 1세기 말부터 포로 로마노에 새로운 건축물을 지을 공간이 없어지자 그 대안을 찾아 다른 포럼을 만들기 시작했다. 1993년 무솔리니 집권 당시 콜로세움에서 집무실이 있는 베네치아 광장까지 거대한 길을 만들면서 포리 임페리알리의 많은 부분이 땅 속에 묻혔다. 지금은 길 양옆으로 유적의 일부가 남았고, 계속적인 발굴이 이뤄지고 있다. 각 유적지 앞에는 포럼에 해당하는 황제의 동상이 세워져 있다. 거리를 걸으면서 옛 자취를 더듬어 보는 것을 추천한다. 밤에도 거리를 따라 산책하기 좋다. 수천 년의 역사를 가진 유적 사이를 비추는 불빛 덕분에 한층 더 운치 있게 느껴진다. 내부 관람을 위해서는 포로 디 트라이아노 쪽 입구를 이용하자.

Data 지도 150p-A
가는 법 콜로세움에서 도보 7분 주소 Via Fori Imperiali, Roma
전화 06-0608 운영시간 09:00~해지기 1시간 전(16:30~19:15 사이. 정확한 시간은 홈페이지 참고)
요금 5유로, 풀 익스피리언스 22유로(예약비 2유로, 콜로세움 언더그라운드 · 포로 로마노 · 팔라티노 언덕 포함, 2일 동안 사용 가능), 포럼 패스 슈퍼 16유로(포로 로마노 · 팔라티노 언덕 포함)
홈페이지 sovraintendenzaroma.it/i_luoghi/roma_antica/aree_archeologiche/fori_imperiali

|Theme|

포리 임페리알리의 구성원들

콜로세움에서 베네치아 광장으로 가는 오른편에는 포로 디 네르바, 포로 디 아우구스토, 포로 디 트리아노 순으로 펼쳐진다. 왼쪽에는 포로 디 체사레가 있다. 포리 임페리알리 거리를 거닐며 유적들을 차례대로 둘러보자.

포로 디 네르바 Foro di Nerva

콜로세움에서 베네치아 광장 방향으로 걷다 보면 가장 먼저 마주하게 된다. 포로 디 네르바는 BC 1세기 도미티아누스 황제에 의해 지어졌다. 다른 포리 임페리알리와는 달리 좁은 터에 자리를 잡아 많은 건축물을 짓지는 못했다. 현재 미네르바 여신을 모시는 신전만이 홀로 남았다. 비교적 보존이 양호했던 이 신전은 1606년 교황 바오르 5세가 아콰 파올라 분수를 짓기 위한 재료로 활용되면서 많은 부분이 훼손됐다.

포로 디 체사레 Foro di Cesare

카이사르는 새로운 공공건물을 세우고 싶었지만 포로 로마노가 포화 상태라 캄피돌리오 언덕으로 시선을 돌렸다. BC 46년 전쟁의 전리품으로 캄피돌리오 언덕 동쪽에 포럼을 건설했다. 그리스 도시 국가의 광장, 아고라agora에서 영감을 얻어 장방형 광장을 조성했다. 광장 한가운데는 베누스 신전을 세우고, 화려한 예술품으로 장식했다. 이 신전은 베누스 여신을 모시는 것보다 카이사르가 베누스 여신의 신성한 혈통을 타고났다는 것을 널리 알리기 위함이었다.

포로 디 아우구스토 Foro di Augusto

BC 2년 아우구스투스 황제는 카이사르처럼 포로 로마노만으로 만족하지 못하고 새로운 포럼을 세운다. 이 포럼은 포로 디 체사레와 비슷한 형태로 군신 마르스에게 바치는 신전을 주축으로 지어졌다. 지금은 신전 앞의 계단과 세 개의 원기둥이 남아 있다. 신전 뒤로 보이는 30m에 달하는 높은 벽은 화재를 막기 위해 쌓았다. 포럼 뒤편은 서민들이 살고 있던 수브라Suburra 지역으로 당시 화재가 빈번하게 일어났다고 한다.

포로 디 트라이아노 Foro di Traiano

로마 제국이 마지막으로 건설한 포럼이다. 110년 트리야누스 황제는 선대 황제들이 포로 로마노와 포로 로마노 일대를 모두 차지해 버려 어쩔 수 없이 캄피돌리오 언덕과 퀴리날레 언덕 사이를 깎아 부지를 마련해 포럼을 만들었다. 회랑을 중심으로 바실리카 울피아Basilica Ulpia와 도서관이 있다. 포럼에서 가장 눈에 띄는 것은 거대한 크기의 트리야누스 원기둥이다. 다카이 전쟁의 승리를 기념해 세운 것으로 원기둥 표면에 다카이 전쟁의 상황을 생동하게 조각으로 새겼다. 원기둥의 기단에는 트리야누스 황제의 유골함이 안치되어 있다. 원기둥 꼭대기에 있던 트리야누스 황제 청동상은 성 베드로 청동상으로 교체됐다.

메르카티 디 트라이아노 Mercati di Traiano

포로 디 트라이아노 옆에는 '트리야누스의 시장터'라는 뜻을 가진 메르카티 디 트라이아노가 있다. 쇼핑몰 역할을 하던 곳이다. 붉은색 벽돌의 반원형인 엑세드라 건물은 전통적이고 고전적인 양식을 취했던 포럼의 모습과 대조된다. 메르카티 디 트라이아노 뒤편에 자리한 메르카티 디 트라이아노 박물관Mercati di Traiano Museo del Fori Imperiali에서는 멀티미디어와 전시를 통해 포리 임페리알리의 역사와 남겨진 유적에 대해 설명해 준다. 박물관에 입장하면 메르카티 디 트라이아노를 직접 거닐 수 있고, 뒤편에 있는 13세기에 지어진 밀리치에 탑Torre delle Milizie 위에도 오를 수 있다.

메르카티 디 트라이아노 박물관
Data 지도 150p-A
가는 법 포로 디 트라이아노에서 도보 3분 주소 Via IV Novembre 94, Roma
전화 06-0608
운영시간 09:30~19:30 (마지막 입장 18:30)
요금 11.50유로~
홈페이지 www.mercatiditraiano.it

성 베드로와 성 바오로가 갇혔던
마메르티노 감옥 Càrcere Mamertino [까르체레 마메르띠노]

포로 로마노 북동쪽 담 너머에는 산 주세페 데이 팔레냐미 성당 Chiesa di San Giuseppe dei Falegnami이 있다. 이 성당 지하에는 무시시한 공간이 존재한다. 바로 고대 로마인들을 섬뜩하게 만들었던 마메르티노 감옥이다. 감옥은 죄수를 가두는 마메르티눔 mamertinum과 형을 집행하는 툴리아눔tulianum으로 나뉘었다. 주로 로마의 정치범이나 외국인 죄수가 처형됐다. 성 베드로도 이곳에 갇혔었다. 바티칸 박물관(274p)에 있는 라파엘로의 벽화 〈볼세나의 미사〉는 감옥에 있는 성 베드로의 모습을 담고 있다. 성 바오로 역시 이곳에 투옥되었다. 성 바오로가 감옥에서 솟아난 샘물로 간수에게 세례를 주었다는 이야기가 유명하다. 감옥 관람 시 가이드를 비롯해 전시된 유물과 지하 감옥의 모습을 담은 태블릿이 제공된다. 지하 감옥의 벽에는 예수, 성 베드로, 성 바오로의 프레스코화가 흐릿하게 남아 있다.

Data 지도 150p-A **가는 법** 포로 로마노 북동쪽 입구에서 도보 1분
주소 Clivo Argentario 1, Roma **전화** 06-6989-6379
운영시간 월~일 09:00~17:00 **요금** 일반 10유로, 6~17세 5유로(신용카드만 가능)
홈페이지 www.omniavaticanrome.org/it/cards/il_carcer-tullianum

고대 로마 최대 규모의
대전차 경기장 Circo Massimo [치르꼬 맛씨모]

영화 〈벤허〉가 떠오르는 곳이다. 대전차 경기장은 팔라티노 언덕과 아벤티노 언덕 사이에 있다. 고대 로마 시기 최대 25만 명의 관중을 수용했던 곳이다. 이곳에서 로마 대제전을 비롯한 각종 운동 경기가 열렸다. 특히 네 마리 말이 이끄는 전차 경기가 주목을 받았다. 당시 잘 나가던 전차 경기 선수는 큰 인기와 부를 손에 쥐었다. BC 329년에 세워져 549년까지 수많은 관중의 함성이 울려 퍼졌다. 대전차 경기장이 쇠락의 길에 접어들면서 중앙 분리대, 스피나spina를 장식했던 오벨리스크는 포폴로 광장과 산 조반니 인 라테라노 광장으로 옮겨졌다. 현재는 로마인들의 산책로로 사랑받고 있다. 2006년 이탈리아가 월드컵에서 우승할 당시 성대한 축제가 펼쳐지기도 했다. 가상현실 체험 프로그램을 통하면 폐허가 된 경기장의 원래 모습이 눈앞에 그려진다.

Data 지도 150p-E **가는 법** 메트로 B선 Circo Massimo역 하차, 도보 3분
주소 Via del Circo Massimo, Roma **전화** 06-0608 **운영시간** VR 체험 화~일 10:00~16:00, 우천 시 취소 (15분 전 도착, 마지막 방문 14:50) **요금** VR 체험 일반 12유로, 26세 이하 10유로, 6세 미만 무료, 로마 패스 가능 **홈페이지** VR 체험 www.circomaximoexperience.it

EAT

아침부터 환영합니다

카페 카페 Cafè Cafè

아늑한 분위기가 물씬 풍기는 카페 겸 레스토랑이다. 빈티지한 소품과 와인이 아담한 카페 구석구석을 사랑스럽게 꾸민다. 다양한 외국어를 구사하는 카페 주인은 섬세하게 손님을 맞이한다. 다채로운 커피와 브렉퍼스트 메뉴를 보유하고 있어 하루를 시작하기 좋은 곳이다. 가벼운 식사를 원한다면 단출하게 구성된 토스트를 고르자. 좀 더 든든하게 배를 채우려면 빵이 곁들여 나오는 스크램블 에그가 좋겠다. 신선하고 컬러풀한 재료들을 사용하여 아침부터 저절로 입맛을 돋운다. 오후에 방문한다면 파스타나 피자에 집중하자. 물과 브루스케타에 피자 혹은 파스타 선택이 가능한 세트 메뉴는 합리적인 가격으로 책정됐다. 단품으로 맛보는 피자도 훌륭하다. 마르게리타는 바삭한 도우 위에 진득한 모차렐라 치즈와 토마토가 촘촘하게 올려진다. 얇은 도우가 부담스럽지 않아 먹다 보면 어느새 혼자서도 한 판 뚝딱 해치우게 된다. 치즈 케이크, 티라미수 등을 비롯한 달달한 홈메이드 디저트도 인기다.

Data 지도 150p-D
가는 법 콜로세움에서 도보 5분
주소 Via dei Santi Quattro 44, Roma
전화 06-7045-1303
운영시간 수~월 09:00~17:00
가격 커피 2유로~,
토스트 6.50유로~,
피자 7유로~, 파스타 12유로~,
세트 메뉴 12유로~, 디저트 5유로~
홈페이지 www.cafecafebistrot.it

파스타와 와인의 하모니
콘트라리오 비네리아 콘 쿠치나 Contrario Vineria con Cucina

콜로세움에서 조금만 걸으면 갈 수 있는 이탈리안 레스토랑이다. 차분하고 세련된 분위기에 퀄리티 높은 음식과 와인을 제공한다. 파스타, 스테이크, 해산물 요리 등이 있으며, 트러플이 가미된 메뉴들이 호평을 받고 있다. 벽면을 가득 채운 와인에서 알 수 있듯이 산지도, 종류도, 가격도 천차만별인 방대한 와인 리스트를 선보인다. 메뉴와 어울리는 와인을 추천해 달라고 요청하면 친절하게 안내해 준다.

Data 지도 150p-D
가는 법 콜로세움에서 도보 4분
주소 Via Ostilia 22, Roma
전화 06-709-0606
운영시간 월~토 12:15~14:30, 19:00~22:30
가격 파스타 13유로~, 메인 요리 19유로~ 와인 20유로~
홈페이지 ristorantecontrario.com

입맛 따라 골라 먹는
라 프레체몰리나 La Prezzemolina

귀여운 피자 모형이 눈길을 사로잡는 조각 피자집이다. 이곳은 깔끔하고 캐주얼한 분위기 덕분에 항상 현지인과 관광객으로 붐빈다. 미리 만들어 놓은 피자를 데워주기 때문에 화덕에서 갓 구운 피자에 비해 아쉬운 점은 있지만 기다리지 않고 빠르게 먹을 수 있는 것이 장점이다. 저렴한 가격에 원하는 피자를 다양하게 맛볼 수 있다. 마르게리타, 베가나Vegana, 콰트로 포르마지, 카프레제 부팔라 Caprese Bufala, 풍기 포르치니Funghi Porcini 등 20여 가지 종류의 피자를 판매한다. 바질, 토마토, 모차렐라 치즈가 들어간 카프레제 부팔라는 모험하지 않고 만족스럽게 먹을 수 있는 메뉴다. 가격은 무게 단위로 측정된다. 먹고 싶은 피자를 고른 후에 원하는 양만큼 주문하자.

Data 지도 150p-A
가는 법 콜로세움에서 도보 6분 주소 Via del Colosseo 1, Roma 전화 06-9484-3773
운영시간 11:00~17:00 가격 피자 100g당 1~2.50유로

SLEEP

럭셔리한 5성급 호텔
팔라초 만프레디 Palazzo Manfredi

를레 앤 샤토Relais&Chateaux 계열의 호텔이다. 를레 앤 샤토는 고급 부티크 호텔 연합 브랜드로 500여 개의 글로벌한 호텔이 여기에 속해 있다. 이 호텔은 18세기에 지어진 건물로, 객실은 최상급 대리석과 목재를 사용해 5성급에 걸맞은 럭셔리한 인테리어를 자랑한다. 객실 창문을 통해 콜로세움을 볼 수도 있다. 호텔 꼭대기에는 미슐랭 1스타 레스토랑인 아로마Aroma가 있다. 호텔은 콜로세움을 비롯해 주요 관광지와 인접해 있어 여행하기 좋다.

Data 지도 150p-D
가는 법 콜로세움에서 도보 4분. 메트로 B선 Colosseo역 하차, 도보 3분 **주소** Via Labicana 125, Roma **전화** 06-7759-1380
요금 더블룸 581유로~ 스위트룸 1259유로~
홈페이지 www.palazzomanfredi.com

창문을 열면 콜로세움이!
콜로세오 파노라믹 룸스 Colosseo Panoramic Rooms

콜로세움 맞은편에 자리 잡은 숙소다. 깔끔한 객실에 편안한 침대가 놓여 있다. 객실 창문 너머로는 콜로세움과 포로 로마노의 경치가 펼쳐진다. 호스트인 로베르토는 투숙객에게 친절한 서비스를 제공한다. 고대 로마를 도보로 여행하기에 적합하고, 메트로 콜로세오역과 가까워 다른 지역으로 이동하기도 편리하다.

Data 지도 150p-D
가는 법 콜로세움에서 도보 3분. 메트로 B선 Colosseo역 하차, 도보 2분
주소 Via Nicola Salvi 68, Roma
전화 338-419-5574
요금 더블룸 204유로~
홈페이지 www.colosseo-panoramic.it

Roma By Area

02

캄피돌리오
Campidoglio

고대 로마부터 현재까지 로마의 파란만장한 역사를 함께 겪어온 곳이다. 광장, 박물관, 성당, 유적지 등에서 다양한 모습의 로마를 엿볼 수 있다.

캄피돌리오
미리보기 🔍

캄피돌리오는 하늘의 신, 유피테르 신전이 있었던 곳으로 로마의 일곱 언덕 중 가장 높고 신성한 곳이었다. 비교적 좁은 면적에 광장, 박물관, 성당, 유적지 등 볼거리가 알차게 모여 있다. 높은 곳에 위치한 만큼 로마 시내를 조망할 수 있는 전망 포인트도 여러 군데 있다.

SEE — 큰 볼거리는 미켈란젤로의 천재성을 발견할 수 있는 캄피돌리오 광장과 광장 안에 자리 잡은 카피톨리니 박물관이다. 영화 〈로마의 휴일〉에 등장한 비토리오 에마누엘레 2세 기념관과 진실의 입도 그냥 지나치기 아쉽다.

EAT — 교통의 중심지이지만 식도락의 중심지는 아니다. 베네치아 광장 길 건너편에 몇몇의 작고 소소한 식당들이 있다. 비토리오 에마누엘레 2세 기념관과 카피톨리니 박물관에는 멋진 전망을 배경으로 한 카페가 있으니 잠시 머물러 보자.

BUY — 상권이 발달하지 않은 곳이다. 베네치아 광장 근처 상점에서 간단한 기념품을 구매할 수 있다.

어떻게 갈까?

캄피돌리오는 메트로가 닿지 않아 버스를 이용해야 한다. 이 지역의 중심지인 베네치아 광장으로 가려면 테르미니역에서 버스 40, 60, 64, 85, 170, H번을 탄 후 피아차 베네치아(P.za Venezia) 정류장에서 하차하면 된다.

어떻게 다닐까?

이 구역은 주요 스폿들이 대부분 붙어 있어 모두 도보로 충분히 돌아볼 만하다. 베네치아 광장을 출발점으로 해서 가장 멀리 떨어진 진실의 입까지 도보로 13분 걸린다.

캄피돌리오
📍 1일 추천 코스 📍

베네치아 광장을 중심으로 모여 있는 박물관, 성당, 광장, 유적지들을 섭렵할 수 있는 코스다.
카피톨리니 박물관에서 얼마나 시간을 보내느냐에 따라 반나절에서 한나절까지 소요된다.

베네치아 광장에서 출발

→ 도보 1분

국립 베네치아 궁전 박물관 구경하기

→ 도보 1분

비토리오 에마누엘레 2세 기념관 계단 오르기

↓ 도보 1분

캄피돌리오 광장에서 미켈란젤로의 숨결 느껴보기

← 도보 1분

산타 마리아 인 아라코엘리 성당 감상하기

← 도보 1분

인술라 델아라 코엘리 지나가며 엿보기

↓ 광장 안에 위치

카피톨리니 박물관 작품 속에 빠져들기

→ 도보 3분

마르켈루스 극장과 콜로세움 비교해 보기

→ 도보 3분

아레아 사크라 디 산 오모보노 한눈으로 훑기

↓ 도보 4분

진실의 입에 손 넣고 인증샷 남기기

← 성당 입구에 위치

산타 마리아 인 코스메딘 성당 살펴보기

← 도보 1분

포로 보아리오의 신전들 둘러보기

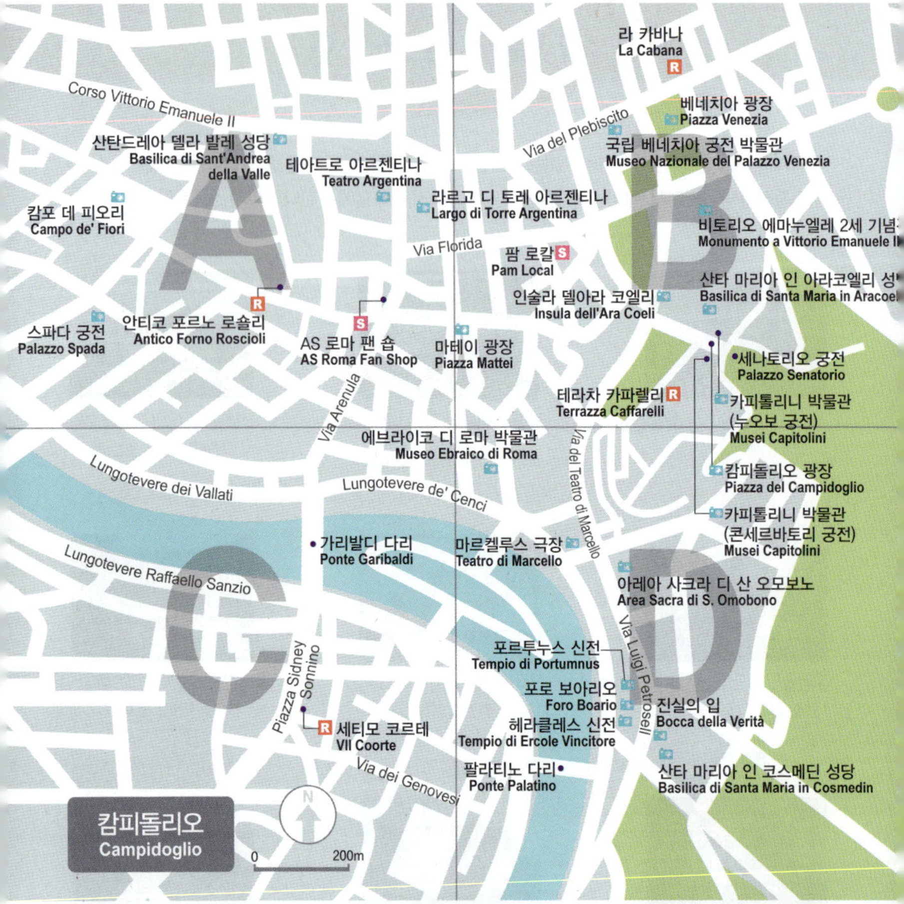

Corso Vittorio Emanuele II

라 카바나
La Cabana

산탄드레아 델라 발레 성당
Basilica di Sant'Andrea della Valle

Via del Plebiscito

베네치아 광장
Piazza Venezia

테아트로 아르젠티나
Teatro Argentina

국립 베네치아 궁전 박물관
Museo Nazionale del Palazzo Venezia

캄포 데 피오리
Campo de' Fiori

라르고 디 토레 아르젠티나
Largo di Torre Argentina

Via Florida

팜 로칼
Pam Local

비토리오 에마누엘레 2세 기념관
Monumento a Vittorio Emanuele II

인슐라 델아라 코엘리
Insula dell'Ara Coeli

산타 마리아 인 아라코엘리 성당
Basilica di Santa Maria in Aracoeli

스파다 궁전
Palazzo Spada

안티코 포르노 로숄리
Antico Forno Roscioli

AS 로마 팬 숍
AS Roma Fan Shop

마테이 광장
Piazza Mattei

세나토리오 궁전
Palazzo Senatorio

테라차 카파렐리
Terrazza Caffarelli

카피톨리니 박물관
(누오보 궁전)
Musei Capitolini

Via Arenula

에브라이코 디 로마 박물관
Museo Ebraico di Roma

카피톨리오 광장
Piazza del Campidoglio

Lungotevere dei Vallati

Lungotevere de' Cenci

Via del Teatro di Marcello

카피톨리니 박물관
(콘세르바토리 궁전)
Musei Capitolini

가리발디 다리
Ponte Garibaldi

마르켈루스 극장
Teatro di Marcello

Lungotevere Raffaello Sanzio

아레아 사크라 디 산 오모보노
Area Sacra di S. Omobono

포르투누스 신전
Tempio di Portumnus

Piazza Sidney Sonnino

포로 보아리오
Foro Boario

Via Luigi Petroselli

진실의 입
Bocca della Verità

세티모 코르테
VII Coorte

헤라클레스 신전
Tempio di Ercole Vincitore

산타 마리아 인 코스메딘 성당
Basilica di Santa Maria in Cosmedin

Via dei Genovesi

팔라티노 다리
Ponte Palatino

캄피돌리오
Campidoglio

0   200m

174   ROMA BY AREA 02 | CAMPIDOGLIO

SEE

좋아하거나 혹은 싫어하거나
비토리오 에마누엘레 2세 기념관 Monumento a Vittorio Emanuele II

[모누멘또 아 빗또리오 에마누엘레 세꼰도]

고대 로마 유적지들이 늘어서 있는 포리 임페리알리 거리 끝에 이질적인 건물 하나가 시선을 사로잡는다. 바로 비토리오 에마누엘레 2세 기념관이다. 로마 제국이 무너진 후 분열 국가의 길을 걷던 이탈리아는 1870년 초대 왕인 비토리오 에마누엘레 2세에 의해 통일됐다. 1925년 그의 업적을 추대하기 위해 이 기념관을 건립했다. 거대한 규모의 기념관은 가지런히 줄 서 있는 기둥, 수많은 계단, 새하얀 대리석으로 꾸며졌다. 그 모습이 꼭 웨딩 케이크를 닮았다. 기념관 한가운데는 비토리오 에마누엘레 2세 청동상이 서 있다. 계단에는 제1차 세계대전에 참전했던 무명 용사의 무덤이 있는 '제국의 제단'이 있고, 그 옆에는 '영원히 꺼지지 않는 불'을 지키는 보초 두 명이 있다. 이 성화는 불의 여신 베스파를 숭배하는 데서 기원된 것이다. 이 기념관은 주위 경관과 어울리지 않아 로마인들에게는 미움을 받지만, 여행자들에게는 큰 관심을 받고 있다. 〈로마의 휴일〉, 〈로마 위드 러브〉 등 로마를 배경으로 한 영화에도 자주 등장했다. 기념관 안에는 이탈리아 통일을 주제로 한 박물관과 미술관이 있다. 유료 엘리베이터를 타고 파노라믹 테라스 Panoramic Terrace 전망대에 오르면 360도로 펼쳐지는 로마 중심가 풍경을 만끽할 수 있다.

Data 지도 174p-B
가는 법 베네치아 광장 맞은편
주소 Piazza Venezia, Roma
전화 06-6999-4211
운영시간 09:30~19:30
(마지막 입장 18:45)
요금 무료, 전망대 일반 12유로, 18세 미만·장애인 무료(국립 베네치아 궁전 박물관·리소르지멘토 중앙 박물관 포함, 7일 동안 사용 가능)
홈페이지 vive.cultura.gov.it

로마의 모든 길이 통하는
베네치아 광장 Piazza Venezia [삐앗짜 베네찌아]

베네치아 광장은 로마 교통의 심장부다. 로마를 여행하면서 최소 한 번 이상은 지나갈 수밖에 없는 곳이다. 광장을 중심으로 북쪽으로는 번화가인 코르소 거리가, 남쪽으로는 콜로세움으로 향하는 포리 임페리알리 거리가 뻗어 있다. 광장은 1871년 이탈리아 통일을 기념하기 위해 조성했다. 비토리오 에마누엘레 2세 기념관과 국립 베네치아 궁전 박물관이 광장을 둘러싸고 있으며, 광장의 이름은 베네치아 궁전에서 가져왔다. 광장 한가운데는 이탈리아 국기 색인 빨간색, 흰색, 초록색의 꽃과 잔디로 꾸며졌다. 비토리오 에마누엘레 2세 기념관의 계단 꼭대기나 전망대에 오르면 끊임없이 오가는 차들로 어지러운 베네치아 광장이 한눈에 내려다보인다.

Data 지도 174p-B
가는 법 버스 40, 60, 64, 85, 170, H번 타고 Piazza Venizia 정류장 하차, 도보 1분
주소 Piazza Venezia, Roma

어두운 과거는 잊고 박물관으로 변신한
국립 베네치아 궁전 박물관 Museo Nazionale del Palazzo Venezia
[무제오 나찌오날레 델 빨랏쪼 베네찌아]

르네상스풍의 반듯한 모습을 한 베네치아 궁전에는 숨기고 싶은 과거가 숨어 있다. 궁전은 1455년 교황 바오로 2세에 의해 지어져 교황 궁전으로 사용되다가 1564년 베네치아 공화국의 대사관으로 제공하면서 현재의 이름을 얻었다. 무솔리니가 집권한 후에 궁전은 그의 집무실로 쓰였다. 파시즘의 대표 아이콘인 무솔리니는 궁전의 발코니를 무대 삼아 제2차 세계대전 참전을 선포하며 전 세계를 공포에 떨게 만들었다. 하지만 오늘날 이 궁전은 박물관으로 우아하게 변신했다. 박물관은 회화 작품, 조각, 도자기, 유리 공예품 등 흥미로운 예술 작품을 전시한다.

Data 지도 174p-B
가는 법 베네치아 광장에서 도보 1분
주소 Via del Plebiscito 118, Roma
전화 06-6999-4211 **운영시간** 09:30~18:30 **요금** 일반 12유로, 18세 미만·장애인 무료(비토리오 에마누엘레 2세 기념관·리소르지멘토 중앙 박물관 포함, 7일 동안 사용 가능) **홈페이지** vive.cultura.gov.it

고대 로마의 보물들이 한자리에
카피톨리니 박물관 Musei Capitolini [무제이 까뻬똘리니]

세계에서 가장 오래된 국립 박물관으로 고대 로마 시대의 보물 같은 소장품들이 안치되어 있다. 1471년 교황 식스투스 4세가 기증한 청동 조각들이 카피톨리니 박물관의 시초가 되어 점점 규모가 커졌고, 1734년부터 일반인에게 개방됐다. 박물관은 BC 5세기에서 18세기에 이르는 방대한 양의 조각품과 회화 작품을 콘세르바토리 궁전 Palazzo dei Conservatori과 누오보 궁전 Palazzo Nuovo에 나누어 전시하고 있다. 〈마르쿠스 아우렐리우스 기마상〉, 〈카피톨리노의 암늑대〉, 〈카피톨리노의 비너스〉, 〈반사의 갈라리아인〉 등의 조각상이 가장 유명하다. 루벤스, 카라바조, 틴토레토 등 저명한 화가들의 그림도 소장하고 있다. 콘세르바토리 궁전과 누오보 궁전은 캄피돌리오 광장 위에 세워져 서로 마주 보고 있으며, 건물과 건물 사이가 지하 터널로 연결된다. 박물관 입장과 티켓 판매는 콘세르바토리 궁전에서 이루어진다. 백팩 등 커다란 짐은 입구 근처의 물건 보관함에 맡겨야 하며, 무료로 이용 가능하다. 작품 관람 후에는 콘세르바토리 궁전 2층에 있는 카페에서 로마 시내 전망을 느긋하게 바라보며 커피 한잔을 마셔도 좋다.

Data 지도 174p-B
가는 법 베네치아 광장에서 도보 5분
주소 Piazza del Campidoglio 1, Roma
전화 06-0608
운영시간 09:30~19:30
(마지막 입장 18:30)
요금 11.50유로(특별전 진행 시 입장료 추가), 로마 패스 가능
홈페이지 www.museicapitolini.org

|Theme|
카피톨리니 박물관 주요 작품 소개

콘세르바토리 궁전과 누오보 궁전의 여러 전시실에 방대한 작품을 전시하고 있어 꼼꼼하게 보려면 2~3시간 이상 소요된다. 콘세르바토리 궁전에는 고대 조각상과 회화 작품이, 누오보 궁전에는 15~18세기 조각상이 있다. 콘세르바토리 궁전 입구가 있는 0층에서 시작해 1층과 2층을 둘러본 후 지하층으로 내려가 누오보 궁전으로 향하자.

콘세르바토리 궁전

콘스탄티누스 거상 Statua Colossale di Costantino: Testa(0층 안뜰)

콘스탄티누스 황제의 대리석 두상이다. 포로 로마노의 바실리카 막센티우스에서 발굴된 콘스탄티누스 기념 석상의 파편이다. 두상의 높이는 2.6m로, 원형 조각상은 12m 높이의 거대 조각상으로 추정한다. 두상과 함께 발굴된 손과 발의 조각 파편도 같이 전시하고 있다.

마르쿠스 아우렐리우스 기마상 Esedra di Marco Aurelio
(BC 166~180년, 1층 Esedra di Marco Aurelio)

캄피돌리오 광장 중앙에 있는 마르쿠스 아우렐리우스 황제 청동상의 오리지널이다. 최초로 기독교를 공인한 콘스탄티누스 황제의 조각상으로 오인받아 운 좋게 파괴되지 않고 남아 있다. 고대 로마 시대의 청동상은 희귀하기 때문에 그 가치가 더 빛난다.

가시를 빼는 소년 Spinario(BC 1세기, 1층 Sala dei Trionfi)

나무 그루터기에 앉은 소년이 발의 가시를 뽑고 있는 모습을 형상화한 청동 조각상이다. 머리 부분에서는 고전미가 느껴지고, 몸통 부분은 현실적이고 디테일하게 표현했다.

카피톨리노의 암늑대 Lupa Capitolinia
(1층 Sala della Lupa)

박물관의 가장 유명한 조각 중 하나로 교황 식스투스 4세가 기증한 것이다. 늑대가 로마 건국의 시초인 쌍둥이 형제, 로물루스와 레무스에게 젖을 먹이는 모습을 실물 크기로 제작했다. 로마 건국 설화를 바탕으로 암늑대는 로마의 상징이 되었고, 이 작품을 비롯한 많은 조각상들이 만들어졌다.

여자 점쟁이 La Buona Ventura
| 미켈란젤로 메리시 다 카라바조 Michelangelo Merisi da Caravaggio(1595년, 2층 Sala di Santa Petronilla-La Grande Pittura del Seicento a Roma)

이탈리아 바로크 시대를 대표하는 화가, 카라바조의 작품으로 여자 집시가 젊은 남자의 점을 봐주는 척하면서 반지를 훔치는 장면을 묘사했다.

로물루스와 레무스 Romolo e Remo
| 페테르 파울 루벤스 Peter Paul Rubens(1617년, 2층 Sala di Santa Petronilla-La Grande Pittura del Seicento a Roma)

숲속에서 로물루스와 레무스가 늑대 젖을 빠는 것을 목격하는 양치기 파우스툴루스와 전쟁의 신 마르스가 레아 실비아와 사랑을 나누는 모습이 담겼다.

누오보 궁전

카피톨리노의 비너스 Capitoline Venus
(1층 Gabinetto della Venere)

그리스의 조각가 프락시텔레스Praxiteles의 BC 4세기 작품 〈크니도스의 아프로디테〉를 모방한 조각상. 목욕 후에 수줍은 모습으로 몸을 감싸고 나오는 관능적인 비너스의 모습을 대리석으로 조각했다. 2016년 카피톨리니 박물관에서 이슬람 문화권인 이란과 막대한 금액의 투자금을 화두로 정상 회담이 열렸다. 이때 이 조각상은 누드라는 이유로 상자에 가려지는 수모를 당하게 되며 소셜미디어를 뜨겁게 달궜다.

빈사의 갈라리아인 Galata Morente
(1층 Sala del Gladiatore)

부상을 입고 쓰러져 있는 갈리아Galia의 전사를 묘사한 조각상이다. BC 3세기 갈리아와의 전쟁에서 승리한 것을 기념하기 위해 페르가몬Pergamon의 왕, 아탈로스 1세Attalus I가 만든 청동상을 복제한 것이다.

미켈란젤로의 손길이 닿은
캄피돌리오 광장 Piazza del Campidoglio [삐앗짜 델 깜삐돌리오]

르네상스의 거장, 미켈란젤로의 손길이 닿았다는 것 하나만으로도 충분히 방문할 만한 가치가 있는 곳이다. 캄피돌리오 광장은 1537년 미켈란젤로가 설계한 것으로 언덕 위에 지어졌다. 일단 캄피돌리오 광장으로 향하기 위해 올라야 하는 계단, 코르도나토 Cordonato부터 예사롭지가 않다. 착시 현상을 이용하기 위해 아래에서 위로 올라갈수록 계단의 폭을 넓게 만들었다. 보통은 아래에서 위를 바라보면 같은 폭의 계단이어도 원근법 때문에 더 좁아 보이는데 코르도나토는 비슷해 보여 안정감을 준다. 미켈란젤로의 센스는 여기서 끝이 아니다. 한정적인 공간을 더 넓어 보이게 하기 위해 광장 좌우에 있는 카피톨리니 박물관을 비스듬하게 사다리꼴로 배치했다. 광장 중앙에는 기하학적인 무늬를 새겨 넣어 우아함을 더했다. 꽃 같은 무늬 한가운데는 마르쿠스 아우렐리우스 황제의 기마상이 자리 잡았고, 그 뒤로는 시청사인 세나토리오 궁전 Palazzo Senatorio이 보인다. 마르쿠스 아우렐리우스 황제의 기마상은 복제품으로 진품은 카피톨리니 박물관에서 보관하고 있다. 광장 입구에는 포로 로마노에서 가져온 카스토르와 플룩스 조각상이 마르쿠스 아우렐리우스 황제를 호위하듯 양옆으로 서 있다. 광장이 지어지던 당시 권력의 핵심은 바티칸 시국이었기에 의도적으로 광장의 건축물들은 바티칸 시국을 바라보게 만들었다. 세나토리오 궁전 오른쪽 뒤편으로 가면 콜로세움을 배경으로 한 포로 로마노의 드라마틱한 경관을 볼 수 있다. 해가 지고 나면 광장은 서서히 황금빛으로 물들어 로맨틱한 무드로 변한다.

Data 지도 174p-B
가는 법 베네치아 광장에서 도보 5분
주소 Piazza del Campidoglio, Roma

|Talk|
S.P.Q.R.이 뭐예요?

로마 시내를 걷다 보면 건축물, 분수, 조각상, 맨홀 뚜껑 심지어 쓰레기통에서도 'S.P.Q.R.' 이라는 문구가 흔하게 보인다. 캄피돌리오 광장의 카스토르와 플룩스 조각상 뒤편, 광장 왼편에 있는 암늑대상, 카피톨리니 박물관의 마르포리오 조각상 등에서도 그 문구가 눈에 띈다. 도대체 무슨 뜻이길래 이렇게 로마 곳곳에 새겨져 있을까? S.P.Q.R.은 라틴어 문장 'Senatus Populusque Romanus'의 약자로 '로마의 원로원과 인민'이라는 의미다. 이는 고대 로마 공화정 정부를 일컫는 말로 로마의 공식 국호다. 실질적인 지배는 원로원이 하고 있지만 그에 비등한 권력의 주체는 로마 국민이라는 뜻을 내포하고 있다. 공화정과 제국 시대에 조약 문서, 법률 포고문, 공공건물 등에 이 국호를 새겨 놓았다. 제국 시대를 배경으로 한 영화 〈글래디에이터〉에 나오는 막시무스 장군 팔에도 S.P.Q.R.이 문신으로 새겨진 것을 볼 수 있다. 콘스탄티누스 황제 이후 사용이 뜸했던 국호를 로마 제국의 영광을 재현하고 싶어 했던 무솔리니가 다시 사용하기 시작하면서 지금은 로마 어디를 가든 이 문구를 보게 되었다.

하늘과 맞닿아 있는
산타 마리아 인 아라코엘리 성당 Basilica di Santa Maria in Aracoeli

[바질리까 디 싼따 마리아 인 아라꼬엘리]

13세기 말 세워진 아름다운 중세 성당이다. 아라코엘리는 '하늘의 제단'이라는 뜻으로 이름처럼 성당은 하늘을 향해 높은 곳에 우뚝 솟아 있다. 성당에 가기 위해서는 124개의 가파른 계단을 올라야 한다. 계단 정상에 도달하면 성당뿐만 아니라 시내 전경도 조망할 수 있으니 인내심을 갖고 발걸음을 내딛자. 이 계단을 오르면 로또가 당첨된다는 속설도 있으니 경건한 마음으로 행운을 빌며 1타 3피를 노려보자. 성당 안으로 들어서면 핀투리키오Pinturicchio의 15세기 프레스코화와 금빛이 쏟아지는 화려한 천장으로 장식된 부팔리니 예배당Cappella Bufalini이 눈에 띈다. 무엇보다도 이 성당은 기적을 행하는 아기 예수상, 산토 밤비노Santo Bambino로 유명하다. 사람들은 치유 능력이 있는 산타 밤비노를 보면 병이 다 낫는다고 믿었다. 나무로 만들어졌던 산토 밤비노는 1994년 수명을 다하여 현재는 모조품이 그 빈자리를 채우고 있다.

Data 지도 174p-B
가는 법 베네치아 광장에서 도보 5분 주소 Scala dell'Arce Capitolina 14, Roma
전화 06-6976-3839 운영시간 5~9월 09:00~18:30, 10~4월 09:30~17:30 요금 무료
홈페이지 www.sanmarcoevangelista.it

콜로세움의 원조
마르켈루스 극장 Teatro di Marcello [떼아뜨로 디 마르첼로]

캄피돌리오 광장에서 테아트로 디 마르첼로 거리 Via del Teatro di Marcello를 따라 걸으면 콜로세움과 비슷한 모습을 한 유적지가 포착된다. 고대 로마 시대의 반원형 극장이었던 마르켈루스 극장이다. 그리스의 영향을 많이 받았던 고대 로마는 그리스 종교 의식의 일부였던 연극도 로마로 들여오게 됐다. 연극은 곧 장르화되면서 대중에게 큰 인기를 끌었고, 상설 극장이 세워지기 시작했다. 마르켈루스 극장은 카이사르가 건축을 계획하고, BC 11년 아우구스투스 황제가 완성한 로마의 세 번째 상설 극장이다. 아우구스투스 황제의 요절한 조카, 마르켈루스에게서 극장 이름을 따왔다. 극장의 규모는 2만 명의 관중을 수용할 수 있을 정도였다. 극장 기둥은 1층이 토스카나 양식, 2층이 이오니아 양식, 3층이 코린토스 양식 순으로 배치해 위로 갈수록 하중이 줄도록 만들었다. 이는 100년 후 지어진 콜로세움에 그대로 영향을 끼쳤다. 극장 건물 옆에는 아폴로 신전의 기둥 세 개가 남아 있다. 후에 극장은 다른 건축물의 기자재 용도로 활용되었고, 16세기에는 극장 윗부분을 개조해 아파트로 사용했다.

Data 지도 174p-D
가는 법 캄피돌리오 광장에서 도보 3분 주소 Via del Teatro di Marcello, Roma
운영시간 봄·여름 09:00~19:00, 가을·겨울 09:00~18:00 요금 무료 홈페이지 sovraintendenzaroma.it

고대 로마 서민들의 공동 주택
인술라 델아라 코엘리 Insula dell'Ara Coeli [인술라 델라라 꼬엘리]

산타 마리아 인 아라코엘리 성당 계단 옆에는 작은 유적지 터인 인술라 델 아라 코엘리가 무심하게 남아 있다. 인술라는 고대 로마 서민들의 공동 주택을 일컫는 말로 늘어나는 인구수를 감당하지 못해 세워지게 됐다. 당시 인술라는 로마 전체 주택의 90%를 차지할 정도로 흔한 건물 형태였다. 인술라 델아라 코엘리는 2세기경 지어졌는데, 6층 규모에 380명 정도를 수용한 것으로 추정된다. 건물 표면이 대부분 무너져 내려 형체는 일부만 볼 수 있다. 건물에는 14세기 성모 마리아 벽화가 남아 있다. 서민들의 삶을 엿볼 수 있는 인술라는 이곳이 로마에서 유일한 곳이라 더 의미 있다. 내부 관람을 하려면 전화로 미리 예약해야 한다.

Data 지도 174p-B
가는 법 베네치아 광장에서 도보 2분. 비토리오 에마누엘레 2세 기념관과 산타 마리아 인 아라 코엘리 성당 사이에 위치
주소 Piazza d'Aracoeli 1, Roma **전화** 06-0608 **요금** 4유로
홈페이지 sovraintendenzaroma.it

> **Tip** 고대 로마인의 거주지는 도시 안에 있는 단독 주택, 도무스 domus와 도시 밖의 단독 주택 빌라 villa, 공동 주택 인술라로 나뉜다.

역사 속에 또 역사
아레아 사크라 디 산 오모보노 Area Sacra di S. Omobono [아레아 싸끄라 디 싼 오모보노]

마르켈루스 극장에서 진실의 입으로 걸어가다 보면 방치된 것처럼 보이는 유적지가 덩그러니 남아 있다. 1930년대에 토목 공사를 진행하다 처음 이곳에서 유적이 발견됐다. 공화정 시대에 건립한 사원들로 밝혀졌지만 자세히 보니 역사를 더 거슬러 올라가 BC 8세기의 흔적까지 드러났다. 로마에서 가장 오래된 유적으로 추정되는 에트루리아 비문이 새겨진 꽃병 조각이 그 증거다. 당시에 세워졌던 에트루리아 사원은 BC 6세기 말 공화정이 열리면서 파괴됐고, 117~138년 하드리아누스 시대에 포르투나 사원Tempio di Fortuna과 마테르 마투타 사원Tempio di Mater Matuta으로 복원됐다. 15세기 마테르 마투타 신전 터에는 기독교 건물을 세워 성 오모보노에게 헌정했다. 현재 보이는 부분은 포르투나 사원의 자취다. 내부를 탐색하려면 사전 예약이 필수이며, 단체 입장만 가능하다.

Data 지도 174p-D **가는 법** 마르켈루스 극장에서 도보 3분 **주소** Vico Jugario 4, Roma
전화 06-0608 **요금** 4유로 **홈페이지** sovraintendenzaroma.it

영화 〈로마의 휴일〉로 유명한
진실의 입 Bocca della Verità [복까 델라 베리따]

세상에서 가장 유명한 하수구 뚜껑이다. 진실의 입은 산타 마리아 인 코스메딘 성당의 입구 벽면을 장식한 대리석 가면이다. 영화 〈로마의 휴일〉에서 그레고리 펙이 오드리 헵번을 놀리며 알콩달콩 사랑을 키웠던 곳이다. BC 4세기경 만들어진 진실의 입은 본래 로마 시대 가축 시장의 하수구 뚜껑으로 쓰였다고 한다. 지름 1.8m, 두께 20cm의 대리석판 위에 강의 신, 플루비우스의 얼굴이 조각됐다. 진실의 입에 손을 집어넣고 거짓을 말하면 그 손을 삼켜버렸다는 흥미로운 전설이 전해지면서 진실의 입에 손을 넣은 채 인증샷을 남기는 것이 로마 여행의 필수 코스로 자리 잡았다. 진실의 입 앞에는 사진을 찍기 위해 항상 수많은 사람들이 줄지어 기다린다.

Data 지도 174p-D
가는 법 캄피돌리오 광장에서 도보 12분
주소 Piazza della Bocca della Verità 18, Roma
전화 06-678-7759 **운영시간** 09:30~17:50
요금 무료

진실의 입이 자리한
산타 마리아 인 코스메딘 성당 Basilica di Santa Maria in Cosmedin
[바질리까 디 싼따 마리아 인 꼬스메딘]

진실의 입이 있는 중세 시대 성당이다. 8세기 포로 보아리오에 있던 헤라클레스 제단, 아라 막시마Ara Maxima 위에 세워졌다. 12세기 로마네스크 양식 종탑과 기둥이 받치고 있는 현관 포르티코portico가 추가됐다. 성당 내부에는 밸런타인데이의 유래가 됐던 성 밸런타인San Valentino 유골이 제단에 안치되어 있다. 일부러 찾아갈 필요는 없지만 진실의 입을 방문하면서 들러볼 만하다.

Data 지도 174p-D
가는 법 캄피돌리오 광장에서 도보 12분
주소 Piazza della Bocca della Verità 18, Roma **전화** 06-678-7759
운영시간 09:30~17:50 **요금** 무료

고대 로마 교역의 중심지
포로 보아리오 Foro Boario [포로 보아리오]

산타 마리아 인 코스메딘 성당 근처에서 볼 수 있는 유적이다. 포로 보아리오는 '소시장'이라는 뜻으로 고대 로마의 교역이 활발하게 이뤄지던 곳이다. 오늘날 포로 보아리오에는 그리스풍 신전 한 쌍이 남아 있다. 직사각형 모양의 포르투누스 신전Tempio di Portumnus과 둥근 모양의 헤라클레스 신전Tempio di Ercole Vincitore이다. 포르투누스 신전은 BC 1세기 항구의 신, 포르투누스에게 헌정하기 위해 세웠고, 헤라클레스 신전은 BC 2세기 무역업자의 수호신인 헤라클레스를 모시려는 목적으로 지었다. 포르투누스 신전은 이오니아 양식을, 헤라클레스 신전은 코린토스 양식을 따르고 있다. 천하무적일 것 같은 헤라클레스를 생각하면 우아하고 섬세한 신전의 모습이 잘 매치가 되지 않는다.

Data 지도 174p-D
가는 법 진실의 입에서 도보 1분 **주소** Piazza della Bocca della Verità, Roma **전화** 06-3996-7700

박물관 속 카페
테라차 카파렐리 Terrazza Caffarelli

카피톨리니 박물관의 콘세르바토리 궁전 2층에 자리 잡은 카페다. 방대한 양의 박물관 전시물을 관람하는 중간에 잠시 쉬어가기 좋은 곳이다. 커피와 함께 간단한 스낵을 즐길 수 있다. 카페 앞 테라스에서 내려다보이는 시내 전망도 아름답다. 박물관에 방문하지 않아도 카파렐리 광장Piazzale Caffarelli의 입구를 통해 이용 가능하다.

Data 지도 174p-B
가는 법 카피톨리니 박물관 콘세르바토리 궁전 2층 **주소** Piazzale Caffarelli 4, Roma
전화 06-6919-0564 **운영시간** 09:30~19:00 **가격** 커피 3.50유로~ **홈페이지** www.terrazzacaffarelli.it

로마에서는 카르보나라!
라 카바나 La Cabana

카르보나라는 로마 여행에서 빼놓을 수 없는 음식이다. 한국에서 흔하게 볼 수 있는 질퍽한 카르보나라가 아니라 꾸덕꾸덕한 오리지널 카르보나라를 맛보려면 어디로 가야 할까? 바로 여기 라 카바나다. 1976년 베네치아 광장 부근에 문을 연 레스토랑으로 로마 전통 요리를 고집한다. 안락한 분위기와 세심한 서비스로 손님들을 끊임없이 끌어들이며 자리를 지켜 왔다. 메뉴에는 로마식 아티초크 요리, 카르초피 알라 로마나 Carciofi alla Romana부터 로마 스타일 파스타인 카르보나라 Spaghetti alla Carbonara, 카초 에 페페 Tonnarello della Casa "Cacio e Pepe", 부카티니 알 아마트리치아나 Bucatini all'Amatriciana 등이 있다. 파스타 맛집으로 알려졌고 특히 카르보나라가 인기가 많다. 전형적인 로마식 파스타에는 짜고 쿰쿰한 양젖 치즈, 페코리노 로마노가 주로 들어가 낯설고 입맛에 안 맞을 수도 있지만 이곳은 로마니까 한 번쯤은 허용해 주자. 메인 요리로는 육류와 해산물이 있고, 스테이크류가 반응이 괜찮다.

Data **지도** 174p-B
가는 법 베네치아 광장에서 도보 3분
주소 Via del Mancino 7-9, Roma
전화 06-679-1190
운영시간 월~토 12:00~15:00, 19:00~22:00
가격 파스타 14유로~, 메인 요리 15유로~, 사이드 요리 6유로~
홈페이지 www.cabana.it

Roma By Area
03

나보나 광장&판테온
Piazza Navona&Pantheon

로마에서 볼거리가 가장 촘촘하게 밀집된 곳. 아름답고 낭만적인 나보나 광장, 가장 완벽하게 보존된 고대 건축 유산 판테온, 이탈리아 거장들의 예술 작품을 보유한 수많은 성당과 미술관은 무한한 감동을 안겨준다. 운치 있는 골목길에서 풍겨오는 깊고 진한 커피 향은 로마의 매력에 한층 더 취하게 만든다.

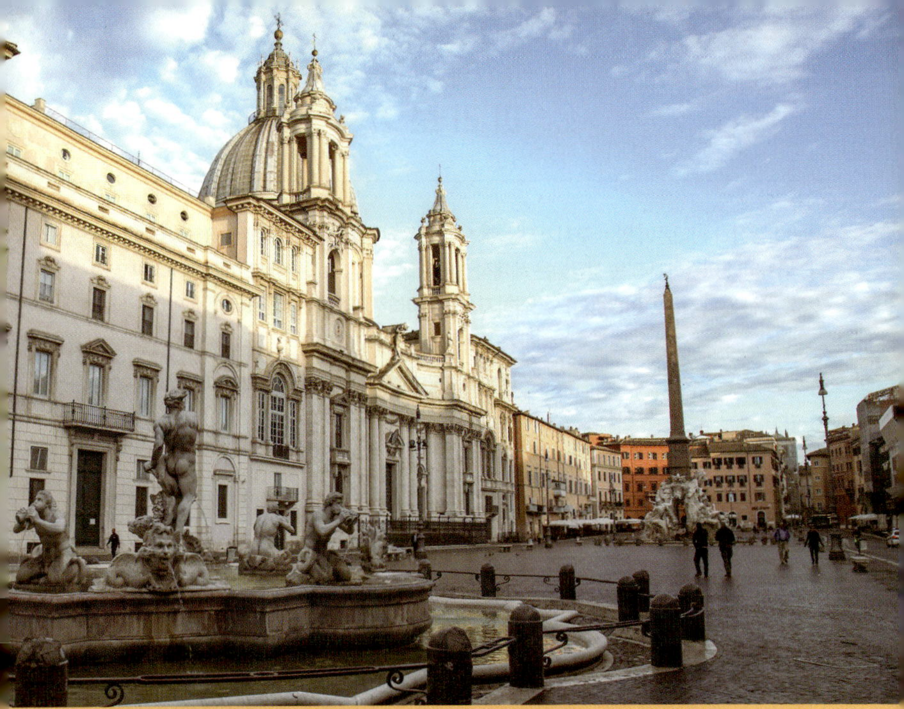

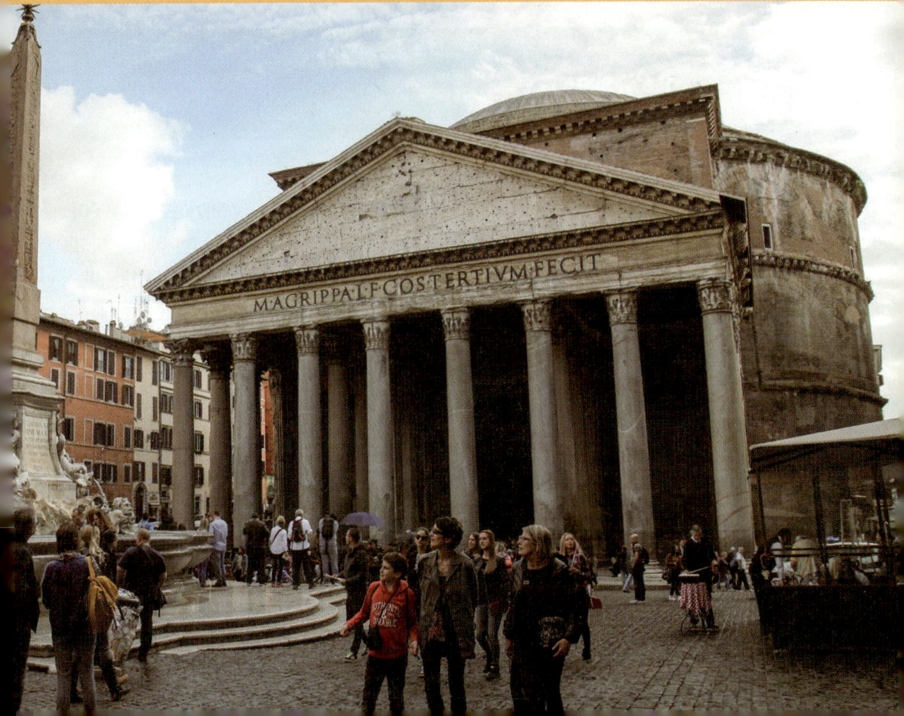
M·AGRIPPA·L·F·COS·TERTIVM·FECIT

나보나 광장&판테온
미리보기

나보나 광장과 판테온이 있는 구시가지는 옛 도시의 정취가 물씬 풍기며 좁은 골목길로 이어져 있다. 골목마다 마주하게 되는 성당들은 세계적인 명화와 조각을 소장한 무료 미술관이니 원 없이 즐기자. 궁전 안에 자리한 미술관들은 번잡하지 않아 우아하게 작품 감상에 몰두할 수 있다.

SEE
풍성한 볼거리 덕에 예술을 공기처럼 누릴 수 있다. 나보나 광장과 판테온을 핵심으로 삼고 사이사이에 있는 성당과 미술관을 공략하자. 특히 산타 마리아 소프라 미네르바 성당과 제수 성당은 빠짐없이 챙겨보자. 진귀한 작품을 소장한 도리아 팜필리 궁전도 놓치지 말자.

EAT
로마에서 소위 잘 나가는 카페와 젤라테리아가 이곳에 모여 있다. 이탈리아 명품 커피를 맛볼 수 있는 타차 도로는 로마 여행의 필수 코스로 자리 잡았다. 로마 3대 젤라토로 꼽히는 지올리띠도 있다. 현지인과 여행자를 상대로 하는 레스토랑도 많아 비교적 선택의 폭이 넓다.

BUY
수도사가 만든 천연 화장품 산타 마리아 노벨라 약국이 자리한다. 커피 애호가라면 타차 도로와 산테우스타키오 일 카페에서 판매하는 원두도 눈여겨보자. 캄포 데 피오리에서는 신선한 식재료 쇼핑에 나서도 좋다.

어떻게 갈까?

메트로는 닿지 않고 버스로 이동 가능하다. 테르미니역에서 나보나 광장까지는 70번 버스를 타고 세나토Senato 정류장에서 하차 후 3분 정도 걷거나 64번 버스를 타고 코르소 비토리오 에마누엘레/산탄드레아 델라 발레C.so Vittorio Emanuele/S. A. della Valle 정류장에서 하차해 6분 정도 걸으면 된다. 베네치아 광장에서 나보나 광장까지는 도보로 15분 소요된다. 라르고 디 토레 아르젠티나는 이곳에서 여행을 시작하거나 여행의 마지막을 장식하기에도 좋은 곳이다. 테르미니역에서는 40, 64번 버스를 타고 아르젠티나Argentina 정류장에서 내려 1분 걷는다. 베네치아 광장에서는 도보로 7분 걸린다.

어떻게 다닐까?

주요 관광지들이 나보나 광장을 중심으로 모여 있어 걸어 다니기 최적화된 지역이다. 편안한 신발을 장착하고 운치 있는 골목길을 거닐며 도보 여행의 즐거움을 느껴보자.

나보나 광장&판테온
📍 1일 추천 코스 📍

발걸음을 옮길 때마다 새로운 볼거리가 짠하고 나타난다. 나보나 광장과 판테온을 중심으로 동선에 따라 일정을 짜 보자.

나보나 광장의 낭만적인 분위기에 취하기

→ 나보나 광장에 위치

산타녜세 인 아고네 성당 살펴보기

→ 도보 5분

알템프스 궁전 국립 박물관 감상하기

↓ 도보 1분

타차 도로에서 커피 한잔 즐기기

← 도보 3분

산 루이지 데이 프란체시 성당에서 카라바조 작품 찾아보기

← 도보 3분

산타고스티노 성당에서 카라바조와 라파엘로 그림 감상하기

↓ 도보 1분

판테온의 빼어난 건축미에 감탄하기

→ 도보 1분

산타 마리아 소프라 미네르바 성당과 엘레판티노 구경하기

→ 도보 4분

도리아 팜필리 궁전의 명화에 빠져들기

↓ 도보 4분

티베리나섬 거닐기

← 도보 15분

라르고 디 토레 아르젠티나의 고대 유적 둘러보기

← 도보 3분

제수 성당 방문하기

SEE

네투노 분수

피우미 분수

모로 분수

낭만과 예술이 가득한
나보나 광장 Piazza Navona [삐앗짜 나보나]

로마에서 가장 아름다운 광장이다. 나보나 광장은 86년 지어졌던 도미티아누스 원형 경기장의 폐허 위에 조성된 것으로 좁고 길쭉한 타원 형태를 띠고 있다. 광장에는 세 개의 바로크풍 분수들이 일정한 간격으로 세워졌다. 그중 가장 유명한 것은 중앙에 자리한 베르니니의 걸작, 피우미 분수Fontana dei Quattro Fiumi다. 피우미 분수는 거대한 오벨리스크를 가운데 두고 라플라타강, 다뉴브강, 갠지스강, 나일강 등 각 대륙을 대표하는 강을 상징적으로 표현했다. 아메리카 대륙을 대표하는 라플라타강에는 아르마딜로와 앨리게이터의 모습을 반반씩 한 동물이 보인다. 유럽의 다뉴브강은 말로, 아시아의 갠지스강은 뱀으로 묘사했다. 아프리카의 나일강은 사자와 야자수로 표현했다. 광장의 북쪽과 남쪽에는 자코모 델라 포르타 Giacomo della Porta가 제작한 네투노 분수Fontana del Nettuno와 모로 분수Fontana del Moro가 시원하게 물줄기를 뿜어낸다. 모로 분수의 무어인 조각상은 베르니니에 의해 더해진 것이다. 광장 주위로는 산타녜세 인 아고네 성당과 고풍스러운 노천카페가 둘러싸고 있다. 광장은 여행자들과 오고 가는 현지인들로 항상 활기차다. 길거리 예술가들은 광장 곳곳에서 재능을 선보이며 광장에 운치와 낭만을 더한다. 거리 악사의 손끝에서는 음악이 울려 퍼지고, 화가의 손끝에서는 여행자의 초상화가 탄생된다. 크리스마스 시즌이 되면 로마 최대 규모의 크리스마스 마켓이 이곳에서 열려 화려한 불빛이 광장을 장식한다.

Data 지도 192p-F
가는 법 버스 70, 81, 87, 492, 628번 타고 Senato 정류장 하차, 도보 3분 **주소** Piazza Navona, Roma

나보나 광장을 환하게 밝혀주는
산타녜세 인 아고네 성당
Chiesa di Sant'Agnese in Agone [끼에자 디 싼따녜제 인 아고네]

나보나 광장을 마주 보고 있는 성당이다. 성당의 이름은 나보나 광장에서 순교한 성녀 아녜스Agnese의 이름에서 유래한다. 1652년 교황 인노첸시오 10세의 의뢰로 보로미니가 설계했다. 성당은 바로크 양식으로 지어졌고, 대칭과 비대칭의 조화가 꽤 근사하다. 성당의 돔은 산 피에트로 대성당에 버금가게 아름답다. 대칭된 건물 사이로 움푹하게 돔을 배치해 더 존재감을 드러낸다. 성당 내부는 예배를 드리는 신자들이 하늘의 영광을 느끼게 하기 위해 각종 보석과 금으로 꾸며졌다. 예배당에는 성녀 아녜스의 유골이 안장됐다.

Data 지도 192p-F
가는 법 나보나 광장의 피우미 분수 맞은편 주소 Via di Santa Maria dell'Anima 30A, Roma
전화 06-6819-2134
운영시간 월~금 09:00~13:00, 15:00~19:00, 토·일 09:00~13:00, 15:00~20:00
요금 무료 홈페이지 www.santagneseinagone.org

💬 |Talk|
성녀 아녜스 이야기

전설에 따르면 로마 제국 시절 매혹적인 미모를 뽐내던 아녜스는 남자들의 구애를 받지만 모두 거절한다. 그리스도교를 신봉하며 순결을 지키기로 맹세했기 때문이다. 당시 그리스도교에 대한 박해가 점점 심해졌고, 아녜스에게 프러포즈를 거절당한 이들 중 한 명이 앙심을 품고 그녀를 밀고한다. 체포된 아녜스는 발가벗겨진 채 매음굴(매춘소)에 버려지지만, 머리카락이 길게 자라나는 기적이 벌어지며 머리카락이 온몸을 덮어 무사할 수 있었다. 그곳에서 그녀를 음탕한 눈빛으로 바라보던 자들은 시력을 잃고, 그녀를 범하려는 자들은 즉사했다. 아녜스는 화형에 처하게 되지만 이마저도 불꽃이 양쪽으로 갈라져 생존할 수 있었다. 하지만 결국 참수형으로 나보나 광장에서 순교하게 된다. 순교 후에 장례식장에 어린 양을 안고 나타났다는 이야기가 전해지면서, 그림과 조각 속에서 순교 도구인 칼과 어린 양을 안은 앳된 소녀의 모습으로 표현된다.

바로크 예술의 거장, 베르니니 VS 보로미니

나보나 광장에는 베르니니와 보로미니에 대한 루머가 떠돈다. 베르니니가 제작한 피우미 분수의 라플라타강 조각상이 보로미니가 설계한 산타녜세 인 아고네 성당이 무너질까 봐 두 팔로 막으려고 하고, 나일강 조각상은 성당이 보기 싫어 보자기를 쓰고 있는 것처럼 표현했다는 것이다. 성당은 1652년 설계를 시작했고, 분수는 그보다 앞선 1651년에 세워졌으니 이것은 허무맹랑한 소리에 불과하다. 베르니니와 보로미니의 관계를 파악하고 나면 왜 이런 소문이 나게 되었는지 이해하게 된다. 베르니니와 보로미니는 17세기 이탈리아 바로크 건축을 대표하는 인물이다. 나이는 비슷하지만 성격, 추구하는 가치, 살아온 배경 등이 판이하게 달랐다. 베르니니는 조각가 집안에서 태어나 젊은 시절부터 천재로 추앙받으며 뛰어난 사교성 덕에 로마 최고 후원자들을 고객으로 삼으며 꽃길만 걸었다. 이와 달리 보로미니는 가난한 석공의 아들로 태어나 오랜 시간 이름 없는 석공으로 있었다. 사교성 없이 까다로운 성격에, 창작 활동에만 몰두하여 후원자들과의 관계도 원만하지 않았다. 항상 불운한 것만 같았던 그에게도 산 피에트로 대성당 개축에 참여하는 큰 행운이 찾아왔다. 베르니니는 보로미니와 함께 작업에 참여하게 되었고, 두 라이벌의 충돌은 이때부터 시작됐다. 베르

니니가 산 피에트로 대성당의 종탑을 잘못 설계해 성당의 파사드와 내부 벽에 금이 생겼다는 주장이 제기되면서 그가 쌓아 온 예술가로서의 명예가 실추되기에 이르렀다. 그 비난의 선봉에는 바로 보로미니가 있었다. 이에 분개한 베르니니는 자신의 사교력과 영향력을 동원해 보로미니에게 반격을 시작했다. 당시 로마인들은 고딕 양식에 대한 거부감이 있었는데 보로미니는 바로크가 아닌 고딕 양식을 추구하고 있다며 그의 작품 세계를 비방했다. 10여 년 후 그들은 나보나 광장에서 다시 부딪히게 된다. 보로미니는 당시 악취로 가득했던 나보나 광장에 분수를 세우면 어떻겠냐는 아이디어를 교황 인노첸시오 10세에게 전했다. 이 제한을 받아들인 교황은 공모전을 통해 분수의 디자인을 선정하려고 했다. 베르니니가 출품하지 않은 공모전에서는 보로미니가 뽑히는 것이 확실시되었으나 처세에 능한 베르니니가 다른 방식으로 교황에게 어필하면서 그 자리는 베르니니에게 돌아갔다. 보로미니는 베르니니에 대한 피해 의식과 열등감에 평생을 사로잡혀 우울증이 극에 달하자 스스로 목숨을 끊었다. 반면에 베르니니는 70대까지 어마어마한 부와 명예를 거머쥐며 보로미니와 대비되는 삶을 살았다.

베르니니

보로미니

말하는 조각상
파스퀴노 Pasquino [빠스퀴노]

나보나 광장에서 모로 분수를 지나 길모퉁이로 들어서면 여러 가지 글들이 적힌 종이가 붙어 있는 조각상을 마주치게 된다. 머리부터 발끝까지 온전한 형체를 알아보기 힘든 이 동상은 16세기에 발견된 고대 로마 조각상으로 파스퀴노라고 불린다. 바티칸 시국에서 일했던 재단사 파스퀴노의 이름에서 유래한 것이다. 그는 당시 입 밖으로 꺼내기 힘들었던 종교와 귀족에 대해 비판하는 글을 조각상에 붙이기 시작했고, 이는 유행처럼 마을로 번지며 대중문화의 일부로 자리 잡았다. 밤늦은 시간 사람들은 익명으로 현 세태에 대해 신랄하게 풍자하는 글이나 시를 써 파스퀴노에 붙이고는 했다. 오늘날의 소셜 미디어처럼 파스퀴노는 말하는 조각상이 되어 서민들의 의견을 대변해 준 것이다. 지금도 과거를 회상하듯 메시지가 담긴 종이 몇 장이 파스퀴노에 부착되어 있다.

Data 지도 192p-F
가는 법 나보나 광장에서 도보 1분 **주소** Piazza di Pasquino, Roma

카라바조의 작품이 셋이나!
산 루이지 데이 프란체시 성당
Chiesa di San Luigi dei Francesi [끼에자 디 싼 루이지 데이 프란체지]

16세기 로마에 거주하는 프랑스인들을 위해 건립한 성당이다. 이 성당에는 이탈리아 천재 화가 카라바조가 성 마태오의 일생을 표현한 작품이 세 점이나 있다. 성 마태오는 마태오 복음의 저자로 예수의 열두 제자 중 한 명이다. 프랑스인 추기경 마테오 콘타렐리 Matteo Contarelli가 안치된 콘타렐리 예배당에 카라바조의 그림이 걸려 있다. 예배당 왼쪽에 있는 작품은 〈성 마태오의 소명Vocazione di San Matteo〉이다. 카드놀이 사기꾼들에게 둘러싸여 있는 세금 징수꾼 성 마태오가 처음 예수의 부름에 알아차린 순간을 표현했다. 가운데 그림은 〈성 마태오의 영감San Matteo e l'Angelo〉으로 세 작품 중 가장 나중에 그린 것이다. 천사에게 영감을 받아 성 마태오가 복음서로 적는 장면을 담았다. 카라바조의 특기인 빛과 그림자의 대비를 잘 살려 드라마틱하게 연출했다. 오른쪽 그림은 〈성 마태오의 순교Martirio di San Matteo〉로 성 마태오의 마지막 순간을 묘사했다.

Data 지도 193p-G
가는 법 나보나 광장에서 도보 3분 **주소** Piazza di San Luigi de' Francesi, Roma
전화 06-688271 **운영시간** 월~금 09:30~12:45, 14:30~18:30, 토 09:30~12:15, 14:30~18:45, 일 11:30~12:45, 14:30~18:45 **요금** 무료 **홈페이지** www.saintlouis-rome.net

고대 조각상으로 가득 찬
알템프스 궁전 국립 박물관

Museo Nazionale Romano Palazzo Altemps [무제오 나찌오날레 로마노 빨랏쪼 알뗌쁘스]

로마 국립 박물관 4인방 중 하나다. 웅장한 15세기 궁전 안에 고대 로마와 그리스 조각상이 넘쳐난다. 로마 귀족들이 소장하던 작품을 주로 전시하며, 이탈리아 추기경이자 예술품 수집가 루도비코 루도비시Ludovico Ludovisi의 컬렉션이 가장 볼만하다. 박물관의 대표 얼굴은 〈루 두비시의 옥좌Trono Ludovisi〉다. 5세기 작품으로 대리석에 아프로디테의 모습을 우아하고 섬세하게 새겼다. 루도비시의 또 다른 컬렉션 〈자살하는 갈리아인 Galata Sucida〉도 유명하다. 죽은 부인을 왼쪽 손으로 잡고 있고, 오른쪽 손으로는 자신의 가슴을 향해 칼을 쥐고 있다. 이외에 알템프스, 마테이, 드라고Drago, 이집트 컬렉션을 소장하고 있다. 안뜰 현관도 매우 아름다우니 빠트리지 말고 둘러보자.

Data 지도 192p-B
가는 법 나보나 광장에서 도보 3분
주소 Piazza di Sant'Apollinare 46, Roma
전화 06-684851
운영시간 화~일 11:00~18:00 (마지막 입장 17:00)
요금 8유로, 로마 국립 박물관 통합권 12유로 (발비의 모소 국립 박물관·마시모 궁전 국립 박물관·디오클레티아누스 욕장 국립 박물관 포함, 7일 동안 사용 가능), 로마 패스 가능
홈페이지 museonazionale-romano.beniculturali.it

자살하는 갈리아인

루도비시의 옥좌

카라바조와 라파엘로 그림 보러 가자!

산타고스티노 성당 Basilica di Sant'Agostino [바질리까 디 싼따고스띠노]

15세기에 건립된 르네상스 양식 성당이다. 성당 내부로 들어서면 중앙문 옆에는 아기 예수를 안은 성모 마리아 조각상이 있다. 이 조각상은 다산의 상징으로 아이를 원하는 많은 사람들이 소원을 빌기 위해 찾아온다. 조각상 옆에 놓인 분홍색과 하늘색 장미 모양 리본은 그 소원에 응답받은 이들이 장식한 것이다. 성당 왼쪽에는 카라바조가 1604년에 그린 〈로레타의 성모 마리아 Madonna dei Pellegrini〉가 있다. 당시 상위 계층을 상대했던 고급 창녀, 레나 안토네티Lena Antognetti를 모델로 성모 마리아를 표현했다. 화려한 중앙 제단은 베르니니의 작품이다. 복도 왼쪽 세 번째 기둥에는 라파엘로의 1512년 프레스코화 〈예언자 이사야 Profeta Isaia〉가 보인다. 이것은 미켈란젤로가 극찬했던 작품으로 바티칸 박물관의 시스티나 예배당 천장화 제작에 영향을 줬다.

Data 지도 193p-C
가는 법 나보나 광장에서 도보 3분
주소 Piazza di Sant'Agostino 80, Roma
전화 06-6880-1962
운영시간 월~토 07:30~12:00, 16:00~19:30 일 08:00~12:45, 16:00~19:30
요금 무료
홈페이지 www.agostiniani.it

아기 예수를 안은 성모 마리아 조각상

로레타의 성모 마리아

예언자 이사야

루벤스 작품을 볼 수 있는
산타 마리아 인 발리첼라 성당
Parrocchia Santa Maria in Vallicella [빠로끼아 싼따 마리아 인 발리첼라]

17세기 세워진 바로크식 성당으로 '누오바 성당Chiesa Nuova'이라고도 불린다. 이곳에서는 바로크를 대표하는 화가 루벤스의 그림 세 점을 만날 수 있다. 그중 가장 유명한 작품은 중앙 제단 가운데 보이는 〈천사들에게 경배받는 성모Madonna della Vallicella〉다. 현재는 바티칸 박물관으로 옮겨진 카라바조의 명작 〈그리스도의 매장Deposizione〉 빈자리는 모조품이 대신한다. 성당 왼쪽에 있는 노란색 건물은 로마에서 가장 오래된 공공 도서관, 오라토리오 데 이 필리피니Oratorio dei Filippini다.

Data 지도 192p-F
가는 법 나보나 광장에서 도보 7분. 버스 40, 46, 62, 64번 타고 Chiesa Nuova 정류장 하차, 바로 앞 **주소** Via del Governo Vecchio 134, Roma **전화** 06-687-5289 **운영시간** 월~금 06:45~12:00, 17:00~19:45, 토·일 08:00~12:00, 17:00~20:00 **요금** 무료
홈페이지 www.vallicella.org

중세 시대 역사를 찾아서
발비의 묘소 국립 박물관
Museo Nazionale Romano Crypta Balbi [무제오 나찌오날레 로마노 끄립따 발비]

중세 로마를 만날 수 있는 고고학 박물관이다. 로마 국립 박물관 4형제 중 가장 유명세가 덜한 곳이지만 중세 역사에 관심이 있다면 찾아가 보자. 박물관은 BC 13년에 지어졌던 발부스 극장Teatro di Balbus 유적 위에 지어졌다. 5~10세기경 로마인들의 삶을 대변해 주는 전시물을 소장하고 있다. 지하층은 박물관에서 가장 흥미로운 곳으로 발부스 극장에서 발굴된 유적들을 그대로 보존하고 있다. 동굴같이 생긴 유적 사이를 지나가다 보면 역사의 현장 속에 와 있는 것 같은 기분이 든다.

Data 지도 193p-G
가는 법 라르고 디 토레 아르젠티나에서 도보 3분 **주소** Via delle Botteghe Oscure 31, Roma
전화 06-697-7671 **운영시간** 화~일 11:00~18:00(마지막 입장 17:00)
요금 8유로, 로마 국립 박물관 통합권 12유로(알템프스 궁전 국립 박물관·마시모 궁전 국립 박물관·디오클레티아누스 욕장 국립 박물관 포함, 7일 동안 사용 가능), 로마 패스 가능
홈페이지 museonazionaleromano.beniculturali.it

모든 신을 위한 신전
판테온 Pantheon [빤떼온]

콜로세움과 함께 고대 로마가 남긴 위대한 건축 유산이다. 판테온은 그리스어로 모두를 뜻하는 판pan과 신을 뜻하는 테온theon이 합쳐진 말로 '모든 신을 위한 신전'을 의미한다. 로마는 가톨릭이 공인되기 전에 여러 신을 숭배했고, 그들이 숭배하던 신을 모신 곳이 판테온이다. BC 27년 아그리파 집정관이 초기의 판테온을 세웠지만 80년에 일어난 로마 대화재로 인해 소실됐고, 120년 하드리아누스 황제에 의해 다시 지어졌다. 르네상스 시대를 겪으며 콜로세움을 비롯한 수많은 고대 건축물들이 채석장으로 활용되는 고난을 겪었지만 판테온은 608년 가톨릭 성당으로 빠르게 전환한 덕분에 건물이 온전할 수 있었다. 하지만 돔에 씌워졌던 금박 청동 타일은 콘스탄티노플로 보내졌고, 현관의 청동 부조물들은 산 피에트로 대성당의 발다키노와 대포를 만들기 위해 뜯기며 그나마 소소한 피해를 입었다. 돔의 높이와 직경은 똑같이 43.4m로 완벽한 비율을 이룬다. 돔 중앙에 뚫린 오쿨루스를 통해 들어오는 빛 한 줄기는 신전을 더욱 신비롭게 만든다. 미켈란젤로가 판테온을 '천사의 설계'라고 극찬한 것이 절로 이해가 되는 순간이다. 내부에는 라파엘로를 비롯한 역사 속 유명 인사들의 무덤도 안치되어 있다. 판테온은 줄 서서 입장을 기다릴 정도로 관광객이 넘친다. 번잡함을 피하고, 기다리는 시간을 줄이고 싶다면 이른 아침에 방문하자. 주말과 공휴일에는 예약이 필수다.

Data 지도 193p-G
가는 법 나보나 광장에서 도보 5분. 버스 40, 64, 70번 타고 Argentina 정류장 하차, 도보 5분. 버스 85번 타고 Corso/Minghetti 정류장 하차, 도보 5분
주소 Piazza della Rotonda, Roma 전화 06-6830-0230
운영시간 09:00~19:00 (마지막 입장 18:45) 요금 무료
홈페이지 www.pantheon-roma.com
예약 pantheon.eventim-inhouse.de

|Theme|
판테온의 속살 들여다보기

판테온은 외부에서 볼 때보다 내부에 들어섰을 때 그 웅장함이 더 피부로 느껴진다.
오쿨루스부터 이탈리아 명사들의 무덤까지 꼼꼼하게 챙겨 보자.

오쿨루스 Oculus

오쿨루스는 돔 중앙에서 빛이 들어오도록 하는 지름 9m의 거대한 창문으로, 판테온과 신의 연결 통로다. 계절과 시간에 따라 들어오는 빛의 양이 달라진다. 비 오는 날에 오쿨루스를 통해 빗방울이 흐르지 않는 것은 판테온의 최대 미스터리다. 내부와 외부의 압력 차이로 비가 안쪽으로 흐르는 것을 막고, 돔 주변에 있는 22개의 작은 물 빠짐 구멍도 있어 빗물 차단을 돕는다. 성령 강림절에는 오쿨루스를 통해 예수의 피와 성령을 상징하는 수천 송이의 붉은 장미 꽃잎이 판테온 내부로 뿌려지며 장관을 연출한다.

비토리오 에마누엘레 2세의 묘 Tomba di Vittorio Emanuele II

이탈리아 통일의 주역이며 초대 왕이었던 비토리오 에마누엘레 2세가 잠든 곳이다. 무덤 위에는 독수리 장식이 있는 거대한 청동 명판이 놓여 있다.

라파엘로의 묘 Tomba di Raffaello Sanzio

르네상스 3대 거장으로 꼽히는 라파엘로의 무덤이다. 1520년 37세의 젊은 나이로 사망한 라파엘로는 그가 원했던 대로 판테온에 안치되었다. 무덤 위에는 그의 제자였던 로렌체토Lorenzetto가 제작한 조각상 〈돌의 성모 마리아Madonna del Sasso〉가 있다. 그의 묘비에는 '여기는 생전에 대자연이 그에게 정복될까 두려워 떨게 만든 라파엘로의 무덤이다. 이제 그가 죽었으니 그와 함께 자연 또한 죽을까 두려워한다.'라고 새겨졌다. 이는 그의 죽음을 애도한 추기경 피에트로 벰보Pietro Bembo가 쓴 것이다.

움베르토 1세의 무덤 Tomba di Re Umberto I

비토리오 에마누엘레 2세의 아들, 움베르토 1세 왕의 묘소다. 그의 아내였던 마르게리타 디 사보이Margherita di Savoy도 함께 묻혀 있다.

갈릴레이 종교 재판이 열렸던
산타 마리아 소프라 미네르바 성당 Basilica di Santa Maria sopra Minerva

[바질리까 디 싼따 마리아 쏘쁘라 미네르바]

로마에 있는 유일한 고딕 양식 성당이다. 13세기 미네르바 신전 터 위에 지어졌으며, 성당의 이름도 미네르바 여신 이름을 따랐다. 성당은 도미니크 수도회의 본당으로 사용하고 있다. 1633년 지동설을 주장한 과학자 갈릴레이의 종교 재판이 이곳에서 열렸다. 겉모습은 소박하지만 성당 내부로 들어서면 화려한 예배당과 르네상스 시대의 보물 같은 작품들이 숨어 있다. 가장 대표적인 작품은 카라파 예배당Cappella Carafa을 장식하고 있는 필리피노 리피Filippino Lippi의 프레스코화 〈수태고지Annunciazione〉다. 성모 마리아가 예수를 잉태한 사실을 알리는 수태고지 장면을 아름답고 섬세하게 표현했다. 중앙 제단 왼쪽에는 미켈란젤로의 조각상 〈십자가를 들고 있는 예수의 상Cristo Risorto〉이 있다. 미켈란젤로가 만들기 시작해 피에트로 우르바누스Pietro Urbanus가 완성한 작품이다. 조각의 상체는 완벽하게 표현됐지만 하체는 다른 사람의 몸으로 의심될 정도로 조악하다. 원래 조각상은 누드였지만 교황청의 반대로 청동 천자락이 덧대지는 수모를 겪었다. 이탈리아 역사상 중요한 인물들의 무덤도 이 성당에서 찾아볼 수 있다. 중앙 제단에는 이탈리아 수호성인인 성녀 카테리나의 무덤이 있고, 중앙 제단 뒤에는 메디치 가문의 교황 레오 10세와 클레멘스 7세의 무덤이 서로 마주보고 있다. 도미니크 수도회의 수도사이자 르네상스 시대의 화가였던 프라 안젤리코Fra Angelico도 이곳에 안치됐다.

Data 지도 193p-G
가는 법 판테온에서 도보 1분
주소 Piazza della Minerva 42, Roma 전화 333-746-8785
운영시간 09:00~12:00, 16:00~19:00
요금 무료 홈페이지 www.santamariasopraminerva.it

성녀 카테리나의 무덤

카라파 예배당

십자가를 들고 있는 예수상

프라 안젤리코의 무덤

오벨리스크를 업은 코끼리
엘레판티노
Elefantino [엘레판띠노]

산타 마리아 소프라 미네르바 성당 앞을 지키는 코끼리 조각상이다. 교황 알렉산데르 7세를 칭송하기 위해 제작했다. 1667년 BC 6세기에 이집트에서 가져온 오벨리스크를 발견하고, 여기에 지혜를 상징하는 코끼리 조각을 더했다. 베르니니가 디자인하고, 에르콜레 페라타Ercole Ferrata가 조각했다. 코끼리 안장 위에는 거대한 오벨리스크가 올라가 있고, 코끼리는 고개를 살짝 옆으로 돌린 모습이다.

Data 지도 193p-G
가는 법 산타 마리아 소프라 미네르바 성당 앞 **주소** Piazza della Minerva, Roma

눈속임이 예술
산티냐치오 디 로욜라 성당 Chiesa di Sant'Ignazio di Loyola
[끼에자 디 산띠냐찌오 디 로욜라]

예수회의 창시자 이냐시오 데 로욜라를 기리기 위해 지어진 성당이다. 1962년 오라치오 그라시Orazio Grassi가 바로크 양식으로 설립했다. 성당 안에 들어서면 천장에 넓게 펼쳐진 화려한 프레스코화에 압도된다. 바로 안드레아 포초Andrea Pozzo의 작품 〈성 이냐시오의 승리Gloria di Sant'Ignazio〉다. 원근법을 절묘하게 이용해 하늘 위로 떠오르는 천사와 사람을 입체적으로 표현했다. 이 성당에는 '가짜 돔'도 있으니 잘 찾아보자. 성당을 건립할 당시 일조권 침해로 돔을 세울 수 없자 안드레아 포초가 착시 효과를 이용해 평면 천장을 돔인 것처럼 감쪽같이 그린 것이다. 성당 중앙의 노란색 점 위에 올라서서 바라보면 '진짜 돔'처럼 보인다.

Data 지도 193p-G
가는 법 판테온에서 도보 3분, 콜론나 광장에서 도보 4분
주소 Via del Caravita 8A, Roma
전화 06-679-4406
운영시간 월~목 09:00~20:00, 금~일 09:00~23:30
요금 무료
홈페이지 www.santignazio.gesuiti.it

성 이냐시오의 승리

고대 로마의 원기둥이 우뚝 솟은
콜론나 광장 Piazza Colonna [삐앗짜 꼴론나]

콜론나 광장은 마르쿠스 아우렐리우스 신전Tempio di Marco Aurelio이 있던 곳이다. 현재는 그 흔적이 남아 있지 않고 마르쿠스 아우렐리우스 원기둥Colonna di Marco Aurelio만 볼 수 있다. 이 원기둥은 마르쿠스 아우렐리우스 황제가 게르만과의 전쟁에서 승리한 것을 기념하기 위해 193년에 세워졌다. 트리아누스의 원기둥을 모방해 제작했으나 정교함은 현저하게 떨어진다. 원기둥 표면에는 마르쿠스 아우렐리우스 황제가 마르코만니족, 사르마티족, 게르만족과의 전쟁에서 승리하는 과정이 조각으로 새겨졌다. 원기둥 꼭대기에는 본래 마르쿠스 아우렐리우스 황제의 청동상이 있었지만 1589년 성 바오로의 청동상으로 교체됐다. 콜론나 광장 한쪽에 유난히 경비가 삼엄해 보이는 건물은 이탈리아 총리의 관저인 키지 궁전Palazzo Chigi이다.

Data 지도 193p-C
가는 법 판테온에서 도보 5분. 트레비 분수에서 도보 5분. 메트로 A선 Barberini역 하차, 도보 10분. 버스 51, 62, 71, 80, 83, 85번 타고 L.go Chigi 정류장 하차, 도보 2분
주소 Piazza Colonna, Roma

하드리아누스 신전의 흔적이 남아 있는
피에트라 광장 Piazza di Pietra [삐앗짜 디 삐에뜨라]

피에트라 광장은 '돌의 광장'이라는 의미다. 2세기 하드리아누스 신전Tempio di Adriano이 세워졌던 곳으로 광장의 바닥은 신전에서 추출된 돌로 이뤄졌다. 광장에는 신전의 코린토스식 기둥 11개의 형체가 거대하게 남아 있어 지나가는 사람들의 눈길을 끈다. 신전과 맞닿아 있는 은행 건물은 신전 유적을 건물의 일부처럼 사용한다. 고대와 현대의 건축이 잘 어우러져 더 특별하다.

Data 지도 193p-G
가는 법 판테온에서 도보 4분 주소 Piazza di Pietra, Roma

화려한 저택 안에 명화들이 가득한
도리아 팜필리 궁전 Palazzo Doria Pamphilj [빨랏쪼 도리아 빰삘리]

이탈리아 유력 가문인 팜필리 가문이 거주하던 궁전으로, 지금은 팜필리 가문이 소장한 진귀한 예술 작품을 대중에게 선보인다. 휘황찬란한 궁전 내부는 당시 팜필리 가문의 위상을 짐작하게 만든다. 입장료에는 영어 오디오 가이드가 포함되어 있는데, 이것은 팜필리 가문의 후손 조나단 팜필리Jonathan Pamphilj가 직접 녹음한 것이다. 그의 목소리를 들으며 작품 감상을 하다 보면, 마치 고풍스러운 저택에 초대받아 집주인의 안내를 받으며 우아하게 즐기는 기분이 든다. 전시실은 400여 점의 보석 같은 회화 작품과 조각으로 가득하다. 카라바조의 〈참회하는 막달레나Penitent Magdalene〉, 〈이집트로 피신하던 중에 취한 휴식Riposo Durante la Fuga in Egitto〉, 티치아노의 〈살로메와 세례 요한의 머리Salomè con la Testa del Battista〉 등은 반드시 봐야 할 명작이다. 특히 17세기 회화의 거장, 디에고 벨라스케스Diego Velázquez의 〈교황 인노첸시오 10세 초상화Ritratto di Papa Innocenzo X Pamphilj〉는 미술관을 대표하는 작품이자 세계 최고의 초상화로 꼽힌다. 이 작품은 팜필리 가문 출신의 교황 인노첸시오 10세를 그린 것으로 인물의 특징을 포착해 자연스러운 붓 터치로 묘사한 것이 특징이다.

Data 지도 193p-G
가는 법 판테온에서 도보 6분, 베네치아 광장에서 도보 3분
주소 Via del Corso 305, Roma(입구)
전화 06-679-7323
운영시간 월~목 09:00~19:00, 금~일 10:00~20:00, 세 번째 수요일 휴관(마지막 입장 1시간 전)
요금 14유로(영어 오디오 가이드 포함)
홈페이지 www.doriapamphilj.it

카라바조의 작품들

교황 인노첸시오 10세 초상화

예수회 성당의 롤 모델
제수 성당 Chiesa del Gesù [끼에자 델 제수]

예수회의 창시자, 이냐시오 데 로욜라Ignatius de Loyola가 세운 성당이다. 예수회는 1540년 종교 전쟁이 극에 달했을 때 탄생한 가톨릭 수도회로 로마 교황청의 인가를 받은 정식 교단이다. 해외 선교 활동이 활발했던 예수회는 한국에도 진출하여 서강대학교와 광주가톨릭대학교를 설립했다. 16세기 바로크 양식의 전형적인 형태를 갖춘 제수 성당은 예수회 성당의 롤 모델이 됐다. 성당의 파사드 중앙에는 예수회를 상징하는 마크가 새겨져 있고, 양옆에는 이냐시오 데 로욜라의 동상이 있다. 성당 내부 가운데 천장에는 바로크 화가, 조반니 바티스타 가울리Giovanni Battista Gaulli의 프레스코화 〈예수의 이름으로 거둔 승리Trionfo del Nome di Gesù〉가 있다. 이 그림은 폭동 장면을 담고 있으며, 화려한 색채를 사용해 명암 대비를 통해 극적인 연출을 하는 바로크 미술 양식의 특징을 고스란히 담고 있다. 생동감 있게 묘사된 그림 속 인물들은 당장이라도 그림 밖으로 쏟아져 나올 것만 같다. 성당 왼쪽에는 이냐시오 데 로욜라의 무덤이 안치된 산티냐치오 예배당Cappella Sant'Ignazio이 있다. 이 예배당은 안드레아 포초Andrea Pozzo가 디자인한 것으로 대리석과 황금으로 화려하게 장식됐다.

Data 지도 193p-G
가는 법 라르고 디 토레 아르젠티나에서 도보 3분, 베네치아 광장에서 도보 4분
주소 Via degli Astalli 16, Roma
전화 06-697001
운영시간 월~토 07:30~12:30, 16:00~19:30, 일 07:45~13:30, 16:00~20:00
요금 무료 홈페이지 www.chiesadelgesu.org

예수의 이름으로 거둔 승리

예수회 상징 마크

수천 년의 역사를 지닌 고양이들의 안식처
라르고 디 토레 아르젠티나 Largo di Torre Argentina [라르고 디 또레 아르젠띠나]

나보나 광장 주변 관광지들을 오고 가다 보면 지하로 움푹 파인 거대한 유적지가 무엇인지 궁금해진다. 이곳은 라르고 디 토레 아르젠티나라고 불리는 광장이다. 광장의 이름은 프랑스 도시, 스트라스부르Strasbourg의 라틴어 지명 '아르겐토라툼Argentoratum'에서 가져왔다. 탱고와 와인의 나라, 아르헨티나와는 무관하다. 광장에는 BC 2~4세기에 세워졌던 신전 네 개와 폼페이우스 극장 Teatro di Pompeo의 흔적이 남아 있다. 폼페이우스 극장은 카이사르가 절친 부르투스에게 암살당하며 '부르투스, 너마저'라는 유명한 말을 남긴 곳이다. 수천 년의 역사를 겪어 온 광장의 현재 주인은 고양이다. 햇빛을 받으며 나른하게 늘어진 고양이들이 곳곳에서 발견된다. 유적지 한쪽에는 작정하고 냥덕후의 맘을 뺏기 위한 고양이 보호소가 자리잡고 있다. 이곳에 가면 다양한 종의 고양이와 고양이 굿즈를 만날 수 있다. 인간과 친화력이 높은 고양이들은 사람들이 다가가도 피하지 않고 고맙게도 잘 상대해 준다.

Data 지도 193p-G
가는 법 나보나 광장에서 도보 7분. 베네치아 광장에서 도보 7분
버스 40, 62, 64, 81, 87, 628번 타고 Argentina 정류장 하차, 도보 1분
주소 Largo di Torre Argentina, Roma
전화 고양이 보호소 06-6880-5611
운영시간 고양이 보호소 12:00~16:45
홈페이지 고양이 보호소 www.gattidiroma.net

오페라가 상영되는
테아트로 아르젠티나 Teatro Argentina [떼아뜨로 아르젠띠나]

로마의 국립 극장 중 하나로 라르고 디 토레 아르젠티나 맞은편에 있다. 아이보리색 건물의 아르젠티나 극장 꼭대기는 음악의 여신, 뮤즈의 동상으로 장식했다. 극장은 1732년 문을 열었고, 1816년 로시니Rossini의 오페라 <세비야의 이발사>가 이곳에서 초연되면서 유명세를 얻었다. 현재는 오페라 외에도 연극, 무용 등 다양한 장르의 작품들을 극장에서 선보인다. 티켓 구매는 극장에 있는 티켓 오피스를 이용하거나 홈페이지를 통해 예약할 수 있다. 대부분 이탈리아어로 공연되지만 맘에 드는 프로그램이 있다면 과감하게 도전해 보자. 로마 여행을 더 특별하고 풍성하게 만들어 줄 것이다.

Data 지도 193p-G
가는 법 라르고 디 토레 아르젠티나 맞은편 **주소** Largo di Torre Argentina 52, Roma **전화** 06-6840-00311
홈페이지 www.teatrodiroma.net

오페라 <토스카>의 배경
산탄드레아 델라 발레 성당 Basilica di Sant'Andrea della Valle
[바질리까 디 싼딴드레아 델라 발레]

로마에서 산 피에트로 대성당 다음으로 키가 큰 성당이다. 산탄드레아 델라 발레 성당은 푸치니의 대표작, 오페라 <토스카>의 주요 배경으로 유명하다. 17세기 바로크 양식 건물에 높이 솟은 거대한 하늘색 돔은 눈에 쉽게 띄어 돌아다니는데 지표가 되어 준다. 돔 안쪽은 란프란코Lanfranco와 도메니키노Domenichino의 환상적인 프레스코화로 장식됐다. 금빛으로 빛나는 천장화도 눈길을 사로잡는다.

Data 지도 193p-G
가는 법 라르고 디 토레 아르젠티나에서 도보 5분 **주소** Piazza Vidoni 6, Roma **전화** 06-686-1339
운영시간 월~금 15:00~19:30, 토 08:30~12:00, 15:00~19:30, 일 08:30~19:30 **요금** 무료
홈페이지 santandrea.teatinos.org

활기찬 재래시장을 느낄 수 있는

캄포 데 피오리 Campo de' Fiori [깜뽀 데 피오리]

나보나 광장 남쪽에 있는 직사각형 모양의 광장이다. 캄포 데 피오리는 이탈리아어로 '꽃의 들판'이라는 의미로 중세 시대에 광장은 초원의 일부였다. 그 낭만적인 이름에 어울리지 않게 몇 세기 동안 이곳에서는 공개 처형이 이뤄졌다. 광장 가운데는 영화 〈스타워즈〉의 다스 베이더를 연상시키는 조르다노 브루노Giordano Bruno의 동상이 있다. 조르다노 브루노는 무한우주론을 비롯해 사상의 자유를 외친 철학자로 로마 교황청과 대립했다. 결국 이단으로 몰려 1600년 이곳에서 공개 화형을 당했다. 후에 그를 추모하기 위해 이곳에 동상이 세워졌다. 동상에서 보이는 그의 모습은 다소 암울하고 고뇌에 차 보인다. 아침부터 낮까지 동상을 중심으로 재래시장이 열리며, 현지인과 여행자가 뒤섞여 복작거린다. 꽃, 과일, 채소, 허브, 치즈, 오일, 견과류 등을 판매하며, 현란한 모양과 여러 가지 색의 파스타 면도 눈길을 끈다. 굳이 물건을 사지 않더라도 구경하는 재미가 쏠쏠하다. 오후 2시경이 되면 마켓은 하나둘씩 문을 닫고, 광장 주변의 펍과 레스토랑은 화려한 밤을 맞이할 준비를 한다.

Data 지도 192p-F
가는 법 라르고 디 토레 아르젠티나에서 도보 7분 주소 Piazza Campo de' Fiori, Roma
운영시간 재래시장
월~금 07:00~14:30,
토·일 07:00~17:00

베르니니의 거북이 분수가 반겨주는
마테이 광장 Piazza Mattei [삐앗짜 맛떼이]

좁은 골목 사이에 자리 잡은 자그마한 광장이다. 마테이 광장 가운데는 조심스럽게 물줄기를 뿜어내는 거북이 분수Fontana delle Tartarughe가 있다. 1580년에 만들어진 르네상스풍 분수로 1658년 보수 공사를 하면서 조각가 베르니니의 감성이 한껏 더해졌다. 분수 윗부분을 앙증맞게 장식한 청동 거북이들은 베르니니의 작품이다. 영화 <로마 위드 러브>에서 시골에서 상경한 부부의 아내가 길을 잃으면서 잠시 이 광장에 머물렀다. 영화 속 주인공처럼 분수 근처에 걸터앉아 고풍스러운 골목길 풍경을 마주하며 쉬었다 가 보자.

Data 지도 193p-K
가는 법 라르고 디 토레 아르젠티나에서 도보 4분 주소 Piazza Mattei, Roma

유대인 역사의 흔적을 쫓는
에브라이코 디 로마 박물관 Museo Ebraico di Roma [무제오 에브라이꼬 디 로마]

유대인들의 역사와 예술을 주제로 한 박물관이다. 유럽에서 두 번째로 큰 규모의 유대교 회당, 시나고그synagogue를 박물관으로 사용한다. 로마에 거주했던 유대인들의 역사를 엿볼 수 있는 전시물들을 소장하고 있다. 16세기 교황 바오로 4세가 유대 지구 안에서 유대인들의 출입 통제를 하며 박해를 가했던 흔적도 박물관에 남아 있다. 전통 의상, 은으로 만든 장식품, 대리석 조각상 등도 전시한다.

Data 지도 193p-K
가는 법 라르고 디 토레 아르젠티나에서 도보 7분 주소 Via Catalana, Roma 전화 06-6840-0661
운영시간 1월 1일~20일 · 10월 30일~11월 10일 일~목 10:00~16:30, 금 09:00~14:00, 1월 21일~3월 30일 · 10월 1일~29일 일~목 10:00~17:00, 금 09:00~14:00, 4~9월 일~목 10:00~18:00, 금 10:00~16:00, 11월 11일~12월 30일 일~목 10:00~16:00, 금 09:00~14:00 요금 11유로
홈페이지 www.museoebraico.roma.it

보로미니의 트릭 아트가 있는

스파다 궁전 Palazzo Spada [빨랏쪼 스빠다]

16세기 지어진 호화로운 궁전으로 내부에는 스파다 가문이 소장한 예술품을 전시한다. 크림색 궁전 벽면에는 로물루스, 율리우스 카이사르, 아우구스투스 황제 등 고대 로마 역사의 주요 인물들이 정교하게 조각되어 있다. 궁전으로 들어서면 건물 가운데 지붕이 뚫려 있어 사각형 프레임에 갇힌 로마의 하늘이 보인다. 네 개로 구성된 전시실에서는 귀도 레니Guido Reni, 티치아노Tiziano, 게르치노Guercino 등 이탈리아 화가들의 작품을 선보인다. 친절하게도 관람객을 위해 작품 설명이 담긴 책자가 전시실마다 놓여 있다. 스파다 궁전에서 놓치지 말아야 할 작품은 안뜰에 있는 보로미니의 〈프로스페티바Prospettiva〉다. 안뜰에 있는 복도의 길이는 불과 9m인데, 뒤로 갈수록 기둥의 길이는 짧아지고, 기둥 사이 간격은 좁아진다. 또한 오르막 바닥과 내리막 천장을 만들어 복도는 실제보다 훨씬 길어 보인다. 이 작품은 보로미니의 천재성이 돋보이는 작품으로 착시를 이용한 것이다.

Data 지도 192p-J
가는 법 라르고 디 토레 아르젠티나에서 도보 8분 주소 Piazza Capo di ferro 13, Roma
전화 06-687-4896
운영시간 수~월 08:30~19:30
요금 5유로, 로마 패스 가능
홈페이지 galleriaspada.cultura.gov.it

프로스페티바

로마 한가운데 섬이?!
티베리나섬 Isola Tiberina [이졸라 띠베리나]

테베레강을 끼고 있는 보트 모양의 작은 섬이다. 파브리초 다리 Ponte Fabricio로 로마 중심지와 연결된다. 파브리초 다리는 BC 62년 세워진 것으로 로마에 현존하는 다리 중 가장 오래됐지만 여전히 견고함을 뽐낸다. 트라스테베레 지역은 체스티오 다리 Ponte Cestio로 이어진다. 티베리나섬에 사람의 흔적이 생기기 시작한 것은 BC 3세기부터다. 고대 로마인들이 의술의 신 아스클레피오스에게 바치는 신전을 이곳에 세웠다. 이후에 이 섬은 치유의 힘이 있는 곳으로 알려졌다. 12세기 영국 왕 헨리 1세의 오른팔이었던 레허러가 성지 순례를 위해 로마를 방문했다가 생명이 위독할 정도로 병이 났는데, 예수의 열두 제자 중 한 사람인 성 바르톨로메오의 계시를 받고 기적적으로 완치되었다. 레허러는 그 계시대로 성 바르톨로메오의 이름을 딴 병원을 영국에 건립했고, 티베리나섬에는 산 바르톨로메오 광장 Piazza San Bartolomeo과 산 바르톨로메오 성당 Basilica di San Bartolomeo이 지어졌다. 산 바르톨로메오 성당에는 성 바르톨로메오의 유해가 안치되어 있다. 오늘날 티베리나섬에는 1585년 세워진 파테베네프라텔리 병원 Fatebenefratelli이 치유의 힘을 물려받아 환자들을 돌본다.

Data 지도 193p-K
가는 법 라르고 디 토레 아르젠티나에서 도보 15분
주소 Isola Tiberina, Roma

귀족들의 화려한 저택이 늘어섰던
줄리아 거리 Via Giulia [비아 줄리아]

구시가지에서 바티칸 시국 방향으로 1km 가량 뻗어 있는 거리다. 줄리아 거리는 1600년 교황 율리우스 2세가 바티칸 시국의 산 피에트로 대성당으로 향하는 길을 건설하기 위해 야심차게 계획한 거리로 르네상스 시대의 첫 번째 도시 계획 프로젝트였다. 귀족들의 화려한 저택이 늘어서 있던 거리는 오늘날에도 로마에서 가장 비싼 주택가 중 하나로 꼽힌다. 길가에는 고급스러운 주택을 비롯해 아트 갤러리, 골동품점 등이 자리잡고 있다. 각 상점에는 아직도 예전의 특권 의식이 남아 있는지 거리 이름이 새겨진 붉은 깃발을 내걸고 있다. 줄리아 거리에 위치한 가면 분수 Fontana del Mascherone은 독특하고 기괴해 눈길을 사로잡는다. 이탈리아의 유력 가문이었던 파르네세가에 의해 제작된 것으로 파르네세가의 상징인 백합을 분수에서 찾아볼 수 있다. 특별한 볼거리는 없지만 거리 특유의 분위기를 느끼며 걸어 보자.

Data 지도 192p-E, F, J
가는 법 캄포 데 피오리에서 도보 3분
주소 Via Giulia, Roma

EAT

움브리아와 아브루초를 맛보다!
이 피치카롤리 I Pizzicaroli

이탈리아 중부 지방 도시 움브리아Umbria와 아브루초Abruzzo의 맛을 느낄 수 있는 곳이다. 포사 거리Via della Fossa 골목에 숨어 있다. 매장 내부에 들어서면 작은 공간이 만들어내는 아늑하고 소박한 분위기가 편안함을 안겨준다. 움브리아와 아브루초에서 공수한 신선하고 품질 좋은 로컬 재료로 와인과 어울리는 음식을 만든다. 와인 역시 움브리아와 아브루초 지역에서 생산된 것인데 글라스로도 주문 가능하다. 살라미, 치즈, 포르케타(이탈리아식 돼지바비큐), 카르파초, 브루스케타, 샐러드, 과일 등 다양한 음식을 긴 도마에 담아낸 탈리에레Tagliere가 메인이다. 각 탈리에레마다 들어가는 재료는 영문으로도 자세히 설명되어 있으니 취향에 맞게 고르자. 간단하게 식사하려면 바삭하게 구운 빵 위에 토핑을 올린 브루스케타 종류를 주문하자. 와인 한 잔을 곁들이면 입안이 움브리아와 아브루초의 풍미로 가득해진다. 소소한 요깃거리와 함께 식전주인 아페리티보를 마시기에도 좋은 장소다.

Data 지도 192p-F
가는 법 나보나 광장에서 도보 3분
주소 Via della Fossa 9, Roma
전화 06-8308-6293
운영시간 11:30~23:30
가격 탈리에레 15유로~(인당), 브루스케타 10유로~
홈페이지 i-pizzicaroli.business.site

이탈리아 전통 음식을 요리하는
칸티나 에 쿠치나 Cantina e Cucina

칸티나 에 쿠치나는 이탈리아어로 '술집과 부엌'이라는 뜻이다. 나보나 광장 근처에 위치한 레스토랑으로 이탈리아의 맛을 한껏 느낄 수 있다. 식당 내부는 와인으로 채워진 벽때문에 언뜻 와인 저장고 같은 느낌을 준다. 테이블 간격이 좁아 복작거리고 불편하게 느껴질 수도 있다. 한국어로 된 메뉴판이 있어 마음 놓고 주문할 수 있으며, 서비스도 친절하다. 전채 요리로는 고소한 맛의 카르초포Gustoso Carciofo alla Giudia를 시도해 봐도 좋다. 카르초포는 로마에서 맛볼 수 있는 별미다. 아티초크를 바삭하게 튀긴 것으로 입맛을 돋워 주며, 맥주와도 궁합이 잘 맞는다. 버팔로 모차렐라로 만든 토마토 카프레제Caprese di Bufala e Pomodoro, 버섯 피자인 풍기Funghi, 리코타 치즈와 시금치를 넣은 수제 라비올리 Ravioli di Ricotta e Spinaci는 실패하기 어려운 메뉴다. 식사 후에는 홈메이드 쿠키를 서비스로 제공한다.

Data 지도 192p-F
가는 법 나보나 광장에서 도보 3분
주소 Via del Governo Vecchio 87, Roma
전화 06-689-2574
운영시간 11:00~23:30
가격 전채 요리 8.50유로~, 파스타 10.50유로~, 고기 요리 18.50유로~, 피자 10.50유로~
홈페이지 www.cantinaecucina.it

로마의 별미가 입속으로
살팀보카 Saltimbocca

살팀보카는 직역하면 '입으로 뛰어든다'는 의미다. 송아지 고기를 프로슈토와 함께 한입 사이즈로 구운 이탈리아 음식 이름이기도 하다. 로마 전통 음식을 맛볼 수 있는 레스토랑으로 캐주얼한 분위기에 신나는 음악이 흘러나온다. 파스타, 피자 등 전반적으로 음식 평이 좋다. 겹겹이 쌓아 올린 반죽 사이로 비프소스를 품고 있는 볼로네제 라자냐Lasagna alla Bolognese는 입안을 행복하게 만든다. 해산물 스파게티Spaghetti al Cartoccio di Mare는 한국인 입맛에도 잘 맞는다. 큼지막한 모차렐라에 탱글탱글한 토마토가 들어간 카프레제Caprese는 어느 요리에 곁들여도 잘 어울린다. 로마 현지 음식 맛보기 퀘스트를 깨는 것이 목표인 모험심이 강한 여행자를 위한 난이도 높은 요리도 있다. 로마 스타일 양 요리Trippa alla Romana는 소의 양 부위를 토마토소스로 요리해 씹는 맛이 있고 짭짤하다. 호불호는 강한 편이다. 서비스도 만족스럽고, 식전 빵과 식후주도 제공된다. 테이블 외에도 바bar가 따로 있어 가볍게 맥주나 칵테일 한잔하러 들르기도 괜찮다.

Data 지도 192p-F
가는 법 나보나 광장에서 도보 4분
주소 Via di Tor Millina 5, Roma
전화 06-683-2266
운영시간 일~목 10:00~24:00, 금·토 11:00~24:00
가격 스타터 7유로~, 파스타 13유로~, 메인 요리 12유로~, 샐러드 11유로~

파스타에서 파에야까지
올드 베어 Old Bear

이탈리아를 비롯한 유럽 음식을 선보이는 레스토랑이다. 나보나 광장에서 운치 있는 골목길을 따라 걷다 보면 식당에 닿는다. 입구에는 커다란 곰이 방문을 환영해 주며, 내부는 오래된 영국 펍 느낌을 물씬 풍긴다. 야외에도 테이블이 있어 골목길 풍경을 즐기며 식사를 할 수 있다. 훈훈한 직원들 덕에 음식을 주문하기 전부터 호감지수가 올라간다. 구운 호박, 가지, 모차렐라, 부르스케타, 샐러드 등이 한 접시에 담긴 지중해식 샐러드Insalata Mediterranea는 가볍게 먹기 좋다. 감자와 샐러드가 곁들어진 비프스테이크 Bistecca di Manzo alla Griglia e Patate Arrosto는 만족스러운 선택이 될 것이다. 고기에서 윤기가 흐르고, 양도 넉넉하다. 해산물이 들어간 요리도 인기다. 토마토소스를 넣은 랍스터 스파게티 Spaghetti all'Astice con Pomodorini Pachino e Prezzemolo와 파에야 Pallea alla Valenciana를 맛보기 위해 방문하는 사람들도 많다. 파에야는 2인 이상 주문 가능하다.

Data 지도 192p-B
가는 법 나보나 광장에서 도보 4분
주소 Via dei Gigli d'Oro 3, Roma
전화 06-6821-0009
운영시간 월~토 17:00~24:30
가격 파스타 10.50유로~, 파에야 33유로, 샐러드 6유로~, 고기 요리 12유로~
홈페이지 www.oldbear.it

군침 도는 빵 냄새가 솔솔
안티코 포르노 로숄리 Antico Forno Roscioli

항상 사람들로 북적이는 베이커리다. 1824년 마르코 로숄리 Marco Roscioli가 처음 빵을 굽기 시작했고 그 손맛이 대대손손 이어졌다. 클래식하고 담백한 베이커리부터 달콤한 디저트까지 종류가 다양하다. 특히 금방 구워 나오는 피자는 이곳을 방문하는 가장 큰 이유다. 거대한 타원형 피자는 원하는 사이즈로 잘라서 무게를 잰 후 가격을 측정한다. 가격표를 받아 카운터에서 계산한 후 영수증을 제시하고 받으면 된다. 모차렐라와 토마토가 들어간 카프레제 피자 Pizza Caprese는 추천할 만하다. 끝은 바삭하고 쫄깃한 도우 위에서 넘실거리는 치즈는 금방이라도 흘러내릴 것 같다. 단순하지만 담백한 맛의 비앙카 피자 Pizza Bianca도 유명하다. 가격이 저렴한 편은 아니지만 그만한 가치가 있다.

Data 지도 193p-G
가는 법 라르고 디 토레 아르젠티나에서 도보 3분 주소 Via dei Chiavari 34, Roma
전화 06-686-4045
운영시간 월~토 07:00~19:30, 일 08:00~18:00
가격 피자 1kg당 25유로~
홈페이지 www.anticofornoroscioli.it

초콜릿 젤라토에 엄지 척!
젤라테리아 프리지다리움 Gelateria Frigidarium

밤낮을 가리지 않고 줄 서서 사 먹는 젤라토 가게다. 다양한 종류의 초콜릿 젤라토가 유명하며, 초코 쿠키까지 얹은 프리지다리움 Frigidarium은 인기 메뉴 중 하나다. 망고, 레몬, 딸기 등 상큼함이 가득한 과일 젤라토도 훌륭하다. 협소한 매장에 테이블은 따로 없어 매장 앞 벤치에 앉거나 테이크아웃을 해야 한다.

Data 지도 192p-F
가는 법 나보나 광장에서 도보 6분
주소 Via del Governo Vecchio 112, Roma 전화 06-3105-2934
운영시간 10:30~01:00
가격 젤라토 피콜리 2.50유로, 메디 3.50유로, 그란디 5유로
홈페이지 frigidariumgelateria.com

현지인들에게 사랑받는
포르노 캄포 데 피오리 Forno Campo de' Fiori

캄포 데 피오리 구경 후에 들르기 좋은 빵집이다. 골목을 사이에 두고 매장이 두 군데 있다. 캄포 데 피오리에서 봤을 때 오른쪽에서는 피자를 비롯한 베이커리 종류를, 왼쪽에서는 케이크를 비롯한 디저트를 판다. 다양한 재료들로 채운 파니노, 소금과 올리브 오일로 만든 비앙카 피자Pizza Bianca, 토마토와 올리브오일이 들어간 로사 피자Pizza Rossa 등이 인기다. 대부분 무게 단위로 판매한다.

Data 지도 192p-F
가는 법 캄포 데 피오리에 위치
주소 Campo de' Fiori 22, Roma 전화 06-6880-6662
운영시간 월~토 08:00~14:30, 16:30~19:30
가격 피자 1kg당 11유로~
홈페이지 www.fornocampodefiori.com

맛과 분위기 모두 다 잡은
미미 에 코코 Mimì e Cocò

분위기 좋은 트라토리아 겸 와인 바bar. 소담한 공간에 와인을 비롯한 각종 술을 장식처럼 사용해 개성 있게 꾸몄다. 길가 테라스에서는 이탈리아 특유의 느긋한 공기가 감돈다. 이탈리아 요리를 취급하며 카르보나라, 카초 에 페페 파스타가 두루두루 사랑받고 있다. 도톰한 도우에 신선한 토핑이 올라간 로마식 피자, 핀사 pinsa도 맛깔난다. 파르메산 치즈를 얹은 가지 요리Melanzane alla Parmigiana도 인기 메뉴로 꼽힌다. 상큼하고 촉촉한 토마토와 짭짤하고 쫀득한 파르메산 치즈가 고소하고 말캉한 가지를 만나 맛있는 앙상블을 이룬다. 식사 후에는 폭신한 티라미수와 달콤한 판나 코타가 기다리고 있으니 디저트 배는 따로 남겨둘 것!

Data 지도 192p-F
가는 법 나보나 광장에서 도보 4분
주소 Via del Governo Vecchio 72, Roma
전화 06-6821-0845
운영시간 10:00~02:00
가격 파스타 10유로~, 핀사 11유로~, 메인 요리 14유로~, 디저트 5.50유로~
홈페이지 www.mimiecoco.com

  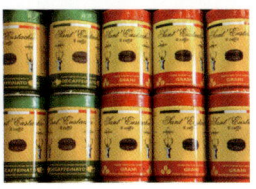

줄리아 로버츠처럼 커피 한잔
산테우스타키오 일 카페 Sant'Eustachio Il Caffè

영화 〈먹고 기도하고 사랑하라〉의 주인공 줄리아 로버츠가 커피를 마시던 커피 명소다. 나보나 광장과 판테온 사이 산테우스타키오 광장에 있다. 1938년 오픈 당시 카페를 채웠던 모던함은 이제 빈티지한 감성으로 변했다. 풍부한 양의 그란 카페와 그란 카푸치노는 이 카페에서 가장 사랑받는 커피다. 주문 시에는 설탕을 넣을지 말지 말해야 한다. 매장 안에는 원두, 커피 용품, 기념품 등 쇼핑할 거리도 가득하다. 매장 밖의 테이블에서는 인원수대로 테이블 차지가 부과된다.

Data 지도 193p-G
가는 법 판테온에서 도보 1분
주소 Piazza Sant'Eustachio 82, Roma 전화 06-6880-2048
운영시간 일~목 07:30~01:00, 금 07:30~01:30, 토 07:30~02:00 가격 그란 카페 3.20유로, 그란 카푸치노 3.20유로(테이블 차지 2.50유로)
홈페이지 www.santeustachioilcaffe.com

커피 한잔의 감동
타차 도로 Tazza d'Oro

로마에서 딱 한 잔의 커피를 마실 수 있다면 망설임 없이 타차 도로로 향하자. 타차 도로는 '황금 찻잔'이라는 뜻으로 1946년 오픈한 커피숍이다. 커피 블렌딩부터 로스팅, 그라인딩까지 직접 해 타차 도로만의 커피를 맛볼 수 있다. 판테온 근처에 자리 잡고 있어 오고 가며 들르기 좋다. 로마 최고의 카페라는 명성에 걸맞게 항상 사람들로 북적인다. 먼저 카운터에서 계산을 한 후 영수증을 가지고 바에서 눈치껏 주문하자. 깊고 진한 맛의 카페 에스프레소는 커피 애호가라면 절대 놓칠 수 없다. 취향에 따라 적절하게 설탕을 뿌리면 완벽한 에스프레소가 만들어진다. 타차 도로에서만 볼 수 있는 그라니타 디 카페 콘 판나Granita di Caffé con Panna도 인기다. 시원한 커피 슬러시에 부드러운 생크림을 얹었다. 매장에는 테이블이 없어 바에서 서서 마시거나 테이크아웃을 해야 한다. 매장 벽면을 채우고 있는 타차 도로 원두는 선물용으로 구매하기 좋다.

Data 지도 193p-G
가는 법 판테온에서 도보 1분
주소 Via degli Orfani 84, Roma
전화 06-678-9792
운영시간 월~토 07:00~20:00, 일 10:00~19:00
가격 카페 에스프레소 1.20유로, 그라니타 디 카페 콘 판나 4유로
홈페이지 www.tazzadorocoffeeshop.com

오드리 헵번의 젤라토
지올리띠 Giolitti

영화 <로마의 휴일> 속 오드리 헵번이 스페인 계단에서 먹었던 젤라토다. 지올리띠는 1900년 문을 연 젤라테리아로 교황청에도 납품하며 전통성과 퀄리티를 인정받았다. 현재도 샤론 스톤, 카메론 디아즈, 저스틴 팀버레이크 등 많은 할리우드 스타들이 찾으며 그 유명세를 이어가고 있다. 한국인들에게도 로마 3대 젤라토로 꼽힌다. 천연 재료를 이용해 수십 가지의 젤라토를 만든다. 상큼한 맛의 딸기 젤라토 프라골라 Fragola, 수박씨 모양의 초코가 박혀 있는 수박 젤라토 안구리아Anguria, 새콤한 맛의 레몬 젤라토 리모네Limone 등이 인기다. 문 옆 카운터에서 먼저 계산한 후에 영수증을 가지고 주문하면 된다. 가격 대비 양이 많은 편은 아니다. 매장 안의 테이블을 차지할 경우 추가 비용이 부과된다.

Data **지도** 193p-C
가는 법 판테온에서 도보 4분 **주소** Via degli Uffici del Vicario 40, Roma **전화** 06-699-1243 **운영시간** 07:00~01:30
가격 젤라토 피콜로 3유로, 메디오 4.50유로, 그란데 5.50유로
홈페이지 www.giolitti.it

가격도 맛도 착한
피자 플로리다 Pizza Florida

라르고 디 토레 아르젠티나 건너편 플로리다 거리Via Florida에 있는 조각 피자집이다. 자그마한 매장은 현지인들로 바글바글하다. 20여 가지의 피자를 판매하며, 착한 가격이 매력적이다. 5유로 정도면 피자 두 조각과 음료로 요기가 가능하다. 먼저 번호표를 뽑고 전광판에 번호가 나오면 주문하면 된다. 가격은 무게에 따라 측정된다. 토마토 모차렐라 피자Mozzarella di Bufala e Pomodori Pachino는 얇은 도우에 신선한 방울토마토와 풍성한 모차렐라의 조합이 환상적이다. 매장에는 앉을 자리가 별로 없으니 테이크아웃해서 라르고 디 토레 아르젠티나 앞 벤치에서 먹어도 좋다.

Data **지도** 193p-G
가는 법 라르고 디 토레 아르젠티나에서 도보 1분
주소 Via Florida 25, Roma **전화** 06-6880-3236
운영시간 월~토 10:00~22:00
가격 피자 100g당 0.9~2유로
홈페이지 pizza-florida.business.site

BUY

교황에게도 인정받은
캄포 마르치오 Campo Marzio

질 좋은 가죽 제품과 필기류를 만날 수 있는 곳이다. 캄포 마르치오는 80년이 넘는 역사를 지닌 이탈리아 브랜드다. 1933년 패션 부티크들로 가득한 캄포 마르치오 지역에 첫 발을 내디뎠다. 만년필을 전문으로 시작했는데, 당시 유명한 작가와 정치가들이 애용했다. 2000년에는 교황에게 간택되어 바티칸 박물관을 위한 스페셜 에디션 만년필을 제작하기도 했다. 필기류 외에도 가죽 제품, 여행 액세서리까지 제품군을 확장하며 전 세계로 뻗어나가는 중이다. 카드 지갑, 지갑, 가방, 만년필 등을 판매하며, 모던한 이탈리아 스타일 디자인에 생동감 넘치는 컬러가 특징이다. 부담스럽지 않은 가격에 더 눈길이 간다.

Data 지도 193p-C
가는 법 판테온에서 도보 5분
주소 Via di Campo Marzio 41, Roma
전화 06-6880-7877
운영시간 10:00~19:30
가격 카드 지갑 35유로~,
지갑 69유로~, 만년필 27유로~
홈페이지 www.campomarzio.it

이탈리아인의 식탁을 엿보다!
안티카 피치케리아 루제리 Antica Pizzicheria Ruggeri

캄포 데 피오리 근처의 식료품점. 이탈리아 사람들의 식탁에 오르는 음식 재료들을 엿볼 수 있다. 캄포 데 피오리 구경 후 1% 부족함이 남는다면 그 아쉬움을 충분히 채울 수 있는 곳이다. 다양한 종류의 빵과 파스타 면이 있다. 각기 다른 색을 띤 노란빛 치즈는 치즈 애호가들을 즐겁게 해 준다. 절인 고기와 편육도 판매하며 천장에 주렁주렁 매달려 있는 큼지막한 프로슈토에는 저절로 눈길이 간다. 다채로운 향과 컬러를 머금은 향신료와 맛있게 숙성된 발사믹 식초도 취급한다. 올리브, 버섯, 해산물 등도 있으며, 원하는 양만큼 구매할 수 있다. 이탈리아에서 생산된 와인과 레몬으로 만든 술 리몬첼로가 매장 한쪽 벽면에 가득하다. 여행 중 이탈리아 풍미에 취하게 해 줄 식재료를 조금씩 골라보자. 고급스럽게 포장되어 있는 파스타 면과 작은 사이즈의 리몬첼로는 선물로도 좋다.

Data 지도 192p-F
가는 법 캄포 데 피오리에 위치
주소 Campo de' Fiori 1, Roma
전화 06-6880-1091
운영시간 월~토 08:00~20:00
홈페이지 ruggericampodefiori.com

이탈리아의 교보문고
라 펠트리넬리 La Feltrinelli

이탈리아에서 가장 유명한 체인 서점이다. 이 지점은 그중 제일 큰 매장으로 역사, 건축, 소설, 예술, 패션 잡지까지 다양한 주제에 방대한 규모의 서적을 보유하고 있다. 이탈리아어 외에도 영어, 프랑스어, 스페인어 등 다양한 언어로 된 책들을 진열하니 이탈리아어를 몰라도 한 번쯤 둘러볼 만하다. 여행 가이드북과 이탈리아어 교재도 쉽게 찾아볼 수 있다. DVD, CD, 문구용품도 판매하며, 서점 한쪽에서는 오페라 등 공연 티켓 예매도 가능하다.

Data 지도 193p-G
가는 법 라르고 디 토레 아르젠티나에서 도보 1분 **주소** Largo Torre Argentina 5A, Roma
전화 02-9194-7777
운영시간 월~토 09:00~20:30, 일 10:00~20:30
홈페이지 www.lafeltrinelli.it

AS 로마 팬이라면
AS 로마 팬 숍 AS Roma Fan Shop

축구를 사랑하는 사람이라면 들러볼 만한 곳이다. 로마를 연고지로 하는 프로 축구팀 AS 로마의 로고가 새겨진 상품을 판매한다. 유니폼, 모자, 양말, 축구공 등 본격적인 축구용품부터 기념품으로 사기 좋은 핸드폰 케이스, 시계, 지갑 등의 액세서리까지 갖췄다. 아이들을 위한 키즈용품도 있다.

Data 지도 193p-G
가는 법 라르고 디 토레 아르젠티나에서 도보 1분 **주소** Via Arenula 82, Roma **전화** 06-6880-9775
운영시간 월~토 10:30~13:30, 15:30~18:45, 일 11:00~18:00
가격 양말 10유로~,
티셔츠 15유로~
홈페이지 romafanshop.it

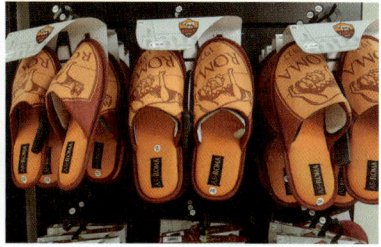

SLEEP

우아하고 세련된 분위기가 매력적인
마르티스 팰리스 호텔 Martis Palace Hotel

시크하고 럭셔리한 4성급 호텔이다. 호텔이 자리한 터에서 2세기 제작된 마르스(라틴어로 '마르티스') 조각상이 발견돼 현재의 이름을 갖게 됐다. 호텔은 26개의 일반 객실과 스위트룸을 갖췄다. 엘레강스하게 꾸며진 객실은 널찍하고 매력적이다. 호텔 옥상 테라스에서는 로마 시내 전경이 내려다보인다. 낭만적인 분위기의 나보나 광장과 인접해 있는 것도 이 호텔의 큰 장점이다. 4일 이상 머물 경우 할인 혜택을 받을 수 있다.

Data 지도 193p-G
가는 법 나보나 광장에서 도보 1분. 버스 70, 87번 타고 Rinascimento 정류장 하차, 바로 앞. 버스 40, 64번 타고 Argentina 정류장 하차, 도보 4분 **주소** Via San Giuseppe Calasanzio 1, Roma **전화** 06-6830-1228 **요금** 더블룸 350유로~, 스위트룸 500유로~ **홈페이지** www.hotelmartis.com

판테온을 마주 보는 호텔
알베르고 델 세나토 Albergo del Senato

유명한 이탈리아 건축가 가에타노 코흐Gaetano Koch가 설립한 빌딩에 들어선 3성급 호텔이다. 리노베이션을 통해 56개 객실에 모던함을 더했다. 싱글룸, 더블룸, 트리플룸, 스위트룸, 아파트먼트 등 다양한 형태의 객실을 선택할 수 있다. 여행자들로 번잡한 판테온 근처에 위치해 아침부터 밤까지 복작거리는 분위기가 이어진다. 여행지 느낌이 물씬 풍기는 곳으로 조용한 숙소를 원하는 여행자라면 다른 호텔을 찾아보는 것이 좋겠다. 호텔 옥상에서는 탁 트인 판테온 전경을 감상할 수 있다.

Data 지도 193p-G
가는 법 판테온에서 도보 1분. 버스 40, 64번 타고 Argentina 정류장 하차, 도보 5분 **주소** Piazza della Rotonda 73, Roma **전화** 06-678-4343 **요금** 싱글룸 170유로~, 더블룸 270유로~, 트리플룸 305유로~, 스위트룸 395유로~, 아파트먼트 405유로~ **홈페이지** www.albergodelsenato.it

이국적인 풍경에서 머무는 하룻밤
부티크 호텔 캄포 데 피오리 Boutique Hotel Campo de' Fiori

캄포 데 피오리 근처에 자리 잡은 부티크 호텔이다. 호텔 주변으로는 돌길 위에 고풍스러운 레스토랑과 아기자기한 상점이 늘어서 있어 이색적인 풍경을 자아낸다. 초록빛 넝쿨로 둘러싼 호텔 외관은 눈에 쉽게 띈다. 작은 규모의 호텔로 총 23개의 객실을 보유하고 있으며, 객실은 각각 개성이 넘친다. 옥상 테라스에서는 탁 트인 전망을 조망할 수 있다. 아파트먼트도 따로 운영한다. 아파트먼트는 호텔 근처의 다른 건물에 위치하며, 호텔 리셉션에서 체크인을 하면 직접 안내해 준다.

Data 지도 192p-F
가는 법 캄포 데 피오리에서 도보 1분. 버스 64번 타고 C.so Vittorio Emanuele/S.A.della Valle 정류장 하차, 도보 2분
주소 Via del Biscione 6, Roma
전화 06-687-4886
요금 더블룸 408유로~, 아파트먼트 400유로~
홈페이지 www.hotelcampodefiori.com

가격과 위치가 만족스러운
레지덴차 볼로 아파트먼츠 Residenza Bollo Apartments

알뜰한 여행자에게 좋은 선택이 될 만한 숙소다. 17세기 수녀원으로 사용되던 건물을 개조해 레지던스로 문을 열었다. 건물 구석구석에는 옛 흔적이 남아 있다. 관광하기 좋은 위치와 합리적인 가격이 매력적인 곳이다. 객실은 조금 투박하지만 아늑하다. 쿼드러플룸과 패밀리룸에는 작은 프라이빗 키친이 마련되어 있고, 그 외 객실에서는 공용 키친을 사용할 수 있다. 캄포 데 피오리가 숙소 바로 근처에 있으니 신선한 재료를 공수해 간단하게 식사를 차려 먹어도 좋다.

Data 지도 192p-F
가는 법 캄포 데 피오리에서 도보 2분. 버스 40, 64번 타고 Chiesa Nuova 정류장 하차, 도보 3분
주소 Vicolo del Bollo 4, Roma
전화 06-320-7625 **요금** 더블룸 175유로~, 쿼드러플룸 254유로~, 패밀리룸 317유로~ **홈페이지** www.bolloapartments.com

Roma By Area

04

트레비 분수 & 스페인 광장
Fontana di Trevi & Piazza di Spagna

영화 〈로마의 휴일〉 속 주인공처럼 로맨틱한 로마를 즐길 수 있는 곳. 트레비 분수에서는 소원을 빌며 동전을 던져 보고, 스페인 광장에서는 눈이 부시도록 하얗게 빛나는 스페인 계단에 올라 서 보자.

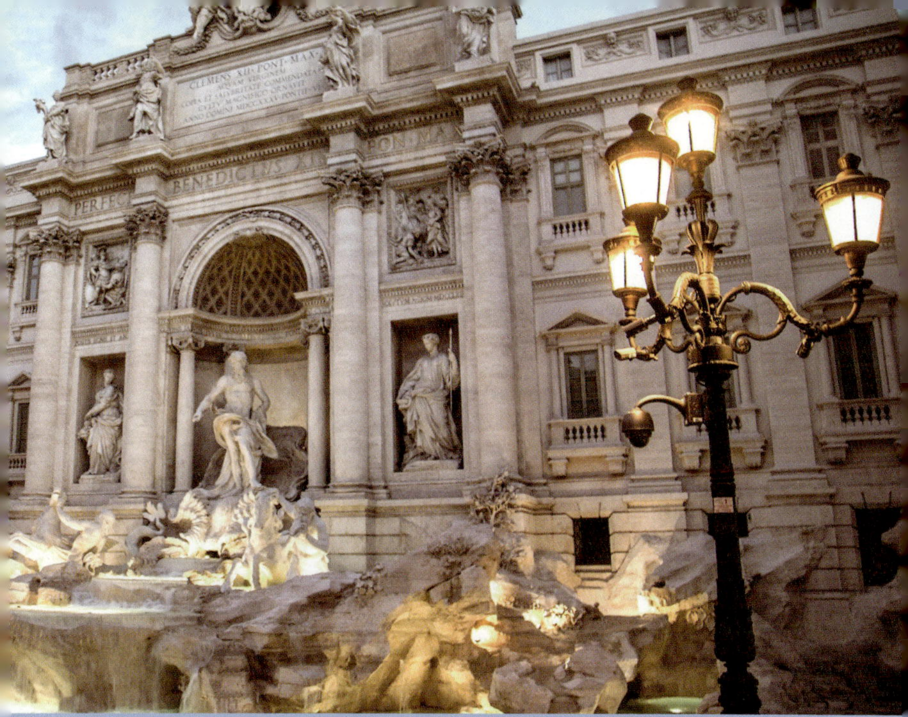
CLEMENS XII PONT MAX
BENEDICTUS XI
PERFEC

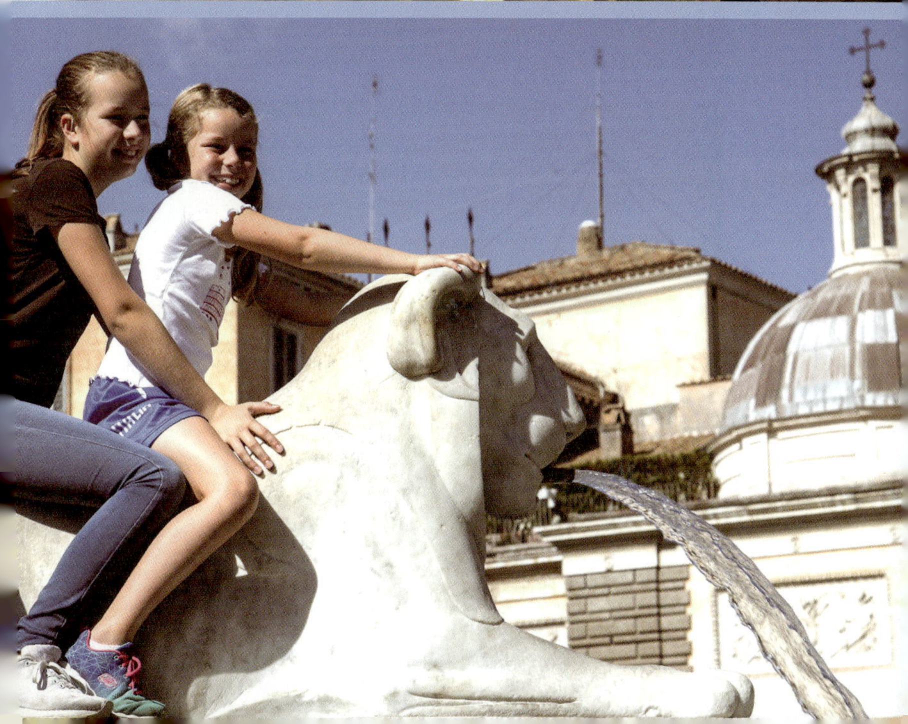

트레비 분수&스페인 광장
미리보기 🔍

볼거리, 먹거리, 쇼핑의 삼박자를 골고루 갖춘 지역이다. 아름다운 분수와 활기찬 에너지가 넘치는 광장에서는 낭만적인 로마를 만나볼 수 있다. 바로크 시대를 대표하는 베르니니, 보로미니, 카라바조의 작품 세계를 엿볼 수 있는 성당과 박물관도 이곳에 있다.

SEE

로마의 대표 관광지 트레비 분수와 스페인 광장이 있다. 베르니니의 천재성을 느낄 수 있는 산타 마리아 델라 비토리아 성당과 산탄드레아 알 퀴리날레 성당, 보로미니가 건축한 산 카를로 알레 콰트로 폰타네 성당, 카라바조의 작품이 소장된 산타 마리아 델 포폴로 성당도 볼 만하다. 바르베리니 궁전에서는 라파엘로를 비롯한 이탈리아 대표 화가의 작품을 감상할 수 있다. 핀초 언덕에서는 붉게 물드는 일몰을 보면서 하루를 마무리하기 좋다.

EAT

여행자를 대상으로 한 가게가 많다. 특히 트레비 분수 근처는 바가지 쓰기 쉬우니 신중하게 식당을 고르자. 스페인 광장 주변으로는 카페, 젤라테리아, 레스토랑 등이 밀집해 식사하기 편하다. 한국인들에게 사랑받는 티라미수 맛집 폼피와 로마에서 가장 오래된 카페인 안티코 카페 그레코도 이곳에 있다.

BUY

이탈리아 쇼핑의 메카가 이곳에 있다. 프라다, 구찌, 펜디, 살바토레 페라가모 등 명품이 몰려 있는 콘도티 거리Via dei Condotti와 캐주얼한 브랜드가 들어선 코르소 거리Via del Corso가 펼쳐진다. 로마에서 주목해야 할 모든 브랜드들을 이곳에서 찾아볼 수 있다. 이탈리아 여행의 머스트 바이 아이템인 산타 마리아 노벨라 약국도 있으니 주머니를 두둑하게 채워 가야 한다. 커피 애호가라면 비알레티도 그냥 지나칠 수 없다.

어떻게 갈까?

주요 스폿들 모두 메트로와 연결된다. 바르베리니 광장과 트레비 분수는 메트로 A선 바르베리니Barberini역에서, 스페인 광장은 메트로 A선 스파냐Spagna역에서, 포폴로 광장은 메트로 A선 플라미니오Flaminio역에서 내리면 된다. 교통의 요충지 바르베리니 광장에서는 62, 63, 80, 83, 160, 492번 버스가 바르베리니Barberini 정류장에서 정차한다.

어떻게 다닐까?

트레비 분수, 스페인 광장, 포폴로 광장 모두 도보 여행이 가능하다.

트레비 분수&스페인 광장
♀ 1일 추천 코스 ♀

아침부터 저녁까지 볼거리가 가득하다. 쇼핑할 생각이 있다면 중간중간 여유롭게 일정을 조정해 보자. 여행은 메트로 바르베리니역에서 시작해서 플라미니오역에서 끝난다.

바르베리니 광장에서
베르니니 분수 찾아보기

→ 도보 2분 →

바르베리니 궁전의
회화 작품에 흠뻑 빠져 보기

→ 도보 1분 →

산 카를로 알레 콰트로
폰타네 성당 구경하기

↓ 도보 1분

트레비 분수에
동전 던지기

← 도보 6분 ←

퀴리날레 광장
둘러보기

← 도보 3분 ←

산탄드레아 알 퀴리날레
성당 방문하기

↓ 도보 8분

스페인 광장 계단에서
쉬어가기

→ 도보 8분 →

아라 파치스 박물관
관람하기

→ 도보 6분 →

포폴로 광장
구경하기

↓ 광장에 위치

핀초 공원 언덕에서
일몰 즐기기

← 도보 5분 ←

산타 마리아 델 포폴로 성당에서
카라바조 그림 감상하기

 SEE

베르니니의 〈성녀 테라사의 환희〉 보러 가자
산타 마리아 델라 비토리아 성당 Chiesa di Santa Maria della Vittoria
[끼에자 디 싼따 마리아 델라 빗또리아]

댄 브라운 원작의 영화 〈천사와 악마〉를 봤다면 눈에 익은 성당이다. 영화 속 세 번째 희생자 추기경이 공중에 매달려 끔찍하게 불에 타서 죽었던 곳이다. 이 성당은 1620년 건축가 카를로 마데르나에 의해 바로크 양식으로 지어졌다. 천재 조각가 베르니니의 명작 〈성녀 테레사의 환희Santa Teresa Trafitta dall'Amore di Dio〉가 있는 곳으로 유명하다. 성녀 테레사는 스페인 카르메르 수녀회의 수도녀로 수녀회의 개혁에 앞장섰던 인물이다. 성녀 테레사는 본인이 겪은 신비로운 체험들을 자서전으로 남겼고, 이는 베르니니에게 영감을 주었다. 〈성녀 테레사의 환희〉는 성녀 테레사가 꿈에서 천사가 쏜 금으로 만든 불화살을 맞고 고통과 희열을 느끼는 순간

Data 지도 235p-H
가는 법 바르베리니 광장에서 도보 7분. 레푸블리카 광장에서 도보 4분
주소 Via X X Settembre 17, Roma 전화 06-4274-0571
운영시간 월~토 09:00~12:00, 15:30~18:00, 일 15:30~18:00 요금 무료 홈페이지 www.carmelitanicentroitalia.it/dove-siamo/conventi-della-provincia/s-maria-della-vittoria-roma

을 표현한 것이다. 베르니니는 성녀 테레사가 종교적인 환희와 절정을 느끼는 모습을 표정과 몸짓으로 생생하게 묘사했다. 희열을 강조하기 위해 옷자락이 바람에 펄럭이는 모습도 디테일하게 표현했다. 조각상 뒤 천장에서 내려오는 황금빛내림은 성녀 테레사에게 신성함을 부여했으며, 양옆으로는 발코니가 있어서 마치 무대 위에 작품을 올려 놓은 것처럼 연출했다. 성당 천장은 조반니 도메니코 체리니Giovanni Domenico Cerrini의 화려한 프레스코화로 장식됐다. 그림 주변을 천사 조각상이 에워싸고 있어 금방이라도 하늘 위로 날아갈 것만 같다.

바르베리니+베르니니=바로크 걸작
바르베리니 광장 Piazza Barberini [삐앗짜 바르베리니]

로마의 유력 가문인 바르베리니 가문의 프란체스코 바르베리니 Francesco Barberini가 조성한 광장이다. 이곳에서는 든든한 바르베리니 가문의 후원으로 바로크 예술의 꽃을 피웠던 베르니니의 작품을 찾아볼 수 있다. 광장 중앙에는 베르니니가 1643년 제작한 트리톤 분수 Fontana del Tritone가 있다. 바다의 신, 트리톤이 조개껍데기 위에 앉아 고동을 불고 있는 모습을 조각했다. 분수 하단 부분에는 돌고래 네 마리가 트리톤을 받치고 있으며, 바르베리니 가문의 상징인 꿀벌도 보인다. 분수 뒤편으로는 'BERINlNI' 간판을 건 호텔이 있어 마치 작품 설명을 해 주는 것 같다. 베네토 거리Via Vittorio Veneto와 이어지는 광장 모퉁이에는 꿀벌 분수 Fontana delle Api가 있다. 바르베리니 가문이 배출한 교황 우르바노 8세를 위해 베르니니가 1644년 만든 것이다. 꿀벌 분수는 이름 그대로 거대한 조개껍데기에 베르니니 가문의 문장인 꿀벌 세 마리가 장식되어 있다. 광장은 메트로 바르베리니역에 인접해 있어 오고 가며 들르기 좋다. 분수 주변에 둘러앉아 쉬어 갈 수도 있다.

Data 지도 235p-G
가는 법 메트로 A선 Barberini역 바로 앞. 버스 62, 63, 80, 83, 160, 492번 타고 Barberini 정류장 하차, 도보 1분
주소 Piazza Barberini, Roma

수도사들의 유골로 장식된
카푸치니 수도원 Convento dei Cappuccini [꼰벤또 데이 깝뿌치니]

평범한 관광지는 거부하는 여행자들이 혹할 만한 곳이다. 카푸치니 수도원은 성당, 박물관, 지하 납골당이 모여 있는 공간이다. 건물 계단을 오르면 왼쪽에는 성당이, 오른쪽에 박물관과 지하 납골당 입구가 있다. 카푸치니 수도원에서 가장 흥미를 끄는 곳은 지하 납골당이다. 납골당에는 16~18세기에 사망한 4천여 명의 수도사 해골이 안치되어 있어 '해골 사원'이라고도 불린다. 유골을 이용해 샹들리에, 촛대, 가시 면류관 등을 만들어 납골당을 장식했다. 등골이 오싹해지는 으스스한 공간에서 신비로운 체험을 해 보자. 납골당 내부는 사진 촬영이 금지된다.

Data 지도 235p-G
가는 법 바르베리니 광장에서 도보 1분 **주소** Via Vittorio Veneto 27, Roma **전화** 06-8880-3695
운영시간 성당 07:00~12:45, 16:00~18:45, 박물관&지하 납골당 10:00~19:00(마지막 입장 18:30)
요금 성당 무료, 박물관&지하 납골당 일반 8.50유로, 25세 이하 학생증 소지자·65세 이상 5유로
홈페이지 www.cappucciniviaveneto.it

분위기 좋은
베네토 거리 Via Vittorio Veneto [비아 빗또리오 베네또]

바르베리니 광장에서 보르게세 공원까지 뻗어 있는 거리다. 1950~1960년대 상류층의 교류가 이루어졌던 곳이다. 거리를 따라 카페, 레스토랑, 호텔, 대사관, 금융 기관 등이 늘어서 있다. 베네토 거리는 1960년 페데리코 펠리니의 영화 〈달콤한 인생〉의 배경이 되면서 유명해졌다. 영화 〈로마 위드 러브〉에도 로베르토 베니니가 등장하는 장면에 나온다. 싱그러운 초록빛 가로수 아래를 걸어도 좋고, 분위기 있는 노천카페에서 영화 속 주인공처럼 커피 한잔을 마셔도 좋겠다.

Data 지도 235p-G
가는 법 메트로 A선 Barberini역 바로 앞. 꿀벌 분수가 있는 곳이 거리 입구
주소 Via Vittorio Veneto, Roma

신의 섭리의 승리

유명 회화 작품이 가득한
바르베리니 궁전 Palazzo Barberini [빨랏쪼 바르베리니]

바르베리니 가문 출신의 교황 우르바노 8세가 재위 기간 중 가족을 위해 지은 궁전이다. 카를로 마데르나와 보로미니 그리고 베르니니가 궁전 건축에 참여했다. 바로크풍 궁전은 조각상, 분수, 정원 등으로 근사하게 조성됐다. 이 궁전은 영화 <로마의 휴일> 속 오드리 헵번이 머물던 숙소로 등장했다. 1895년부터 국립 고전 미술관 Galleria Nazionale d'Arte Antica으로 이용되었다. 13~16세기 이탈리아 주요 회화 작품을 소장하고 있다. 이곳에서 가장 유명한 작품은 라파엘로의 <라 포르나리나 La Fornarina>다. 라파엘로의 여인이라고 알려진 마르게리타 루티 Margherita Luti를 모델로 그린 작품이다. 라파엘로 작품에서 보기 어려운 관능적인 여인을 농밀한 시선으로 담았다. 그 외에 주목할 만한 작품으로는 한스 홀바인 Hans Holbein의 <헨리 8세 Henry Ⅷ>, 카라바조의 <홀로페르네스의 목을 치는 유디트 Giuditta e Oloferne>와 <나르키소스 Narcissus> 등이 있다. 대연회장 Gran Salone에서는 피에트로 다 코르토나 Pietro da Cortona가 그린 천장화 <신의 섭리의 승리 Trionfo della Divina Provvidenza>가 감탄을 자아낸다. 미술관 티켓에는 트라스테베레에 위치한 코르시니 미술관(362p) 입장도 포함되니 시간 여유가 되면 함께 둘러보자.

Data 지도 235p-G
가는 법 바르베리니 광장에서 도보 2분 **주소** Via delle Quattro Fontane 13, Roma **전화** 06-32810
운영시간 화~일 10:00~19:00 (마지막 입장 18:00)
요금 일반 12유로, 18세 이하 무료(코르시니 미술관 포함, 20일 동안 사용 가능), 로마 패스 가능
홈페이지 www.barberinicorsini.org

라 포르나리나

헨리 8세

나르키소스

보로미니의 대표 작품
산 카를로 알레 콰트로 폰타네 성당
Chiesa di San Carlo alle Quattro Fontane
[끼에자 디 싼 까를로 알레 쾃뜨로 폰따네]

Data 지도 235p-K
가는 법 바르베리니 궁전에서 도보 1분 주소 Via del Quirinale 23, Roma 전화 06-4890-7729
운영시간 월~토 10:00~13:00
요금 무료

보로미니가 건축한 성당이다. 성당은 좁은 공간에 세로로 길게 서 있고, 파사드는 독특하고 우아한 곡면으로 이뤄졌다. 볼록하고 오목한 벽면이 마치 물결치는 듯이 이어진다. 파사드 중앙에는 이 성당의 수호성인인 성 카를로 조각이 보인다. 성당 내부에서는 돔의 모습에 주목해 보자. 돔은 팔각형과 육각형의 형태가 복잡하게 겹쳐지며 아름다운 공간을 만들어낸다. 돔을 자세히 살펴보면 숨겨진 채광창을 발견할 수 있다.

교차로 모퉁이를 장식하는
콰트로 분수 Quattro Fontane [꽛뜨로 폰따네]

Data 지도 235p-K
가는 법 산 카를로 알레 콰트로 폰타네 성당 맞은편
주소 Via delle Quattro Fontane, Roma

콰트로 폰타네 거리Via del Quattro Fontane와 퀴리날레 거리Via del Quirinale의 교차로 네 모퉁이에 자리 잡은 분수다. 1588~1593년 교황 식스토 5세의 명으로 지어졌다. 아르노강 분수, 테베레강 분수, 유노 분수는 도메니코 폰타나 Domenico Fontana의 작품이다. 디아나 분수는 피에트로 다 코르토나가 제작했다. 바다의 신 넵투누스가 조각된 아르노강 분수는 산 카를로 알레 콰트로 폰타네 성당 벽면을 장식하고 있다.

대통령 관저가 있는
퀴리날레 광장 Piazza del Quirinale [삐앗짜 델 퀴리날레]

로마의 일곱 언덕 중 가장 높은 퀴리날레 언덕 위에 조성된 광장이다. 광장에서 가장 눈길을 끄는 것은 디오스쿠리 분수 Fontana dei Dioscuri다. 이 분수는 아우구스투스 영묘에서 옮겨온 5.5m 높이의 오벨리스크와 콘스탄티누스의 욕장 Terme di Constantino에서 가져온 카스토르와 폴룩스 조각상 그리고 포로 로마노에서 발굴된 화강암 수조가 합쳐져 탄생한 것이다. 광장에 길게 늘어선 건물은 퀴리날레 궁전 Palazzo del Qurinale이다. 궁전은 1583년 완공됐고 한때 교황의 여름 별장과 이탈리아 왕의 거처로 쓰였다. 오늘날에는 이탈리아 대통령 관저로 사용되고 있다. 매일 오후 3시쯤에는 궁전 앞 광장에서 근위병 교대식이 이뤄진다. 굳이 시간에 맞춰 찾아갈 만큼 특별한 구경거리는 아니다. 퀴리날레 궁전은 예약이 필수다. 가이드 투어로만 진행되며 세 가지 루트 중 선택할 수 있다. 1시간 20분 소요된다. 예약은 전화와 홈페이지를 통해 가능하다.

Data 지도 235p-K
가는 법 트레비 분수에서 도보 5분. 메트로 A선 Barberini역 하차, 도보 10분 **주소** Piazza del Quirinale, Roma **전화** 퀴리날레 궁전 예약 06-3996-7557 **운영시간** 퀴리날레 궁전 화·수·금·토·일 09:30~16:00 (투어 시작 15분 전 도착, 마지막 입장 14:30) **요금** 퀴리날레 궁전 무료(예약비 1.50유로)
홈페이지 퀴리날레 궁전 www.quirinale.it

로마에서 가장 유명한 분수

트레비 분수 Fontana di Trevi [폰따나 디 뜨레비]

트레비 분수가 빠진 로마 여행은 상상조차 할 수 없다. 트레비 분수는 로마의 수많은 분수 중 최고의 걸작이자 가장 유명한 분수다. 트레비 분수는 '삼거리 분수'라는 뜻으로 트레비 분수를 사이에 두고 세 갈래 길이 나누어져 있어서 붙여진 이름이다. 1762년 니콜라 살비Nicola Salvi가 폴리 궁전Palazzo Poli의 한쪽 면에 화려하고 역동적인 조각들을 장식해 분수를 만들었다. 분수 가운데는 바다의 신 넵투누스가 두 명의 트리톤이 이끄는 전차 위에 거대한 조개를 밟고 서 있다. 트리톤이 끄는 두 마리 말 중 오른쪽은 잔잔한 바다를, 왼쪽은 격동의 바다를 상징한다. 양옆으로는 풍요와 건강을 상징하는 여신이 자리한다. 분수 상단 부분의 좌우에는 수로 건설을 계획하는 아그리파와 아그리파의 병사들을 물이 솟는 곳으로 인도하는 처녀의 모습이 새겨졌다. 이는 고대 로마 시대에 어느 처녀가 수도를 건설하려는 병사들에게 샘물을 가르쳐 준 덕에 처녀 수로Aqua Virgo를 건설할 수 있었고, 트레비 분수의 물이 처녀 수로를 통해 공급된다는 것을 설명해 준다. 트레비 분수는 〈달콤한 인생〉, 〈로마의 휴일〉, 〈로마 위드 러브〉 등 여러 영화의 배경이 되었지만, 영화 속 낭만적인 분위기를 기대하고 방문했다가는 실망하기 쉽다. '로마 관광객들이 여기 다 모였나?'라는 생각이 들 정도로 아침부터 밤까지 수많은 인파가 몰려들어 시야를 가린다. 해가 뜰 무렵에서야 호젓하게 트레비 분수를 즐길 수 있다. 시간 여유가 있다면 이른 새벽에 한 번 더 들러 보기를 추천한다. 조명을 받아 은은하게 빛나는 로맨틱한 트레비 분수를 만날 수 있을 것이다.

Data 지도 234p-J
가는 법 메트로 A선 Barberini역 하차, 도보 7분. 버스 63, 71, 83, 85, 160, 492번 타고 Tritone/Fontana Trevi 정류장 하차, 도보 3분 **주소** Piazza di Trevi, Roma

> **Tip 트레비 분수에서 동전은 어떻게 던져야 할까?**
>
> 트레비 분수에서 빼먹지 말고 해야 할 것은 동전 던지기다. 트레비 분수에는 동전을 던지면 소원이 이뤄진다는 속설이 전해져 전 세계 여행자들의 주머니에서는 끊임없이 동전이 쏟아져 나온다. 동전을 한 번 던지면 로마에 다시 돌아오고, 두 번 던지면 사랑하는 사람을 만나고, 세 번 던지면 그 사랑이 이뤄진다고 한다. 분수를 등진 채 오른손에 동전을 쥐고 왼쪽 어깨 너머로 가볍게 던져 보자. 그동안 트레비 분수에 던져진 동전은 가톨릭 자선 단체에 기부됐지만 2018년부터 재정난에 허덕이는 로마시의 예산에 속하게 되었다.

베르니니의 으뜸이 성당
산탄드레아 알 퀴리날레 성당
Chiesa di Sant'Andrea al Quirinale [끼에자 디 싼딴드레아 알 뀌리날레]

1565년 지어진 예수회 성당을 1670년 재건축했다. 원래는 보로미니가 설계를 맡으려고 했었으나 베르니니의 손에 설계 권한이 들어가게 됐다. 베르니니는 평소 자신의 작품에 엄격한 잣대를 들이댔지만 이 성당은 상당히 만족스러워했다. 노년에도 이곳을 찾아 혼자 사색에 잠기고는 했다. 성당 규모는 아담하지만 바닥부터 천장까지 완벽하게 꾸며졌다. 바닥에는 예수회를 상징하는 문양이 있고, 중앙 제단은 금속과 대리석으로 화려하게 장식됐다. 제단 중앙에 걸려 있는 그림에서는 성 안드레아가 X자형 십자가에 매달려 있는 모습을 볼 수 있다. 성당의 돔은 타원형으로 길쭉하게 늘어져 있으며 금빛으로 아름답게 빛난다.

Data 지도 235p-K
가는 법 산 카를로 알레 콰트로 폰타네 성당에서 도보 1분
주소 Via del Quirinale 30, Roma **전화** 06-481-9399
운영시간 화~토 09:00~12:00, 15:00~18:00 **요금** 무료
홈페이지 santandrea.gesuiti.it

스페인 계단 위 프랑스 성당
트리니타 데이 몬티 성당 Chiesa della Trinità dei Monti [끼에자 델라 뜨리니따 데이 몬띠]

스페인 광장의 배경이 되는 성당이다. 1502년 프랑스 왕 루이 12세가 나폴리 침공을 기념하기 위해 짓기 시작했다. 초기 성당은 프랑스풍 고딕 양식으로 설계됐지만 건축이 지연되면서 이탈리아 르네상스 양식이 더해졌다. 성당 입구에서는 스페인 광장과 콘도티 거리가 내려다보인다. 성당 안 예배당에는 1541년 마니에리슴 양식 화가인 다니엘레 다 볼테라Daniele da Voltera의 〈십자가에서 내려지는 예수Deposizione〉를 감상할 수 있다. 다니엘레 다 볼테라는 미켈란젤로의 〈시스티나 예배당 천장화〉의 누드에 가리개를 씌워 '기저귀 화가'라는 오명을 얻은 인물이다. 성당 앞 오벨리스크는 2세기 고대 로마인들이 이집트 오벨리스크를 모방해 제작한 것이다. 살루스티우스 정원Giardini di Sallustio에 있던 것을 이곳으로 옮겨왔다.

Data 지도 235p-G
가는 법 스페인 계단 꼭대기 바로 앞
주소 Piazza della Trinità dei Monti 3, Roma
전화 06-679-4179
운영시간 월·화·목·금·토 10:00~20:00, 수 12:00~20:00, 일 09:00~20:00
요금 성당 무료, 수도원 일반 12유로, 18세 미만 6유로 **홈페이지** www.trinitadeimonti.net

영화 <로마의 휴일> 속 주인공이 되는
스페인 광장 Piazza di Spagna [삐앗짜 디 스빠냐]

스페인 광장은 근처에 스페인 대사관이 있어서 붙여진 이름이다. 광장에는 흰색으로 눈부시게 빛나는 스페인 계단Scalinata di Trinità dei Monti이 있다. 이 계단은 총 137개로, 1722년 트리니타 데이 몬티 성당과 스페인 광장을 연결하기 위해 만들어진 것이다. 영화 <로마의 휴일>에서 오드리 헵번이 스페인 계단에서 젤라토를 먹는 장면은 누구나 기억할 만큼 유명하다. 현재는 계단이 오염되는 것을 막기 위해 음식물 섭취가 금지된다. 스페인 계단 꼭대기에서는 명품 숍들이 즐비한 콘도티 거리가 시원하게 내려다보인다. 광장 중앙에는 '낡은 배 분수'라는 뜻의 바르카차 분수Fontana della Barcaccia가 있다. 이 분수는 베르니니의 아버지 피에트로 베르니니Pietro Bernini가 1627년 제작했다. 1598년 로마에 심한 홍수가 나서 스페인 광장이 잠겼는데 테베레강에서 떠내려온 낡은 배 한 척이 물이 빠진 후에도 광장에 덩그러니 남아 있는 모습에서 영감을 받아 만든 것이다. 17세기 스페인 광장은 괴테, 스탕달, 바이런, 리스트 등 많은 예술가들에게 사랑받는 곳이었다. 특히 영국의 천재 시인 존 키츠는 스페인 계단 바로 옆 건물에 머물렀다. 현재 그가 머물던 집은 키츠 셸리 기념관Keats-Shelley Memorial House으로 운영되고 있다.

Data 지도 234p-F
가는 법 메트로 A선 Spagna역 하차, 도보 1분
주소 Piazza di Spagna, Roma

평화의 제단이 있는
아라 파치스 박물관 Museo dell'Ara Pacis [무제오 델라라 빠치쓰]

세계적으로 유명한 건축가, 리처드 마이어Richard Meier가 설계한 박물관이다. 새하얀 벽면에 개성 있는 외관이 멋스럽다. 이 박물관은 아우구스투스 황제의 '평화의 제단'인 아라 파치스 아우구스타에Ara Pacis Augustae를 전시하기 위해 지은 것이다. 제단은 BC 13년 대리석으로 제작됐으며, 높이 6.1m, 가로 11.6m, 세로 10.6m에 아우구스투스 황제가 갈리아와 스페인 전쟁에서 승리한 것을 축하하기 위해 원로원에서 세운 것이다. 원로원은 이곳에서 신에게 제사를 지냈다. 제단은 정사각형에 가까운 형태를 띤다. 제단 벽면은 부조로 가득하다. 앞뒷면에는 신화의 내용이 담겨 있고, 옆면은 아우구스투스 황제와 그의 가족이 행렬하는 모습을 담았다. 행렬하는 인물 중에는 아우구스투스 황제의 오른팔이었던 아그리파 장군도 있다. 미술 시간에 한 번쯤 본 적이 있는 석고상 아그리파의 강렬한 모습과 다르게 이 부조에서는 어딘가 지쳐 보인다. 박물관 외벽에는 아우구스투스의 업적을 기록한 레스 게스타이 Res Gestae가 있다.

Data 지도 234p-F
가는 법 포폴로 광장에서 도보 8분. 메트로 A선 Flaminio역 하차, 도보 9분 주소 Lungotevere in Augusta, Roma 전화 06-0608
운영시간 09:30~19:30 (마지막 입장 18:30)
요금 10.50유로, 로마 패스 가능
홈페이지 www.arapacis.it

레스 게스타이

> **Tip** 리처드 마이어는 '건축계의 노벨상'인 프리츠커 건축상을 수상한 미국의 저명한 건축가다. 건물을 설계할 때 백색 마감을 주로 사용하여 '백색의 건축가'라고 불린다. 한국 강릉에 있는 씨마크 호텔도 그의 작품이다.

괴테의 숨결이 남아 있는
괴테의 집 Casa di Goethe [까자 디 괴테]

독일의 대문호 괴테의 〈이탈리아 기행〉을 읽었다면 흥미로울 만한 장소다. 괴테는 로마에 도착한 날을 '나의 제2의 탄생일이자 진정한 삶이 다시 시작된 날'이라고 기록했을 정도로 로마의 매력에 흠뻑 빠졌다. 이곳은 1786~1788년 괴테가 이탈리아를 여행하는 동안 머물렀던 공간으로 책에서도 종종 묘사되곤 했다. 현재는 박물관으로 사용하고 있다. 괴테가 이탈리아 여행을 하며 남긴 서신과 풍경 스케치 등을 소장한다. 앤디 워홀이 그린 괴테 초상화도 전시되어 있다.

Data 지도 234p-F
가는 법 포폴로 광장에서 도보 3분 주소 Via del Corso 18, Roma
전화 06-3265-0412 운영시간 화~일 10:00~18:00(마지막 입장 17:30)
요금 일반 6유로, 학생·65세 이상 5유로, 10세 이하 무료 홈페이지 www.casadigoethe.it

환상적인 일몰을 볼 수 있는
핀초 언덕 Pincio [삔초]

포폴로 광장을 굽어볼 수 있는 언덕이다. 핀초 언덕의 이름은 4세기경 이 일대를 소유했던 핀치Pinci 가문에서 유래했다. 푸른 나무들이 그늘을 만들고, 언덕 곳곳에 벤치가 있어 휴식을 취할 수 있는 곳이다. 보르게세 공원과도 연결되어 있어 산책하기도 좋다. 자전거를 빌려 언덕과 공원을 둘러봐도 즐겁다. 핀초 언덕의 테라스에서는 사랑스러운 로마 전경을 조망할 수 있다. 특히 해 질 녘에 펼쳐지는 풍경이 예술이다. 산 피에트로 대성당 너머로 붉게 저무는 해를 바라보고 있으면 어느새 가슴이 뭉클해진다.

Data 지도 234p-B
가는 법 포폴로 광장에서 도보 5분
주소 Viale Gabriele d'Annunzio, Roma

시민들의 활기찬 에너지가 가득한
포폴로 광장 Piazza del Popolo [삐앗짜 델 뽀뽈로]

Data 지도 234p-B
가는 법 메트로 A선 Flaminio역 하차, 도보 1분 주소 Piazza del Popolo, Roma

포폴로 광장은 이탈리아어로 '민중의 광장'을 뜻한다. 16세기 교황 식스토 5세의 계획으로 조성됐다. 수 세기 동안 이곳에서는 끔찍한 공개 처형이 이루어지기도 했다. 암울한 과거는 뒤로한 채 현재는 밝고 경쾌한 에너지가 감돈다. 광장 중앙에는 아우구스투스 황제가 이집트에서 가져온 36m의 거대한 오벨리스크가 있다. 이 오벨리스크는 대전차 경기장에 세워졌으나 16세기에 포폴로 광장으로 옮겨졌다. 오벨리스크를 둘러싸고 있는 사자상 분수들은 힘차게 물줄기를 뿜어낸다. 광장 남쪽에는 카를로 라이날디Carlo Rainaldi가 지은 바로크 성당 두 채가 있다. 성당 모습이 서로 닮아 '쌍둥이 성당'이라고 불린다. 오른쪽이 산타 마리아 데이 미라콜리 성당Chiesa Santa Maria dei Miracoli, 왼쪽이 산타 마리아 인 몬테산토 성당Basilica di Santa Maria in Montesanto이다. 두 성당 사이로는 코르소 거리가 놓였고, 성당 양옆으로는 바부이노 거리Via del Babuino와 리페타 거리Via di Ripetta가 펼쳐진다. 광장 북쪽에는 포폴로 문Porta del Popolo이 있다. 이 문은 15세기에 지어진 것으로 로마 북부의 관문 역할을 했었다. 17세기 왕좌를 버리고 가톨릭으로 개종한 후 로마에 입성하는 스웨덴의 크리스티나 여왕을 환영하기 위해 베르니니가 새롭게 단장했다. 포폴로 문 뒤로는 BC 220년에 건설된 플라미니아 거리Via Flaminia가 뻗어 있다.

성당인지 박물관인지
산타 마리아 델 포폴로 성당 Basilica Parrocchiale Santa Maria del Popolo

[바질리까 빠로끼알레 싼따 마리아 델 뽀뽈로]

포폴로 광장 북쪽에 자리 잡은 성당이다. 전해지는 이야기에 따르면 이곳에는 네로 황제의 묘소가 있었다고 한다. 네로 황제의 망령이 나타나 로마 시민을 계속 괴롭히자 이를 쫓아내기 위해 성당을 세웠다. 1472년 교황 식스토 4세의 의뢰로 안드레아 브레뇨Andrea Bregno와 핀투리키오Pinturicchio가 르네상스 양식으로 지었다. 이후에 교황 알렉산드르 7세의 명으로 베르니니가 성당 내부를 바로크풍으로 재단장했다. 성당의 외관은 단순하고 소박하지만 내부에는 진귀한 예술 작품들이 숨어 있다. 성당 입구 근처 바닥에는 무릎 꿇은 해골을 표현한 17세기 모자이크가 있다. 라파엘로가 그의 최대 후원자인 아고스티노 키지Agostino Chigi를 위해 만든 키지 예배당Cappella Chigi도 눈여겨보자. 프레세피오 예배당 Cappella del Presepio에는 핀투리키오가 그린 프레스코화가 있다. 체라시 예배당Cappella Cerasi은 카라바조의 작품 두 점으로 장식됐다. 오른쪽 벽에 걸린 작품은 〈성 바오로의 개종Conversione di San Paolo〉이다. 성 바오로가 기독교인을 박해하러 가는 도중 하늘에서 내려오는 빛에 눈이 멀어 말 위에서 떨어진 장면을 표현했다. 이때 예수의 계시를 받고 성 바오로는 기독교로 개종하게 됐다. 왼쪽에는 성 베드로의 순교 장면이 사실적으로 표현된 〈성 베드로의 십자가형Crocifissione di San Pietro〉이 있다.

Data 지도 234p-B
가는 법 포폴로 문 옆에 위치 **주소** Piazza del popolo 12, Roma **전화** 06-361-0836
운영시간 월~토 08:30~09:45, 10:30~12:15, 16:00~18:00, 일 16:30~18:00 **요금** 무료

🍽 EAT

평이 좋은 파니노 집
파네 에 살라메 Pane e Salame

세계 최대 규모 여행 사이트 트립 어드바이저에서 꾸준히 상위권에 랭킹되어 있는 식당이다. 파네 에 살라메는 '빵과 살라메'라는 뜻이다. 인기는 많지만 테이블이 적어서 웨이팅은 필수다. 매장 천장에는 샹들리에가, 벽면에는 살라메가 매달려 있다. 이곳에는 30여 종 가까이 되는 다양한 파니노를 보유하고 있으니 메뉴판에서 재료를 확인하고 취향에 맞게 주문하면 된다. 파니노는 빵의 식감이 좋고, 양도 푸짐하다. 두 명 이상이 함께 한다면 도마 위에 치즈, 살라메, 포르케타, 부르스케타 등이 풍성하게 올려진 탈리에레Tagliere 종류를 선택해 보자. 비주얼도 아름답고, 여러 이탈리아 음식을 한번에 맛볼 수 있어서 좋다. 여기에 와인도 곁들여 더 풍요로운 식탁을 즐겨보자. 프라스카티 수페리오레 Frascati Superiore는 화이트 와인이 유명한 로마 근교의 프라스카티에서 만들어졌다. 산뜻하고 향긋한 맛으로 가볍게 마시기 좋다. 이탈리아 와인의 영원한 클래식, 키안티 DOCG도 있다. 와인은 가격이 저렴한 편이고, 글라스로도 판매해 부담스럽지 않다.

Data 지도 234p-J
가는 법 트레비 분수에서 도보 2분
주소 Via Santa Maria in Via 19, Roma
전화 06-679-1352
운영시간 12:00~22:00
가격 파니노 5.50유로~, 탈리에레 6유로~, 와인 글라스 3.50유로~, 병 11유로~

트레비 분수 보고 젤라토 먹자
젤라테리아 발렌티노 Gelateria Valentino

트레비 분수 근처에 있는 젤라테리아다. 아담한 공간에서 30여 가지 종류의 과일 젤라토와 초콜릿 젤라토를 판매한다. 레몬 맛 리모네Limone와 딸기 맛 프라골라 Fragola는 여행의 피로를 시원하게 날려 주는 상큼한 맛이다. 젤라토에는 모자처럼 귀여운 미니 콘을 얹어 준다. 유쾌하고 친절한 서비스는 방문자들을 미소 짓게 만든다. 테이블은 따로 마련되어 있지 않다.

Data 지도 235p-K
가는 법 트레비 분수에서 도보 2분
주소 Via del Lavatore 96, Roma **전화** 06-678-3219
운영시간 11:00~23:00
가격 젤라토 2.50~6유로
홈페이지 www.gelateriavalentino.it

우아하게 영국식 차 한잔
바빙톤스 티 룸 Babingtons Tea Room

1893년 영국에서 온 두 여성이 문을 연 영국식 찻집이다. 18세기 지어진 고풍스러운 건물에 앤티크한 인테리어로 꾸며졌다. 이곳에서는 차분하고 조용한 분위기 속에서 여유롭게 티타임을 가질 수 있다. 꽃과 향신료로 화려하고 풍부한 맛을 낸 홍차, 카프리초Capriccio는 추천할 만하다. 벚꽃과 열대 과일이 블렌딩된 홍차와 무화과, 체리, 딸기 등이 블렌딩된 녹차, 마담 블루 레이디 Madame Blue Lady도 스테디셀러다. 한여름에는 더위를 식혀주는 아이스티를 주문하는 것이 좋다. 레스토랑으로 운영되는 공간이 따로 있어서 식사도 가능하다. 매장에서는 바빙톤스 티 룸의 로고가 박힌 텀블러와 고급스러운 티포트도 판매한다. 포장된 차는 선물용으로 사기 좋다. 카페치고는 가격이 비싼 편이다.

Data 지도 234p-F
가는 법 스페인 계단 바로 옆
주소 Piazza di Spagna 23, Roma **전화** 06-678-6027
운영시간 수~월 12:00~21:00
가격 차 12.50유로~
홈페이지 www.babingtons.com

입에서 살살 녹는 티라미수
폼피 Pompi

'로마에서는 1일 1폼피'라는 말이 있을 정도로 한국인의 사랑을 듬뿍 받는 곳이다. 폼피는 티라미수가 메인인 디저트 전문점이다. 먼저 카운터에서 계산을 한 후 영수증을 가지고 주문하면 된다. 티라미수는 총 여덟 종류가 있다. 에스프레소가 촉촉하게 적셔진 오리지널 티라미수, 클라시코Classico가 가장 인기다. 달달하고 부들부들한 마스카포네와 상큼한 딸기의 조화가 훌륭한 딸기 티라미수, 프라골라Fragola도 많이 찾는다. 젤라토와 다른 디저트류도 판매한다.

Data 지도 234p-F
가는 법 스페인 광장에서 도보 3분
주소 Via della Croce 88, Roma 전화 06-2430-4431
운영시간 월~금 11:00~21:00, 토·일 10:00~21:00
가격 티라미수 5유로
홈페이지 www.barpompi.it

괴테의 단골 카페
안티코 카페 그레코 Antico Caffè Greco

1760년 문을 연 로마에서 가장 오래된 카페다. 괴테, 바그너, 스탕달, 바이런, 안데르센, 키츠, 셸리 등 시대를 풍미했던 예술인들의 아지트였던 곳이다. 옛 저택의 응접실처럼 고풍스러운 인테리어가 멋지다. 벽면에는 카페 단골이었던 유명 인사들의 사진, 그림, 사인 등이 걸려 있다. 바리스타는 턱시도 차림에 나비넥타이를 매고 커피를 내려 준다. 쌉싸름한 카페 에스프레소나 부드러운 카푸치노 한잔을 우아하게 즐겨 보자. 테이블을 차지할 경우 자릿세가 부과된다.

Data 지도 234p-F
가는 법 스페인 광장에서 도보 2분
주소 Via dei Condotti 86B, Roma 전화 06-679-1700
운영시간 09:00~21:00
가격 커피 2.50유로~(바), 7유로~(테이블) 홈페이지 www.caffegreco.shop

탱글탱글한 파스타가 입속으로
파스티피초 궤라 Pastificio Guerra

줄 서서 사 먹는 파스타집이다. 파스티피초는 이탈리아어로 '파스타 제조소'를 뜻한다. 4대째 이어오는 파스타 장인의 레시피로 직접 면을 만들어 요리한다. 단돈 4.50유로에 생면으로 만든 파스타를 만날 수 있다. 신선하고 쫄깃한 면발에 풍성한 양이 현지인과 여행자에게 골고루 사랑받는 비법이다. 하루에 오직 두 가지 종류의 파스타만 판매한다. 파스타 종류는 매일매일 랜덤으로 바뀐다. 매장 안은 협소해서 서서 먹거나 테이크아웃을 해야 한다. 바로 요리해서 먹을 수 있는 파스타 생면과 곱게 포장된 각양각색의 파스타 면도 살 수 있다.

Data 지도 234p-F
가는 법 스페인 광장에서 도보 2분
주소 Via della Croce 8, Roma
전화 06-679-3102
운영시간 13:00~21:30 가격 파스타 4.50유로

초콜릿 마니아를 위한
벤키 Venchi

140년 전통을 자랑하는 이탈리아 수제 초콜릿 브랜드다. 카카오 함량별로 만들어진 무궁무진한 초콜릿 세계를 만날 수 있다. 초콜릿을 베이스로 한 젤라토도 인기다. 아츠데코Azteco는 진한 맛의 초콜릿 젤라토로 우유가 들어가지 않아 깔끔하다. 딸기, 망고 등 입안을 상큼하게 적셔주는 과일 젤라토도 있다. 젤라토에는 웨이퍼, 생크림, 초콜릿 스프레드 등을 취향대로 추가 가능하다. 로마에 체인점을 여럿 두고 있어서 쉽게 매장을 찾을 수 있다.

Data 지도 234p-F
가는 법 스페인 광장에서 도보 3분
주소 Via della Croce 25/26, Roma
전화 06-6979-7790
운영시간 일~목 10:00~23:00,
금·토 10:00~24:30
가격 스몰 3.40유로,
레귤러 4.20유로, 라지 5.50유로
홈페이지 www.venchi.com

이탈리아 음식과 와인을 맛볼 수 있는
안티카 에노테카 Antica Enoteca

에노테카는 와인을 중심으로 음식을 판매하는 곳이다. 안티카 에노테카는 '오래된 에노테카'라는 의미다. 식당의 이름처럼 식당 안은 빈티지한 느낌이 물씬 풍긴다. 매장 밖에도 길을 따라 테이블이 놓여 있다. 피자, 파스타, 육류와 생선 요리 등 다양한 이탈리아 음식을 선보인다. 음식은 대부분 평균 이상이다. 양송이버섯소스가 들어간 라비올리Ravioli di Carne con Salsa al Funghi Porcini는 부드러운 고기로 속을 채워 식감이 좋다. 비프 카르파쵸Carpaccio di Manzo con Scaglie di Parmigian는 소고기의 겉면만 익힌 후 얇게 넓적하게 썰어 담은 요리다. 고기의 질감이 연해 부드럽게 씹힌다. 치즈를 얹어 나오는데 와인이 절로 당기는 맛이다. 토마토 소스를 곁들인 로마식 대구 요리Baccalà alla Romana con Patate, Ciopolle e Olive Nere in Salsa di Pomodoro 는 담백한 맛과 부드러운 식감에 호불호 없이 누구라도 좋아할 만하다. 와인은 글라스와 병으로 주문할 수 있다. 에노테카치고는 와인 셀렉션이 다양하지 않은 것이 조금 아쉽다.

Data 지도 234p-F
가는 법 스페인 광장에서 도보 3분 주소 Via della Croce 76, Roma 전화 06-679-0896
운영시간 12:00~24:00 가격 메인 요리 14유로~, 와인 글라스 6유로~, 병 25유로~

파스타와 스테이크가 맛있는
라이프 Life

스페인 광장 근처 분위기 좋은 이탈리안 레스토랑이다. 매장 내부는 화이트와 블랙 컬러로 심플하게 꾸며졌다. 야외 테라스에서는 오고 가는 사람들을 구경하며 운치 있게 식사하기 좋다. 이곳에서는 파스타, 육류와 생선 요리 등을 판매한다. 토마토소스로 만든 랍스터 파스타Fettuccine Artigianali con Astice e Pomodorini는 인기 메뉴 중 하나다. 오동통하고 쫄깃한 랍스터가 입안에서 즐겁게 요동친다. 부드러운 육질의 스테이크도 전반적으로 평이 괜찮다. 트러플 버섯이 들어간 비프스테이크Tagliata di Filetto di Manzo con Tartufo Nero는 고기와 버섯의 조화가 훌륭하다. 식사와 함께 와인도 한잔 곁들이자. 핏빛이 물든 스테이크는 레드 와인과 환상적인 궁합을 이룬다. 식사 후에는 소화를 도와주는 이탈리아 식후주, 리몬첼로limoncello가 서비스로 제공된다. 티라미수를 비롯한 홈메이드 디저트도 준비되어 있다.

Data 지도 234p-F
가는 법 스페인 광장에서 도보 5분
주소 Via della Vite 28, Roma
전화 06-6938-0948
운영시간 화~일 12:00~23:30
가격 애피타이저 14유로~,
파스타 14유로~
메인 요리 19유로~
디저트 8유로~
홈페이지 www.ristorantelife.it

이탈리아 대표 백화점
라 리나센테 La Rinascente

이탈리아 북부 밀라노에 본점을 둔 이탈리아 백화점 체인이다. 백화점을 지을 당시 지하에서 처녀 수로의 유적이 발견되면서 무려 11년에 걸친 공사 끝에 오픈했다. 총 8개 층이 유니크하고 세련되게 꾸며졌다. 구찌, 셀린느, 프라다, 돌체앤가바나 등 명품 브랜드부터 산드로Sandro, 마쥬Maje, 끌로디피에로Claudie Pierlot 등 컨템포러리 브랜드까지 다양한 매장이 들어서 있다. 카페, 레스토랑, 바 등도 백화점 안에 자리해 편리하다.

Data 지도 235p-G
가는 법 트레비 분수에서 도보 3분
주소 Via del Tritone 61, Roma
전화 06-879161
운영시간 일~월 10:00~21:00, 토 10:00~22:00
홈페이지 www.rinascente.it

다양한 피노키오 세계
피노키에토 Pinocchietto

이탈리아에서 탄생한 피노키오를 원 없이 만나볼 수 있는 곳이다. 목재 장인이 만든 피노키오 인형이 매장 안에 가득하다. 다양한 사이즈에 각기 다른 얼굴을 하고 있다. 피노키오 모습이 들어간 펜, 액자, 시계, 티셔츠, 장식품 등을 판매한다. 매장 앞에는 피노키오와 함께 벤치에 앉아 사진을 찍을 수 있는 포토 존이 있다. 155유로 이상 구입하면 세금 환급도 가능하다.

Data 지도 235p-K
가는 법 트레비 분수에서 도보 2분
주소 Via del Lavatore 93/94, Roma 전화 06-6992-4431
운영시간 10:00~22:00

이탈리아 식자재가 가득한
포카치 Focacci

1958년 엘리오 포카치Elio Focacci가 문을 연 살루메리아다. 살루메리아는 육가공품을 판매하는 식료품점을 뜻한다. 프로슈토, 살루메, 치즈, 트러플, 트러플 오일, 발사믹 식초, 파스타 면 등 이탈리아를 대표하는 다양한 식재료가 있다. 대부분의 제품은 무게 단위로 판매한다.

Data 지도 234p-F
가는 법 스페인 광장에서 도보 4분
주소 Via della Croce 43, Roma 전화 06-679-1228
운영시간 월~토 08:00~20:00
홈페이지 www.salumeriafocacci.it

이탈리아 국민 화장품
키코 KIKO

키코는 밀라노에서 태어난 중저가 화장품 브랜드다. 한국의 젊은 여성들에게도 인기가 많아 해외 직구를 통해 거래된다. 특히 색조 제품이 인기있다. 다양한 텍스처와 컬러가 특징인 립스틱은 키코의 대표 상품이다. 밸런타인데이에는 한정판 하트 립스틱을 선보이며 SNS에서 큰 화제가 됐다. 매니큐어도 퀄리티 높기로 유명하다. 발림성, 발색, 광택 모두 합격점이다. 키코 매장은 테르미니역 지하, 나치오날레 거리Via Nazionale, 오타비아노 거리Via Ottaviano 등 번화가에서 쉽게 볼 수 있다.

Data 지도 234p-F
가는 법 스페인 광장에서 도보 5분
주소 Via del Corso 145, Roma
전화 06-679-2167
운영시간 10:00~20:30
가격 립스틱 2.50유로~, 매니큐어 4.99유로
홈페이지 www.kikocosmetics.com/it-it

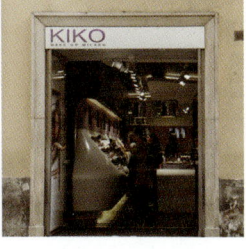

수도사들이 만든 천연 화장품
산타 마리아 노벨라 약국 Officina Profumo-Farmaceutica di Santa Maria Novella

이탈리아 여행 쇼핑 리스트에 항상 빠지지 않고 등장하는 산타 마리아 노벨라 약국은 피렌체에서 1612년에 탄생한 코스메틱 브랜드다. 산타 마리아 노벨라 성당Basilica di Santa Maria Novella의 도미니크 수도회 수도사들이 직접 채취한 약초로 약품과 생활용품을 판매하기 시작하며 명성을 얻었다. 17세기 레시피를 기본으로 화장품, 향수, 비누, 보디용품, 인퓨전 등을 만들어 판매한다. 한국에서도 고현정이 바르는 화장품이라고 입소문이 퍼지며 유명해지기 시작했다. 일명 '고현정 크림'이라고 불리는 촉촉한 수분 크림, 크레마 비소 이드랄리아Crema Viso Idralia는 이곳의 인기 상품이다. 피부 진정에 효과가 있는 장미수, 아콰 디 로세Acqua di Rose는 산타 마리아 노벨라 약국에서 가장 긴 역사가 담긴 상징적인 상품이다. 향수 시리즈는 고급스러운 잔향이 사람들의 취향을 저격한다. 한국 방문객이 많아 한국어로 된 설명서도 구비하고 있다. 나보나 광장 근처 리나시멘토 거리Corso del Rinascimento에도 지점이 하나 더 있다. 이 매장은 일요일에는 문을 닫는다. 둘 중에 동선과 시간이 맞는 곳을 방문하자. 155유로 이상 구매할 경우 세금 환급이 가능하니 여권을 챙겨가자.

Data 지도 234p-F
가는 법 스페인 광장에서 도보 3분
주소 Via delle Carrozze 87, Roma 전화 06-678-0734
운영시간 토~목 10:00~19:30, 금 10:30~19:30, 일 11:00~19:30
가격 아콰 디 로세 20유로~,
크레마 이드랄리아 70유로,
향수 80유로~
홈페이지 www.smnovella.it

겉은 화려하지만 알고 보면 실속 있는
갈레리아 알베르토 소르디 Galleria Alberto Sordi

콜론나 광장 맞은편에 위치한 대형 쇼핑몰이다. 이곳의 이름은 이탈리아의 국민배우, 알베르토 소르디에서 따왔다. 아르누보 양식에 우아하고 화려한 내부 인테리어가 돋보인다. 명품만 판매할 것 같은 고급스러운 분위기와 달리 중저가 브랜드가 많이 입점해 있었다. 2023년 현재 리노베이션이 진행 중이라 상점들은 문을 닫았다. 건축물 자체가 볼거리니 동선에 있다면 잠시 훑고 지나쳐도 좋다.

Data 지도 234p-J
가는 법 콜론나 광장 길 건너 맞은편. 메트로 A선 Barberini역 하차, 도보 10분. 버스 51, 62, 71, 80, 83, 85번 타고 L.go Chigi 정류장 하차, 도보 1분
주소 Piazza Colonna, Roma
전화 06-6919-0769
홈페이지 galleriaalbertosordi.com

디즈니 공식 판매처
토이즈 콘 테 Toys Con Te

어린아이와 어른 모두를 동심의 세계로 돌아가게 만드는 공간이다. 디즈니 월드의 주역인 미키 마우스, 푸, 심바, 니모, 엘사를 비롯해 영화 속 주인공인 스파이더맨, 엑스맨, 다스 베이더까지 다양한 캐릭터 상품을 만날 수 있다. 인형, 문구, 핸드폰 케이스, 텀블러, 코스튬 등을 판매한다. 가지런히 진열된 제품들을 구경하다 보면 시간 가는 줄 모른다. 만화 속에서 금방 튀어나온 것 같은 캐릭터 인형들을 보면 순식간에 지갑이 열리는 경험을 하게 될 것이다.

Data 지도 234p-F
가는 법 스페인 광장에서 도보 6분 주소 Via del Corso 165, Roma 운영시간 10:00~20:00

AS 로마의 모든 것
AS 로마 스토어 AS Roma Store

AS 로마에 관한 모든 것을 판매한다. 유니폼, 축구화, 축구공, 글러브 등 기본 축구용품은 물론이고 목욕용품과 반려동물 용품까지 취급한다. 부피가 부담스럽지 않은 작은 액세서리도 많으니 축구에 관심이 있다면 꼭 들러 보자. 기념품이나 선물용으로 득템하기도 괜찮다. 로마 곳곳에 매장이 있지만 코르소 거리 지점이 규모도 크고 스태프도 친절한 편이다.

Data 지도 234p-E
가는 법 스페인 광장에서 도보 7분
주소 Via del Corso 26-27, Roma
전화 06-6452-1063 운영시간 10:00~20:00
홈페이지 www.asroma.com

맛있는 커피를 끓여 주는
비알레티 Bialetti

이탈리아에서 품질 좋은 커피를 샀는데 커피포트가 없다? 그렇다면 비알레티로 향하자. 비알레티는 이탈리아에서 만드는 세상에서 가장 유명한 모카포트 브랜드다. 비알레티의 설립자, 알폰소 비알레티Alfonso Bialetti는 모카포트를 고안해 가정에서 쉽게 에스프레소를 추출할 수 있게 만들었다. '콧수염 아저씨'가 마스코트로 그려진 은색 모카포트는 한국에서도 흔하게 접할 수 있다. 이왕이면 이탈리아에서만 구할 수 있는 특별한 컬러나 디자인의 모카포트를 골라 보자. 귀여운 에스프레소 잔이나 다양한 키친 용품도 있으니 놓치지 말자.

Data 지도 234p-J
가는 법 콜론나 광장에서 도보 1분
주소 Largo Chigi 4, Roma
전화 06-8927-6836
운영시간 10:00~20:00
홈페이지 www.bialetti.com

앤티크한 감성이 묻어나는
메르카토 델레 스탐페 Mercato delle Stampe

작은 규모의 빈티지 마켓이다. 폰타넬라 디 보르게세 거리Via della Fontanella di Borghese 옆에 몇몇 부스가 옹기종기 모여 있다. 세월의 흔적이 묻어나는 책, 엽서, 포스터, 그림, 카메라 등을 판매한다. 물건 종류가 많지는 않지만 소소하게 구경하는 재미가 있다. 빈티지 마니아라면 좋아할 만하다.

Data 지도 234p-F
가는 법 아라 파치스 박물관에서 도보 4분, 스페인 광장에서 도보 7분
주소 Largo della Fontanella di Borghese, Roma
운영시간 월~토 10:00~19:00, 8월 휴무

SLEEP

로마에서 누리는 최고의 사치
하슬러 로마 Hassler Roma

스페인 계단 위쪽에 자리 잡은 럭셔리한 5성급 호텔이다. 앤티크한 건물에 87개 객실이 있다. 클래식하고 우아한 객실 인테리어로 주목을 끈다. 객실 창문과 발코니를 통해 스페인 광장이 내려다보인다. 가장 기본적인 객실인 클래식 더블룸의 컨디션은 훌륭하지만 가격 대비 조금 좁게 느껴질 수 있다. 펜트하우스는 호텔의 가장 호화로운 공간으로 고급스러운 가구부터 파노라마 뷰까지 완벽하게 세팅되어 있다. 물론 가격은 상상을 초월한다. 피트니스, 사우나, 콘퍼런스룸 등 다양한 부대시설도 마련되어 있다. 미슐랭 1스타 레스토랑인 이마고Imàgo도 들어서 있다. 호텔은 트레비 분수, 포폴로 광장 등 주요 볼거리와 가깝다. 주변에 괜찮은 레스토랑도 많아 식사하기 좋다. 호텔 주변으로는 콘도티 거리와 코르소 거리가 펼쳐져 쇼핑하기에도 편리하다.

Data 지도 235p-G
가는 법 트리니타 데이 몬티 성당 옆. 메트로 A선 Spagna역 하차, 도보 5분
주소 Piazza Trinità dei Monti 6, Roma
전화 06-699340
요금 더블룸 840유로~, 스위트룸 1,949유로~, 펜트하우스 15,000유로~
홈페이지 www.hotelhasslerroma.com

로마의 휴일을 완벽하게 만들어 주는
포트레이트 로마 Portrait Roma

여행 중 마음 편히 쉴 수 있는 휴식처가 되는 호텔이다. 보카 디 레오네 거리Via Bocca di Leone의 살바토레 페라가모 매장 위층에 자리 잡았다. 호텔은 14개의 호화로운 객실을 선보인다. 각 객실은 이탈리아 패션의 아버지, 살바토레 페레가모에게 영감을 받아 꾸며졌다. 5성급 호텔에 걸맞게 세련되고 기품 있는 인테리어를 자랑한다. 명품 전망이 내려다보이는 루프 톱 테라스도 매력적이다.

Data 지도 234p-F
가는 법 스페인 광장에서 도보 3분. 메트로 A선 Spagna역 하차, 도보 6분 주소 Via Bocca di Leone 23, Roma 전화 06-6938-0742 요금 스튜디오 765유로~, 스위트룸 1,190유로~, 펜트하우스 3,600유로~ 홈페이지 www.lungarnocollection.com/portrait-roma

극장에서 호텔로 변신한
호텔 만프레디 스위트 인 로마 Hotel Manfredi Suite in Rome

1718년 세워진 극장 테아트로 델레 다메Teatro delle Dame가 있던 건물을 1949년 이네스 만프레디Ines Manfredi가 매력적인 부티크 호텔로 개조해 문을 열었다. 싱글룸에서 스위트룸까지 다채로운 종류의 객실을 갖췄다. 아담한 객실 공간은 클래식한 가구들로 채워져 있다. 신선한 재료들로 만들어진 조식 뷔페는 이용자들 사이에서 평이 좋다. 호텔 스태프의 세심한 배려도 만족도가 높다. 스페인 광장과 가까운 곳에 있어 주요 관광지들과의 접근성이 좋다.

Data 지도 234p-F
가는 법 스페인 광장에서 도보 3분. 메트로 A선 Spagna역 하차, 도보 5분 주소 Via Margutta 61, Roma 전화 06-320-7676 요금 싱글룸 157.25 유로~, 더블룸 216.75 유로~, 패밀리룸 756.50유로~, 스위트룸 408유로~ 홈페이지 www.hotelmanfredi.it

트레비 분수와 가까운
릴레 트레비 95 부티크 호텔
Relais Trevi 95 Boutique Hotel

트레비 분수 근처에 위치한 작은 부티크 호텔이다. 4성급 호텔로 가격 대비 만족도가 높은 곳이다. 모든 객실은 제각각 독특하고 특색 있는 인테리어로 매력을 발산한다. 객실 사이즈는 아담한 편이다. 호텔 옥상의 사랑스러운 테라스에서는 멋진 전망을 바라보며 휴식을 취하기 좋다. 아침에는 루프 톱에서 로마풍의 식사를 즐길 수 있으며, 저녁에는 칵테일이나 와인을 마실 수 있다.

Data 지도 235p-K
가는 법 트레비 분수에서 도보 2분. 메트로 A선 Barberini역 하차, 도보 6분. 버스 85번 타고 Tritone/Fontana Trevi 정류장 하차, 도보 2분 주소 Via del Lavatore 95, Roma 전화 06-6994-0834 요금 더블룸 273유로~, 트리플룸 328유로~, 쿼드러플룸 358유로~ 홈페이지 www.relaistrevi95.com

친절한 호스트가 맞아 주는
아르피넬리 릴레 Arpinelli Relais

현지인과 좀 더 가깝게 지내고 싶은 여행자에게 추천할 만한 숙소다. 아르피넬리 릴레는 가족이 운영하는 B&B로 따뜻한 분위기가 느껴지는 곳이다. 역사가 깃든 17세기 빌딩을 리노베이션해 여행자들을 위한 공간으로 만들었다. 고풍스러운 목재 가구와 소품을 활용한 인테리어에서는 고전미가 느껴진다. 객실은 내 집처럼 아늑하고, 청결하게 관리된다. 친절한 호스트에게 여러 가지 여행 정보를 얻기 좋다.

Data 지도 235p-K
가는 법 트레비 분수에서 도보 2분. 메트로 A선 Barberini역 하차, 도보 7분. 버스 85번 타고 Tritone/Fontana Trevi 정류장 하차, 도보 2분 주소 Via della Panetteria 1C, Roma 전화 380-705-2192 요금 더블룸 189유로~ 홈페이지 www.arpinelli.com

Roma By Area

05

바티칸 시국
Città del Vaticano

로마 중심지에 섬처럼 자리 잡고 있는 교황의 나라다. 세계에서 가장 작은 나라지만 세계 최대 규모의 성당과 국보급 예술품을 보유한 박물관이 위풍당당하게 자리잡고 있다.

바티칸 시국
미리보기 🔍

바티칸 시국은 엄연한 독립 국가지만 로마에서 특별한 국경선 없이 쉽게 넘나들 수 있다. 나라 전체가 박물관이라고 불릴 만큼 이탈리아 천재들이 남긴 진귀한 작품이 좁은 영토 안에 빼곡하게 들어차 있다. 바티칸 박물관, 산 피에트로 대성당, 산 피에트로 광장은 바티칸 시국을 대표하는 삼총사로 보석 같은 예술 작품을 확인할 수 있는 곳이다.

SEE
미켈란젤로, 라파엘로, 레오나르도 다빈치 등 수많은 이탈리아 거장들의 작품이 밀집한 바티칸 박물관은 로마 여행에서 빼놓을 수 없는 곳이다. 산 피에트로 대성당에서는 미켈란젤로의 〈피에타〉 조각상으로 그 감동을 이어간다. 베르니니의 천재성이 돋보이는 산 피에트로 광장을 거쳐 아름다운 석양이 펼쳐지는 산탄젤로성까지 빽빽한 하루 일정을 소화하려면 체력을 비축해 두자.

EAT
바티칸 시국 주변으로 카페, 파니노테카, 피체리아, 레스토랑, 젤라테리아 등이 즐비하다. 바티칸 시국의 빠듯한 일정을 소화하려면 점심 식사는 간단하게 해결하는 것이 좋다. 바티칸 박물관을 관람하고 산 피에트로 대성당에 가기 전, 올드 브릿지에서 이탈리아 정통 젤라토를 맛보자.

BUY
바티칸 시국 안팎에서 묵주, 펜던트 등 바티칸의 성스러운 기운이 담긴 성물을 쉽게 살 수 있다. 바티칸 박물관에서는 명화가 주는 감동적인 순간을 간직할 수 있는 엽서, 책갈피, 액자, 도록 등 기념품을 판매한다. 대형 식료품점 카스트로니도 있다.

🚗 어떻게 갈까?

메트로와 버스로 이동 가능하다. 메트로 A선 오타비아노Ottaviano역을 이용해 바티칸 박물관, 산 피에트로 대성당, 산 피에트로 광장 등 주요 스폿을 방문할 수 있다. 테르미니역과 베네치아 광장에서 바티칸 시국으로 향하는 버스도 있다. 40번 버스를 타면 트라스폰티나/콘칠리아치오네Traspontina/Conciliazione 정류장에서 하차한다. 64번 버스를 타면 카발레게리/산 피에트로 Cavalleggeri/S.Pietro 정류장에서 내린다.

어떻게 다닐까?

바티칸 시국에서 산탄젤로성까지 모두 도보로 충분히 돌아볼 수 있다.

바티칸 시국
📍 1일 추천 코스 📍

순도 100% 볼거리가 응축된 바티칸 시국을 하루에 다 둘러보기 위해서는 이른 아침부터 서두르는 것이 좋다. 바티칸 박물관과 산 피에트로 대성당을 꼼꼼하게 구경하려면 시간이 빠듯하니 적절하게 시간을 배치하자. 여행자들이 많이 이용하는 바티칸 투어는 오전과 오후 중에 선택할 수 있다. 예술품이 포화 상태로 널려 있고 아는 만큼 보이는 곳이기 때문에 투어를 따로 이용하지 않는다면 미리 공부해 가는 것을 권한다.

바티칸 박물관의 명화들 속에 빠져들기

→ 도보 4분

올드브릿지에서 젤라토로 당 충전하기

→ 도보 7분

산 피에트로 광장에서 베르니니의 숨결 느끼기

↓ 도보 5분

산탄젤로 다리의 천사 조각상 둘러보기

← 산탄젤로성 바로 앞에 위치

산탄젤로성 꼭대기에서 일몰 바라보기

← 도보 15분

산 피에트로 대성당 관람하고 쿠폴라까지 오르기

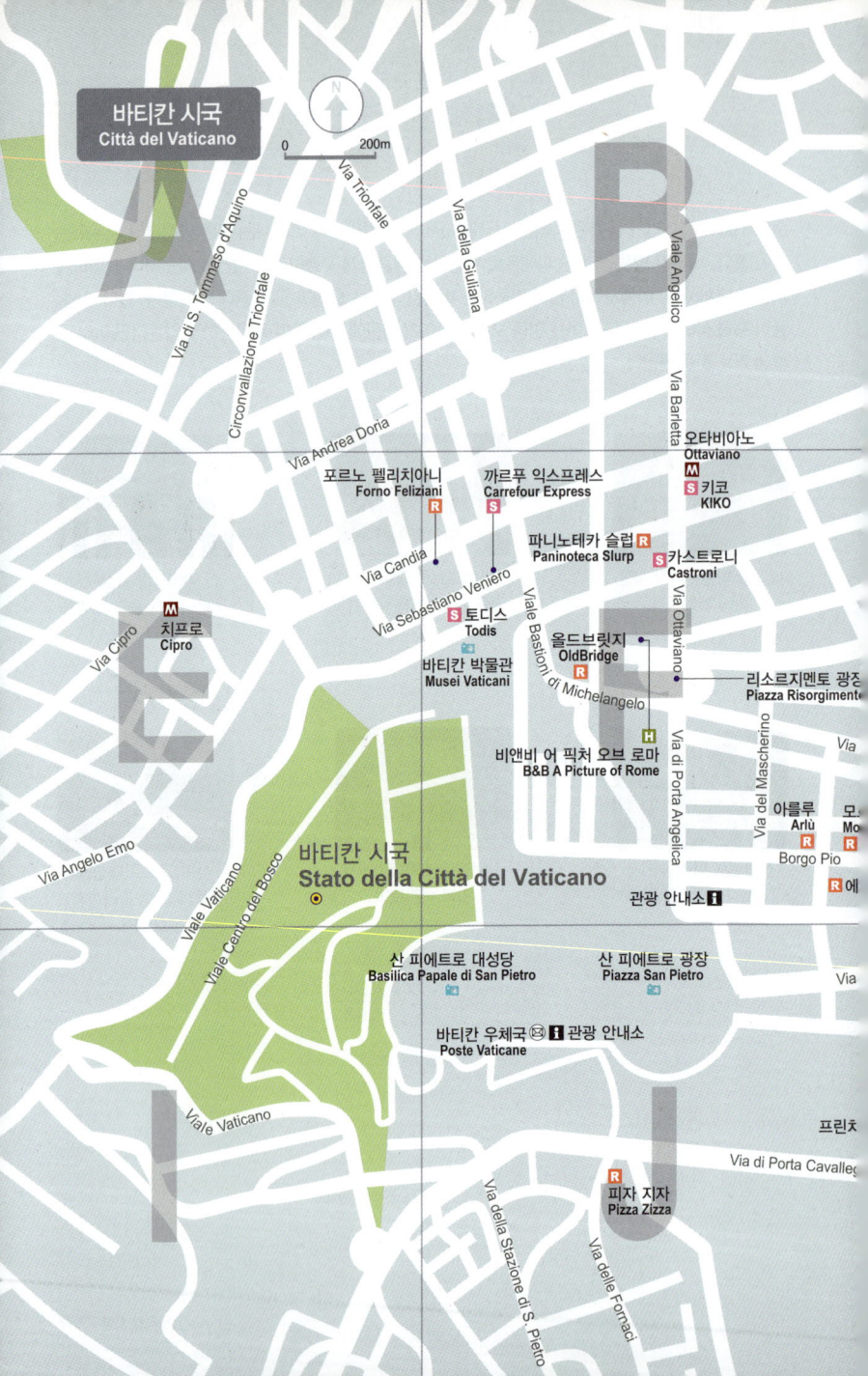

SEE

세계에서 가장 신성한 나라

바티칸 시국 Stato della Città del Vaticano [쓰따또 델라 칫따 델 바띠까노]

로마 시내 한가운데 자리 잡은 세계에서 가장 작은 나라다. 바티칸 시국은 교황이 통치하는 국가로 가톨릭의 총본산인 곳이다. 바티칸 시국의 전체 면적은 0.44㎢로 경복궁의 1.3배 정도 되는 아담한 사이즈다. 인구도 천여 명에 불과하다. 비록 규모는 작지만 전 세계에 막강한 영향력을 행사한다. 바티칸 시국은 나라 전체가 박물관이다. 산 피에트로 대성당과 바티칸 박물관에서는 이탈리아 거장들이 영혼을 갈아 넣어 만든 예술품을 선보인다. 이탈리아와 바티칸 시국은 역사의 흐름에 따라 권력의 상하 관계가 변하고는 했다. 이탈리아가 힘이 강할 때는 바티칸 시국을 통치했고, 바티칸 시국이 우위에 있을 때는 이탈리아에 지배력을 행사했다. 1929년 라테란 조약이 체결되면서 바티칸 시국과 이탈리아와의 관계가 깔끔하게 정리됐다. 라테란 조약은 바티칸 시국을 교황이 다스리는 독립된 주권 국가로 인정하는 내용을 담고 있다. 이 조약에 따라 로마 시내에 흩어져 있는 산타 마리아 마조레 대성당, 산 조반니 인 라테라노 대성당, 산 파올로 푸오리 레 무라 대성당 등도 바티칸 시국의 소유로 인정된다.

> **Tip** 바티칸 시국은 엄연한 독립 국가지만 로마에서 따로 여권을 소지할 필요 없이 자유자재로 방문이 가능하다.

| Talk |
교황청 근위대는 패셔니스타?!

바티칸 시국에 들어서면 교황청 근위대를 마주하게 된다. 화려한 색상과 독특한 모양의 근위병 제복은 멀리서부터 눈에 띈다. 근위병은 젊고 준수한 외모 덕에 한 번 더 눈길을 끈다. 교황청 근위대는 모두 스위스 청년들로 구성된다. 1527년 신성 로마 제국이 교황청을 침략했을 때 대부분의 병사들은 자신들의 목숨을 위해 도망가기 바빴지만 스위스 용병만이 유일하게 남아 교황 클레멘스 7세를 지켰다. 이후로 교황의 신임을 듬뿍 받아 근위대는 스위스 국적의 병사들로만 구성한다. 근위대의 선발 조건은 19~30세 나이에 키 174cm 이상의 가톨릭 신자인 미혼 남성이다. 언뜻 피에로가 연상되는 빨강, 노랑, 파랑의 줄무늬 제복은 알고 보면 명품이다. 당대 최고의 아티스트인 미켈란젤로가 교황 클레멘스 7세의 가문인 메디치가를 상징하는 색을 사용해 직접 디자인했다.

바티칸 시국에서 특별한 기억 남기기

바티칸 시국에서는 성당과 박물관을 보는 것 외에도 특별한 기억을 남길 만한 것들이 많다. 바티칸 시국 우체국을 이용해 엽서를 보내거나 교황을 알현할 수 있는 기회도 있다. 특히 바티칸 시국의 우편 서비스는 정확하기로 정평이 나 있다. 우편에 찍히는 바티칸 시국 도장은 더 특별하게 느껴진다. 바티칸 시국 우체국에서 소중한 사람이나 미래의 나에게 꼭 엽서를 써 보자. 산 피에트로 광장에서는 매주 바티칸 시국의 수장인 교황을 만날 수 있는 기회가 있으니 놓치지 말자.

바티칸 시국 우체국 이용하기

산 피에트로 광장에서 산 피에트로 대성당을 바라보고 서면 왼쪽으로 바티칸 시국 우체국이 있다. 우체국 입구에는 노란색 우체통이 서 있다. 우체국 안에 들어서면 왼쪽에 엽서를 살 수 있는 곳이 있다. 우표는 입구 오른쪽 포스테 바티카네Poste Baticane 창구에서 구매 가능하다. 입구에도 우표 자동판매기가 있다. 우표는 대륙마다 가격이 달라지니 아시아용 우표를 달라고 하자. 한국으로 보낼 경우 주소란에 'South Korea'를 잊지 말고 꼭 적자. 엽서를 쓰려면 펜을 챙겨 가는 것이 좋다. 다 쓴 엽서는 우체국 앞 노란 우체통에 넣으면 된다. 산 피에트로 대성당의 쿠폴라 발코니와 바티칸 박물관에도 우체통이 마련되어 있으니 그곳을 이용해도 된다.

바티칸 우체국 Poste Vaticane
Data **지도** 268p-G **가는 법** 산 피에트로 광장에 위치 **주소** Piazza San Pietro, Roma
전화 06-6989-0400 **운영시간** 월~토 08:30~18:30 **요금** 엽서 0.80~2유로, 우표 이탈리아 1.20유로, 유럽 1.25유로, 아메리카·아프리카·아시아 2.40유로, 오세아니아 3.10유로
홈페이지 www.vaticanstate.va/it/servizi/direzione-telecomunicazioni/poste-e-filatelia/poste/informazioni-utili.html

교황과 알현하기

매주 수요일 오전 9시 15분, 산 피에트로 광장에서는 교황을 볼 수 있는 일반 알현이 열린다. 일반 알현은 티켓을 소지해야 참석할 수 있다. 티켓 신청은 원래 교황궁과 산타 수산나 성당에서 담당했지만, 팬데믹 이후부터 2023년 현재까지도 교황궁을 통해 신청해야 한다. 신청은 이메일, 팩스, 우편으로 받는다. 회신이 오는 데 시간이 걸리니 여유 있게 신청하자. 예약을 하지 않았을 경우 알현일 전날 오후 3~7시, 당일 오전 7시 산 피에트로 광장 오른쪽 열주에 있는 브론즈 도어에서 티켓을 발급받을 수 있다. 일반 알현 자리는 선착순이기 때문에 최대한 일찍 가자. 매주 일요일에는 오전 12시에 교황이 산 피에트로 대성당 발코니를 통해 훈화를 전하는 삼종기도Angelus가 열린다. 별도의 티켓은 필요 없다. 일반 알현과 삼종기도 모두 바티칸 홈페이지를 통해 스케줄 확인이 가능하다.

일반 알현 신청 방법

1. 바티칸 홈페이지(www.vatica.va)에 들어가서 오른쪽 상단에 'ITALIANO'를 'ENGLISH'로 바꾸기
2. 홈페이지 왼쪽 하단에서 'PREFECTURE OF THE PAPAL HOUSEHOLD' 클릭하기
3. 홈페이지 오른쪽 'CALENDAR OF CEREMONIES PRESIDED OVER BY THE HOLY FATHER'을 눌러 그 달의 일반 알현 스케줄 확인하기
4. 캘린더 확인 전 페이지로 돌아가 왼쪽 하단 Tickets 아래 'Continue' 누르기
5. 페이지 중앙 'Download request form'을 눌러 신청 양식 받기
6. 신청서에 희망 날짜, 티켓 수, 이름, 이메일, 주소, 전화번호, 팩스번호, 기타 문의사항 순으로 영문이나 이탈리아어로 작성한 후 이메일, 팩스, 우편으로 보내기

   이메일 ordinanze@pontificalisdomus.va
   팩스 +39 06-6988-5863
   주소 Prefecture of the Papal Household 00120 Vatican City State

7. 예약이 확정된 후 예약 번호와 유의 사항 확인하기
8. 알현일 전날 오후 3~7시, 당일 오전 7시 산 피에트로 광장 오른쪽 브론즈 도어에서 티켓 받기
9. 알현하는 날에는 게이트가 열리는 시간에 맞춰 산 피에트로 광장에 도착하기

교황의 예술품이 가득한 보물 창고
바티칸 박물관 Musei Vaticani [무제이 바띠까니]

로마에서 박물관이나 미술관을 가려고 한다면 단연 1순위로 챙겨야 할 곳이다. 바티칸 박물관은 파리의 루브르 박물관, 런던의 대영 박물관과 함께 세계 3대 박물관으로 꼽힌다. 16세기 교황 율리우스 2세가 바티칸 박물관 안에 자리 잡은 벨베데레 안뜰Cortile del Belvedere에서 발굴된 고대 조각품을 전시하면서부터 박물관의 역사가 시작됐다. 18세기 교황 클레멘스 12세에 의해 교황이 거주하던 바티칸 궁전의 일부를 박물관으로 개조하고 일반인에게도 공개했다. 바티칸 박물관은 바티칸 시국 안에 자리 잡고 있는 박물관, 미술관, 바티칸 궁전, 시스티나 예배당 등으로 구성되어 있고, 총 24개의 박물관에 1,400개의 전시실이 있다. 역대 교황의 수집품을 비롯해 방대한 양의 회화 작품과 조각상이 소장되어 있다. 고대 로마에서 현대에 이르는 진귀한 예술품을 감상하기 위해 일 년 내내 수많은 인파가 몰려든다. 특히 시스티나 예배당을 장식하는 미켈란젤로의 벽화와 천장화가 방문자를 매혹시킨다. 박물관 정문 입구 윗부분에는 바티칸 박물관을 대표하는 화가 미켈란젤로와 라파엘로의 조각상이 있다. 왼쪽이 미켈란젤로, 오른쪽이 라파엘로다. 박물관 관람을 마친 후에는 1932년 주세페 모모 Giuseppe Momo가 설계한 나선형 계단을 통해 출구로 향하자. 달팽이 모양의 계단은 빼어난 곡선미를 뽐내며 박물관의 마지막 모습까지도 인상적으로 만든다.

Data 지도 268p-F
가는 법 메트로 A선 Ottaviano역 하차, 도보 7분. 버스 492번 타고 Bastioni di Michealangelo 정류장 하차, 도보 3분
주소 Viale Vaticano, Roma
전화 06-6988-3145
운영시간 월~토 09:00~18:00 (마지막 입장 16:00), 4월 중순~10월 말 금·토 22:30까지 연장(마지막 입장 20:30) 마지막 일요일 09:00~14:00(마지막 입장 12:30) 요금 일반 17유로, 25세 이하 국제 학생증 소지자·6~18세 8유로(예약비 5유로)
홈페이지 www.museivaticani.va

> **Tip**
>
> 1. 기본 1시간 이상이나 되는 대기 시간을 피하기 위해서는 오픈 시간보다 빠르게 박물관에 도착하자. 최대한 시간을 절약하기 위해 홈페이지에서 미리 티켓을 구매하는 것이 좋다. 티켓 예약 시 예약비 5유로가 추가된다. 박물관 입구에는 예매한 줄, 예매하지 않은 줄, 단체 관람객 맞는 줄에 서면 된다.
> 2. 박물관 안 표를 내는 곳 근처에 한국어 오디오 가이드가 비치되어 있다. 가격은 온라인 예약 시 7유로, 현장에서는 8유로다. 여권이나 국제 운전면허증 등 신분증을 소지해야 한다. 이어폰도 잊지 말고 챙겨 가자.
> 3. 바티칸 박물관은 한 번 입장하면 다시 나갈 수 없으니 내부에서 식사를 해결해야 한다. 피나코테카 입구 근처에 카페테리아나 피체리아가 있다. 맛이 썩 훌륭한 편은 아니니 외부에서 간단한 빵 종류를 테이크아웃해 피냐의 안뜰Cortile delle Pigna에 놓여 있는 벤치에 앉아서 식사하는 것도 방법이다.
> 4. 그림에 대해 좀 더 설명이 필요하다면 바티칸 박물관 투어를 이용해도 좋다.
> - 맘마미아 투어 www.a-roma.co.kr
> - 이태리 시티 투어 www.italycitytour.co.kr
> - 로마달구지여행 www.romadalgujitour.com

| Talk |
예수의 열두 제자는 누구?

바티칸 박물관에 전시된 수많은 종교화를 이해하려면 먼저 등장인물에 대해 알아보는 것이 좋다. 종교화의 단골 등장인물은 예수의 열두 제자다. 베드로, 안드레아, 큰 야고보(성 요한의 형), 요한, 필립보, 바르톨로메오, 마태오, 토마스, 작은 야고보(알패오의 아들), 타대오, 시몬, 유다를 예수의 열두 제자라고 부른다. 성 베드로와 함께 그림에 가장 많이 등장하는 성 바오로는 열두 제자에 포함되어 있지 않다. 열두 제자는 외적인 특징이나 소지하고 있는 물품으로 인물을 구별할 수 있다.

제자	상징
베드로	천국의 열쇠
안드레아	X형 십자가
큰 야고보	긴 칼, 책, 지팡이
요한	독수리, 복음서
필립보	용, 십자가
바르톨로메오	벗겨낸 살가죽, 칼
마태오	책, 칼
토마스	집게손가락, 목공의 직각자
작은 야고보	복음서, 방망이
타대오	도끼
시몬	톱
유다	은화 주머니

바티칸 박물관
Musei Vaticani

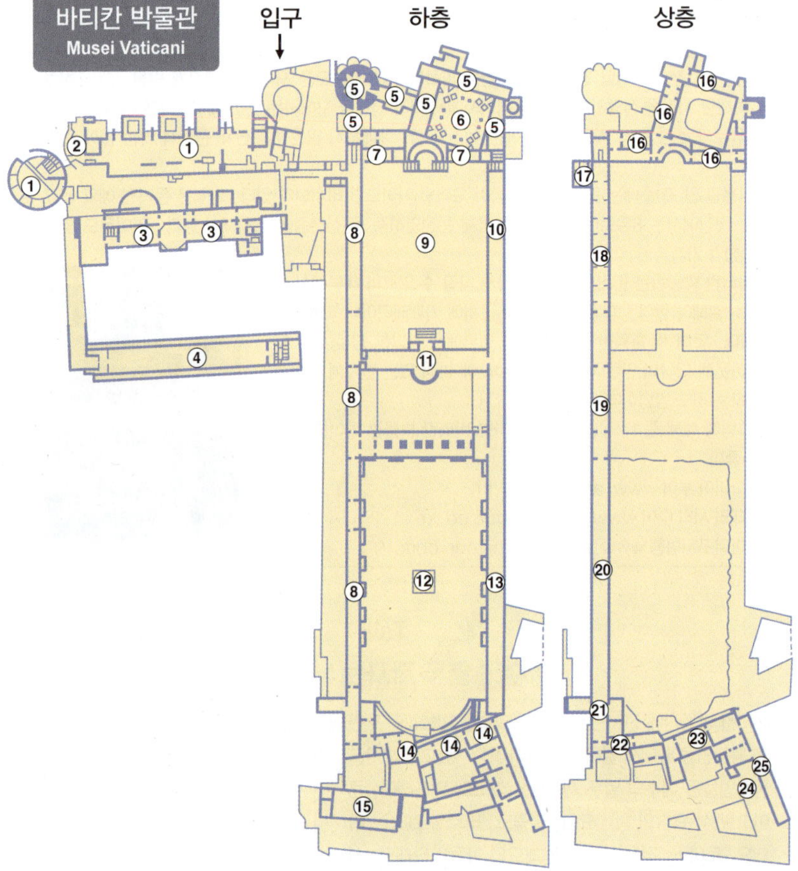

입구 / **하층** / **상층**

1. 그레고리오 세속 박물관
Museo Gregoriano Profano

2. 피오 크리스티아노 박물관
Museo Pio Cristiano

3. 피나코테카
Pinacoteca

4. 마차 전시관
Padiglione delle Carrozze

5. 피오 클레멘티노 박물관
Museo Pio Clementino

6. 팔각 정원
Cortile Ottagono

7. 그레고리오 이집트 박물관
Museo Gregoriano Egizio

8. 바티칸 도서관
Biblioteca Apostolica Vaticana

9. 피냐의 안뜰
Cortile della Pigna

10. 키아라몬디 박물관
Museo Chiaramonti

11. 브라치오 누오보
Braccio Nuovo

12. 벨베데레 안뜰
Cortile del Belvedere

13. 비석 갤러리
Galleria Lapidaria

14. 보르자 저택
Appartamento Borgia

15. 시스티나 예배당
Cappella Sistina

16. 그레고리오 에트루리아 박물관
Museo Gregoriano Etrusco

17. 비가의 방
Sala della Biga

18. 촛대 갤러리
Galleria dei Candelabri

19. 아라치 갤러리
Galleria degli Arazzi

20. 지도 갤러리
Galleria delle Carte Geografiche

21. 성 비오 5세의 저택
Appartamento di San Pio V

22. 소비에스키 방
Sala Sobieski

23. 라파엘로의 방
Stanze di Raffaello

24. 니콜리나 예배당
Cappella Niccolina

25. 라파엘로의 로지아
Logge di Raffaello

|Theme|
바티칸 박물관 속으로

바티칸 박물관은 여러 건물에 수많은 소장품이 있어서 빠짐없이 보려면 하루 종일 돌아봐도 시간이 모자라다. 주요 전시관만 반나절 정도 둘러본다면 피나코테카 → 피냐의 안뜰 → 팔각 정원 → 피오 클레멘티노 박물관 → 라파엘로의 방 → 시스티나 예배당 순서로 관람하자. 건물 안은 미로처럼 복잡하니 지도를 참고하여 이동하자.

I 피나코테카 Pinacoteca

회화 전용 미술관으로 1932년 루카 벨트라미Luca Beltrami가 건축했다. 18개 전시실에 12~19세에 그려진 460여 점 이상의 회화 작품을 시대 순으로 전시한다.

[대표 작품]

최후의 심판 Giudizio Finale
| 니콜로와 조반니Nicolò e Giovanni(12세기, 1실)

피나코테카에서 가장 나이가 많은 작품이다. 열쇠 같은 모양의 목판에 총 다섯 열로 그림이 그려져 있다. 천사의 호위를 받는 예수에서 지옥에서 고통받는 죄인들까지 구약성서에 나오는 최후의 심판을 표현해 놓았다.

스테파네시 삼면화 Trittico Stefaneschi
| 조토 디 본도네Giotto di Bondone(1320년, 2실)

유럽의 회화는 조토 디 본도네 이전과 이후로 나뉜다. 그는 중세 회화를 끝내고, 사실적이고 입체적인 르네상스 회화의 새로운 장을 연 화가다. 주로 피렌체를 중심으로 활동했지만 교황의 부름으로 로마에도 많은 제단화를 남겼다. 〈스테파네시 삼면화〉는 스테파네시 추기경의 의뢰로 만든 것인데, 산 피에트로 대성당의 중앙 제단에 놓였던 작품이다. 앞뒤로 세 면의 그림이 있다. 앞면 중앙에는 예수 앞에 무릎 꿇고 있는 스테파네시 추기경이, 양쪽에는 성 베드로와 성 바오로의 순교 장면이 있다. 뒷면 가운데 그림에는 천국의 열쇠를 들고 있는 성 베드로와 제단화를 바치는 스테파네스 추기경이, 왼쪽 그림에는 큰 야고보와 성 바오로가, 오른쪽 그림에는 성 안드레아와 사도 요한의 모습이 담겼다.

음악 천사 Angelo Che Suona il Liuto
| 멜로초 다 포를리Melozzo da Forli(1480~1484년, 4실)

로마의 산티 아포스톨리 성당Basilica dei Santi Apostoli 천장을 장식했던 프레스코화다. 1711년 성당이 파괴되면서 크게 손상을 입었는데 그 이후 퀴리날레 궁전을 거쳐 바티칸 박물관으로 옮겨졌다. 작품 속에서는 예수의 승천을 축하하기 위해 악기를 연주하는 성인과 천사를 찾아볼 수 있다. 천사와 성인의 시선을 아래에서 위로 비스듬하게 향하게 만들어 공간감을 느낄 수 있다.

그리스도의 변용 Transfiguration
| 라파엘로 산치오Raffaello Sanzio(1516~1520년, 8실)

르네상스 예술에 꽃을 피웠던 라파엘로의 마지막 작품이다. 신약 성서의 마태오복음 중 두 가지 이야기를 상하로 나누어 구성했다. 1520년 라파엘로는 작품의 상단만을 완성한 채 눈을 감았고, 그의 제자 줄리오 로마노Giulio Romano가 하단을 완성했다. 상단 그림에는 예수가 하늘로 승천하는 장면을 담았다. 하단 그림에는 귀신에 들린 아이를 사도들이 치유하지 못하고 예수를 찾는 이야기를 묘사했다.

성 히에로니무스 San Girolamo
| 레오나르도 다빈치Leonardo da Vinci(1482년, 9실)

레오나르도 다빈치의 완벽한 인체 구조가 표현된 작품이다. 그림의 주인공은 성 히에로니무스로 성경을 라틴어로 번역한 성인이다. 성 히에로니무스가 오른손에 돌멩이를 쥐고 가슴팍을 치려는 장면을 묘사했다. 얼굴에서 가슴으로 이어지는 근육과 골격의 사실적인 표현이 감탄을 자아낸다. 그가 그려진 그림에는 항상 사자가 마스코트처럼 등장한다. 전설에 따르면 성 히에로니무스가 사자의 발에 박힌 가시를 빼준 후 항상 그의 곁을 지켰다고 전해진다. 이 작품은 미완성으로 사자와 오른쪽에 보이는 성당이 스케치로만 남았다.

그리스도의 매장 Deposizione
| 미켈란젤로 메리시 다 카라바조Michelangelo Merisi da Caravaggio(1602~1603년, 12실)

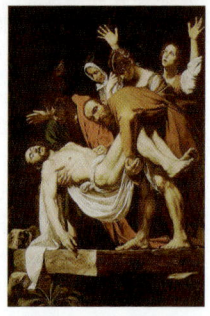

예수가 십자가에서 내려져 관에 매장되는 순간을 묘사한 그림이다. 카라바조 특유의 사실주의와 명암 대비가 돋보인다. 예수의 상체를 잡고 있는 사람은 성 요한이며, 예수의 무릎을 잡은 채 시선을 앞으로 향하고 있는 이는 니고데모다. 검은 두건을 쓴 성모 마리아는 아들의 시신을 내려다보고 있다. 다른 두 명의 마리아는 눈물을 훔치고, 손을 높이 치켜들어 슬픔을 표현했다.

Ⅱ 피냐의 안뜰 Cortile della Pigna

솔방울 조각상이 있어서 '솔방울 정원'이라고도 불린다. 4m 가량의 솔방울 조각상은 판테온 부근에 있던 분수를 장식하던 조각으로 1608년 바티칸 박물관으로 옮겨졌다. 솔방울 조각 양옆에는 공작 조각상이 있다. 이는 하드리아누스 황제의 무덤을 장식했던 조각을 카피한 것이다. 정원 한복판에는

지구본 모양의 설치물인 〈지구 안의 지구Sfera con Sfera〉가 있다. 1990년 아르날도 포모도로Arnaldo Pomodoro가 제작한 작품으로 환경 오염으로 황폐화 되어가는 지구의 모습을 형상화한 것이다. 정원 곳곳에 벤치가 있어서 쉬어가기 좋다.

Ⅲ 피오 클레멘티노 박물관 Museo Pio Clementino

고대 로마인들이 고대 그리스의 조각품을 모방하여 만든 조각품이 주를 이룬다. 대부분 작자 미상의 작품들이다. 팔각 정원Cortile Ottagono과 뮤즈의 방Sala delle Muse에서는 미켈란젤로, 라파엘로 등 르네상스 시대의 예술가들에게 영감을 준 조각상을 만날 수 있다. 동물들의 방Sala degli

Animale은 다양한 동물 조각과 4세기 모자이크를 소장하고 있는 곳이다. 원형의 방Sala Rotonda에는 네로 황제의 별장인 도무스 아우레아에서 옮겨온 욕조와 폼페이 극장에서 가져온 청동 조각상인 〈헤라클레스Ercole〉도 있다.

아폴로 벨베데레
Apollo Belvedere(BC 2세기, 팔각 정원)

BC 4세기에 제작된 고대 그리스의 청동 조각을 BC 2세기에 모작한 것이다. 태양의 신 아폴로가 활을 쏜 후 확인하기 위해 앞으로 나가는 순간을 형상화했다. 정교한 묘사와 완벽한 기교로 표현되었다고 평가받는다. 미켈란젤로는 〈최후의 심판〉에 예수의 얼굴을 그릴 때 이 조각상을 참고했다고 한다.

페르세우스의 메두사 Perseo Trionfante
| 안토니오 카노바Antonio Canova(1757~1822년, 팔각 정원)

페르세우스가 메두사의 목을 칼로 자른 후에 들고 있는 모습을 묘사한 조각상이다. 그리스 신화에 따르면 메두사는 본래 아름다운 외모를 갖춘 여인이었다. 어느 날 아테나 신전에서 바다의 신 포세이돈과 몰래 사랑을 나누다 아테나 여신에게 들켰다. 이에 크게 노한 아테나는 메두사가 흉측스러운 괴물로 변하는 저주를 걸었다. 이것으로도 화가 풀리지 않은 아테나는 그리스의 영웅 페르세우스에게 메두사의 목을 가져오라고 명령했고, 가져온 메두사의 얼굴을 그녀의 방패에 장착했다. 이탈리아 명품 베르사체의 로고에서도 메두사의 모습을 찾아볼 수 있다.

라오콘 군상 Laocoön(BC 2세기, 팔각 정원)

트로이의 마지막 신관 라오콘과 그의 두 아들이 뱀에게 공격당하는 장면을 표현한 조각품이다. 신화에 따르면 트로이 전쟁 당시 라오콘은 그리스인들의 계략을 알아채 그들이 보내는 트로이의 목마를 성 안으로 들이지 말라고 트로이인들에게 미리 알렸다. 신들은 라오콘으로 인해 트로이를 멸망시키려는 그들의 계획이 엉망이 되자 노여워했고, 포세이돈이 바다의 뱀 두 마리를 보내 라오콘의 두 아들을 공격하게 만들었다. 라오콘은 자식들을 구하려고 뛰어들었지만 함께 목숨을 잃었다. 라오콘 군상은 1506년 산타 마리아 마조레 대성당 근처의 포도밭에서 발굴됐다. 미켈란젤로가 '예술의 기적'이라고 평할 만큼 역동적인 동작과 고통스러운 모습이 완벽하게 묘사되어 있다. 교황 율리우스 2세는 라오콘 군상을 선보이기 위해 처음으로 바티칸 박물관을 개방하기 시작했다.

벨베데레의 토르소 Torso del Belvedere
(BC 1세기, 뮤즈의 방)

머리와 팔, 다리 없이 몸통으로만 된 조각상. 토르소가 발굴되었을 당시 미켈란젤로에게 토르소를 복원해 달라는 의뢰가 들어왔지만 몸통만으로도 완벽한 작품이라며 이를 거절했다. 미켈란젤로는 〈최후의 심판〉을 제작할 때 토르소에서 영감을 받아 예수의 몸을 그렸다. 프랑스 조각가 로댕의 대표 작품 〈생각하는 사람〉도 토르소를 모티브로 탄생했다.

Ⅳ 그레고리오 이집트 박물관 Museo Gregoriano Egizio

1839년 교황 그레고리오 16세의 주도로 설립된 박물관. 고대 로마 시대에 이집트에서 가져온 작품을 아홉 개 방에 걸쳐서 전시하고 있다. 수천 년의 역사를 지닌 미라와 각종 조각상도 함께 전시중이다.

Ⅴ 키아라몬티 박물관 Museo Chiaramonti

벨베데레 궁전과 바티칸 궁전을 잇는 긴 복도에 조성된 전시관이다. 박물관의 이름은 교황 비오 7세가 속한 키아라몬티 가문에서 유래했다. 1806년 안토니오 카노바의 계획 하에 천여 가지가 넘는 조각품을 선보이기 시작했다. BC 1~2세기의 조각상들이 많다. 이탈리아 고대사가 담긴 중요한 작품들이지만 바티칸 박물관에서는 워낙 쟁쟁한 예술품들이 많아 상대적으로 빛을 보지 못하고 있다.

Ⅵ 아라치 갤러리 Galleria degli Arazzi

아라치는 다채로운 색실로 그림을 짜 넣은 직물인 '태피스트리'를 뜻한다. 이곳은 다양한 직물의 공예품이 전시된 공간이다. 예수의 탄생부터 부활까지 종교적인 내용을 담은 카펫이 걸려 있다. 1523~1524년에 제작된 작품들이 주를 이룬다. 이곳에서 눈여겨봐야 할 작품은 〈예수의 부활〉이다. 예수가 십자가에 못 박혀 죽은 후 3일 만에 부활한 모습을 표현한 것이다. 예수의 손가락 세 개는 삼위일체를 상징한다.

Ⅶ 지도 갤러리 Galleria delle Carte Geografiche

황금빛 천장이 화려함의 극치를 이루는 곳이다. 길이 120m, 너비 6m의 복도를 따라 16세기에 제작한 이탈리아 지도 40장이 걸려 있다. 현재의 지도와 비교해도 손색이 없을 정도로 상세하게 만들어졌다. 오른쪽은 이탈리아 동쪽 지방을, 왼쪽은 이탈리아 서쪽 지방을 나타낸다. 천장은 각 지도의 지역에서 일어난 일과 성인들의 이야기를 묘사한 그림으로 장식됐다.

Ⅷ 라파엘로의 방 Stanze di Raffaello

라파엘로와 그의 제자들이 꾸민 교황 율리우스 2세의 집무실이다. 콘스탄티누스의 방, 엘리오도로의 방, 서명의 방 그리고 보르고 화재의 방으로 이루어져 있다.

콘스탄티누스의 방 Sala di Costantino(1571~1524년)

라파엘로의 방 중 가장 마지막에 작업을 마친 공간이다. 라파엘로는 밑그림을 그리는 중간에 사망해 그의 제자들이 벽화를 완성했다. 콘스탄티누스 황제의 업적을 기리는 그림 다섯 점을 볼 수 있다. 방에 들어서면 왼쪽에 콘스탄티누스 황제와 그의 라이벌 막센티우스 황제의 전투 장면이 담긴 〈밀비오 다리의 전투Battaglia di Costantino Contro Massenzio〉가 펼쳐진다. 천장에는 톰마소 라우레티Tommaso Laureti가 그린 〈기독교의 승리Trionfo della Religione Cristiana〉가 그려져 있다. 콘스탄티누스 황제가 이교도의 우상을 파괴한 자리에 십자가를 세운 모습을 원근법을 살려 생생하게 담은 작품이다.

엘리오도로의 방 Stanza di Eliodoro(1512~1514년)

교황의 알현실로 사용됐던 방이다. '교회의 승리'를 주제로 한 벽화가 있다. 이곳에 그려진 작품 중 〈엘리오도로의 추방 Cacciata di Eliodoro dal Tempio〉이 가장 유명해 엘리오도로의 방이라고 불린다. 엘리오도로는 이교도인 시리아의 총리를 대신해 이교도 제사에 쓰일 자금을 예루살렘의 유대 신전 금고에서 약탈하려고 했다. 이때 하늘에서 말을 탄 기사와 두 남자가 나타나 그를 넘어뜨리고 때려서 저지시켰다. 엘리오도로의 쓰러진 모습은 미켈란젤로의 〈천지창조〉에 등장하는 아담의 자세를 좌우만 바꿔 놓은 것이다. 이는 '모방의 신'인 라파엘로가 미켈란젤로의 인체 표현을 고스란히 가져다 쓴 것이다. 감옥에 갇힌 성 베드로가 천사들의 도움으로 감옥을 탈출하는 내용을 담은 〈성 베드로의 해방Liberazione di San Pietro〉도 눈여겨보자.

보르고 화재의 방
Stanza dell'Incendio di Borgo(1514~1517년)

고위 성직자들의 접견실로 사용됐던 방이다. 방의 이름에서 알 수 있듯이 〈보르고 화재Incendio di Borgo〉가 가장 주목할 만한 작품이다. 산 피에트로 대성당과 산탄젤로성 사이에 있는 보르고 지역에서 발생했던 대형 화재를 묘사했다.

서명의 방 Stanza della Segnatura(1505~1512년)

교황 율리우스 2세가 중요한 문서를 읽고 서명했던 공간이다. 〈성체 논쟁Disputa del SS. Sacramento〉, 〈아테네 학당Scuola di Atene〉, 〈정의Virtù Cardinali e Teologali e la Legge〉, 〈파르나소스Parnaso〉, 〈천장화Volta〉로 방 안이 장식되어 있다. 그중 〈아테네 학당〉이 가장 유명하다.

아테네 학당 Scuola di Atene | 라파엘로 산치오 Raffaello Sanzio (1508~1511년, 서명의 방)

고대 그리스의 철학자, 수학자, 천문학자 54명이 대거 등장하는 프레스코화다. 적절하게 원근법을 사용하고, 좌우대칭으로 인물들을 나열해 등장인물이 많음에도 산만하지 않고 작품에 집중하게 만든다. 브라만테의 산 피에트로 대성당 설계도를 참고해 배경을 그려 넣었다. 인물들이 취하고 있는 다양한 자세에서는 미켈란젤로의 작품이 저절로 연상된다. 그림 속에서는 르네상스의 거장 레오나르도 다빈치와 미켈란젤로 그리고 라파엘로의 모습을 찾아볼 수 있다.

❶ 음악의 신 아폴로와 지혜의 신 미네르바가 좌우대칭으로 서 있다.
❷ 그리스의 대표적인 철학자, 플라톤과 아리스토텔레스다. 플라톤의 얼굴에는 레오나르도 다빈치의 모습을 투영시켰다. 눈에 보이지 않는 초월적인 실제인 이데아를 주장했던 플라톤이 손가락을 하늘로 가리키고 있다. 이와 반대로 현실 세계를 중시했던 아리스토텔레스의 오른쪽 손바닥은 땅을 향한다. 왼손에는 그의 저서 〈니코마코스 윤리학〉을 들고 있다.
❸ '너 자신을 알라'로 유명한 철학자, 소크라테스다.
❹ 알렉산드로스 대왕이 투구를 쓴 채 소크라테스의 말에 귀 기울이고 있다.
❺ 에피쿠로스 학파를 창시했던 철학자, 에피쿠로스다. 화관을 쓴 모습으로 무언가를 적고 있다.
❻ 피타코라스의 정리를 창시한 철학자이자 수학자인 피타고라스다.
❼ 변증법 사상을 발전시켰던 철학자, 헤라클레이토스다. 미켈란젤로를 모델로 삼아 그렸다.
❽ 조로아스터교를 창시했던 종교 개혁자이자 천문학자인 조로아스터다. 흰옷을 입고 천구의를 들고 있다.
❾ 라파엘로의 자화상을 그려 넣어 르네상스 3대 거장이 한 그림 안에 다 모였다.
❿ 천동설을 주장한 천문학자이자 지리학자인 프톨레마이오스다. 손에는 지구본을 들고 있다.
⓫ 소크라테스의 제자인 에우클레이데스다.

IX 시스티나 예배당 Cappella Sistina

교황 식스토 4세의 명으로 바치오 폰텔리Baccio Pontelli 가 1477년 부터 짓기 시작해 1461년 완공했다. 시스티나 예배당의 이름은 교황의 이름에서 비롯된 것이다. 종교적으로 중요한 역할을 하는 곳으로 교황의 서거와 선출이 이뤄진다. 영화 <천사와 악마>에서는 새 교황을 뽑는 추기경단의 선거회인 콘클라베Conclave가 열리는 장면을 이곳에서 찍었다. 시스티나 예배당은 미켈란젤로의 천재성이 돋보이는 작품을 보기 위해 수많은 사람들이 방문한다. 페루지노, 보티첼리 등 이탈리아 거장들의 그림도 있다. 미켈란젤로의 작품을 꼼꼼하게 감상하려면 목덜미가 뻐근해지기 마련이다. 성당 안에 의자가 마련되어 있으니 의자에 앉아서 천천히 감상하자. 성당 안에서는 대화와 사진 촬영이 금지된다.

최후의 심판 Giudizio Universale | 미켈란젤로 부오나로티Michelangelo Buonarroti
(1534~1542년, 시스티나 예배당 제단)

시스티나 예배당 제단 벽면에 그려진 프레스코화다. 종말이 오면 예수가 심판을 해 선인을 구원하고 악인을 벌한다는 성서의 내용을 담았다. 당시 빈번하게 일어났던 신성 로마 제국의 로마 침략과 약탈 등에 대한 분노를 표현하고, 종교 개혁으로 가톨릭에서 멀어져 가는 민심을 사로잡기 위해 탄생한 작품이다. 교황 클레멘스 7세의 명으로 미켈란젤로가 제작했다. 167㎡의 거대한 벽면에 391명의 인물상을 그려 넣었다. 인물들의 역동적인 자세와 다양한 표정이 완벽한 기교로 표현됐다. 그림은 천국, 연옥, 지옥의 세 부분으로 나뉜다. ❶ 그림 상단에는 예수의 수난에 사용된 도구를 들고 있는 천사의 모습이 보인다. ❷ 그 아래 그림 정중앙에는 예수와 성모 마리아가 있다. 곱슬머리에 수려한 외모를 한 예수의 얼굴은 <벨베데레의 아폴로>를 참고했고, 근육질의 탄탄한 몸은 <벨베데레의 토르소>를 모델로 그린 것이다. ❸ 예수 왼쪽으로는 축복받은 이들이, ❹ 오른쪽에는 성인들이 자리한다. ❺ 성인들 사이에서는 천국의 열쇠를 들고 있는 성 베드로가 보인다. ❻ 피부가 벗겨지는 고문을 받고 순교한 성 바르톨로메오도 오른손에는 칼을, 왼손에는 살가죽을 쥐고 있다. 살가죽에는 미켈란젤로가 자신의 모습을 그려 넣었다. ❼ 예수와 성모 마리아 아래에는 심판의 나팔을 부는 천사가 있다. 왼쪽의 천사가 들고 있는 책에는 천국으로 갈 사람의 명단이, 오른쪽 천사가 들고 있는 책에는 지옥으로 갈 사람의 명단이 적혀 있다. 천사들 좌우로는 ❽ 구원받은 이들과 ❾ 저주받은 이들이 보인다. ❿ 그림 하단 왼편에는 죽은 영혼들이 부활하는 모습이, ⓫ 오른편에는 지옥의 입구가 그려졌다. ⓬ 지옥의 입구에 있는 지옥의 마왕, 미노스는 미켈란젤로에게 사사건건 트집을 잡았던 교황의 비서, 비아조 다 체세나Biagio da Cesena의 모습을 그려 넣은 것이다.

|Talk|
<최후의 심판>을 심판하다

<최후의 심판>에 등장하는 성인들은 본래 모두 벌거벗은 모습으로 등장한다. 이에 예술과 외설 사이에서 논쟁이 벌어졌지만 미켈란젤로라는 거장의 작품이었기에 작품에 쉽게 손을 댈 수는 없었다. 끊임없는 논쟁 끝에 1563년 트리엔트 공의회는 성인들의 누드에 가리개를 씌우기로 결정한다. 미켈란젤로는 이 결정이 내려지고 얼마 지나지 않아 사망하였고, 미켈란젤로의 제자인 다니엘레 다 볼테라Daniele da Voltera가 성인들의 몸 중요한 부위에 천을 그리는 역할을 하게 됐다. 그 작업만 꼬박 1년이 걸렸다고 한다. 이 일로 다니엘레 다 볼테라는 '기저귀 화가'라는 뜻의 브라게토네braghettone라는 수치스러운 별명을 얻었다. 그는 평생 이 별명으로 조롱을 받았다.

시스티나 예배당 천장화 Volta della Cappella Sistina

| 미켈란젤로 부오나로티 Michelangelo Buonarroti(1508~1512년, 시스티나 예배당 천장)

1508년 교황 율리우스 2세의 부탁으로 미켈란젤로가 시스티나 예배당 천장에 그린 프레스코화다. 구약성서에 나오는 창세기 내용을 담고 있다. 한국에는 〈천지창조〉로 많이 알려졌다. 20m 높이의 천장에 800m 길이의 대작을 4년 동안 미켈란젤로 혼자서 완성했다. 미켈란젤로는 좁은 공간에서 고개를 젖힌 채 작업에 몰두하면서 시력이 저하되고, 척추가 휘고, 관절염을 앓는 등 직업병으로 고생했다. 천장화를 감상하는 동안에도 목이 뻐근해져 오는 것이 느껴지니 매일 15시간씩 그림을 그렸던 미켈란젤로의 육체적인 고통은 어마어마했을 것이다. 천장화에는 하느님과 예수, 예수의 조상, 예언자, 무녀 등 340여 명이 넘는 인물들이 그려졌다. 천장화 중앙에는 9개의 창세기 장면을 담았다. 중앙 그림 바깥으로는 성서의 예언자와 신화에 등장하는 무녀 10명을 번갈아 그렸다. 10개 그림 사이에 튀어나온 삼각형 모양의 스펜드럴 8개와 그림 가장 바깥쪽에 위치한 반원 모양의 루네트 16개에는 예수의 조상을 그려 넣었다. 그림 네 귀퉁이의 팬던티브에는 구약성서의 구원에 대한 내용을 담았다. 팬던티브 사이에는 좌우대칭으로 누드상이 그려졌다.

〈천장화 중앙 그림 해설〉

❶ 하느님이 빛과 어둠을 가르는 장면이다. 창세기 연대순으로 가장 먼저 일어난 사건이지만 미켈란젤로는 가장 마지막에 그려 넣었다.
❷ 해와 달 그리고 식물을 창조하는 하느님의 모습이다. 오른손으로는 해를, 왼손으로는 달을 만들어 내고 있다.
❸ 하느님이 땅과 물을 가르는 광경이다.
❹ 하느님이 아담에게 생기를 불어넣는다. 서로 손끝으로 교감을 하고 있는 형태는 영화 〈이티〉 속 명장면의 모티브가 됐다.
❺ 하느님이 이브를 창조하는 모습을 담았다. 이브에게 갈비뼈를 내준 아담은 나무 기둥에 몸을 기대 쉬고 있다.
❻ 아담과 이브가 타락하고 추방당한다. 왼쪽에는 뱀의 유혹에 넘어가 선악과를 따먹는 아담과 이브를, 오른쪽에는 에덴동산에서 쫓겨나는 아담과 이브를 그렸다.
❼ 노아가 대홍수가 끝난 후 하느님께 제사를 드리는 모습이다. 연대순으로 보면 8번 뒤에 와야 할 그림이다.
❽ 천장화 중 가장 먼저 완성한 그림이다. 9개의 창세기 장면 중 가장 많은 인물이 등장한다. 왼쪽에는 홍수를 피하려는 인간들이, 중앙에는 사람들로 가득 차 뒤집어지기 직전의 배가 그려졌다. 그림 중앙 뒤편에는 노아가 지은 방주가 보이고, 오른쪽에는 비를 피하기 위한 천막이 있다.
❾ 왼쪽에는 포도나무를 심는 노아가, 오른쪽에는 포도주를 마시고 만취한 노아의 모습이 보인다.

르네상스의 3대 거장,
레오나르도 다빈치 vs 미켈란젤로 vs 라파엘로

한 세기에 한 명도 나오기 힘든 천재가 르네상스 시대에는 셋이나 등장했다. 바로 레오나르도 다빈치, 미켈란젤로 그리고 라파엘로다. 이들을 제외하고는 르네상스 미술을 논하기 어렵다. 동시대를 풍미했던 예술가들이지만 캐릭터는 사뭇 다르다. 레오나르도 다빈치는 화가, 건축가, 해부학자, 과학자, 음악가 등 다방면에 걸쳐 천재성을 발휘한 인물이었다. 주 무대가 밀라노, 프랑스였기 때문에 로마에서는 그의 작품을 감상할 기회가 많지 않다. 그의 대표적인 회화 작품으로는 〈모나리자〉, 〈최후의 만찬〉 등이 있다. 미켈란젤로는 피렌체의 실세, 메디치 가문의 후원을 받아 주로 피렌체와 로마에서 활동했다. 회화와 조각에서 두각을 드러냈으며, 캄피돌리오 광장, 산 피에트로 대성당 등의 건축가로서도 재능을 뽐냈다. 그는 90세의 나이로 세상을 뜨기 전까지 밥 먹을 시간도 없이 홀로 고독을 씹으며 작품에만 힘을 쏟았다. 미켈란젤로의 예술적인 희생 덕분에 바티칸 박물관에 〈최후의 심판〉과 〈시스티나 예배당 천장화〉라는 걸작이 남았다. 라파엘로는 페루자에서 페루지노의 제자로 그림을 시작해 피렌체와 로마를 거점으로 주로 회화 작품에만 몰두했다. 그는 학습 능력이 뛰어나 선배 예술가들의 장점을 스펀지처럼 흡수했다. 레오나르도 다빈치와 미켈란젤로의 작품에서 선의 움직임과 구도 등을 모방했다. 거기에 자신만의 개성을 더해 한 단계 업그레이드된 작품 세계를 선보였다. 라파엘로의 대표작으로는 바티칸 박물관에서 볼 수 있는 〈아테네 학당〉, 〈그리스도의 변용〉과 바르베리니 궁전이 소장한 〈라 포르나리나〉 등이 있다. 라파엘로는 미켈란젤로와 달리 사랑이 많은 남자였다. 곱상한 외모에 온화한 성품으로 여자들에게 매력 발산을 했다. 37세의 나이로 요절할 때까지 라파엘로 곁에는 수많은 여성들이 있었다.

레오나르도 다빈치

미켈란젤로

라파엘로

전 세계 가톨릭의 중심
산 피에트로 대성당 Basilica Papale di San Pietro [바질리까 빠빨레 디 싼 뻬에뜨로]

세계에서 규모가 가장 큰 성당으로 존재 자체만으로도 아우라가 뿜어져 나온다. 산 피에트로 대성당과 산 피에트로 광장의 터는 본래 네로 황제의 원형 경기장이 있었던 곳이다. 61년 네로 황제의 박해로 초대 교황이었던 성 베드로가 이곳에서 십자가에 거꾸로 매달려 순교했다. 349년 기독교를 공인했던 콘스탄티누스 황제가 성 베드로를 기리며 그의 무덤 위에 지은 것이 바로 산 피에트로 대성당이다. 16세기 교황 율리우스 2세의 계획으로 브라만테, 라파엘로, 안토니오 상갈로Antonio Sangallo, 미켈란젤로 등의 건축 책임자를 거치며 오늘날의 모습을 갖췄다. 성당은 총 세 차례 설계가 변경되면서 여러 형태의 건축 양식을 띈다. 외관은 바로크 양식, 내부는 르네상스 양식이다. 성당의 파사드는 카를로 마데르나Carlo Maderna의 작품이다. 성당은 길이 218m, 높이 137m의 사이즈에 최대 6만 명까지 수용 가능하다. 성당 안으로 들어서면 화려하고 웅장한 모습에 입이 떡 벌어진다. 11개의 예배당과 45개의 제단 그리고 감동을 안겨 주는 예술 작품들이 성당 안을 가득 메우고 있다.

Data 지도 268p-J
가는 법 메트로 A선 Ottaviano역 하차, 도보 15분. 버스 40번 타고 Trastpontina/Conciliazione 정류장 하차, 도보 10분. 버스 46, 64, 190F, 916F번 타고 Cavalleggeri/S.Pietro 정류장 하차, 도보 10분
주소 Piazza San Pietro, Roma
전화 06-6988-3731
운영시간 성당 4~9월 07:00~19:00, 10~3월 07:00~18:30, 쿠폴라 4~9월 07:30~18:00, 10~3월 07:30~17:00(마지막 입장 1시간 전)
요금 성당 무료, 쿠폴라 8유로 (엘리베이터 이용 10유로, 엘리베이터 이용하지 않을 경우 551계단을 걷고, 이용할 경우 320 계단을 올라가야 한다)
홈페이지 www.vatican.va/various/basiliche/san_pietro/index_it.htm

> **Tip** 산 피에트로 대성당에서는 적절한 복장을 갖춰야 한다. 민소매, 반바지, 미니스커트, 샌들 등은 금지된다. 검색대를 통과해야 들어갈 수 있기 때문에 입장하기까지 어느 정도 시간이 소요된다. 산 피에트로 광장에서 성당을 마주 보고 오른쪽으로 들어서면 검색대 앞에 늘어선 긴 줄을 확인할 수 있다.

산 피에트로 대성당
Basilica Papale di San Pietro

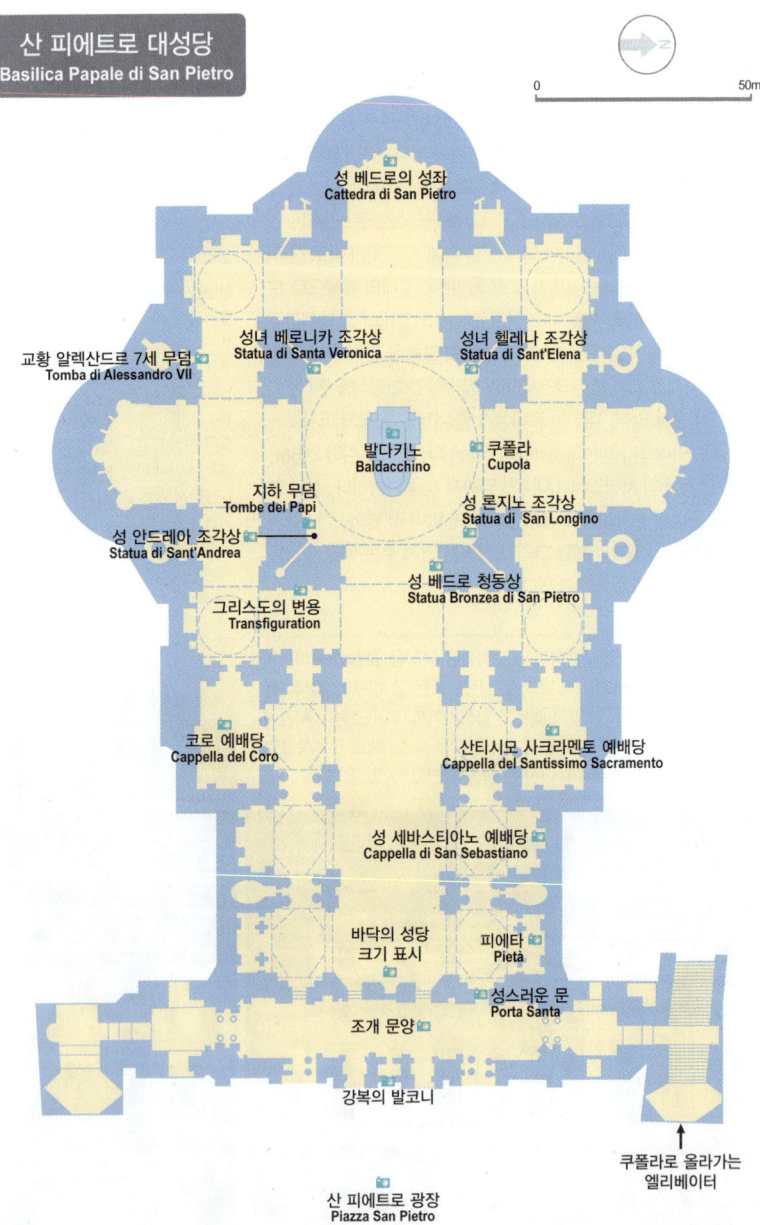

| Theme |

산 피에트로 대성당 구석구석 살펴보기

어느 미술관이나 박물관 못지않게 볼거리들이 상당하다. 성당 입구에서 봤을 때 피에타가 있는 오른쪽에서 중앙의 성 베드로 청동상과 발다키노를 지나 왼쪽의 교황 알렉산드르 7세 무덤까지 꼼꼼하게 둘러보자. 성당 내부를 둘러본 후에는 쿠폴라 발코니에 올라 바티칸 시국의 전경을 굽어보는 것으로 마무리하자.

강복의 발코니

교황이 축복의 메시지를 전하는 곳이다. 베르니니가 설계한 것으로 발코니 아래 부조에는 예수가 성 베드로에게 천국의 열쇠를 전하는 장면이 조각됐다.

성스러운 문 Porta Santa

입구에서 가장 오른쪽으로 보이는 청동문이다. 1950년 제작된 성스러운 문은 25년마다 있는 성년聖年에만 1년 동안 열린다. 이 문으로 들어가 고해성사를 하면 면죄부를 받을 수 있다고 하여 가톨릭 신자들의 관심이 큰 곳이다. 성스러운 문에는 성경에 나오는 16가지 일화가 새겨져 있다.

조개 문양

대성당 안으로 들어가는 문에서 조개 문양을 발견할 수 있다. 이 조개는 순례자를 상징하는 새조개다. 조개를 밟고 지나가야 진정한 순례자가 될 수 있다고 한다.

바닥의 성당 크기 표시

중앙문 아래를 내려다보면 바닥에 새겨진 글씨가 보인다. 세계 곳곳에 있는 성당을 크기순으로 적어 놓은 것이다. 이 표지물은 산 피에트로 대성당이 가장 크다는 것을 확인해 준다.

피에타 Pietà

사람들이 가장 많이 모여드는 곳에는 피에타가 있다. 피에타는 성모 마리아가 십자가에 못 박혀 죽은 예수를 안고 있는 모습을 묘사한 그림이나 조각을 말한다. 산 피에트로 대성당에 있는 피에타는 피에타 중 가장 유명한 것으로 미켈란젤로의 3대 조각상 중 하나로 꼽힌다. 성모 마리아의 주름 잡힌 치맛자락과 축 처진 예수의 근육까지 대리석으로 만들었다고 믿기 힘들 정도로 정교하게 묘사됐다. 성모 마리아의 과장되지 않은 처연한 표정에서 아들을 잃은 슬픔이 더 크게 느껴진다. 26살에 피에타를 완성한 미켈란젤로는 젊은 나이에 이런 걸작을 만들었다는 것을 사람들이 믿어주지 않자 성모 마리아의 가슴 띠에 자신의 서명을 남겼다. 이후 미켈란젤로는 그의 행동에 부끄러움을 느끼고 다시는 작품에 서명을 남기지 않았다고 한다. 피에타는 미켈란젤로의 작품 중 유일하게 그의 사인을 볼 수 있는 작품인 것이다. 1972년 피에타는 큰 상처를 입게 된다. 지질학자인 라즐로 토스Laszlo Toth가 성당에 침입해 '내가 예수 그리스도다!'라고 외치며 조각상을 망치로 10여 차례 내리쳐 성모 마리아의 코와 팔 부분을 훼손시켰다. 복원 작업을 마친 후 피에타는 다시 성당으로 돌아왔지만 이제는 방탄유리 너머로만 바라볼 수 있게 됐다.

쿠폴라 Cupola

발다키노에서 위쪽을 올려다보면 성당 중앙의 쿠폴라가 보인다. 쿠폴라는 미켈란젤로가 설계하였으나 완성하지 못한 채 세상을 떠났고, 23년 후 그의 제자들에 의해 완공됐다. 지름 45m의 거대한 규모에 우아한 자태를 자랑한다. 쿠폴라 아랫부분에는 4대 복음서의 저자인 마태오, 마가, 누가, 요한의 초상화가 모자이크로 장식되어 있고, 쿠폴라를 빙 두르고 있는 금박 테두리에는 라틴어로 '베드로야, 반석 위에 성당을 짓고 천국의 열쇠를 주리라.'라는 문구가 새겨져 있다. 쿠폴라에 영감을 받아 프랑스의 앵발리드, 영국의 세인트 폴 대성당, 미국의 국회의사당 등이 지어졌다. 성당의 오른쪽 입구에서 계단과 엘리베이터를 통해 쿠폴라의 발코니까지 오를 수 있다. 엘리베이터를 이용해도 비좁고 가파른 계단 320개를 올라야 하니 심호흡을 하고 출발하자. 발코니에 오르면 모든 발걸음을 보상해 줄 만한 바티칸 시국과 로마의 놀라운 전경이 기다린다. 바티칸 박물관, 바티칸 정원, 산 피에트로 광장을 모두 내려다볼 수 있다.

성 베드로 청동상 Statua Bronzea di San Pietro

13세기 아르놀포 디 캄비오 Arnolfo di Cambio가 제작한 청동 조각상이다. 고대 로마 복장을 하고 있는 성 베드로가 그의 시그니처 아이템인 '천국의 열쇠'를 들고 의자에 앉아 있는 모습을 묘사했다. 성 베드로의 오른쪽 발을 만지거나 입을 맞추면 소원이 이뤄진다는 전설이 전해진다. 수많은 방문자들의 손길에 의해 발가락이 다 닳아 있는 상태다.

발다키노 Baldacchino

발다키노는 장식 덮개인 '천개天蓋'를 뜻하며 주로 제단, 묘비 등을 장식하는 구조물이다. 성당 중앙을 화려하게 차지하고 있는 발다키노는 성 베드로의 유골을 보호하고 기리기 위해서 만들어졌다. 교황 우르바누스 8세의 의뢰로 1624년 베르니니가 설계했다. 베르니니의 영원한 라이벌, 보로미니도 발다키노의 제작에 참여했다. 29m 높이의 청동 기둥이 우아한 곡선의 형태로 뻗어 있다. 기둥 위에는 네 명의 천사상이 조각되어 당장이라도 하늘로 오를 듯한 느낌을 준다. 교황 우르바누스 8세의 가문인 바르베리니 가문의 문장인 꿀벌도 찾아볼 수 있다. 교황만이 이곳에서 미사를 집전할 수 있다.

지하 무덤 Tombe dei Papi

지하 무덤의 입구는 쉽게 눈에 띄지 않는다. 성 안드레아 조각상이 있는 벽기둥 옆에 지하로 내려가는 계단이 보인다. 초대 교황인 성 베드로부터 가장 최근에 안치된 요한 바오로 2세까지 역대 교황의 무덤이 있다.

4대 성인 조각상

4대 복음 성인 초상화 아래로는 4대 성인의 조각상이 보인다. 성녀 베로니카 조각상은 예수가 피를 흘릴 때 닦았던 손수건을 쥐고 있는 모습을 묘사했다. 맞은편에 위치한 성녀 헬레나는 예수가 못 박혔던 십자가를 들고 있다. 성 론지노는 예수가 십자가에 박혔을 때 옆구리를 창으로 찔렀던 인물이다. 이 조각상은 베르니니의 작품으로 오른손에 들고 있는 창이 그의 아이덴티티를 확인해 준다. 성 안드레아는 성 베드로의 친동생으로 X자형 십자가를 지고 있다.

성 베드로의 성좌 Cattedra di San Pietro

발다키노 너머에 자리 잡은 청동 의자다. 교황 알렉산드로 7세의 요청으로 베르니니가 제작했다. 성 베드로가 사용했다고 알려진 의자의 나뭇조각을 모아 청동을 입혔다. 성좌는 교황의 권위와 지위를 대표하며 위엄을 뽐낸다. 성좌의 아랫부분에는 성 아우구스티누스, 성 암브로시우스, 성 아타나시우스, 성 요한네스 크리소스토무스의 청동상이 성좌를 둘러싸고 있다. 성좌 위로 보이는 창에는 성령을 상징하는 비둘기가 빛을 받아 은은하게 빛난다.

교황 알렉산드르 7세 무덤 Tomba di Alessandro VII

베르니니가 제작한 마지막 작품이다. 베르니니의 후원자였던 교황 알렉산드르 7세의 무덤을 흰색과 붉은색 대리석으로 조각했다. 교황 알렉산드르 7세가 네명의 여인에게 둘러싸여 있는 모습이 보인다. 왼쪽에 아이에게 젖을 먹이는 여성은 사랑을 뜻하고, 그 위에 위치한 여인은 진리를 의미한다. 비둘기를 안고 있는 여자 조각상은 정의를 상징하며, 그 위의 여인은 신중을 뜻한다.

베르니니의 대표적인 걸작
산 피에트로 광장 Piazza San Pietro [삐앗짜 싼 삐에뜨로]

성 베드로가 예수에게 수여받은 '천국의 열쇠'가 연상되는 광장이다. 산 피에트로 대성당의 쿠폴라 발코니에 올라가 광장을 내려다보면 그 모양이 거대한 열쇠를 닮았다. 산 피에트로 광장은 베르니니가 1656년 짓기 시작해 12년 만인 1667년 완성했다. 광장은 바로크 양식 특유의 거대한 규모에 화려한 자태를 뽐낸다. 베르니니는 광장 양쪽에 반원형 회랑을 설계해 예수가 두 팔을 벌려 이곳을 방문한 모든 이들을 품어주는 모습을 형상화했다. 회랑은 도리아 양식의 원기둥 284개로 구성된다. 기둥 위는 3m 높이의 140개 조각상으로 장식됐다. 이는 역대 교황과 순교한 성인을 표현한 것이다. 광장 중앙의 분수대 근처 바닥에 있는 회랑의 중심 Centro del Colonnato에 서면 네 줄로 세워진 원기둥이 일직선상에서 하나로 보이는 마법이 펼쳐진다. 광장 가운데는 고대 로마의 칼리굴라 황제가 이집트에서 가져온 25.5m 높이의 오벨리스크가 있다. 로마에서 두 번째로 큰 오벨리스크로 꼭대기에는 기독교의 승리를 상징하는 십자가가 설치됐다. 오벨리스크 좌우로는 카를로 마데르나와 베르니니가 제작한 분수가 시원하게 물줄기를 내뿜는다.

Data 지도 268p-J
가는 법 산 피에트로 대성당 앞 **주소** Piazza San Pietro, Roma

무덤에서 박물관까지

산탄젤로성 Castel Sant'Angelo [까스뗄 싼딴젤로]

푸치니의 오페라 〈토스카〉에서 여주인공이 자살하는 장면의 배경이 된 곳이다. 산탄젤로성은 본래 하드리아누스 영묘라고 불렸다. 130년 하드리아누스 황제는 사후에 자신이 묻힐 영묘를 직접 설계하기 시작했다. 그가 눈을 감은 후 139년 안토니누스 황제가 영묘를 완성했다. 이곳에는 100년 동안 하드리아누스 황제를 비롯해 카라칼라 황제에 이르기까지 여러 황제가 묻혔다. 6세기 저물어가는 로마 제국의 역사와 맞물려 영묘는 기능을 달리했다. 아우렐리아누스 성벽의 일부가 되어 로마를 지키는 방어벽으로 사용됐다. 당시 로마는 흑사병으로 열병을 앓고 있었는데, 교황 그레고리오가 흑사병 퇴치를 위해 기도하던 중 영묘 꼭대기에서 천사 미카엘이 칼집에 칼을 넣는 환영을 보게 됐다. 이를 신의 은총을 받았다고 생각해 예배당을 세웠고, 천사의 성이라는 뜻의 '산탄젤로성'이라고 불렀다. 16세기 독일의 로마 침입을 피해 교황 클레멘스 7세는 이곳에 은신처를 마련했다. 이후에는 정치범들을 수감하는 악명 높은 감옥으로도 사용됐다. 오늘날 산탄젤로성은 박물관으로 사용되며 회화 작품과 조각품 등을 소장한다. 무기 전시실과 지하 감옥도 엿볼 수 있다. 성 꼭대기에는 18세기 페터 베르샤펠트 Peter Anton von Verschaffelt가 제작한 미카엘 청동 조각상이 우뚝 서 있다. 꼭대기에서는 바티칸 시국의 전경이 시원하게 펼쳐진다. 특히 석양이 드리워질 무렵이 아름답다. 발그스름한 기운이 도시 곳곳에 스며들어 환상적인 경치를 선사한다.

Data 지도 269p-G
가는 법 산 피에트로 광장에서 도보 7분. 메트로 A선 Ottaviano역 하차, 도보 15분. 버스 40, 64번 타고 Ponte Vittorio Emanuele 정류장 하차, 도보 10분
주소 Lungotevere Castello 50, Roma **전화** 06-681-9111
운영시간 화~일 09:00~19:30 (마지막 입장 18:30)
요금 일반 12유로, 18세 미만 무료, 로마 패스 가능
홈페이지 www.castelsantangelo.beniculturali.it

천사들이 수호하는
산탄젤로 다리 Ponte Sant'Angelo [폰떼 싼딴젤로]

로마에서 가장 아름답고 낭만적인 다리다. 136년 하드리아누스 황제가 자신의 영묘와 로마 도심을 잇기 위해 건축했다. 이 다리는 하드리아누스 다리라는 뜻의 '아엘리우스 다리Pons Aelius'라고도 불린다. 다리를 받치고 있는 다섯 개의 아치 중 가운데 세 개는 원래의 형태가 보존된 것이고, 양 끝의 두 개는 재건축된 것이다. 17세기 다리 위에 열 개의 천사 조각상이 장식되면서 우아함이 더해졌다. 베르니니는 그 중 두 개의 천사 조각상을 만들었다. 각각의 천사상은 예수의 수난을 상징하는 못, 창, 채찍, 면류관, 십자가 등을 지니고 있다. 베르니니의 명품 조각상에 반한 교황 클레멘스 9세는 자신의 사리사욕을 채우기 위해 가시 면류관을 든 천사상In Aerumna Mea Dum Configitur Spina과 두루마리를 든 천사상Regnavit a Ligno Deus을 가져가고, 빈자리는 복제품으로 채웠다. 현재 그 조각상의 원본은 산탄드레아 델레 프라테 성당에서 볼 수 있다.

Data 지도 269p-K
가는 법 산탄젤로성 앞
주소 Ponte Sant'Angelo, Roma

> **Tip** 하드리아누스 황제는 박학다식하고 재능이 많았던 로마 제국 시대의 황제로 자신이 직접 설계하고, 건축하는 것을 즐겼다. 로마 근교 티볼리에 있는 대규모 건축 단지인 빌라 아드리아나도 그의 손길이 닿은 것이다.

EAT

유쾌한 형제들이 만드는 피자
피자 지자 Pizza Zizza

유쾌하고 친절한 지자Zizza 형제가 운영하는 조각 피자집이다. 현지인과 여행자 모두에게 인기가 많다. 피자 지자는 작은 규모의 가게로 매장 안팎에 테이블 몇 개가 놓여 있다. 먼저 먹음직스러운 피자를 골라 무게를 잰다. 가격은 무게에 따라 측정된다. 8유로 정도면 한 끼 식사를 해결할 수 있다. 주문이 들어가면 미리 만들어진 피자를 바삭하게 데워준다. 시간대별로 나오는 피자가 달라지며, 메뉴에 없는 피자도 있다. 매콤한 버섯 피자Funghi Porcini와 부드럽고 담백한 가지 피자Melanzane e Pesto는 함께 먹는 게 더 맛있다. 토마토와 치즈가 어우러진 마르게리타Margherita도 훌륭하다. 피자와 맥주는 최상의 궁합이니 잊지 말자. 양이 부족하다면 라이스볼 튀김인 수플리Supplì를 추천한다.

Data 지도 268p-J
가는 법 산 피에트로 광장에서 도보 5분 주소 Via delle Fornaci 11, Roma
전화 338-868-1227
운영시간 수~월 12:00~20:00
가격 피자 1kg당 16.90유로~, 수플리 2유로~
홈페이지 www.pizzazizza.it

맛도 좋고 분위기도 좋은
아를루 Arlù

1989년 아르만도Armando와 루치아Lucia 커플이 문을 연 레스토랑이다. 식당 이름은 그들 이름의 앞 글자인 'Ar'와 'Lu'를 합친 것이다. 우아하고 아늑한 분위기 속에서 이탈리아 음식을 맛볼 수 있다. 파스타, 리소토, 육류 요리, 생선 요리 등을 만든다. 예쁜 플레이팅에 맛도 합격점이다. 특히 카르보나라와 리소토의 평이 좋다. 테이블이 많지 않으니 홈페이지를 통해 예약하고 방문하는 것이 좋다.

Data 지도 268p-F
가는 법 산 피에트로 광장에서 도보 5분 주소 Borgo Pio 135, Roma
전화 06-686-8936 운영시간 월·화·목 11:30~22:00, 수·토 11:30~23:00, 금 11:30~18:00, 일 11:30~16:00
가격 애피타이저 12유로~, 메인 요리 13유로~
홈페이지 www.ristorantearlu.it

파니노에서 피자 로마나까지
모르디 샌드위치하우스 Mordi Sandwichouse

탐스러운 파니노를 맛볼 수 있는 파니노테카다. 다채로운 재료로 다양한 조합을 한 파니노를 선보인다. 카프레제는 모차렐라, 토마토, 상추로 만든 파니노로 입안을 싱그럽게 만든다. 모르디는 이곳의 시그니처 메뉴로 론챠lonza(건식으로 만든 돼지고기 등심), 말린 토마토, 스트라키노stracchino, 올리브 크림 등이 들어간다. 파니노 외에 로마 스타일 피자인 피자 로마나 리피에나Pizza Romana Ripiena도 있다. 피자지만 샌드위치처럼 토마토, 모차렐라, 살라미 등이 빵 사이를 채운다. 그중 이탈리아는 추천할 만한 메뉴다. 얇고 바삭한 피자 빵과 금방이라도 흘러내릴 것 같은 묵직한 모차렐라가 훌륭한 조화를 이룬다.

Data 지도 269p-G
가는 법 산 피에트로 광장에서 도보 5분
주소 Borgo Pio 139, Roma
전화 346-318-3193
운영시간 수~화 10:00~17:00
가격 파니노 6유로~,
피자 로마나 리피에나 6유로~

파스타로 캐주얼한 한 끼
에그 E.G.G.

산 피에트로 광장 근처 파스타 전문점이다. 시간이 없는 여행자들이 빠르게 식사하기 좋은 곳이다. 토마토와 바질이 들어간 포모도로 에 바실리코Pomodoro e Basilico, 치즈와 후추만으로 맛을 낸 카초 에 페페Cacio e Pepe, 카르보나라Carbonara 등 파스타 메뉴가 있다. 파스타 면과 종류를 고르면 즉석에서 바로 만든 파스타가 제공된다. 한국인들 입맛에는 짭짤할 수 있으니 주문할 때 덜 짜게 만들어달라고 요청하는 것이 좋다. 신선함이 가득하고 쫀득한 면발이 매력적이다. 매장은 협소한 편이라 주로 테이크아웃을 하는 사람들이 많다. 테이크아웃 시에는 누들 박스에 파스타가 담겨져 나온다.

Data 지도 269p-G
가는 법 산 피에트로 광장에서 도보 5분
주소 Vicolo del Farinone 25A, Roma **전화** 06-8901-3927
운영시간 월·화·목 11:30~18:00, 수 11:15~18:00, 금 11:30~17:00, 토 11:15~16:00, 일 11:30~15:30 **가격** 파스타 5.50유로~

베이커리와 레스토랑 사이
포르노 펠리치아니 Forno Feliziani

바티칸 박물관 관람 전후로 간편하게 식사하기 좋은 곳이다. 오전에는 커피와 베이커리로 간단하게 요기할 수 있다. 담백하고 투박하게 생긴 빵부터 달달하고 아기자기하게 생긴 디저트까지 선택의 폭이 넓다. 오후에는 피자, 라자냐, 파스타, 샐러드 등 이탈리아 음식이 마련된다. 미리 만들어 놓은 요리를 눈으로 직접 보고 고른다. 메뉴마다 무게로 가격을 측정하기 때문에 조금씩 여러 가지 음식을 맛볼 수 있다. 멋없는 플라스틱 접시에 담겨 나오지만 맛은 전반적으로 괜찮은 편이다. 특히 바삭한 피자와 폭신한 라자냐가 만족스럽다. 음식에 풍미를 더하는 와인을 곁들여도 좋다.

Data 지도 268p-F
가는 법 바티칸 박물관에서 도보 3분 주소 Via Candia 61, Roma
전화 06-3973-7362
운영시간 월·목·토 08:00~20:00, 화·수·금 08:00~17:00
가격 와인 4유로~,
피자 1kg당 18유로~,
라자냐 1kg당 20유로~

바티칸 여행의 필수 코스
올드브릿지 OldBridge

정통 이탈리안 스타일 젤라토를 맛볼 수 있는 곳이다. 바티칸 박물관 근처에 있어서 박물관 관람 후 당 충전하기 좋다. 직원들이 간단한 한국어를 구사할 정도로 한국인들이 많이 찾는 젤라테리아다. 매장 규모가 작아 길거리까지 젤라토를 기다리는 줄이 이어진다. 쌀로 만든 리소Riso, 피스타치오가 들어간 피스타키오 Pistacchio, 딸기 젤라토인 프라골라Fragola 등이 인기다. 양도 많고, 가격도 저렴하다. 트라스테베레에서도 매장을 찾아볼 수 있다.

Data 지도 268p-F
가는 법 바티칸 박물관에서 도보 4분
주소 Viale dei Bastioni di Michelangelo 5, Roma
전화 06-4559-9961 운영시간 월~토 10:00~02:00, 일 14:30~02:00
가격 젤라토 피콜로 2.50유로, 메디오 3유로, 그란데 4유로
홈페이지 www.gelateriaoldbridge.com

파니노가 입안 한가득
파니노테카 슬럽 Paninoteca Slurp

메트로 오타비아노Ottaviano역 근처에 있는 파니노 전문점이다. 표지판이 작아 눈에 쉽게 띄지 않는다. 이곳에서는 16가지 종류의 파니노를 판매한다. 황제를 뜻하는 임페라토레Imperatore에서 왕자를 의미하는 프린치페Principe까지 독특한 작명 센스의 파니노들이 메뉴판을 장식한다. 메뉴에는 각 파니노에 들어가는 재료들이 표기되어 있으니 취향에 맞게 고르자. 마리나이오Marinaio는 어부라는 뜻에 걸맞게 바다 맛이 나는 파니노다. 파니노는 바삭하게 구운 빵에 신선한 재료로 빈틈없이 속을 채워 나온다. 풍성한 양에 한 끼 식사로 손색이 없다. 가볍게 먹을 수 있는 샐러드도 판매한다.

Data 지도 268p-F
가는 법 메트로 A선 Ottaviano 역에서 도보 1분 주소 Via degli Scipioni 62, Roma
전화 339-328-6198
운영시간 10:00~21:00
가격 파니노 5유로~, 샐러드 6유로~

로마노들이 사랑하는 동네 카페
샤샤 카페 Sciascia Caffè

전통적인 이탈리아 카페의 표본 같은 곳이다. 1919년 프라티Prati 지역에 문을 연 커피숍으로 로컬들의 사랑을 듬뿍 받고 있다. 카페 내부는 클래식하고 느긋한 분위기가 감돈다. 카페에 들어서면 먼저 카운터에서 주문을 하자. 계산 후에 받은 영수증을 바에 있는 바리스타에게 내밀면 커피를 내려준다. 커피를 기다리는 동안 주머니에 동전이 있다면 팁으로 10센트 정도 남겨줘도 괜찮다. 부드러운 질감의 카푸치노를 마셔도 좋고, 우유에 에스프레소를 방울방울 떨어뜨리는 라테 마키아토Latte Machiato를 선택해도 좋다. 매장 한쪽에서는 초콜릿도 판매한다.

Data 지도 269p-C
가는 법 메트로 A선 Ottaviano 역에서 도보 4분 주소 Via Fabio Massimo 80A, Roma
전화 06-321-1580
운영시간 월~토 07:00~21:00, 일 08:00~21:00
가격 커피 2유로~
홈페이지 www.sciasciacaffe1919.it

탐나는 식료품점
카스트로니 Castroni

카스트로니는 1932년 움베르토 카스트로니Umberto Castroni가 시작한 프랜차이즈 식료품점이다. 그의 가족들이 대를 이어 로마 곳곳에 분점을 운영하고 있다. 이곳은 1950년 움베르토 카스트로니의 딸 주세피나 카스트로니Giuseppini Castroni가 문을 연 매장이다. 바티칸 시국에서 가깝고 매장 규모도 큰 편이다. 8천여 개가 넘는 제품이 매장 안을 가득 채운다. 이탈리아산 와인, 리몬첼로, 초콜릿, 잼, 꿀, 파스타 면, 파스타 소스, 올리브오일, 트러플 제품 등이 있다. 카스트로니 자체 브랜드 제품들도 여럿 선보인다. 특히 커피 원두가 유명하다. 원두는 종류별로 무게를 달아 판매한다. 세계 각국에서 온 차, 향신료 등도 취급한다. 제품들은 심플한 디자인에 센스 있게 포장돼 선물용으로 사기에도 좋다. 콜라 디 리엔초 거리Via Cola di Rienzo, 프라티나 거리Via Frattina, 플라미니아 거리Via Flaminia 등에서도 매장을 찾아볼 수 있다.

Data 지도 268p-F
가는 법 산 피에트로 광장에서 도보 10분 주소 Via Ottaviano 55, Roma 전화 06-3972-3279 운영시간 월~토 09:00~20:00, 일 11:00~20:00 홈페이지 www.castroniottaviano.com

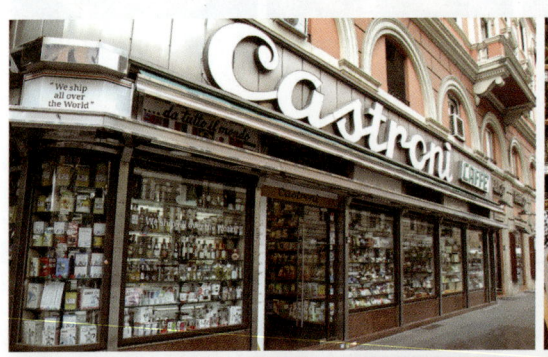

SLEEP

바티칸 시국 여행하기 딱 좋은
비앤비 어 픽처 오브 로마 B&B A Picture of Rome

산 피에트로 광장 부근에 자리한 B&B다. 여행과 사람을 좋아하는 알렉산더, 다니엘, 에드워드 세 친구가 합심해서 운영하며 집처럼 편안하고 아늑한 환경을 조성해 준다. 객실은 특별히 멋부리지는 않았지만 기본적인 것들이 잘 갖춰져 있다. 진짜 멋은 창문을 열면 등장한다. 일부 객실에서는 산 피에트로 대성당 쿠폴라가 주인공인 그림 같은 풍경이 펼쳐지며 숙소 이름값을 톡톡히 한다. 공용공간에는 간단한 조식이 마련되어 있어 아침을 풍성하게 해 준다.

Data 지도
가는 법 산 피에트로 광장에서 도보 8분, 메트로 A선 Ottaviano역 하차, 도보 5분
주소 Piazza del Risorgimento 14, Roma
전화 06-3973-7845
요금 더블룸 97유로~, 쿼드러플룸 169유로~, 스위트룸 232유로~
홈페이지 www.bbapictureofrome.com

만화 덕후들이 환호할 만한
코믹스 게스트하우스 Comics Guesthouse

만화 캐릭터들이 반겨주는 유쾌한 게스트하우스다. 도미토리부터 쿼드러플룸까지 다채로운 객실이 마련됐다. 각 객실은 심슨, 베티 붑, 슈퍼마리오 등 만화 캐릭터를 테마로 재미있게 꾸며 놓았다. 게임을 할 수 있는 라운지, 키친, 세탁실 등 부대시설 사용이 가능하다. 게스트하우스 시설은 전반적으로 깨끗하게 관리된다. 메트로 레판토Lepanto역과 가까워 대중교통을 이용하기 편리하다. 바티칸 시국과 포폴로 광장은 도보로 여행 가능하다.

Data 지도 269p-C
가는 법 포폴로 광장에서 도보 13분, 메트로 A선 Lepanto역 하차, 도보 2분 주소 Viale Giulio Cesare 38, Roma
전화 06-8678-9876
요금 도미토리 41유로~, 트윈룸 68유로~, 더블룸 72유로~, 쿼드러플룸 90유로~
홈페이지 www.comicsguesthouse.it

Roma By Area
06

로마 북부
Roma Nord

로마 북부는 느긋한 분위기와 예술적 영감이 감도는 곳이다. 녹음이 우거진 공원, 예술 작품이 가득한 미술관, 클래식이 흘러나오는 공연장 그리고 뜨거운 함성이 터지는 축구 경기장까지 다채로운 볼거리가 모였다.

로마 북부
미리보기 🔍

로마 북부를 설명하는 키워드는 세 가지다. 미술, 음악 그리고 스포츠. 그림을 좋아하는 여행자들에게는 천국이 따로 없다. 중세 시대부터 현대에 이르는 주옥같은 작품들을 순례하듯이 차례대로 감상할 수 있다. 오페라, 클래식 공연 관람과 축구 경기 관전은 여행에 풍성함을 더한다.

SEE

최대 볼거리는 보르게세 공원과 보르게세 미술관이다. 초록빛을 머금은 공원을 충분히 거닐다가 보르게세 미술관에 닿으면 이탈리아 르네상스와 바로크 예술에 빠져 보자. 국립 현대 미술관에서는 19~20세기 예술 작품을, 21세기 국립 미술관과 로마 현대 미술관에서는 이탈리아 현대 미술을 만날 수 있다.

EAT

보르게세 공원 안으로 들어서면 레스토랑을 찾을 수가 없으니 공원 방문 전후로 식사를 챙겨야 한다. 도시락을 준비해 공원 안에서 피크닉을 즐겨도 좋다.

BUY

미술관 관람 후에 관련된 제품들을 사기 좋다. 보르게세 미술관 지하에는 보르게세 미술관에서 소장한 작품이 그려진 기념품, 엽서, 마그네틱, 책자 등이 구비되어 있다. 21세기 국립 미술관 서점에서는 예술, 건축, 디자인, 사진 등 다양한 주제의 책들을 판매한다.

어떻게 갈까?

보르게세 공원은 입구가 여러 개 있다. 보르게세 미술관 쪽 입구로 가려면 테르미니 역에서는 92, 223, 360, 910번 버스로, 베네치아 광장에서는 63, 83번 버스를 타고 푸치니Puccini 정류장 하차 후 도보로 3분 정도 소요된다. 메트로 A선 스파냐 Spagna역에서는 보르게세 공원 방향의 표지판을 따라 출구로 나온 후 15분 정도 걸으면 된다.

어떻게 다닐까?

보르게세 공원 주변은 도보로 이동이 가능하다. 그 외의 스폿들은 목적지에 해당하는 버스로 이동하자.

로마 북부
♀ 1일 추천 코스 ♀

로마 북부의 핵심 코스는 보르게세 공원과 보르게세 미술관이다. 보르게세 공원을 벗어난 방문지는 띄엄띄엄 자리 잡고 있으니 목적에 맞게 여행 계획을 세우는 것이 좋다. 예술 애호가라면 하루가 너무 짧을 것이다.

보르게세 미술관의
명작 속으로 빠져들기

→ 보르게세 공원과 연결

보르게세 공원
시에나 광장에서
호수 주변까지 산책하기

→ 도보 10분

국립 현대 미술관에서
예술 작품 관람하기

↓ 도보 1분

빌라 줄리아
에트루스코 국립 박물관
감상하기

← 도보 6분

카페 델레 아르티에서
여유롭게 카푸치노
한잔하기

스타디오 올림피코	Stadio Olimpico
빌라 아다 공원	Parco di Villa Ada
포로 이탈리코	Foro Italico
파르코 델라 뮤지카 오디토리움	Auditorium Parco della Musica
빌라 글로리	Villa Glori
주 이탈리아 대한민국 대사관	Ambasciata della Repubblica di Corea in Italia
21세기 국립 미술관	Museo Nazionale delle Arti del XXI Secolo (MAXXI)
테아트로 올림피코	Teatro Olimpico
테베레강	Lungotevere Flaminio / Fiume Tevere
	Viale dei Parioli
	Via Salaria
	Viale delle Belle Arti
국립 현대 미술관	Galleria Nazionale d'Arte Moderna e Contemporanea (GNAM)
	Viale Regina Margherita
플라미니오	Flaminio
보르게세 미술관	Galleria Borghese
포폴로 광장	Piazza del Popolo
핀초 언덕	Pincio
보르게세 공원	Villa Borghese
	Via Pinciana
로마 북부	Roma Nord
로마 현대 미술관	Museo d'Arte Contemporanea di Roma (MACRO)

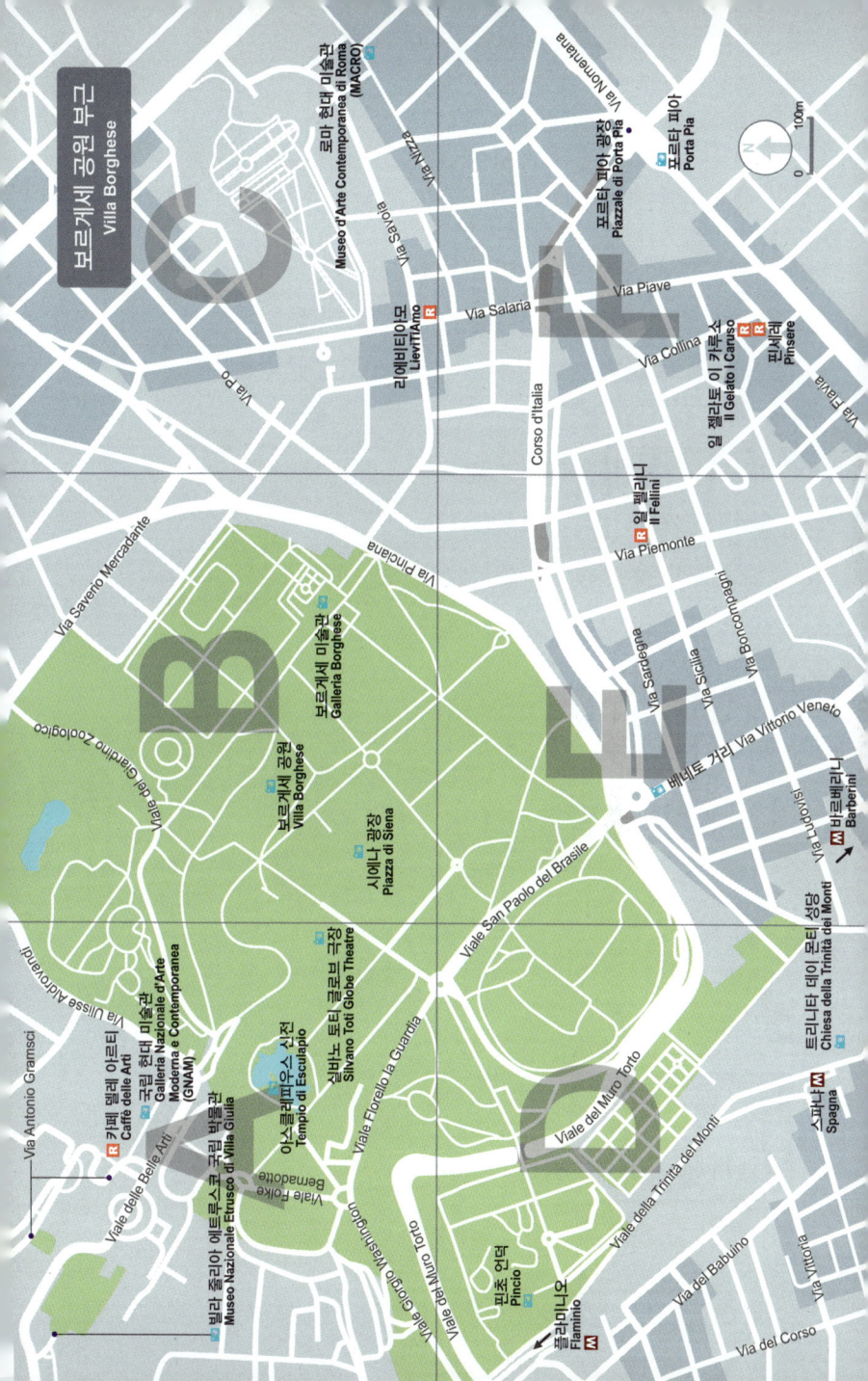

SEE

바로크와 르네상스 예술의 향연
보르게세 미술관 Galleria Borghese [갈레리아 보르게제]

바티칸 박물관을 방문했다면 다음은 보르게세 미술관 차례다. 보르게세 미술관은 중세 이탈리아의 유력 가문 중에 하나였던 보르게세 가문이 소유한 저택이었다. 이탈리아 화가들의 걸작을 수집했던 시피오네 보르게세Scipione Borghese 추기경이 작품들을 이 저택에 소장했다. 1891년 가문이 파산하자 보유했던 작품들을 국가가 사들여 미술관으로 단장하고 대중에게 공개했다. 한정된 인원이 박물관을 관람하기 때문에 복작거리는 바티칸 박물관보다 훨씬 쾌적한 상태에서 우아하게 즐길 수 있다. 미술관 0층에는 주로 바로크 양식 조각상이 포진되어 있고, 1층 피나코테카에서는 르네상스 시대 회화 작품을 엿볼 수 있다. 베르니니, 카라바조, 라파엘로, 티치아노, 루벤스 등의 보석 같은 작품들을 전시한다. 특히 베르니니의 〈아폴로와 다프네〉, 〈페르세포네의 납치〉, 티치아노의 〈신성한 사랑과 세속적인 사랑〉은 절대 놓쳐서는 안 될 명작이다. 미술관 지하 매표소에서 예약한 티켓을 받고 짐을 맡겨야 하니 관람 시간보다 조금 여유롭게 도착하도록 하자. 큰 가방은 반입이 어렵고, 작은 핸드백 정도만 내부로 가져갈 수 있다. 미술관 정문에서 줄을 서서 기다리면 정시에 입장을 시작하고, 2시간 관람 시간이 끝나기 10분 전쯤 방송이 나온다.

Data 지도 308p-D, 309p-B 가는 법 버스 83, 92, 223, 360, 910번 타고 Pinciana/Museo Borghese 정류장 하차, 도보 3분 주소 Piazzale Scipione Borghese 5, Roma 전화 06-841-3979, 06-32810 (전화 예약) 운영시간 화~일 09:00~19:00(마지막 입장 17:45) 요금 일반 13유로, 18세 미만 무료 (예약비 2유로, 특별전 진행 시 입장료 추가), 로마 패스 가능 홈페이지 www.galleriaborghese.beniculturali.it

Tip 보르게세 미술관은 하루에 열 번(09:00~11:00, 10:00~12:00, 11:00~13:00, 12:00~14:00, 13:00~15:00, 14:00~16:00, 15:00~17:00, 16:00~18:00, 17:00~19:00, 17:45~19:00) 입장이 가능하고, 한 번에 최대 180명으로 입장을 제한하기 때문에 최소한 2주 전에는 예약을 해야 한다. 예약은 홈페이지와 전화(06-32810)를 통해 할 수 있다. 홈페이지(www.tosc.it)에서 예약할 경우에는 예약비 2유로가 추가되며, 로마 패스는 전화와 이메일(romapass@tosc.it)을 통해서만 예약 가능하다. 예약이 완료되면 예약 번호를 가지고 지하 매표소에서 티켓을 받으면 된다.

보르게세 미술관 대표 작품 감상하기

보르게세 미술관은 2시간이라는 시간 제약이 있기 때문에 주옥같은 작품들을 꼼꼼하게 살펴보려면 적절한 시간 배분이 필요하다.

0층

베네레 빈치트리체 Venere Vincitrice
| 안토니오 카노바 Antonio Canova(1805~1808년, I실)

나폴레옹의 여동생, 파올리나 보르게세Paolina Borghese를 비너스처럼 묘사한 작품이다. 쿠션에 기대고 있는 그녀의 모습을 대담하게 표현하고, 옷 주름 하나하나까지도 섬세하게 구현했다.

아폴로와 다프네 Apollo e Dafne
| 잔 로렌초 베르니니 Gian Lorenzo Bernini(1622~1625년, III실)

베르니니의 초기 작품으로 그리스 로마 신화 속 태양의 신 아폴로와 요정 다프네를 주인공으로 한다. 사랑의 신 에로스의 심술로 아폴로는 사랑에 빠지는 황금 화살을 맞고, 다프네는 사랑을 거절하는 납으로 만든 화살을 맞는다. 아폴로는 다프네에 반해 구애하지만 다프네는 이를 피해 도망간다. 아폴로가 다프네에게 닿으려 하자 그녀는 아버지인 강의 신 페네이오스에게 나무로 변하게 만들어 달라는 소원을 빈다. 다프네가 월계수로 변하는 순간을 조각으로 묘사한 것이다. 겁에 질린 다프네의 표정과 월계수의 디테일 그리고 역동적인 동작이 대리석에 새긴 것이라고는 도저히 믿어지지 않을 만큼 정교하다.

페르세포네의 납치 Ratto di Proserpina
| 잔 로렌초 베르니니 Gian Lorenzo Bernini(1621~1622년, IV실)

죽음의 신 플루토(하데스)와 대지 여신의 딸 페르세포네를 표현한 조각상이다. 플루토는 페르세포네에게 첫눈에 반해 납치를 시도한다. 플루토가 페르세포네의 몸을 붙잡고 있으며, 페르세포네는 그에게서 필사적으로 도망가려고 한다. 페르세포네를 움켜쥔 플루토의 손과 붙잡힌 페르세포네의 몸이 사실적으로 표현되어 있으며, 둘 사이의 팽팽한 긴장감이 느껴진다.

골리앗의 머리를 들고 있는 다윗
David con la Testa di Golia | 미켈란젤로 다 카라바조
Michelangelo da Caravaggio(1609~1610년, Ⅷ실)

다윗이 골리앗의 잘린 머리를 바라보며 피 묻은 칼을 옷에 닦고 있다. 골리앗의 모습에는 카라바조 본인의 현재 모습을, 애처로운 표정을 짓고 있는 다윗의 모습에는 과거 자신의 모습을 투영했다고 한다.

1층 피나코테카

십자가에서 내려지는 예수 La Deposizione di Cristo
| 라파엘로 산치오 Raffaello Sanzio(1507년, Ⅸ실)

십자가에서 내려지는 예수의 모습을 표현한 작품으로 축 늘어진 팔과 다리가 잘 묘사됐다.

유니콘과 함께 있는 젊은 여인의 초상
Donna con Liocorno | 라파엘로 산치오 Raffaello Sanzio
(1596년, Ⅸ실)

레오나르도 다빈치의 〈담비를 안고 있는 여인〉에서 영감을 받은 작품이다. 모나리자와 비슷한 포즈를 취하고 있지만 여인의 눈빛에서 풍겨져 나오는 분위기가 사뭇 다르다. 원래 작품에서는 충직함의 상징인 개를 그려 넣었지만 나중에 육체적인 순결을 뜻하는 유니콘으로 바꿨다.

신성한 사랑과 세속적인 사랑 Amor Sacre e Amor Profano
| 티치아노 베첼리오 Tiziano Vecellio(1514년, ⅩⅩ실)

티치아노의 대표적인 작품으로 베네치아 귀족의 결혼을 축하하기 위해 그린 그림이다. 정원 가운데 같은 얼굴을 한 두 명의 여인이 고대 로마 석관 위에 앉아 있다. 한 여인은 화려하게 옷을 차려입었고, 다른 여인은 나체 모습이다. 두 여인 사이로는 어린 에로스가 석관에 손을 넣어 물을 젓는다. 왼쪽 여인의 풍성한 머릿결, 흰색 드레스, 꽃은 결혼을 상징하며 세속적인 사랑을 뜻한다. 여인 뒤편에는 다산의 의미를 가진 토끼들도 보인다. 이와 대조적으로 비너스 같은 자태로 검은 램프를 들고 있는 나체 여인은 신성한 사랑을 의미한다.

유유자적 산책하기 좋은
보르게세 공원 Villa Borghese [빌라 보르게제]

정신없고 번잡한 로마 여행에 쉼표를 찍어주는 장소다. 이곳은 보르게세 가문이 소유했던 땅으로 17세기 초 시피오네 추기경이 조성한 공원이다. 25만 평에 가까운 광활한 부지를 호수, 광장, 동물원, 극장 등으로 다채롭게 꾸며 놓았다. 보르게세 미술관도 이 공원에 속한다. 우산 소나무가 우거진 초록빛 풍경은 여행자들의 발길을 느긋하게 만든다. 녹음 사이로 자전거를 타도 좋고, 호수 위에서 뱃놀이를 해도 좋다. 호수 한가운데는 19세기에 세운 아스클레피우스 신전Tempio di Esculapio이 있어 운치를 더하며 그림 같은 풍경을 선사한다. 호수에서 보르게세 미술관으로 가는 방향에는 셰익스피어의 작품을 공연하는 실바노 토티 글로브 극장Silvano Toti Globe Theatre이 보인다. 극장 옆 시에나 광장Piazza di Siena에서는 올림픽과 각종 이벤트가 열렸다. 공원 곳곳에서 발견되는 조각상들은 마치 야외 미술관에 와 있는 것 같은 느낌을 준다.

Data 지도 308p-D, 309p-B
가는 법 버스 63, 83, 92, 223, 360, 910번 타고 Puccini 정류장 하차, 도보 3분. 메트로 A선 Spagna역 하차, 도보 15분

신고전주의와 낭만주의를 만나다!
국립 현대 미술관 Galleria Nazionale d'Arte Moderna e Contemporanea(GNAM)

[갈레리아 나찌오날레 다르떼 모데르나 에 꼰뗌뽀라네아(그남)]

19~20세기 회화와 조각 작품을 만날 수 있는 미술관이다. 1883년 에스포시치오니 궁전Palazzo delle Esposizioni에 개관했던 미술관을 1915년 체사레 바차니Cesare Bazzani가 설계한 현재의 건물로 옮겼다. 건물 왼쪽에 보이는 두 조각상은 건축과 회화를 의미하고, 오른쪽 두 조각상은 조각과 장식을 뜻한다. 신고전주의와 낭만주의 작품들을 비롯하여 광대한 양의 예술품을 75개 전시실에 걸쳐 소장하고 있다. 신고전주의 조각가 안토니오 카노바의 조각상들은 눈여겨볼 만하다. 19세기 이탈리아의 가장 중요한 예술 운동 마카이아이올리Macchiaioli의 주역이었던 주세페 아바티Giuseppe Abbati, 조반니 파토리Giovanni Fattori 등의 작품도 볼 수 있다. 이탈리아 미래주의 화가 자코모 발라Giacomo Balla, 움베르토 보치오니Umberto Boccioni의 미술품도 전시한다. 모네, 칸딘스키, 세잔, 클림트, 고흐, 몬드리안, 모딜리아니, 로댕, 마르셀 뒤샹 등 이름만 들어도 알 만한 유럽 거장들의 작품도 있다.

Data 지도 308p-D, 309p-A
가는 법 보르게세 미술관에서 도보 20분. 버스 160번 타고 Del Fiocco/Valle Giulia 정류장 하차, 도보 6분. 메트로 A선 Flaminio역 하차, 도보 11분 주소 Viale delle Belle Arti 131, Roma 전화 06-322981
운영시간 화~일 09:00~19:00 (마지막 입장 18:15)
요금 10유로, 빌라 줄리아 에트루스코 국립 박물관 티켓 소지자 7유로, 21세기 국립 미술관 티켓 소지자 5유로, 18세 미만 무료, 로마 패스 가능 홈페이지 www.lagallerianazionale.com

> **Tip** 마키아이올리는 아카데미 회화 양식에 반대하여 일어난 이탈리아의 예술 운동이다. 1850~1860년 피렌체를 거점으로 젊은 화가들이 전통을 버리고 새로운 화풍을 시도하며 일어났다. 그들은 규칙에 얽매이기보다는 빛과 그림자의 대비, 자연스러운 색채의 어우러짐을 중요시했다. 마키아이올리 화파에 속한 대표적인 화가로는 주세페 아바티, 조반니 파토리, 실베스트로 레가Silvestro Lega, 아드리아노 체치오니Adriano Cecioni 등이 있다.

사르코파고 델리 스포지

에트루리아의 보물이 한가득
빌라 줄리아 에트루스코 국립 박물관 Museo Nazionale Etrusco di Villa Giulia
[무제오 나찌오날레 에뜨루스꼬 디 빌라 줄리아]

에트루리아의 보물을 엿볼 수 있는 박물관이다. 에트루리아는 토스카나주를 비롯하여 북부 이탈리아까지 세력을 넓혔던 고대 이탈리아 나라다. 이 박물관은 교황 율리우스 3세의 화려한 16세기 저택에 라치오주의 무덤에서 발굴된 유물들로 꾸며졌다. 부케로 bucchero를 비롯한 도자기, 청동 조각상, 장신구, 공예품, 신전 장식 등이 그 주인공이다. 〈사르코파고 델리 스포지|Sarcofago degli Sposi〉는 눈여겨봐야 할 작품 중 하나다. 이 작품은 6세기에 만들어진 석관으로 에트루리아의 연인을 조각한 것이다. 적갈색 점토인 테라코타로 제작한 〈아폴로Apollo〉도 눈길을 끈다. 흔하게 볼 수 있는 아폴로 조각상과는 달리 에트루리아인의 개성이 드러난다. 정원도 아름다우니 빠짐없이 둘러보자.

Data 지도 309p-A
가는 법 메트로 A선 Flaminio역 하차, 도보 15분. 국립 현대 미술관에서 도보 6분 주소 Piazzale di Villa Giulia 9, Roma
전화 06-322-6571
운영시간 여름 화~일 09:00~20:00 (마지막 입장 19:00), 겨울 화~일 08:30~19:30(마지막 입장 18:30)
요금 10유로, 로마 패스 가능
홈페이지 www.villagiulia.beniculturali.it

아폴로

자하 하디드가 빚어낸 작품
21세기 국립 미술관 Museo Nazionale delle Arti del XXI Secolo(MAXXI)

[무제오 나찌오날레 델레 아르띠 델 벤뚜노 쎄꼴로(막씨)]

천재 건축가 자하 하디드Zaha Hadid가 설계한 미술관으로, 건물 자체가 하나의 작품이다. 외관과 내부 모두 매혹적이지만, 외관이 내부보다 더 화려한 현대 미술관이다. 연회색의 기하학적인 형태를 한 겉모습은 도시 한가운데서 존재감을 뽐내며 '이것이 바로 포스트모더니즘이다!'라고 외치는 듯하다. 미술관 내부는 개방형에 흰색 기둥 사이로 검은색 계단이 완만한 곡선으로 이어지며 각 전시실과 연결된다. 전시실에서는 사진, 영상, 회화 작품, 조형 작품 등 다양한 분야에 걸쳐 전시와 이벤트가 진행된다. 미술관 내 서점에서는 예술, 건축, 디자인, 사진 등을 주제로 한 책들을 살펴볼 수 있다.

Data 지도 308p-A, 310p-E
가는 법 버스 910번 타고 Flaminia/Reni 정류장 하차, 도보 2분 **주소** Via Guido Reni 4A, Roma
전화 06-320-1954
운영시간 화~일 11:00~19:00 (마지막 입장 1시간 전)
요금 일반 12유로, 18~24세 9유로, 14세 미만 무료, 로마 패스 가능
홈페이지 www.maxxi.art

> **Tip** 자하 하디드는 이라크 출신 건축가로 여성 최초로 건축계의 아카데미상이라고 불리는 '프리츠커 건축상'을 수상했다. 전 세계에 걸쳐 파격적이고 독창적인 건물들을 디자인했으며, 한국의 동대문 디자인 플라자도 그의 작품이다.

로마 올림픽이 열렸던
포로 이탈리코 Foro Italico [포로 이딸리꼬]

무솔리니가 포로 로마노에서 영감을 받아 조성한 스포츠 단지다. 이탈리아 건축가, 엔리코 델 데비오Enrico Del Debbio가 설계했다. 축구 경기가 열리는 스타디오 올림피코, 필드하키를 비롯한 다양한 경기가 열리는 스타디오 데이 마르미Stadio dei Marmi, 수영 경기가 열리는 스타디오 델 누오토Stadio del Nuoto 등으로 구성되어 있다. 1960년 로마 올림픽 경기가 이곳에서 이뤄졌다. 스타디오 데이 마르미는 축구 경기를 위해 스타디오 올림피코에 가는 길에 둘러보기 좋다. 제각각 운동하는 포즈를 취하고 있는 탄탄한 근육의 대리석 조각상 60여 점이 경기장을 빙 두르고 있는 모습이 인상적이다.

Data 지도 308p-A, 310p-A
가는 법 스타디오 올림피코에서 도보 1분
주소 Viale del Foro Italico, Roma

AS 로마와 SS 라치오의 홈구장
스타디오 올림피코 Stadio Olimpico [스따디오 올림삐꼬]

축구 시즌이 되면 거대한 함성이 울려 퍼지는 곳이다. 로마에서 가장 큰 스포츠 경기장으로 7만여 명의 관중을 수용한다. 1928년 무솔리니가 짓기 시작해 1937년 오픈했다. 당시에는 이곳에서 운동 경기와 파시스트의 집회들이 이뤄졌으며, 히틀러가 발자국을 남기기도 했다. 이후에 대대적인 보수 공사를 하여 현재는 첨단 시설로 거듭났다. 로마를 연고지로 하는 프로 축구팀 AS 로마와 SS 라치오의 홈구장으로, 세리에 A가 열리는 8~5월에는 열기가 가득 찬다. AS 로마와 SS 라치오의 경기는 빅 매치 중 하나다. 올림픽 경기, UEFA 유로, 월드컵 경기 등 중요한 경기도 이곳에서 열렸다. 세리에 A 티켓을 미리 구매하려면 로또를 파는 로토마티카, AS 로마 공식 홈페이지(www.asroma.com) 등을 이용하자.

Data 지도 308p-A, 310p-A
가는 법 버스 628번 타고 Boselli 정류장 하차, 도보 6분. 910번 타고 LGT Thaon di Revel/ Foro Italico 정류장 하차, 도보 15분 주소 Viale dei Gladiatori 2, Roma
전화 06-3685-7563

> **Tip** 세리에 A는 영국 프리미어 리그, 스페인 프리메라리가와 함께 세계 3대 프로 축구 리그로 손꼽히는 이탈리아 프로 축구 리그의 1부 리그다. 이탈리아 프로 축구는 세리에 A, 세리에 B, 세리에 C1, 세리에 C2 등 총 네 개 리그로 구성된다. 안정환은 AC 페루자에 몸을 담아 한국인 최초로 세리에 A에서 활약했었다. SSC 나폴리에 소속된 김민재는 최정상급 수비수로 이름을 날렸다.

클래식에서 발레까지
테아트로 올림피코 Teatro Olimpico [떼아뜨로 올림삐꼬]

클래식, 실내악, 오페라, 발레 등 다양한 공연이 열리는 극장이다. 로마의 클래식 음악 협회인 아카데미아 필아르모니카 로만 Accademia Filarmonica Roman의 주요 활동 무대이기도 하다. 오페라 〈리골레토〉로 유명한 베르디Verdi, 〈도둑 까치〉의 작곡가 로시니Rossini, 〈돈 파스콸레〉로 알려진 도니체티Donizetti도 이 협회에 속했다. 테아트로 올림피코가 기획한 공연은 테아트로 올림피코 홈페이지에서, 아카데미아 필아르모니카 로만의 공연은 자체 홈페이지(www.filarmonicaromana.org)에서 예매 가능하다.

Data 지도 308p-A, 310p-E
가는 법 버스 C3, 910번 타고 Melozzo da Forli' 정류장 하차, 도보 3분
주소 Piazza Gentile da Fabriano 17, Roma **전화** 349-237-8200 **홈페이지** www.teatroolimpico.it

흥미로운 현대 미술의 세계
로마 현대 미술관 Museo d'Arte Contemporanea di Roma(MACRO)

[무제오 다르떼 꼰뗌뽀라네아 디 로마(마끄로)]

21세기 국립 미술관과 함께 로마에서 가장 중요하게 여기는 현대 미술관이다. 로마 현대 미술관은 1999년 오래된 페로니 맥주 공장을 탈바꿈한 것이다. 프랑스 건축가, 오딜 데크Odile Decq에 의해 유리와 철골 구조가 추가되며 더 고혹적으로 변신했다. 미술관 내부는 블랙과 레드 컬러로 섹시하고 강렬한 인상을 준다. 미술관 곳곳에 흩어져 있는 전시실에서는 포스트모더니즘을 추구하는 아티스트들의 작품 전시와 퍼포먼스가 펼쳐진다. 각 전시실마다 다양한 테마를 볼 수 있어 흥미롭다.

Data 지도 308p-D, 309p-C
가는 법 버스 38번 Nizza/V.le Regina Margherita 정류장 하차, 도보 1분. 버스 80번 타고 Dalmazia 정류장 하차, 도보 3분. 버스 60, 62, 90번 타고 Nomentana/Regina Margherita 정류장 하차, 도보 6분
주소 Via Nizza 138, Roma **전화** 06-696271
운영시간 전시에 따라 다름 **요금** 전시에 따라 다름
홈페이지 www.museomacro.it

로마 최대 규모의 공연장
파르코 델라 뮤지카 오디토리움
Auditorium Parco della Musica [오디또리움 빠르꼬 델라 무지까]

클래식에서 대중음악까지 선보이는 로마 최대 규모의 콘서트홀이다. 이탈리아 대표 건축가, 렌초 피아노Renzo Piano가 설계했다. 산타 체칠리아 홀Sala Santa Cecilia, 시노폴리 홀Sala Sinopoli, 페트라시 홀Sala Petrassi 3개의 공연장으로 나눠졌으며, 그 모습이 동그란 드럼통을 닮았다. 지붕은 납으로 만들고, 벽면은 체리나무로 만들었다. 언뜻 비슷해 보이는 모양이지만 각각의 공연장은 기능에 따라 설계를 달리했다. 둥근 공연장들이 에워싸고 있는 광장에는 계단을 세워 반원형의 고대 그리스 극장처럼 3천 명이나 수용 가능한 야외 공연장으로 만들었다. 내부로 들어서면 역사 박물관이 보이고, 그 너머로 고대 유적들이 있다. 공연장을 짓고 있는 동안 유적이 발굴되자 렌조 피아노는 현대 건축물과 고대 유적이 공존할 수 있는 방식으로 설계를 대폭 변경했다. 2002년 세계적인 지휘자 정명훈이 산타 체칠리아 홀 오픈 공연을 했고, 2017년에는 피아니스트 조성진의 음악회도 이곳에서 열렸다.

Data 지도 308p-A, 310p-F
가는 법 버스 53, 910번 타고 De Coubertin/Auditorium 정류장 하차, 도보 3분 주소 Viale Pietro de Coubertin 30, Roma 전화 06-8024-1281
운영시간
4~10월 월~토 11:00~20:00, 일 10:00~20:00,
11~3월 월~토 11:00~18:00, 일 10:00~18:00
요금 박물관 무료
홈페이지 www.auditorium.com

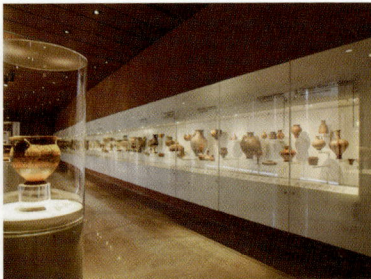

미켈란젤로의 마지막 건축물
포르타 피아 Porta Pia [뽀르따 삐아]

노멘타나 거리 Via Nomentana 끝에 멋스럽게 서 있는 문이다. 교황 비오 4세가 추진한 도시 계획의 일부로 아우렐리아누스 방벽을 지키던 성문인, 포르타 노멘타나 Porta Nomentana를 대체하기 위해 지었다. 포르타 피아의 이름은 교황의 이름에서 가져왔다. 미켈란젤로 생전에 마지막으로 작업한 건축물로 정교한 조각들이 문을 장식하고 있으며, 윗부분에는 사격할 수 있는 구멍인 총안이 보인다.

Data 지도 309p-F
가는 법 로마 현대 미술관에서 도보 8분. 버스 60, 62, 66, 82, 90번 타고 Porta Pia 정류장 하차, 도보 1분
주소 Piazzale di Porta Pia, Roma

빈티지 감성이 가득한
일 펠리니 Il Fellini

아담한 규모에 로컬 분위기가 흐르는 레스토랑이다. 식당 내부는 1960~1970년대 영화 포스터가 벽면을 커다랗게 장식하고 있어 빈티지 감성이 가득하다. 정통 이탈리아 요리에 독창성과 창의성을 더했다. 샐러드, 파스타, 스테이크 등 기본적인 이탈리아 음식을 만든다. 메뉴 선택의 폭이 넓지는 않지만 애피타이저부터 디저트까지 대체로 만족스럽다. 적당한 가격의 코스 요리가 있어 골고루 맛보기 좋다. 메뉴와 궁합이 좋은 와인도 추천해 준다.

Data 지도 309p-E
가는 법 보르게세 미술관에서 도보 10분
주소 Via Sicilia 150, Roma
전화 06-4543-7956
운영시간 월~금 18:30~23:00, 토·일 12:30~15:00, 18:30~23:00
가격 파스타 10유로~, 메인 요리 16유로~, 코스 요리 40유로~
홈페이지 www.ilfellini.com

미술관 옆 카페
카페 델레 아르티 Caffè delle Arti

국립 현대 미술관 바로 옆에 위치한 카페 겸 레스토랑이다. 미술관 관람 후 그 여운을 음미하며 커피 한잔하기 좋은 곳이다. 웅장한 네오클래식 건물 안으로 들어서면 여기저기 조각상들이 자리잡고 있어 또 다른 미술관에 온 것 같은 기분이 든다. 우아함이 물씬 풍기는 곳에서 깊고 진한 풍미가 느껴지는 에스프레소나 거품이 보드라운 카푸치노를 마시며 그 시간과 공간을 충분히 즐기자. 코스로 제대로 식사를 할 수도 있고 간단하게 요기가 가능한 크루아상과 샌드위치도 제공한다. 테이블을 차지할 경우 가격은 서서 먹는 것보다 더 비싸진다.

Data 지도 309p-A
가는 법 국립 현대 미술관에서 도보 1분
주소 Via Antonio Gramsci 73, Roma 전화 06-3265-1236
운영시간 화~일 08:00~20:00
가격 커피 1.20유로~(테이블 3유로~), 크루아상 0.80유로~(테이블 2.50유로~), 샌드위치 3유로~(테이블 4.80유로~)

천연 효모로 만든 조각 피자집
리에비티아모 LieviTiAmo

로마식 피자, 핀사pinsa를 전문으로 하는 곳이다. 피자 반죽에 천연 효모를 사용하여 피자의 품격을 한 단계 높였다. 천연 효모 덕에 피자 도우에 올리브오일과 소금만 넣은 비앙카 피자Pizza Bianca는 한층 더 바삭하다. 연어 피자Salmone와 감자 피자Patate Afiletti는 담백하게 즐길 수 있어 좋다. 도톰하고 쫄깃한 도우 위에 풍성한 토핑들이 어우러져 조화로운 맛을 낸다. 원하는 크기로 피자를 주문하며, 가격은 무게에 따라 달라진다.

Data 지도 309p-C
가는 법 로마 현대 미술관에서 도보 7분 주소 Via Salaria 70, Roma 전화 06-8620-7928
운영시간 월~토 09:30~22:30, 일 10:00~22:30
가격 피자 1kg당 12유로~
홈페이지 pizzerialievitiamo.it

피자 한 판이 통째로
핀세레 Pinsere

피자 한 판을 조각 피자 가격에 먹을 수 있는 곳이다. 합리적인 가격에 이른 시간부터 현지인과 여행자들로 북적거린다. 미리 만들어진 피자를 오븐에 데워서 주기 때문에 바쁜 여행자들에게 제격이다. 안초비와 모차렐라가 들어간 호박꽃 피자 Fiori, Alici e Mozzarella는 추천할 만하다. 단, 안초비는 한국인 입맛에는 매우 짭짤한 편이니 '센차 알리치(Sènza alici, 안초비 빼고)'를 외치는 것이 좋다. 매장 내부의 바 테이블에서 먹을 수 있고, 테이크아웃도 가능하다.

Data 지도 309p-F
가는 법 보르게세 미술관에서 도보 15분
주소 Via Flavia 98, Roma
전화 06-4202-0924
운영시간 월~금 10:00~16:00
가격 피자 1.50~6유로

장인의 손길이 듬뿍 닿은
일 젤라토 이 카루소 Il Gelato I Caruso

홈 스타일 젤라토를 맛볼 수 있는 곳이다. 매장 한쪽에 있는 젤라토 기계에서 매일매일 신선한 젤라토를 직접 만든다. 이탈리아 특유의 유머와 느긋함이 몸에 배어 있는 직원은 친절하고 유쾌하다. 피스타키오, 리모네 등이 인기 메뉴다. 양이 많은 편은 아니지만 입안을 달콤하고 상큼하게 적시기에는 충분하다. 작은 와플과 크림도 얹어 준다. 내부에 테이블이 마련되어 있지 않으니 매장 앞 벤치를 이용하자.

Data 지도 309p-F
가는 법 보르게세 미술관에서 도보 15분
주소 Via Collina 13, Roma
전화 06-6948-1642
운영시간 월~토 12:00~19:30
가격 젤라토 피콜로 2.70유로, 메디오 3.20유로, 막시 3.70유로

Roma By Area

07

몬티 &
에스퀼리노 &
산 로렌초
Monti&Esquilino&San Lorenzo

로마의 메인 기차역인 테르미니역이 자리한 에스퀼리노는 로마 여행이 시작되는 곳이다. 오고 가는 사람들로 항상 북적거리며 활기찬 에너지를 만든다. 에스퀼리노 아랫동네 몬티는 예쁜 골목 정취를 음미하며 걷기 좋다. 산 로렌초에서는 순례자들이 반길 만한 성당을 찾아볼 수 있다.

몬티&에스퀼리노&산 로렌초
미리보기 🔍

로마를 여행하는 사람이라면 무조건 들르게 되는 곳이 에스퀼리노다. 테르미니역이 있는 에스퀼리노 지역은 교통도 편리하지만 볼거리도 풍성하다. 다양한 박물관과 성당에서는 찬란하게 빛나는 예술 작품을 감상할 수 있다. 몬티는 고대 로마의 슬럼가였지만 현재는 보헤미안 감성이 가득한 매력적인 동네로 완벽하게 변신했다. 골목 곳곳을 걸으며 정취를 느껴 보자. 산 로렌초에는 예수와 순교자의 고통이 서려 있는 성당이 있다.

SEE
마시모 궁전 국립 박물관은 진귀한 고대 로마 예술품을 소장하고 있다. 디오클레티아누스 욕장의 터를 사이좋게 나눠 쓰는 레푸블리카 광장, 디오클레티아누스 욕장 국립 박물관, 산타 마리아 델리 안젤리 에 데이 마르티리 성당도 볼만하다. 종교적으로도 예술적으로도 의미 있는 산타 마리아 마조레 대성당, 산 피에트로 인 빈콜리 성당은 감동을 선사하기에 충분하다. 콜로세움이 아름답게 보이는 콜레 오피오 공원에서는 인증샷을 잊지 말자.

EAT
에스퀼리노에는 한국 음식을 비롯해 아시아 음식을 맛볼 수 있는 식당과 마켓이 곳곳에 있다. 한국의 맛이 생각나는 여행자라면 이곳에서 그리움을 달래 보자. 테르미니역에는 카페, 젤라테리아, 레스토랑 등 여러 프랜차이즈 매장이 있어 기차를 기다리며 식사하기 좋다.

BUY
테르미니역은 의류, 화장품, 서적, 전자기기, 식품 등 웬만한 매장들이 다 모인 복합 쇼핑 공간이다. 누오보 메르카토 에스퀼리노에서는 신선한 식재료를 구경하는 재미가 쏠쏠하다.

어떻게 갈까?

에스퀼리노에 있는 테르미니역은 로마 교통의 중심지다. 메트로 A, B선의 테르미니Termini역이 있어서 편리하다. 테르미니역 앞 500인 광장 Piazza dei Cinquecento은 시내버스 터미널로 로마 시내를 다니는 대부분의 버스가 이곳에서 정차한다. 베네치아 광장에서 테르미니역까지는 40, 64, 170번 버스가 테르미니Termini 정류장까지 운행된다.

어떻게 다닐까?

몬티와 에스퀼리노는 도보로 충분하다. 산 로렌초 안에서는 3번 트램을 이용하는 것이 효율적이다.

몬티&에스퀼리노&산 로렌초
♥ 1일 추천 코스 ♥

에스퀼리노에 위치한 주요 성당과 박물관을 둘러보는 코스다. 로마 국립 박물관에 속하는 마시모 궁전 국립 박물관과 디오클레티아누스 욕장 국립 박물관은 통합권으로 관람하는 것이 더 경제적이다. 시간이 허락된다면 두 곳 모두 방문해 보자.

테르미니역에서 출발하기

→ 도보 2분

마시모 궁전 국립 박물관에서 예술품 감상하기

→ 도보 4분

레푸블리카 광장에서 나이아디 분수 구경하기

↓ 도보 1분

디오클레티아누스 욕장 국립 박물관 관람하기

← 도보 1분

산타 마리아 델리 안젤리 에 데이 마르티리 성당 둘러보기

← 도보 10분

산타 마리아 마조레 대성당 방문하기

↓ 도보 10분

산 피에트로 인 빈콜리 성당에서 미켈란젤로의 작품 눈에 담기

→ 도보 5분

콜레 오피오 공원에서 콜로세움 배경으로 기념사진 남기기

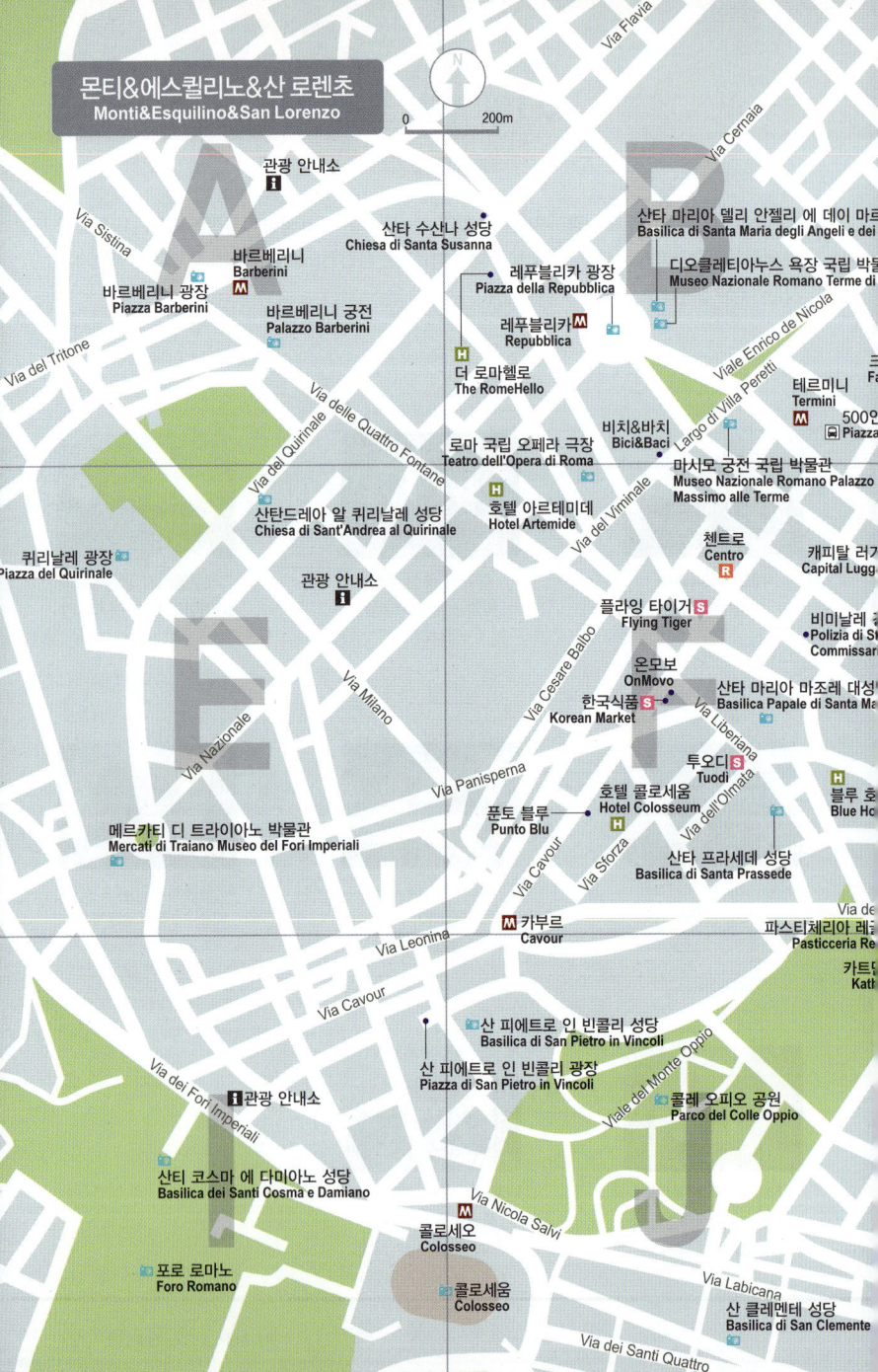

[에스퀼리노]

로마 여행의 관문
테르미니역 Stazione Termini [스따찌오네 떼르미니]

로마 여행이 시작되는 곳이다. 테르미니역은 1950년 설립된 이 탈리아 최대 규모의 기차역이다. 외관은 모던하고 긴 파사드 형태를 하고 있다. 이탈리아 주요 도시뿐만 아니라 다른 나라와도 연결되는 기차가 이곳을 지나며, 총 31개의 플랫폼을 갖췄다. 메트로 A, B선이 다니고, 시내버스 터미널이 있어 공공 교통의 중심지이기도 하다. 테르미니역 지하와 역 앞 광장에는 로마 최초의 성벽이었던 세르비아누스 성벽 Mura Serviane의 흔적이 남아 있다. 이 성벽은 BC 4세기에 방어를 목적으로 11km 길이로 세워졌다. 테르미니역은 수많은 사람들로 정신없이 번잡하다. 역 안에는 카페, 레스토랑, 상점, 통신사, 마트, 수화물 보관소, 우체국 등 여행에 필요한 것들이 모여 있다. 역 주변으로는 숙소와 편의 시설이 있다. 역 근처는 지저분하고 치안이 좋지 않으니 조심하자. 범죄의 표적이 되지 않기 위해 늦은 시간에는 역 주변을 돌아다니지 않는 것이 좋다.

Data 지도 329p-G
가는 법 레오나르도 다빈치 국제공항에서 Termini역까지 레오나르도 익스프레소로 30분, 공항 셔틀버스로 50분. 참피노 공항에서 Termini 정류장까지 공항버스로 40분 **주소** Stazione Termini, Piazza dei Cinquecento, Roma **홈페이지** www.romatermini.com

리비아 드루실라 저택의 프레스코화

진귀한 고대 로마 예술품이 가득한
마시모 궁전 국립 박물관 Museo Nazionale Romano Palazzo Massimo alle Terme
[무제오 나찌오날레 로마노 빨랏쪼 맛씨모 알레 떼르메]

고대 로마 예술을 탐닉할 수 있는 박물관. 로마 국립 박물관 4인방 중 하나로 19세기 네오르네상스 건물인 마시모 궁전에 있다. BC 2~5세기의 조각, 프레스코화, 모자이크, 장신구, 주화 등을 네 개 층에 걸쳐 소장하고 있다. 0층과 1층에는 주로 조각품을 전시한다. 0층에서 볼 수 있는 〈복서Pugile〉는 로마 시대 권투 선수가 경기를 치른 후 지친 모습으로 앉아서 쉬고 있는 모습을 사실적으로 묘사한 청동 조각상이다. 1층에서는 책에서 쉽게 접했던 〈원반 던지는 사람Discobolo Lancellotti〉을 눈앞에서 바로 감상할 수 있다. 이 작품은 그리스 조각가 미론Myron의 유명한 청동 조각상을 대리석으로 재창조한 것이다. 원반 던지는 모습이 섬세하면서도 역동적이다. 2층에는 고급스러운 고대 로마 저택을 장식했던 프레스코화와 모자이크가 보존되어 있다. 주목할 만한 작품은 아우구스투스 황제의 아내, 리비아 드루실라의 거처를 꾸몄던 프레스코화다. BC 30~20세기 무렵 제작된 것으로 장미, 붓꽃, 석류나무 등이 있는 초록빛 정원을 푸른 하늘을 배경으로 담았다. 파르네시나 저택에 있던 프레스코화도 놓치지 말고 둘러보자. 은밀한 침실에 장식됐던 프레스코화는 붉은색으로 아름답게 표현됐다. 지하에는 8세 아이의 미라와 무덤을 장식했던 장식품, 장신구, 화폐 등이 있다.

Data 지도 328p-B
가는 법 테르미니역에서 도보 2분
주소 Largo di Villa Peretti 1, Roma 전화 06-480201
운영시간 화~일 11:00~18:00 (마지막 입장 17:00)
요금 8유로, 로마 국립 박물관 통합권 12유로(알템프스 궁전 국립 박물관·발비의 묘소 국립 박물관·디오클레티아누스 욕장 국립 박물관 포함, 7일 동안 사용 가능)
로마 패스 가능 홈페이지 www.museonazionaleromano.beniculturali.it

복서

원반 던지는 사람

파르네시나 저택의 프레스코화

멋스러운 네오클래식 건물이 감싸 주는
레푸블리카 광장 Piazza della Repubblica [삐앗짜 델라 레뿌블리까]

19세기 이탈리아 통일을 기념하기 위해 만든 원형 광장. 디오클레티아누스 욕장의 에세드라 광장Piazza Esedra이 있던 자리에 조성됐다. 광장 동쪽에는 디오클레티아누스 욕장의 유적 일부가 남았다. 광장 중앙에는 나이아디 분수Fontana delle Naiadi가 있다. 분수에는 원래 네 개의 사자상이 있었는데, 1901년 마리오 루텔리 Mario Rutelli에 의해 그리스 신화에 나오는 요정인 님프nymph로 바뀌었다. 분수 가운데는 물의 신 글라우코스Glaucus 조각상이 시원하게 물줄기를 뿜어내고, 그 주위를 네 개의 님프 조각상이 지키고 있다. 밤에는 주위 건물의 불빛과 어우러져 더 고혹적으로 빛난다.

Data 지도 328p-B
가는 법 테르미니역에서 도보 5분. 메트로 A선 Repubblica역 바로 앞
주소 Piazza della Repubblica, Roma

로마 No.1 오페라 하우스
로마 국립 오페라 극장 Teatro dell'Opera di Roma
[떼아뜨로 델로뻬라 디 로마]

로마에서 최고의 오페라를 보려면 이곳으로 향하자. 이 극장은 유럽 7대 오페라 극장과 이탈리아 3대 오페라 극장으로 꼽히는 곳이다. 푸치니의 〈토스카〉와 피에트로 마스카니Pietro Mascagni의 〈카발레리아 루스티카나Cavalleria Rusticana〉가 초연된 극장이기도 하다. 1880년 도메니코 코스탄치Domenico Costanzi가 설립해 한때는 코스탄치 극장Teatro Costanzi으로 불렸다. 1926년 로마시에서 관리하게 되면서 현재의 모습과 이름을 갖췄다. 외관은 평범하지만 내부는 화려하다. 수용 가능한 관객은 1,600명이다. 오페라를 비롯해 발레 공연, 콘서트 등이 열린다. 오페라는 가격 선택의 폭이 넓어 한국보다 훨씬 저렴한 가격에도 관람할 수 있다. 티켓 예매는 홈페이지와 박스 오피스를 통해 가능하다.

Data 지도 328p-F
가는 법 테르미니역에서 도보 6분. 메트로 A선 Repubblica역 하차, 도보 3분. 버스 40, 60, 64, 170번 타고 Nazionale/Torino 정류장 하차, 도보 3분 주소 Piazza Beniamino Gigli 1, Roma
전화 06-481-7003
요금 오페라 22유로~
홈페이지 www.operaroma.it

> **Tip** 이탈리아 3대 오페라 극장은 로마 국립 오페라 극장, 밀라노의 스칼라 극장Teatro alla Scala, 베로나의 아레나 디 베로나Arena di Verona다.

고대 욕장 위 박물관
디오클레티아누스 욕장 국립 박물관

Museo Nazionale Romano Terme di Diocleziano [무제오 나찌오날레 로마노 떼르메 디 디오끌레찌아노]

디오클레티아누스 욕장은 비미날레 언덕Viminale에 세워진 공용 목욕탕이다. 306년 막시미아누스 황제가 공동 황제였던 디오클레티아누스 황제를 기리기 위해 건립했다. 고대 로마 목욕장 중 가장 호화롭고 거대한 규모를 갖췄다. 한 번에 수용 가능한 인원은 3천 명으로 카라칼라 욕장의 두 배였다. 목욕장은 6세기까지 사용된 후 폐허로 방치됐다. 디오클레티아누스 욕장 국립 박물관은 1889년 욕장을 고고학 박물관으로 개조한 것이다. 로마 국립 박물관 4곳 중 가장 인기가 많다. 박물관에는 청동기와 철기 시대의 방대한 유물이 있다. 귀족들의 무덤에 있던 석관, 도자기, 장신구 등을 전시하며, 건물 바깥 회랑에는 고대 로마에서 발견된 400여 점의 조각이 있다. 포로 디 트라이아노에서 발굴한 것으로 추정되는 커다란 동물 얼굴 조각상이 인상적인 모습으로 잔디밭 위를 장식한다. 박물관 곳곳에서는 목욕장의 흔적도 찾아볼 수 있다.

Data 지도 328p-B
가는 법 테르미니역에서 도보 6분
주소 Viale Enrico de Nicola 78, Roma **전화** 06-6848-51114
운영시간 화~일 11:00~18:00 (마지막 입장 17:00)
요금 8유로, 로마 국립 박물관 통합권 12유로(알템프스 궁전 국립 박물관·발비의 묘소 국립 박물관·마시모 궁전 국립 박물관 포함, 7일 동안 사용 가능)
홈페이지 www.museonazionaleromano.beniculturali.it

욕장에서 성당으로 변신한
산타 마리아 델리 안젤리 에 데이 마르티리 성당

Basilica di Santa Maria degli Angeli e dei Martiri
[바질리까 디 싼따 마리아 델리 안젤리 에 데이 마르띠리]

레푸블리카 광장에서 보이는 독특한 형태의 성당이다. 성당 이름은 '천사들과 순교자들의 성모 마리아 성당'을 의미한다. 16세기 교황 비오 4세가 기독교 순교자들에게 헌정하기 위한 목적으로 설립했다. 미켈란젤로가 설계를 맡아 1,200년 가까이 방치된 디오클레티아누스 욕장의 핵심 공간인 프리지다리움(냉탕실)을 활용해 성당으로 재탄생시켰다. 미켈란젤로는 성당을 완성하지 못한 채 눈을 감았고, 그의 제자 루이지 반비텔리Luigi Vanvitelli가 이어받아 마무리했다. 성당 입구 청동문에는 볼록 튀어나온 조각 장식이 방문자를 환영한다. 세월의 흔적이 고스란히 남은 겉모습과 달리 성당 내부는 현대적인 느낌이 가득하다. 붉은색 화강암 기둥이 늘어서 있고, 수많은 조각상과 그림 작품이 성당을 꾸민다. 높은 아치형 천장은 판테온의 천장과 닮았다. 천장의 뚫린 구멍을 통해 햇빛이 성당 내부에 닿는다. 바닥에는 프란체스코 비앙키니Francesco Bianchini가 만든 자오선과 해시계가 있다. 황금색으로 선이 길게 그어져 있고, 양옆으로 숫자가 적혀 있다. 성당으로 들어오는 햇빛을 통해 시간과 절기를 측정한다.

Data 지도 328p-B 가는 법 테르미니역에서 도보 5분
주소 Via Cernaia 9, Roma
전화 06-488-0812
운영시간 10:00~13:00, 16:00~19:00 요금 무료
홈페이지 www.santamariadegliangeliroma.it

한여름 눈이 내린 곳에 자리 잡은
산타 마리아 마조레 대성당 Basilica Papale di Santa Maria Maggiore
[바질리까 빠빨레 디 싼따 마리아 마조레]

로마 4대 성전 중 하나로 성모 마리아에게 받쳐진 최초의 성당이다. 이곳에는 눈의 기적에 얽힌 일화가 전해 온다. 352년 8월 5일 교황 리베리오는 꿈에서 성모 마리아에게 눈이 내린 자리에 성당을 지으라는 계시를 받는다. 교황은 신비롭게도 한여름에 에스퀼리노 언덕에 눈이 하얗게 내린 것을 발견하고 이 터에 성당을 짓기로 결심한다. 성당이 실제로 세워진 것은 431년으로 수 세기 동안 재건축을 거치며 다양한 건축 양식이 스며들었다. 오늘날 보이는 성당 파사드는 1743년 페르디난도 푸가Ferdinando Fuga가 바로크 양식으로 설계한 것이다. 성당 종탑은 13세기에 로마네스크 양식으로 세웠다. 성당 앞 거대한 기둥은 포로 로마노의 바실리카 막센티우스에서 옮겨 왔으며, 성당 뒤편 오벨리스크는 아우구스투스 영묘에 있던 것을 가져왔다. 성당 내부는 초기의 성당 구조를 간직하고 있다. 천장에는 도금이 된 격자형 무늬가 새겨져 화려함의 극치를 이룬다. 13세기에 제작된 모자이크를 비롯하여 각종 부조, 그림 등으로 성당 곳곳이 꾸며졌다. 성당 안에는 예수가 태어났던 말구유가 보관되어 있다. 바로크의 거장, 베르니니를 비롯한 유명 인사들의 무덤도 찾아볼 수 있다. 성모 대성전 봉헌 축일인 8월 5일에는 성당에서 눈을 상징하는 하얀 꽃잎을 흩뿌린다.

Data 지도 328p-F
가는 법 테르미니역에서 도보 5분
주소 Piazza di Santa Maria Maggiore, Roma
전화 06-6988-6800
운영시간 07:00~18:45
요금 무료 홈페이지 www.vatican.va/various/basiliche/sm_maggiore/index_en.html

[몬티]

콜로세움이 아름답게 보이는
콜레 오피오 공원 Parco del Colle Oppio [빠르꼬 델 꼴레 오삐오]

콜로세움 맞은편에 있는 공원이다. 로마의 일곱 언덕 중 하나인 에스퀄리노 언덕에 자리 잡았다. 공원 안에는 키 큰 나무들 사이로 벤치가 놓여 있어 쉬어가기 좋다. 평화롭게 개와 산책하는 사람들도 눈에 띈다. 공원에는 분수와 조각상이 있고, 고대 유적의 흔적도 볼 수 있다. 공원을 산책하다 보면 81년 티투스 황제가 건설한 티투스 욕장Terme di Tito과 109년에 트리야누스 황제가 지은 트리야누스 욕장Terme di Traiano을 만나게 된다. 공원 한쪽에는 네로 황제가 거주했던 궁전인 도무스 아우레아Domus Aurea도 있다. 도무스 아우레아는 64년 로마 대화재로 네로 황제의 거처가 소실되면서 이곳에 새롭게 지은 것이다. 궁전은 한때 거대한 규모를 자랑했지만 대부분 파손되어 현재는 1/5 정도만 형체가 남았다. 도무스 아우레아는 가이드와 함께 둘러보는 것이 가능하며, 예약이 필수다. 무엇보다도 이 공원의 가장 사랑스러운 점은 멋스러운 콜로세움 전경을 한눈에 볼 수 있다는 것이다. 콜로세움을 배경으로 화보 같은 인생 사진을 남겨 보자.

Data 지도 328p-J
가는 법 테르미니역에서 도보 15분, 콜로세움에서 도보 7분. 메트로 B선 Colosseo역 하차, 도보 4분 주소 Viale del Monte Oppio, Roma
운영시간 콜레 오피오 공원 07:00~일몰, 도무스 아우레아 금~일 09:00~18:15
요금 도무스 아우레아 15유로 (예약비 1유로, 예약 www.coopculture.it, 06-3996-7700)
홈페이지 sovraintendenzaroma.it

미켈란젤로의 3대 조각상을 보고 싶다면
산 피에트로 인 빈콜리 성당

Basilica di San Pietro in Vincoli [바실리까 디 싼 뻬에뜨로 인 빈꼴리]

신앙심 깊은 가톨릭 신자와 미술 애호가 모두가 만족할 만한 곳이다. 이 성당은 5세기 성 베드로를 옥죄었던 두 개의 쇠사슬을 보관하기 위해 건립됐다. 이곳의 이름은 '쇠사슬이 채워진 성 베드로 성당'을 의미한다. 성 베드로가 순교한 후에 쇠사슬 하나는 성 베드로가 갇혔던 마메르티노 감옥에서, 다른 하나는 콘스탄티노플에서 보관했다. 전설에 의하면 성당을 세우기 위해 두 개의 쇠사슬을 모았더니 기적처럼 하나로 이어졌다고 한다. 쇠사슬은 성당의 제단 아래 곱게 놓여 있다. 제단에서 오른쪽으로 고개를 돌리면 미켈란젤로의 3대 조각상 중 하나인 〈모세Moses〉가 있다. 모세는 BC 13세기 무렵의 고대 이스라엘의 지도자이자 하느님의 십계명을 받은 인물이다. 그는 예술가들에게 많은 영감을 주어 여러 조각상으로 표현됐다. 물론 그중의 으뜸은 단연 미켈란젤로의 작품이다. 모세상은 교황 율리우스 2세의 무덤을 장식하기 위해 제작됐다. 조각상은 수염을 길게 기르고 카리스마 넘치는 모습으로 십계명이 적힌 돌판을 들고 있다. 조각상 머리에 있는 뿔은 구약성서와 관련이 있다. 구약성서에는 '모세가 백성에게 다가가자 얼굴에서 광채가 뿜어져 나왔다'라는 구절이 나오는데 여기서 히브리어로 '광채cornatum'라고 써진 것이 라틴어로 '뿔cornatus'이라고 오역되면서 모세상 머리에 뿔이 달리게 됐다.

Data 지도 328p-J
가는 법 테르미니역에서 도보 15분, 메트로 B선 Cavour역 하차, 도보 3분. 덩굴로 덮인 터널에서 계단 위로 올라가면 성당 주소 Piazza di San Pietro in Vincoli 4A, Roma 전화 06-4543-7949 운영시간 4~9월 08:00~12:30, 15:00~19:00, 10~3월 08:00~12:30, 15:00~18:00 요금 무료

Tip 미켈란젤로의 3대 조각상은 〈모세〉, 산 피에트로 대성당의 〈피에타〉, 피렌체 아카데미아 미술관의 〈다비드David〉다.

화려한 모자이크가 눈길을 끄는
산타 프라세데 성당 Basilica di Santa Prassede

[바실리까 디 싼따 쁘라쎄데]

Data 지도 328p-F **가는 법** 산타 마리아 마조레 대성당에서 도보 1분
주소 Via di Santa Prassede 9, Roma
전화 06-488-2456
운영시간 월~토 10:00~12:00, 16:00~18:00, 일 10:00~11:00, 16:00~18:00
요금 무료 **홈페이지** www.santaprassede.wordpress.com

822년 교황 파스칼 1세가 성녀 프라세데에게 헌정하기 위해 지은 성당이다. 성녀 프라세데는 기독교 박해 기간 동안 마르쿠스 아우렐리우스 황제의 눈을 피해 도망치는 신자들을 숨겨줬던 인물이다. 성당에서 가장 눈여겨볼 만한 것은 비잔틴 모자이크다. 애프스에 장식된 모자이크 가운데에는 예수가 그려졌다. 예수 왼쪽에는 성 바오로, 성녀 프라세데, 교황 파스칼 1세가, 오른쪽에는 성 베드로, 성녀 푸덴치아나, 성 제노가 보인다. 작품이 제작될 당시 유일하게 살아 있었던 교황 파스칼 1세를 제외하고는 모두 황금빛 후광이 그려져 있다.

[산 로렌초]

성 라우렌티우스의 순교를 기리는
산 로렌초 푸오리 레 무라 성당
Basilica di San Lorenzo Fuori le Mura

[바실리까 디 싼 로렌쪼 푸오리 레 무라]

Data 지도 329p-D **가는 법** 버스 649번 타고 Tiburtina/Crociate 정류장 하차, 도보 11분. 버스 492번 타고 Verano 정류장 하차, 도보 8분. 트램 3번 타고 Verano/de Lollis 정류장 하차, 도보 8분 **주소** Piazzale del Verano 3, Roma **전화** 06-491511
운영시간 09:00~12:00, 16:00~18:00
요금 무료

성당 이름은 '성벽 밖의 성 라우렌티우스 성당'을 의미한다. 에스파냐 출신 라우렌티우스Laurentius는 라우렌시오, 로렌초 등으로 불리며, 교황 식스토 2세의 신임을 얻어 로마에서 사도를 돕는 성직자인 부제副祭 역할을 했던 인물이다. 258년 발레리아누스 황제의 박해로 교황은 목숨을 잃고, 라우렌티우스마저도 화형을 당했다. 이 성당은 4세기 콘스탄티누스 황제가 라우렌티우스의 순교를 기리기 위해 그의 무덤 위에 지은 것이다. 6세기 성당 규모를 확장하고, 뒤편 성모 마리아를 위한 성당도 합쳤다.

1943년 제2차 세계대전 당시 폭격을 당해 재건축 되었다. 성당 내부에는 6세기 모자이크 장식과 13세기에 만든 기둥이 남아 있다.

예수 수난의 십자가를 짊어진
산타 크로체 인 예루살렘 성당
Basilica di Santa Croce in Gerusalemme
[바질리까 디 싼따 끄로체 인 제루잘렘메]

예수가 매달린 십자가가 보존된 성당이다. 이곳은 고대 순례자들이 걷는 전통적인 루트에 포함되며 '로마 7대 성당'으로 꼽힌다. 325년 콘스탄티누스 황제의 어머니인 성녀 헬레나가 예루살렘에서 예수 수난 당했던 십자가를 옮겨왔고, 이를 안치하기 위해 그녀가 머물던 세소리아노 궁전Palazzo Sessoriano 자리에 이 성당을 세웠다. 내부 기둥과 지하 성당만이 초기 성당의 모습을 간직하고 있다. 지금의 모습은 18세기 피에트로 파살라콰Pietro Passalacqua와 도메니코 그레고리니Domenico Gregorini에 의해 바로크 양식으로 재단장된 것이다. 1930년 플로레스타노 디 파우스토Florestano di Fausto가 렐리퀴에 예배당Cappella delle Reliquie을 추가했고, 이곳에 예수가 매달렸던 십자가와 예수가 썼던 가시관 일부가 보관됐다. 주요 관광지와 떨어져 있어 여행자의 방문이 많지 않으며, 경건하고 엄숙한 분위기가 흐른다.

Data 지도 329p-L
가는 법 메트로 A, C선 S. Giovanni 역 하차, 도보 10분. 버스 649번 타고 Via S. Croce in Gerusalemme 정류장 하차, 도보 2분. 트램 3번 타고 P.za S. Croce in Gerusalemme 정류장 하차, 도보 2분
주소 Piazza di Santa Croce in Gerusalemme, Roma
전화 06-7061-3053
운영시간 07:30~12:45, 15:30~19:30
요금 무료
홈페이지 www.santacroceroma.it

EAT

[에스퀼리노]

커피 한잔의 여유
뷔타 산타 마르게리타 V y TA Santa Margherita

기차를 기다리며 커피 한잔하기 좋은 곳이다. 뷔타 산타 마르게리타는 이탈리아 푸드 체인으로 카페, 레스토랑, 바 등 다양한 형태로 이탈리아 곳곳에 자리한다. 이곳은 테르미니역에 위치한 카페테리아로 이른 새벽부터 오픈해 바쁘게 출근하는 현지인과 부지런한 여행자의 속을 든든하게 채워 준다. 커피와 함께 코르네토, 샌드위치 등 베이커리를 판매한다. 갓 구워 나온 바삭한 코르네토에 부드러운 카푸치노를 곁들이면 이탈리아식 아침 식사가 완성된다. 매장 내부에 있는 널찍한 테이블과 길게 늘어선 의자는 셰어가 필수다.

Data 지도 329p-G
가는 법 테르미니역 0층에 위치 주소 Stazione Termini, Via Marsala, Roma 전화 06-4556-9782 운영시간 월~금 05:30~22:00, 토·일 06:00~22:00 가격 커피 1.40유로~, 코르네토 1.50유로~ 홈페이지 www.vyta.it

커피 하면 라바짜!
그랩&고 Grab&Go

라바짜는 이탈리아인들이 가장 즐겨 마시는 커피 브랜드다. 1895년 토리노에서 만들어지기 시작해 고품질의 원두를 선보이며 세계 3대 프리미엄 커피 브랜드로 우뚝 섰다. 이곳은 라바짜 커피를 마실 수 있는 커피 바bar로 테르미니역 플랫폼을 마주 보고 서 있다. 커피 한잔으로 오고 가는 여행자들에게 에너지를 충전해 준다. 보드라운 거품을 머금은 카푸치노로 아침을 깨우고, 깊고 진한 맛의 카페로 활기찬 오후를 만들자.

Data 지도 329p-G
가는 법 테르미니역 0층 플랫폼 맞은편에 위치
주소 Stazione Termini, Piazza dei inquecento, Roma
운영시간 05:00~22:00
가격 커피 1.20유로~

맥도날드가 이탈리아를 만났을 때
맥도날드 Macdonald

테르미니역 지하 맥도날드에는 특별한 것이 있다. 첫 번째는 이탈리아 맥도날드에서만 맛볼 수 있는 메뉴가 있다는 것이다. 이탈리아 크루아상은 버거 대신 가볍게 먹기 좋다. 이탈리아 출신 악마의 잼 누텔라와 맥도날드의 합작으로 탄생한 머핀 콘 누텔라Muffin con Nutella도 있다. 누텔라 마니아라면 반가워할 만한 메뉴다. 두 번째는 고대 유적을 마주하고 식사할 수 있다는 것이다. 매장 옆에는 세르비아누스 성벽의 유적이 남아 있어 뻔해 보이는 맥도날드를 색다르게 만든다.

Data 지도 329p-G
가는 법 테르미니역 지하 1층에 위치 **주소** Stazione Termini, Via Marsala 25, Roma **전화** 06-8740-6095
운영시간 일~목 06:00~24:00, 금·토 06:00~01:00 **가격** 크루아상 1유로~, 머핀 콘 누텔라 2.20유로, 커피 1유로~, 빅맥 6.20유로~ **홈페이지** www.mcdonalds.it

언제 어디서나 쉽게 맛보는
그롬 Grom

로마에서 쉽게 볼 수 있는 젤라토 프랜차이즈다. 2003년 이탈리아 토리노에서 시작된 그롬은 영국, 프랑스, 포르투갈, 중국 등 전 세계로 뻗어나가고 있다. 천연 재료를 사용해 젤라토를 만들며, 신선도 유지를 위해 은색 스테인리스 통에 담아 노출을 최소화하여 보관한다. 과일, 요구르트, 초콜릿 젤라토를 맛볼 수 있다. 제철 과일을 사용하기 때문에 계절에 따라 메뉴가 조금씩 달라진다. 이곳의 시그니처 메뉴는 크레마 디 그롬Crema di Grom이다. 커스터드 크림, 초콜릿 칩, 이탈리아 쿠키인 파스테 디 멜리가paste di meliga가 만나 달콤함을 극대화했다. 아삭아삭 배 알갱이가 씹히는 페라Pera와 시칠리아에서 온 레몬으로 만든 리모네Limone도 추천할 만하다.

Data 지도 329p-G
가는 법 테르미니역 0층에 위치
전화 06-488-3734
주소 Stazione Termini, Piazza dei Cinquecento, Roma
운영시간 10:00~22:00
가격 젤라토 피콜로 3유로, 메디오 4유로, 그란데 5유로, 막시 6유로
홈페이지 www.grom.it

현지인도 반한 한식의 맛

가인 Gainn

한국인 부부가 운영하는 한식당으로 한국의 맛을 그대로 이탈리아에 옮겨왔다. 테르미니역 근처에 위치해 한식이 먹고 싶을 때 쉽게 들를 수 있다. 매장 내부는 깔끔하고 모던하다. 불고기, 보쌈, 된장찌개, 김치찌개, 갈비탕, 제육덮밥, 잡채, 떡볶이 등 다양한 한국 음식들이 있다. 뚝배기에 나오는 된장찌개는 재료가 아낌없이 들어 있다. 정갈한 기본 반찬들도 더해져 밥 한 공기를 뚝딱 해치우게 된다. 촉촉하고 보들보들한 보쌈은 이곳의 강력 추천 메뉴. 음식 가격은 보통의 이탈리아 레스토랑보다 비싼 편이다.

Data **지도** 329p-C
가는 법 테르미니역에서 도보 7분 **주소** Via dei Mille 18, Roma
전화 06-4436-0160 **운영시간** 월~토 12:00~14:30, 18:00~22:00
가격 된장찌개 16유로, 제육덮밥 16유로, 보쌈 18유로, 소주 15유로 **홈페이지** www.gainnrome.com

이탈리아의 풍미가 느껴지는
첸트로 Centro

이탈리아 음식을 맛볼 수 있는 모던한 분위기의 레스토랑이다. 아침에는 카페로, 밤에는 칵테일 바bar로도 운영된다. 테르미니역과 산타 마리아 마조레 대성당 근처에 있다. 메뉴는 고기와 생선 요리, 파스타, 샐러드 등이다. 글루텐 프리 레시피를 이용한 음식과 채식주의자를 위한 메뉴도 준비되어 있다. 로마식 아티초크 튀김Carciofo alla Romana in Tempura은 로마 별미 중 하나인데, 애피타이저로 먹기 좋다. 겉은 바삭하고 속은 야들야들하며 고소한 맛에 자꾸 손이 간다. 대구와 아티초크 요리Baccalà e Carciofi는 담백한 맛과 부드러운 식감이 훌륭하다. 이탈리아 전통 방식을 고수한 파스타는 한국들 입맛에는 낯설게 다가올 수 있다. 스파게토네, 페투치네, 푸실로네, 라비올리 등 다양한 면으로 만든 파스타가 있다. 메인 요리에 곁들이기 좋은 샐러드는 신선하고 양도 풍성하다. 디저트는 가격이 부담스러우니 생략해도 괜찮다. 브런치와 디너에 구성되는 메뉴는 조금씩 다르니 참고하자.

Data 지도 328p-F
가는 법 산타 마리아 마조레 대성당에서 도보 3분
주소 Via Cavour 61, Roma
전화 06-4891-3935
운영시간 08:00~24:00
가격 애피타이저 6유로~, 메인 요리 16유로~, 샐러드 5유로~, 디저트 9유로~
홈페이지 www.ristorantecentro.it

유쾌한 커피 플레이스
카페 폰디 Caffè Fondi

폰디 가족이 운영하는 아담한 규모의 카페 겸 바bar다. 이른 아침부터 경쾌한 음악이 매장을 가득 채우며 활기를 더한다. 캐주얼한 분위기 속에서 편안하게 커피 한잔 마시고 가기 좋다. 테르미니역 근처에 숙소가 있다면 이곳에서 카푸치노로 하루를 시작해도 좋다. 겉은 바삭하고 속은 부드러운 크루아상은 카푸치노와 완벽한 조합이다. 좀 더 뱃속을 든든하게 채울 수 있는 치아바타와 오믈렛도 있다. 서비스도 친절하고, 가격도 착해 한층 더 매력적이다.

Data 지도 329p-C
가는 법 테르미니역에서 도보 4분
주소 Via Milazzo 16, Roma
전화 06-9818-6527
운영시간 월~금 07:00~01:00,
토 07:00~12:00, 18:30~01:00,
일 08:00~24:00
가격 커피 1.20유로,
치아바타 3.80유로~,
오믈렛 6.50유로~, 와인 3유로~

100년 전통의 베이커리
파스티체리아 레골리 Pasticceria Regoli

1916년 레골리 가족이 문을 연 제과점으로 다양한 이탈리아 전통 디저트를 선보인다. 매장은 두 군데로 나눠졌다. 왼쪽 매장에서는 테이크아웃을 할 수 있고, 오른쪽 매장에는 테이블이 있어서 커피와 함께 디저트를 즐길 수 있다. 이곳의 대표 메뉴는 둥근 빵을 갈라 생크림을 가득 얹은 마리토초 콘 판나Maritozzo con Panna다. 마리토초는 로마 디저트인데, 이탈리아어로 '남편'을 뜻하는 '마리토marito'에서 파생됐다. 마리토초 크림 속에 반지를 넣어 프러포즈하는 것이 한때 전통이었다고 한다. 카푸치노와 함께 아침 식사로 먹기 좋다. 입안에서 살살 녹는 티라미수와 커스터드 크림에 새콤달콤한 산딸기가 올라간 타르트, 토르티네 알라 프라골리네 디 보스코Tortine alla Fragoline di Bosco도 사랑받는다. 오후에 가면 인기 아이템들은 이미 품절되었을 가능성이 높으니 서둘러 방문하는 것이 좋다.

Data 지도 329p-G
가는 법 산타 마리아 마조레 대성당에서 도보 5분
주소 Via dello Statuto 60, Roma 전화 06-487-2812
운영시간 수~월 06:30~19:30
가격 마리토초 콘 판나 3유로, 커피 1.20유로~
홈페이지 www.pasticceriaregoli.com

로마에서 만나는 인도와 네팔
카트만두 패스트 푸드 Kathmandu Fast Food

네팔 사람이 맞이해 주는 식당이다. 인도와 네팔 음식을 맛볼 수 있으며, 칼칼한 맛이 당길 때 들를 만한 곳이다. 미리 조리된 재료를 기반으로 주문하자마자 음식을 척척 내어주기 때문에 빠르게 먹을 수 있다. 큰 접시에 여러 음식을 담아주는 남아시아 전통 요리 탈리thali를 선택하면 커리, 난, 밥, 각종 채소가 풍성하게 나온다. 커리는 단품으로도 선택 가능하다. 매콤한 양고기 커리Riso Bianco con Agnello Curry는 한 끼 식사로 손색없을 정도로 양이 넉넉하다. 음식은 전반적으로 짭짤한 편이다. 양은 푸짐하지만 가격이 저렴한 것이 이곳의 가장 큰 장점이다.

Data **지도** 329p-K **가는 법** 테르미니역에서 도보 15분. 메트로 A선 Vittorio Emanuele역 하차, 도보 1분 **주소** Via Buonarroti 38, Roma **전화** 06-9826-1056 **운영시간** 수~월 11:00~23:00, 화 09:00~17:00 **가격** 탈리 8.50유로~, 커리 5.50유로~

젤라토의 제왕
파시 Fassi

로마에서 가장 오래된 젤라토 가게다. 1880년 자코모 파시 Giacomo Fassi가 문을 열었고, '젤라토의 제왕'이라는 별명을 얻으며 명성을 날렸다. 한국인들에게도 '로마 3대 젤라토'로 꼽히는 유명한 곳이다. 그 인기를 등에 업어 국내에도 진출했다. 파시는 로마의 젤라테리아치고는 보기 드물게 넓은 매장에 여러 테이블을 갖췄다. 자릿세도 따로 받지 않는다. 매장 벽에는 파시의 100년 넘은 역사와 수상 경력을 뽐내는 기록을 찾아볼 수 있다. 이곳의 인기 젤라토는 리소Riso와 피스타키오Pistachio다. 리소는 쌀 젤라토로 고소하며 쌀 알갱이가 씹힌다. 파스타키오는 견과류 피스타치오로 만들어졌으며 쫄깃한 맛이 매력적이다. 젤라토 위에는 생크림을 가득 올려 준다. 저렴한 가격에 양도 풍성하다.

Data **지도** 329p-K **가는 법** 테르미니역에서 도보 15분. 메트로 A선 Vittorio Emanuele역 하차, 도보 4분 **주소** Via Principe Eugenio 65, Roma **전화** 06-446-4740 **운영시간** 월~목 12:00~21:00, 금·토 12:00~24:00, 일 10:00~21:00 **가격** 젤라토 피콜로 2유로, 메디오 2.50유로, 그란데 3.50유로 **홈페이지** www.gelateriafassi.com

BUY

[에스퀼리노]

싱싱한 식료품이 가득
누오보 메르카토 에스퀼리노 Nuovo Mercato Esquilino

로마에서 찾아볼 수 있는 매력적인 푸드 마켓 중 하나다. 비앤비에서 머물며 직접 요리할 기회가 있다면 식재료를 공수하기 좋은 곳이다. 시장은 두 개의 건물로 나눠져 있다. 오른쪽 건물에서는 식료품을, 왼쪽에서는 공산품을 판매한다. 시장 안에는 컬러풀한 과일과 싱그러운 채소가 수북하고, 고기와 생선을 파는 곳에서는 시장 냄새가 물씬 풍긴다. 이탈리아 식탁을 더욱 풍성하게 만드는 치즈, 허브, 향신료 등도 있다. 바로 먹을 수 있는 빵, 피자 등도 판매한다. 재래시장답게 가격이 저렴한 편이라 가벼운 주머니로 방문해도 두 손 무겁게 돌아올 수 있다.

Data 지도 329p-G
가는 법 테르미니역에서 도보 10분. 메트로 A선 Vittorio Emanuele역 하차, 도보 3분
주소 Via Principe Amedeo 184, Roma
운영시간 월·수·목 05:00~15:00, 화·금·토 05:00~17:00
홈페이지 www.mercatidiroma.com

럭셔리하지 않아도 괜찮아
코인 Coin

이탈리아 백화점 체인이다. 의류, 액세서리, 화장품, 생활용품 등을 판매하며, 명품보다는 주로 중저가 브랜드를 취급한다. 여행자들의 머스트 해브 아이템, 마르비스 치약도 구비하고 있지만 가격이 저렴한 편은 아니다. 테르미니역에 위치해 오고 가며 들르기 좋다. 코인은 바티칸 시국 근처와 산 조반니에서도 찾아볼 수 있다.

Data 지도 329p-G
가는 법 테르미니역 0층에 위치
주소 Stazione Termini, Via Giovanni Giolitti 10, Roma
전화 06-4782-5909
운영시간 08:00~21:00
홈페이지 www.coin.it

한국 음식 장 보러 가자
한국식품 Korean Market

산타 마리아 마조레 대성당에서 가까운 한국 슈퍼마켓이다. 로마에서 아시아 마켓은 쉽게 볼 수 있지만 한인 마트는 많지 않다. 이곳에서는 비교적 다양한 한국 식품을 구매할 수 있다. 간단하게 먹을 수 있는 라면, 햇반, 카레, 김치, 김 등을 판매한다. 본격적으로 요리를 할 수 있는 마른 멸치, 청국장, 어묵, 육수 등도 있다. 각종 양념도 구색을 갖췄다. 한국의 술맛이 그리운 사람들을 위해 막걸리, 매화수, 참이슬도 구비해 놓고 있다.

Data 지도 328p-F
가는 법 산타 마리아 마조레 대성당에서 도보 2분
주소 Via Cavour 84, Roma
전화 06-488-5060
운영시간 09:30~19:30

가격은 다이소, 디자인은 이케아
플라잉 타이거 Flying Tiger

덴마크 출신 디자인 스토어로 아이디어가 넘치는 제품을 선보인다. 덴마크 화폐 단위인 10크로네를 뜻하는 'tier'가 영어 'tiger'로 발음되는 것에서 착안해 이름지었다. 저렴한 가격에 감각적인 디자인이 대중들에게 입소문이 나 전 세계 시장으로 뻗어 나갔다. 한국에도 매장이 있다. 생활용품, 파티용품, 팬시용품, 장난감 등 다양한 제품을 판매한다. 끊임없이 통통 튀는 아이디어의 신제품을 쏟아내기 때문에 구경하는 재미가 있다. 테르미니역, 베네치아 광장, 라르고 디 토레 아르젠티나 등 많은 곳에 매장이 있다. 매장 규모에 따라 구비되는 아이템은 조금씩 달라진다.

Data 지도 328p-F
가는 법 산타 마리아 마조레 대성당에서 도보 2분 주소 Via Cavour 81/83, Roma
전화 06-4893-9976
운영시간 10:00~13:00, 15:30~19:30
홈페이지 it.flyingtiger.com

컵라면이 당길 때
퍼시픽 트레이딩 Pacific Trading

한국의 매콤한 라면이 그리울 때 들르기 좋은 곳이다. 비토리오 에마누엘레 2세 광장Piazza Vittorio Emanuele II 근처에 있는 아시아 식료품점으로 한국을 비롯해 일본, 중국 등의 가공식품을 보유한다. 한국에서 물 건너온 컵라면, 라면, 과자, 당면, 양념, 소스, 소주 등을 만날 수 있다. 신라면, 안성탕면, 짜파게티, 너구리 등 라면 종류는 비교적 다양하고 가격도 저렴하다. 다른 아시아 식품들과 공간을 나눠서 사용해 한국 식품이 많지는 않다. 우산, 비옷, 손톱깎이 등 여행에 필요한 물품과 선물하기 좋은 마르비스 치약도 찾아볼 수 있다.

Data 지도 329p-K
가는 법 비토리오 에마누엘레 2세 광장에서 도보 1분 주소 Via Principe Eugenio 21, Roma
전화 06-446-8406
운영시간 월~토 08:00~19:30, 일 15:30~18:30

반짝반짝 빛나는 화장품 세계
세포라 Sephora

화장품 덕후라면 환호할 만한 곳이다. 세포라는 프랑스를 대표하는 화장품 전문점이다. 전 세계 36개국에 3천 개가 넘는 매장을 보유하고 있다. 로마에서도 테르미니역을 비롯해 코르소 거리, 바르베리니역 등에서 세포라를 만날 수 있다. 향수, 화장품, 헤어용품, 보디용품 등을 판매한다. 샤넬, 겔랑, 나스, 톰 포드, 조 말론 등 다양한 브랜드 셀렉션을 갖췄다. 한국의 라네즈와 빌리프도 볼 수 있어서 반갑다. 세포라 자체 브랜드도 있다. 세포라 색조 제품은 퀄리티와 가격 면에서 모두 만족도가 높은 편이다. 모든 화장품을 눈치 보지 않고 테스트할 수 있어서 좋다.

Data 지도 329p-G
가는 법 테르미니역 지하 1층
주소 Stazione Termini, Piazza dei Cinquecento, Roma 전화 06-4782-3445
운영시간 08:00~22:00
홈페이지 www.sephora.it

SLEEP

클래식과 모던 사이
호텔 아르테미데 Hotel Artemide

카페, 부티크, 오페라 극장, 갤러리 등으로 활기찬 나치오날레 거리Via Nazionale에 우아하게 자리잡고 있다. 호텔은 1877년 지어진 아르누보 스타일 건물을 리모델링한 것으로 고전미와 현대적 감각이 조화를 이룬다. 4성급 호텔답게 고급스러운 인테리어와 편안한 시설을 자랑한다. 일반 객실과 스위트룸은 각자 고유의 개성을 가지고 서로 다른 형태로 꾸며졌다. 특히 호텔에 단 두 개뿐인 허니문 스위트는 베란다와 루프톱 노천탕까지 갖추며 로맨틱함을 극대화했다. 핀란드식 사우나, 튀르키예식 목욕탕, 마사지 룸 등 다양한 시설을 보유한 스파도 호텔의 매력 포인트다. 호텔 옥상에서는 암브로시아 레스토랑Ambrosia Restaurant을 운영한다. 근사한 도시 전경이 눈앞에 펼쳐지고 신선한 파스타가 입안을 채우니 한 번쯤 방문할 만하다.

Data 지도 328p-F
가는 법 테르미니역에서 도보 11분. 메트로 A선 Repubblica역 하차, 도보 3분
주소 Via Nazionale 22, Roma
전화 06-489911
요금 더블룸 460유로~, 스위트룸 787유로~
홈페이지 www.hotelartemide.it

루프 톱 테라스가 매력적인
호텔 콜로세움 Hotel Colosseum

산타 마리아 마조레 대성당 근처에 위치한 3성급 호텔이다. 테르미니역과도 인접해 있어서 교통이 편리하다. 싱글룸, 더블룸, 트리플룸, 쿼드러플룸 등 총 50여 개의 객실이 있다. 객실 내부는 앤티크한 가구들로 장식됐다. 이 호텔에서 가장 눈길을 끄는 공간은 꼭대기에 있는 테라스다. 탁 트인 풍경을 바라보며 휴식을 취해도 좋고, 테라스에 있는 바에서 칵테일 한잔을 즐겨도 좋다. 홈페이지에서 미리 예약할 경우 다양한 할인 혜택을 받을 수 있다.

Data 지도 328p-F
가는 법 산타 마리아 마조레 대성당에서 도보 3분. 테르미니역에서 도보 11분. 메트로 B선 Cavour역 하차, 도보 3분 **주소** Via Sforza 10, Roma **전화** 06-482-7228 **요금** 싱글룸 229유로~, 더블룸 239유로~, 트리플룸 300유로~, 쿼드러플룸 360유로~ **홈페이지** www.hotelcolosseum.com

가족 여행자들이 머물기 좋은
블루 호스텔 Blue Hostel

1804년에 지어진 건물을 재단장해서 2012년 호스텔로 문을 열었다. 산타 마리아 마조레 대성당 바로 가까이에 있으며, 주변에는 마트, 은행, 카페 등을 쉽게 찾아볼 수 있다. 더블룸, 트리플룸, 트라페치오 스위트가 아늑하게 꾸며져 있다. 트라페치오 스위트는 침실, 거실, 키친으로 구성되어 있고, 최대 4인까지 숙박할 수 있어서 가족 여행자에게 추천할 만하다. 창문에서 바라보는 성당 뷰도 근사하다.

Data 지도 328p-F
가는 법 산타 마리아 마조레 대성당에서 도보 1분. 테르미니역에서 도보 7분
주소 Via Carlo Alberto 13, Roma
전화 340-925-8503
요금 더블룸 155유로~, 트리플룸 170유로~, 트라페치오스위트 197유로~
홈페이지 www.bluehostel.it

프라이버시를 존중해 드립니다
프리 호스텔스 Free Hostels

호스텔을 찾는 이유는 가격이 저렴하거나 다른 여행자와 쉽게 어울리기 위해서다. 숙소 특성상 대체로 여럿이 북적거리지만 가끔은 혼자이고 싶을 때가 있다. 프리 호스텔스에서는 특수 제작된 이층 침대를 제공해 도미토리지만 아늑하고 프라이빗한 공간을 만든다. 침대가 칸막이 형태라 외부와 차단된다. 꿀잠을 재워주는 비스코라텍스 매트리스도 투숙객들에게 평이 좋다. 4인실에서 10인실까지 다양한 도미토리를 보유하고 있으며 여성 전용도 있다. 키친, 테라스 등 공용 시설은 힙하고 깔끔하다. 조식은 숙박비에 포함되어 있지 않고 5유로가 추가된다. 숙소 바로 가까이 마트가 위치해 있어 직접 장 봐서 요리를 하기에도 수월하다. 호스텔 내부에 바bar가 있어서 늦은 밤에도 페로니에 쉽게 손이 닿는다.

Data 지도 29p-L 가는 법 테르미니역에서 도보 15분. 메트로 A선 Manzoni역 하차, 도보 5분 주소 Via Luigi Luzzatti 3, Roma 전화 06-700-4978 요금 도미토리 72유로~, 더블룸 179유로~, 트리플룸 264유로~, 쿼드러플룸 363유로~ 홈페이지 free-hostels.com

신나는 액티비티가 가득한
더 로마헬로 The RomeHello

한국인들에게 인기 많은 호스텔이다. 레푸블리카역에 바로 근접해 있고, 테르미니역과도 가까워 일단 위치상으로 합격점을 받았다. 스태프도 친절하고 숙소 전반적으로 유쾌하고 긍정적인 에너지가 흐른다. 도미토리, 더블룸, 트리플룸, 쿼드러플룸을 갖춰 1인 여행자부터 가족 여행자까지 모두 이용할 수 있다. 객실과 부대시설은 넓고 쾌적하다. 웰컴 드링크와 조식(7유로)은 같은 건물에 있는 레스토랑 더 배럴The Barrel에서 제공한다. 호스텔에서는 요일별로 액티비티와 이벤트가 넘쳐나 심심할 틈이 없다. 공용 라운지에는 보드게임이, 야외 테라스에는 탁구대가 있다. 파스타와 피자 쿠킹 클래스가 열리며, 각종 투어도 주관한다. 때때로 라이브 공연이 펼쳐져 로마 여행에 추억거리를 한 가지 더 안겨 준다.

Data 지도 328p-B 가는 법 테르미니역에서 도보 10분, 메트로 A선 Repubblica역 하차, 도보 3분 주소 Via Torino 45, Roma 전화 06-9686-0070 요금 도미토리 60유로~, 더블룸 227유로~, 트리플룸 288유로~, 쿼드러플룸 340유로~ 홈페이지 theromehello.com

Roma By Area

08

트라스테베레
Trastevere

고풍스러운 골목, 울퉁불퉁한 돌길, 담쟁이넝쿨로 뒤덮인 집 등 옛 거리가 고스란히 남아 낭만이 가득한 트라스테베레는 로마의 또 다른 얼굴이다.

트라스테베레
미리보기 🔍

트라스테베레는 '테베레강 건너'라는 뜻이다. 과거에 서민부터 상류층까지 다양한 계층의 사람들이 거주하던 지역으로 다채로운 매력을 지녔다. 로마 시내에서 다리 하나 건넜을 뿐인데 분위기가 사뭇 다르다. 빈티지함이 물씬 풍기는 거리 풍경과 특유의 경쾌한 에너지가 합쳐져 시너지를 내며 여행자를 매혹시킨다.

SEE
운치 있는 돌길을 따라 걷기만 해도 좋은데 볼거리까지 알차다. 빼어난 건축미를 뽐내는 산타 체칠리아 인 트라스테베레 성당, 산타 마리아 인 트라스테베레 성당, 산 피에트로 인 몬토리오 성당은 트라스테베레의 주요 볼거리다. 미술 작품에 관심이 많다면 빌라 파르네시나와 코르시니 미술관도 놓치기 아쉬울 것이다. 로마 전경이 시원하게 펼쳐지는 자니콜로 언덕은 지는 해를 바라보며 하루를 마무리하기 좋다.

EAT
간단하게 요기할 수 있는 조각 피자집부터 이탈리아 음식을 제대로 탐닉할 수 있는 레스토랑까지 선택의 폭이 넓다. 트라스테베레의 밤을 즐기며 가볍게 술 한잔 할 수 있는 에노테카도 있다. 큰 광장 주변은 바가지 씌우는 경우가 흔하니 골목에 숨겨진 맛집을 공략하자.

BUY
포르타 포르테세 벼룩시장에는 없는 것 빼고 다 있다. 여행 중 필요한 물품과 기념품을 저렴하게 득템할 수 있다.

🚗 어떻게 갈까?

메트로가 닿지 않는 트라스테베레는 버스와 트램을 이용해야 한다. 버스로 산타 마리아 인 트라스테베레 광장까지는 테르미니역과 베네치아 광장에서 H번을 타고 손니노/산 갈리카노Sonnino/S. Gallicano 정류장에서 하차한다. 트램으로 베네치아 광장에서 산타 마리아 인 트라스테베레 광장까지는 8번을 타고 벨리Belli 정류장에서 내린다. 룽가레타 거리Via della Lungaretta까지 걸은 후 우회전해서 직진하면 된다. 8번 트램은 2023년 기준 공사가 진행 중이라 이용에 어려움을 겪을 수 있다.

어떻게 다닐까?

산타 마리아 인 트라스테베레 광장을 중심으로 도보 여행이 가능하다. 자니콜로 언덕은 비교적 거리가 떨어져 있지만 추천하는 코스대로 움직이다 보면 그리 멀게 느껴지지 않는다.

트라스테베레
📍 1일 추천 코스 📍

산타 마리아 인 트라스테베레 광장을 중심으로 고만고만한 거리에 주요 볼거리들이 포진되어 있다. 구불구불 펼쳐진 자갈길을 따라 트라스테베레의 정취를 느끼며 가볍게 둘러보자.

산타 체칠리아 인 트라스테베레 성당에서 성녀 체칠리아 조각상 찾아보기

→ 도보 6분

산 프란체스코 다시시 아 리파 성당에서 베르니니 작품 감상하기

→ 도보 8분

산타 마리아 인 트라스테베레 광장에서 길거리 공연 즐기기

↓ 광장에 위치

빌라 파르네시나와 코르니 미술관 중 하나 선택해서 관람하기

← 도보 2분

포르타 세티미아나 지나가기

← 도보 5분

산타 마리아 인 트라스테베레 성당 구석구석 살펴보기

↓ 도보 12분

산 피에트로 인 몬토리오 성당의 템피에토 방문하기

→ 도보 3분

아콰 파올라 분수 구경하기

→ 도보 7분

자니콜로 언덕에 올라 탁 트인 전망 감상하기

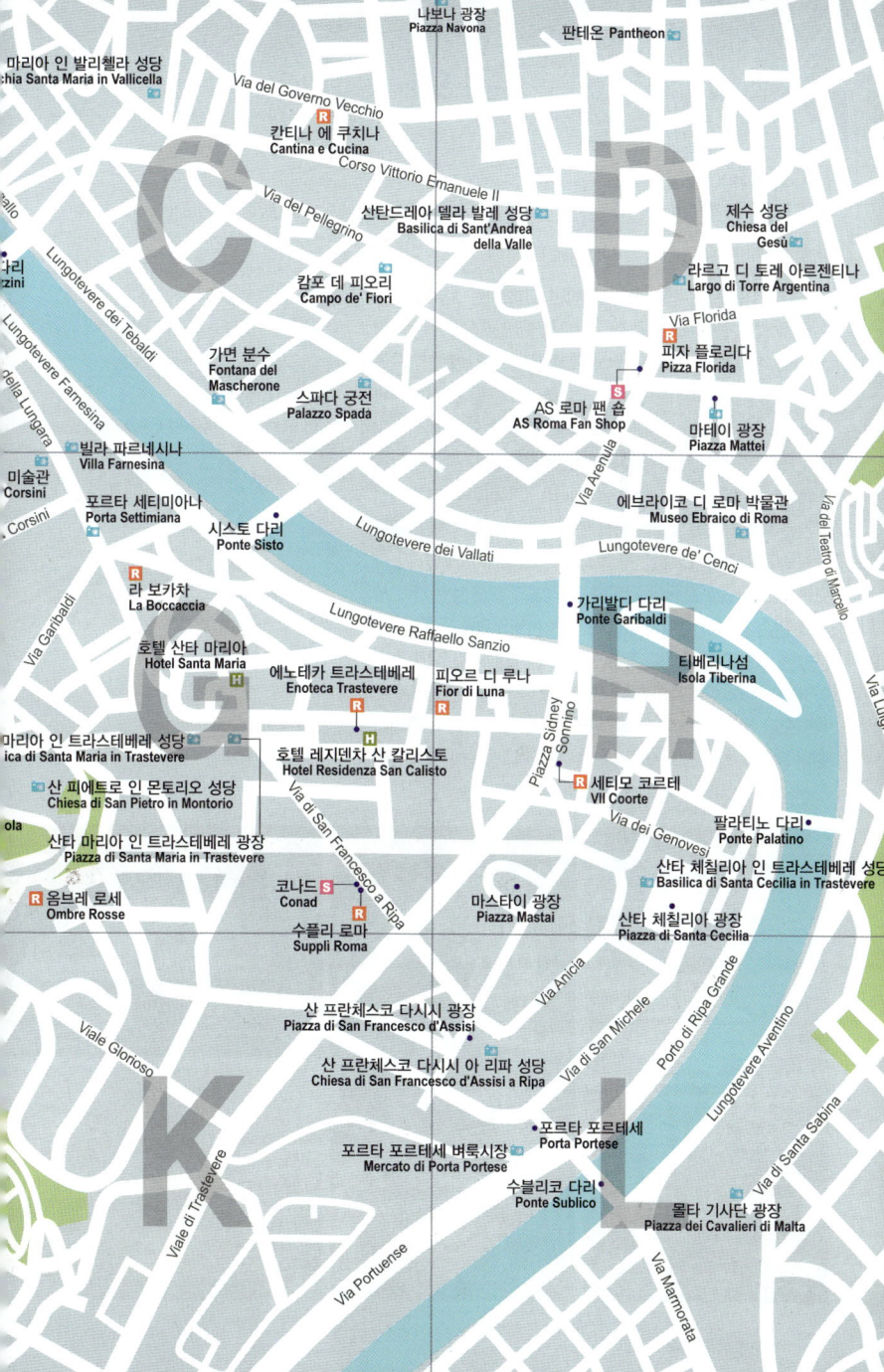

SEE

성녀 체칠리아의 순교를 기리는
산타 체칠리아 인 트라스테베레 성당 Basilica di Santa Cecilia in Trastevere
[바질리까 디 싼따 체칠리아 인 뜨라스떼베레]

우아하게 대칭으로 세워진 저택 벽면 너머로는 귀부인이 살고 있을 것만 같다. 정문을 지나 안으로 들어서면 소담한 정원과 고대 기둥으로 장식된 성당의 모습이 베일을 벗는다. 이곳은 로마 제국 시대에 순교한 성녀 체칠리아가 살던 곳에 세워진 성당이다. 성당 내부에는 성녀 체칠리아를 묘사한 작품이 여럿 있다. 그중에서 가장 주목해야 할 것은 중앙 제단에 있는 스테파노 마데르노Stefano Maderno의 조각상이다. 1599년 발견된 체칠리아의 유해는 놀랍게도 부패되지 않은 채 그대로 보존되어 있었다. 그 장면을 목격한 스테파노 마데르노가 그 모습을 조각으로 표현한 것이다. 조각상의 오른손 손가락 세 개와 왼손 엄지가 펼쳐져 있는데 이는 삼위일체를 뜻한다. 처참했던 처형 과정에서도 종교에 대한 신념을 놓지 않았던 것이다. 또한 숨이 끊길 때까지 찬송가를 불러 음악인들의 수호성인으로 불린다. 성당 안에 놓인 피아노에서 가끔씩 흘러나오는 음악 소리는 그의 넋을 기리는 듯하다. 성당의 지하 유적 Cripta에서 그가 살던 집의 흔적을 볼 수 있다.

Data 지도 357p-H
가는 법 산타 마리아 인 트라스테베레 광장에서 도보 10분. 버스 44, 280번 타고 LGT Ripa/Ripense 정류장 하차, 도보 3분. 트램 8번 타고 Trastevere/Mastai 정류장 하차, 도보 5분
주소 Piazza di Santa Cecilia 22, Roma
전화 06-4549-2739
운영시간 월~토 10:30~12:30, 16:00~18:00, 일 11:30~12:30, 16:00~18:00
요금 무료, 지하 유적 2.50유로
홈페이지 www.benedettinesantacecilia.it

예술과 웃음이 꽃 피는
산타 마리아 인 트라스테베레 광장 Piazza di Santa Maria in Trastevere

[삐앗짜 디 싼따 마리아 인 뜨라스떼베레]

트라스테베레 심장부에 자리한 광장이다. 낮과 밤을 가리지 않고 현지인과 여행자로 북적인다. 광장 한쪽에는 산타 마리아 인 트라스테베레 성당이 경건한 모습을 하고 있고, 그 주변으로는 카페, 레스토랑, 바들이 즐비하다. 광장 중앙을 장식하는 팔각 분수는 본래 고대 로마 시대의 작품으로 1692년 카를로 폰타나Carlo Fontana가 새 생명을 불어넣었다. 분수를 둘러싸고 있는 계단은 늘 사람들로 붐빈다. 계단에 가만히 앉아만 있어도 거리 예술가들 덕에 지루할 틈이 없다. 구슬픈 탱고 음악에서 유쾌한 슬랩스틱 코미디까지 다양한 장르를 선보인다. 해가 넘어간 후 광장은 노르스름한 불빛을 받아 은은하게 빛나며 밤 문화를 즐기려는 이들로 활기찬 에너지가 이어진다.

Data 지도 357p-G
가는 법 버스 H번 타고 Sonnino/S. Gallicano 정류장 하차, 도보 4분. 트램 8번 타고 Belli 정류장 하차, 도보 5분
주소 Piazza di Santa Maria in Trastevere, Roma

베르니니의 작품을 볼 수 있는
산 프란체스코 다시시 아 리파 성당 Chiesa di San Francesco d'Assisi a Ripa

[끼에자 디 산 프란체스꼬 닷씨지 아 리빠]

천재 조각가 베르니니의 작품을 보는 것만으로도 충분히 방문할 만한 가치가 있다. 13세기경 자애로운 인품으로 널리 존경 받은 성 프란체스코가 머문 곳이기도 하다. 트라스테베레의 굵직굵직한 다른 성당들에 비해 상대적으로 덜 알려진 곳이라 한적하게 둘러볼 수 있다. 성당에서 가장 눈에 띄는 것은 베르니니의 조각상 〈축복받은 루도비카 알베르토니Beata Ludovica Albertoni〉다. 루도비카 알베르토니는 가난한 이들에게 선행을 베풀어 성인의 전 단계인 복녀의 칭호를 얻은 인물이다. 베르니니는 가슴에 손을 얹고 누워 있는 그녀의 모습을 관능적으로 표현해 묘한 상상력을 불러일으킨다.

Data 지도 357p-L 가는 법 산타 체칠리아 인 트라스테베레 성당에서 도보 6분 주소 Piazza di San Francesco d'Assisi 88, Roma 전화 06-581-9020 운영시간 07:30~12:30, 16:30~19:30 요금 무료 홈페이지 www.sanfrancescoaripa.it

원숙미 넘치는 성모 마리아 성당
산타 마리아 인 트라스테베레 성당 Basilica di Santa Maria in Trastevere
[바질리까 디 싼따 마리아 인 뜨라스떼베레]

로마에서 가장 나이가 많은 성당 중 하나다. 3세기 교황 칼릭투스 1세가 성모 마리아에게 바치기 위해 지었다. 1138년 성당의 파사드와 종탑 등이 추가되고, 1702년 기둥으로 받쳐 만든 성당의 현관인 포르티코portico가 카를로 폰타나에 의해 더해졌다. 성당 바깥쪽을 잘 살펴보면 아기 예수에게 젖을 먹이는 성모 마리아와 등불을 들고 있는 처녀 열 명이 담긴 12세기 모자이크가 보인다. 모자이크 앞 난간에는 교황 네 명의 조각상이 성당을 지키고 있다. 모자이크 뒤편 로마네스크 종탑에서는 15분마다 종소리가 울려 퍼진다. 황금빛으로 빛나는 성당 안은 21개의 화강암 기둥으로 장식됐다. 그 기둥의 일부는 카라칼라 욕장에서 공수해 온 것이다. 중앙 제단 뒤 반원형 공간을 꾸미고 있는 애프스 모자이크는 12세기 작품으로 성모 마리아와 예수 그리고 성인들의 모습을 묘사했다. 전설에 의하면 성당은 기름 분수가 솟았던 곳에 세워졌다고 한다. 제단 오른쪽에는 'fonsolei'라는 표식이 있는데 이것은 기름이 터져 나왔던 지점을 표시한 것이다.

Data 지도 357p-G
가는 법 산타 마리아 인 트라스테베레 광장에 위치
주소 Piazza di Santa Maria in Trastevere, Roma
전화 06-581-4802
운영시간 일~금 07:30~20:30, 토 07:30~21:00
요금 무료

트라스테베레와 바티칸의 연결고리
포르타 세티미아나 Porta Settimiana [뽀르따 쎗띠미아나]

트라스테베레 골목길을 더 멋스럽게 만드는 성벽 문이다. 포르타 세티미아나는 3세기 아우렐리우스 성벽에 설치됐던 문으로, 현재 모습은 1798년 교황 비오 6세에 의해 탈바꿈한 것이다. 포르타 세티미아나의 이름은 셉티미우스 황제의 이름에서 따온 것이라고 전해진다. 셉티미우스 황제에 대한 비문이 아치에 새겨져 있었지만 재건하면서 소실됐다. 포르타 세티미아나는 트라스테베레와 바티칸을 잇는 룽가라 거리Via della Lungara가 시작되는 곳에 있다. 16세기 이 거리는 산 피에트로 대성당으로 향하는 순례자들에게 중요한 역할을 하여 '성스러운 거리Via Santa'라고 불렸다. 현재는 다채로운 트라스테베레의 분위기를 즐기려는 현지인과 여행자의 발걸음이 끊이지 않는다.

Data 지도 357p-G
가는 법 산타 마리아 인 트라스테베레 광장에서 도보 5분

머리부터 발끝까지 다 우아한
빌라 파르네시나 Villa Farnesina [빌라 파르네지나]

1511년 은행가 아고스티노 키지Agostino Chigi가 지은 르네상스풍 저택이다. 재력가였던 아고스티노 키지는 이곳에서 종종 호화로운 만찬을 열었고, 코스 요리가 끝날 때마다 사용했던 은식기를 테베레강에 던지는 허세를 부리곤 했다. 미리 테베레강에 그물을 쳐놓아 은식기들을 다시 건져 올린 것은 공공연한 비밀이었다. 1677년 저택을 파르네세 가문이 소유하면서 현재의 이름을 얻었다. 오늘날 이곳은 미술관으로 사용 중이다. 미술관 곳곳은 아름답고 우아한 프레스코화로 가득 찼다. 가장 유명한 작품은 라파엘로의 프레스코화다. 0층에 있는 로지아 디 아모레 에 프시케Loggia di Amore e Psiche와 로지아 디 갈라테아Loggia di Galatea에서 찾아볼 수 있다. 1층 살로네 델레 프로스페티베Salone delle Prospettive에 있는 페루치Peruzzi의 프레스코화도 빼놓기 아쉽다. 이 작품은 원근법을 이용해 포르타 세티미아나를 비롯한 16세기 트라스테베레 전경을 입체적으로 묘사했다.

Data 지도 357p-C
가는 법 포르타 세티미아나에서 도보 2분 주소 Via della Lungara 230, Roma
전화 06-6802-7268 운영시간 월~토 09:00~14:00(마지막 입장 13:15)
요금 일반 10유로, 65세 이상 9유로, 10~18세 학생 7유로 홈페이지 www.villafarnesina.it

삼련제단화

세례자 성 요한

화려한 궁전에 보석 같은 예술 작품이 가득
코르시니 미술관 Galleria Corsini [갈레리아 꼬르씨니]

코르시니 궁전Palazzo Corsini은 18세기 코르시니 가문이 소유하던 곳으로 바로크 후기 양식으로 건립된 화려한 저택이다. 코르시니 궁전에는 세계에서 가장 유서 깊은 과학 아카데미로 꼽히는 국립 린체이 아카데미Accademia Nazionale dei Lincei와 녹음으로 둘러싼 식물원 오르토 보타니코Orto Botanico 그리고 보물 같은 예술 작품을 소장한 코르시니 미술관이 있다. 미술관은 루벤스, 귀도 레니, 니콜라 푸생 등의 주옥같은 작품을 보유하고 있다. 특히 카라바조의 〈세례자 성 요한San Giovanni Battista〉과 프라 안젤리코의 〈삼련제단화Triptych〉는 놓치지 말아야 할 명작이다. 미술관의 실내 인테리어 또한 상당히 엘레강스하고 기품 있어 둘러보는 재미가 있다. 전시실 곳곳에는 앉을 자리가 마련되어 있어 쉬엄쉬엄 둘러보기 좋으며, 마치 고급 저택의 응접실에서 작품을 감상하는 기분이 든다. 전시실을 다 살펴봤다면 초록빛을 머금은 궁전 정원도 구경하자.

Data 지도 357p-G
가는 법 포르타 세티미아나에서 도보 2분, 빌라 파르네시나 맞은편
주소 Via della Lungara 10, Roma
전화 06-32810
운영시간 화~일 10:00~19:00 (마지막 입장 18:00)
요금 일반 12유로, 18세 이하 무료 (바르베리니 궁전 포함, 20일 동안 사용 가능), 로마 패스 가능
홈페이지 www.barberinicorsini.org

성 베드로의 희생을 기억하는
산 피에트로 인 몬토리오 성당 Chiesa di San Pietro in Montorio

[끼에자 디 싼 삐에뜨로 인 몬또리오]

성 베드로가 십자가에 거꾸로 매달려 못 박힌 자리에 세워진 성당이다. 종교적으로 의미 있는 곳이면서 빼어난 건축미까지 자랑하는 곳이다. 르네상스 시대의 대표적인 건축물, 템피에토 디 브라만테 Tempietto di Bramante가 있기 때문이다. 템피에토 디 브라만테는 성당 안뜰에 세워진 작은 신전으로, 현재는 성당 옆 건물인 레알 아카데미아 데 에스파냐Real Academia de España를 통해서 둘러볼 수 있다. 성당과 템피에토는 둘러볼 수 있는 시간이 다르니 템피에토가 오픈하는 시간에 맞춰 가자. 1508년 브라만테가 설계한 템피에토는 16개의 도리아식 기둥으로 둘러싸고 푸른빛 돔이 덮인 우아한 원형 건물이다. 1628년 베르니니가 설계한 계단이 더해져 신전은 더욱 빛난다. 신전 내부에는 오른손에 열쇠를 쥔 성 베드로 조각상을 볼 수 있다. 브라만테는 이 신전을 건립하면서 얻은 명성으로 산 피에트로 대성당 설계에 참여하는 기회를 얻었다.

Data 지도 357p-G
가는 법 산타 마리아 인 트라스테베레 광장에서 도보 15분
주소 Piazza San Pietro in Montorio 2, Roma
전화 06-581-3940
운영시간 성당 월~금 08:30~12:00, 15:00~16:00, 토·일 08:30~12:00, 템피에토 화~금 10:00~16:00, 토·일 10:00~18:00(마지막 입장 30분 전)
요금 무료 **홈페이지** 성당 www.sanpietroinmontorio.it, 템피에토 www.accademiaspagna.org

소문난 잔치에 먹을 것 없다?!
포르타 포르테세 벼룩시장 Mercato di Porta Portese [메르까또 디 뽀르따 뽀르떼제]

포르타 포르테세(포르테세 문) 근처에서 열리는 로마 최대 규모의 벼룩시장이다. 그 유명세를 기대하며 갔다가는 실망하기 십상이다. 벼룩시장이라 하면 흔히 볼 수 없는 앤티크한 제품을 구경하는 즐거움이 있기 마련인데, 규모가 점점 커지면서 골동품 가게는 찾아보기 힘들어졌고, 지금은 시중에서 쉽게 볼 수 있는 물건들이 시장을 메우고 있다. 액세서리, 옷, 신발, 가방, 전자제품, 캐리어 등 일상생활에 필요한 모든 것들이 모여 있다. 여행을 하면서 필요한 것이나 기념품을 저렴하게 구입하기에는 좋지만 '나만의 유니크한 아이템 발굴'을 목표로 한다면 성공하기 어렵다. 시장은 일요일에만 열리며, 항상 사람들로 붐빈다. 그 혼잡한 틈을 타 소매치기도 많으니 소지품에 신경 써야 한다.

Data 지도 357p-L 가는 법 버스 44, 75번, 트램 3, 8번 타고 Porta Portese 정류장 하차, 도보 1분 운영시간 일 07:00~14:00

트레비 분수에 영감을 준
아콰 파올라 분수
Fontana dell'Acqua Paola [폰따나 델라꽈 빠올라]

낯선 분수에게서 트레비 분수의 향기가 느껴진다. 아콰 파올라 분수는 트레비 분수의 원조 격으로, 영화 〈그레이트 뷰티〉의 도입부를 화려하게 장식한 주인공이다. 17세기 초 트라야누스 수도교가 끝나는 지점을 표시하기 위해 교황 바오로 4세의 명으로 만들어졌다. 분수의 이름은 교황의 이름에서 유래했다. 교황 바오로 4세는 보르게세 가문의 일원으로 보르게세 가문을 상징하는 독수리와 용의 조각을 분수에서 찾아 볼 수 있다. 분수 내부는 특정 날짜에 사전 예약을 통해서만 개방한다. 트레비 분수보다 사람들이 덜 붐벼 여유롭고 분수 앞에 시원한 도시 전경도 펼쳐진다.

Data 지도 356-F 가는 법 산 피에트로 인 몬토리오 성당에서 도보 3분 주소 Via Garibaldi, Roma 전화 06-0608 운영시간 홈페이지에서 확인 요금 4유로 홈페이지 sovraintendenzaroma.it

환상적인 로마 전경을 품은
자니콜로 언덕 Monte Gianicolo [몬떼 자니꼴로]

로마 전경을 볼 수 있는 전망대 중 베스트로 꼽히는 곳이다. 자니콜로 언덕은 트라스테베레 중심가와 꽤 거리가 있어 발품을 파는 수고를 해야 하지만 찬란하게 펼쳐지는 도시 전경이 이곳으로 향하는 모든 수고를 보상한다. 언덕길에 오르면 이탈리아 통일 운동에 업적을 세운 이들의 흉상이 줄지어 서 있다. 언덕 끝까지 걸어가면 우뚝 솟아 있는 주세페 가리발디Giuseppe Garibaldi 동상과 마주하게 된다. 가리발디 장군은 비토리오 에마누엘레 2세와 함께 이탈리아 통일에 큰 공을 세운 인물로 그의 이름을 딴 광장과 거리를 이탈리아에서 흔하게 찾아볼 수 있다. 동상이 있는 가리발디 광장Piazza Garibaldi을 중심으로 파노라마로 펼쳐지는 로마 풍경이 한눈에 담긴다. 한쪽에는 비토리오 에마누엘레 2세 기념관부터 구시가까지의 모습이, 반대쪽에는 바티칸 시국의 모습이 보인다. 자니콜로 언덕에는 어린아이들을 위한 당나귀 체험, 놀이기구 등도 있어 가족 단위로 방문해도 좋다. 해가 질 무렵이 되면 하나둘씩 한 손에 맥주를 든 사람들이 모여든다. 발그스름한 기운이 도시 곳곳으로 스며들어가는 모습을 바라보며 마시는 맥주 맛은 더 특별하다. 여름에는 광장 근처의 바에서 맥주와 칵테일 등을 쉽게 구할 수 있다.

Data 지도 356p-F
가는 법 산타 마리아 인 트라스테베레 광장에서 도보 20분. 버스 115, 870번 타고 P.le G. Garibaldi 정류장 하차, 도보 1분

도심 속 쉼표
도리아 팜필리 공원 Villa Doria Pampilj [빌라 도리아 빰삘리]

복작거리는 도심을 벗어나 자연 속에서 힐링하고 싶다면 도리아 팜필리 공원으로 향하자. 이 공원은 트라스테베레 옆 몬테베르데 Monteverde 지역에 자리한다. 주요 볼거리와 떨어져 있어서 단기 여행자들이 선호할 만한 코스는 아니지만 현지인처럼 느긋하게 하루를 보내고 싶다면 가 볼 만하다. 로마에서 가장 거대한 공원으로 규모가 55만 평에 달한다. 17세기부터 팜필리 가문이 소유했던 정원을 로마시에서 사들여 1971년 일반인들에게 오픈했다. 바로크 양식의 아름다운 카지노Casino 건물을 중심으로 분수, 조각상, 정원 등이 공원 곳곳을 꾸민다. 당시에 카지노는 이탈리아어로 '도박장'이 아닌 '시골 저택'을 의미했다. 주말이면 많은 현지인들이 가벼운 옷차림을 한 채 공원으로 발걸음을 옮긴다. 길게 뻗어 있는 길을 따라 조깅을 하고, 개와 산책하기도 한다. 이외에 자전거 타기, 축구 등 녹음 속에서 다양한 활동을 즐긴다. 우산 소나무를 파라솔 삼아 돗자리에 누워 망중한을 보내기도 좋다.

Data 지도 356p-I
가는 법 버스 115, 710, 870번 타고 Carini/S.Pancrazio 정류장 하차, 도보 3분, 버스 31, 33, 180F, 791, 982, C6번 타고 Leone XIII/Villa Pamphili 정류장 하차, 도보 1분
운영시간 07:00~21:00

EAT

화덕 피자 부럽지 않은
라 보카차 La Boccaccia

궁극의 조각 피자를 만날 수 있는 곳이다. 트라스테베레 거리에 자리 잡은 아기자기한 조각 피자집으로 내부에는 바 테이블이, 외부에는 테이블 세 개가 단출하게 놓여 있다. 모차렐라가 들어간 피자, 모차렐라가 없는 피자, 비앙카 피자로 구분된 40여 종이 넘는 피자들이 준비되어 있다. 현지인과 여행자 모두에게 인기가 많고, 회전율이 빨라 갓 구운 피자를 바로 먹을 수 있다. 적당한 두께에 바삭한 도우, 싱싱하고 풍성한 토핑, 윤기가 흐르는 탐스러운 피자를 보고 있으면 먹기도 전에 군침이 뚝뚝 떨어진다. 맘에 드는 피자를 골라 원하는 사이즈로 주문하면 된다. 가격은 무게에 따라 측정된다. 파르메산 치즈가 들어간 가지 피자 '멜란차네 알라 파르미자나Melanzane alla Parmigiana'와 호박 피자 '추키네Zucchine'는 짜지 않고 담백해 누구라도 좋아할 만하다. 이탈리아 맥주 페로니와 함께하는 피맥 조합은 항상 옳다. 먹고 남은 것은 친절하게 테이크아웃도 해 주니 부담 없이 즐기자.

Data 지도 357p-G
가는 법 산타 마리아 인 트라스테베레 광장에서 도보 5분
주소 Via Santa Dorotea 2, Roma 전화 320-775-6277
운영시간 09:00~23:00
가격 피자 1kg당 9~18유로

트라스테베레의 밤을 밝히는
옴브레 로세 Ombre Rosse

흥겨운 음악과 즐거운 분위기로 가득 찬 바Bar다. 트라스테베레에 어둠이 내려앉을 무렵 술 한잔하기 좋은 곳이다. 야외에도 테이블이 있어서 짙어지는 밤공기를 온전히 느낄 수 있다. 폭넓은 와인 리스트를 보유하고 있으며, 가볍게 즐길 만한 맥주와 칵테일도 판매한다. 핀사(타원형 모양 피자), 파스타 등 식사도 준비되어 있다. 술 안주를 찾는다면 각종 햄, 치즈, 살루메, 견과류가 도마에 올려져 나오는 탈리에레 디 살루미 포르마지 에 노치Tagliere di Salumi Formaggi e Noci가 적당하다. 유쾌한 스태프의 친절한 서비스는 방문자들 사이에서 평이 좋은 편이다.

Data 지도 357p-G
가는 법 산타 마리아 인 트라스테베레 광장에서 도보 9분
주소 Via Garibaldi 27/G, Roma
전화 06-588-4155
운영시간 월~목 17:00~01:00,
금 15:00~01:00,
토·일 11:00~01:00
가격 탈리에레 10유로~,
파스타 9유로~, 핀사 9.50유로~,
칵테일 8.50유로
홈페이지 www.ombrerosseintrastevere.it

쫀득쫀득 입에 착 달라붙는 그 맛
수플리 로마 Supplì Roma

이탈리아의 대표 길거리 음식, 수플리를 맛볼 수 있는 곳이다. 수플리 로마의 협소한 공간은 항상 현지인들로 가득 차 발 디딜 틈이 없다. 식당 안에는 서서 먹을 수 있는 테이블이 달랑 두 개 있다. 테이크아웃이 대부분이며, 운 좋게 테이블을 차지했더라도 다른 사람과의 셰어는 필수다. 이곳의 최고 인기 메뉴는 단연 수플리! 쌀로 만든 반죽 볼에 토마토소스와 모차렐라가 범벅되어 튀겨진 수플리는 밥과 피자 그 중간 맛이다. 겉은 바삭하고 속은 쫀득해 입에 착착 붙는다. 수플리와 함께 조각 피자나 파스타를 곁들이면 간단하지만 든든한 한 끼가 완성된다. 저렴한 가격에 만족감은 두 배가 된다.

Data 지도 357p-G
가는 법 산타 마리아 인 트라스테베레 광장에서 도보 5분
주소 Via di San Francesco a Ripa 137, Roma
전화 06-589-7110
운영시간 월·금 09:00~21:00,
화~목 10:00~21:00,
토 09:00~21:30
가격 피자 100g당 1유로~,
수플리 2유로
홈페이지 www.suppliroma.it

시칠리아의 맛을 찾아서
세티모 코르테 VII Coorte

이탈리아 각 지역의 다채로운 요리를 맛볼 수 있는 것은 로마 여행의 장점 중 하나다. 세티모 코르테는 시칠리아 출신 주인이 운영하는 레스토랑으로 메인 메뉴에서 디저트, 와인까지 시칠리아 향을 뿜어낸다. 레스토랑의 외관은 다소 산만하지만 계단에 올라 내부로 들어서면 베이지색으로 심플하게 꾸며 놓았다. 고풍스러운 트라스테베레 거리를 마주볼 수 있는 테라스도 있다. 신선한 해산물 요리가 전문이며, 대부분의 음식이 평타 이상을 친다. 정성껏 장식한 플레이팅은 눈과 입을 모두 즐겁게 만든다. 애피타이저로는 탱글탱글한 문어에 채소가 어우러진 폴포 델라 코르테Polpo della Coorte가 인기다. 메인으로는 해산물 요리가 훌륭하다. 그릴리아타 디 페셰 콘 감베리, 칼라마리, 톤노 에 스캄피Grigliata di Pesce con Gamberi, Calamari, Tonno e Scampi에는 새우, 오징어, 참치, 참새우 등이 함께 나온다. 해산물에는 화이트 와인을 곁들이면 그 풍미가 더해진다. 디저트로는 달콤한 초콜릿 맛의 토르타 세테 벨리 알 초콜라토Torta Sette Veli al Cioccolato나 바삭한 식감의 과자에 부드러운 크림이 어우러진 카놀로 시칠리아노Cannolo Siciliano를 추천한다.

Data 지도 357p-H
가는 법 산타 마리아 인 트라스테베레 광장에서 도보 5분 **주소** Piazza Sidney Sonnino 29, Roma
전화 388-898-5314 **운영시간** 월~목 19:00~23:00, 금~일 12:30~15:00, 19:00~23:00
가격 애피타이저 15유로~, 파스타 13유로~, 메인 요리 15유로~, 와인 20유로~, 디저트 6유로~
홈페이지 www.ristorantesettimacoorte.it

매력 넘치는 수제 젤라토
피오르 디 루나 Fior di Luna

트라스테베레 최고의 젤라테리아로 꼽히는 곳이다. 피오르 디 루나는 이탈리아어로 '달의 크림'이라는 뜻. 소설 〈모모〉로 유명한, 미하엘 엔데의 다른 작품인 〈끝없는 이야기〉의 주인공 이름에서 가져왔다. 초록색 넝쿨에 둘러싸인 매장의 겉모습은 낭만적인 분위기가 물씬 풍긴다. 안으로 들어서면 천연 재료와 계절 과일을 사용한 요거트 젤라토와 달콤함이 가득한 초콜릿 젤라토에 절로 눈이 반짝이게 된다. 수제 젤라토는 요거트와 초콜릿 종류 모두 골고루 사랑받는 메뉴. 풍부한 맛이 입안 가득 부드럽게 전해지는 피스타키오도 인기 메뉴 중 하나다. 젤라토 위에 넉넉하게 얹어 주는 생크림은 달달함을 더한다. 바에 앉아 젤라토를 음미해도 좋고, 트라스테베레 거리를 거닐며 즐겨도 좋다.

Data 지도 357p-H
가는 법 산타 마리아 인 트라스테베레 광장에서 도보 3분
주소 Via della Lungaretta 96, Roma **전화** 06-6456-1314
운영시간 12:00~21:00
가격 젤라토 2.50유로~
홈페이지 www.fiordiluna.com

가볍게 술 한잔하기 좋은
에노테카 트라스테베레 Enoteca Trastevere

밤이면 더 활기가 넘치는 와인 바다. 가볍게 와인이나 칵테일 한 잔 하기 좋다. 날씨가 좋다면 테라스에 자리 잡는 것을 권한다. 이곳은 350여 종의 방대한 와인 셀렉션을 갖추고 있다. 병으로 마시는 게 부담스럽다면 글라스 와인으로 주문하자. 칵테일 구성도 다채롭다. 이탈리아를 대표하는 스프리츠 Spritz를 비롯해 모히토, 코스모폴리탄, 마티니, 블랙 러시안 등 대중적인 칵테일까지 선택의 폭이 넓다. 스프리츠 종류 중 하나인 아페롤 스프리츠 Aperol Spritz는 이탈리아 와인을 베이스로 한 새콤달콤 쌉쌀한 칵테일로 여심을 저격할 만한 맛이다. 파스타, 피자 등 식사도 가능하며, 요리에 칵테일이나 와인을 곁들인 세트 메뉴도 있다.

Data 지도 357p-G
가는 법 산타 마리아 인 트라스테베레 광장에서 도보 1분
주소 Via della Lungaretta 86, Roma **전화** 06-588-5659
운영시간 월·목·일 12:00~24:00, 금·토 12:00~02:00
가격 칵테일 7유로~, 피자 8.90유로~, 파스타 11.90유로~
홈페이지 www.enotecatrastevere.it

SLEEP

멋진 오렌지 정원이 있는
호텔 산타 마리아 Hotel Santa Maria

고풍스러운 트라스테베레와 꼭 어울리는 분위기의 호텔이다. 16세기 지어진 수녀원이 3성급 호텔로 변신해 여행자들을 맞이한다. 호텔은 19개의 넓고 깨끗한 객실을 갖췄다. 객실 내부는 목제 가구로 안락하게 꾸며 놓았다. 호텔 중앙에는 매력적인 정원이 있고, 정원의 싱그러운 오렌지 나무 아래서 아침 식사를 즐길 수 있다. 리셉션에서 무료로 자전거를 빌려 트라스테베레 탐방에 나서도 좋겠다.

Data **지도** 357p-G
가는 법 산타 마리아 인 트라스테베레 광장에서 도보 1분. 버스 H번 타고 Sonnino/S.Gallicano 정류장 하차, 도보 5분. 트램 8번 타고 Belli 정류장 하차, 도보 5분 **주소** Vicolo del Piede 2, Roma **전화** 06-589-4626 **요금** 더블룸 185유로~, 트리플룸 214유로~, 쿼드러플룸 228유로~, 스위트룸 265유로~ **홈페이지** www.hotelsantamariatrastevere.it

18세기 저택을 호텔로 개조한
호텔 레지덴차 산 칼리스토 Hotel Residenza San Calisto

트라스테베레의 심장부인 산타 마리아 인 트라스테베레 광장 근처에 자리한 3성급 부티크 호텔이다. 18세기 설립된 건물을 개조해 앤티크한 호텔로 만들었다. 객실 수는 적지만 더블룸에서 아파트먼트까지 다양한 종류의 객실을 보유하고 있어 가족 여행객이 숙박하기 좋다. 객실은 편안한 분위기에 모던한 가구들로 꾸며 놓았다. 호텔 직원의 서비스는 만족도가 높은 편이다. 호텔 주변으로는 레스토랑, 바, 젤라테리아 등이 즐비해 편리하다.

Data **지도** 357p-G
가는 법 산타 마리아 인 트라스테베레 광장에서 도보 2분. 버스 H번 타고 Sonnino/S.Gallicano 정류장 하차, 도보 3분. 트램 8번 타고 Belli 정류장 하차, 도보 4분
주소 Via dell'Arco di San Calisto 20, Roma
전화 393-973-5447
요금 더블룸 152유로~, 트리플룸 167유로~, 쿼드러플룸 167유로, 아파트먼트 160유로~
홈페이지 www.residenzasancalisto.com

Roma By Area

09

산 조반니 & 첼리오 & 테스타초 & 아벤티노

San Giovanni&Celio& Testaccio&Aventino

콜로세움 남쪽에 자리 잡은 지역이다. 각 지역마다 다른 색깔과 매력으로 여행자의 발길을 붙잡는다. 경건함이 느껴지는 산 조반니, 힙한 분위기가 물씬 풍기는 테스타초, 고대 유적과 시원한 풍광이 어우러진 첼리오와 아벤티노까지 느긋하게 둘러보자.

산 조반니&첼리오&테스타초&아벤티노
미리보기

산 조반니는 종교적으로 중요한 스폿들이 모여 있어 순례자들의 발길이 이어지는 지역이다. 테스타초는 고대 피라미드와 젊은 감성이 공존해 유쾌한 분위기가 흐른다. 고대 유적이 남아 있는 첼리오와 로마 전경을 볼 수 있는 아벤티노도 주목하자.

SEE 순례자들의 필수 코스인 산 조반니 인 라테라노 대성당과 스칼라 산타가 있다. 카라칼라 욕장에서는 고대 로마의 향기가 느껴진다. 사벨로 공원과 몰타 기사단 광장에서 바라보는 풍경은 감성을 더욱 풍부하게 해 준다.

EAT 테스타초 지역을 제외하고는 식사할 만한 곳이 많지 않다. 테스타초에는 피체리아, 트라토리아, 레스토랑, 바 등이 있지만 주요 관광지에서 접근성이 좋지 않다. 식료품 쇼핑몰 이틀리에서는 식사와 쇼핑을 한 번에 해결할 수 있다.

BUY 식료품 천국인 이틀리가 있다. 이탈리아 음식에 관심이 있는 사람이라면 방문해 볼 만한 대형 식료품 쇼핑몰로 이탈리아 식재료에 관한 모든 것을 판매한다.

어떻게 갈까?

메트로와 버스 모두 이용할 수 있다. 테르미니역에서 산 조반니 인 라테라노 광장까지는 메트로 A, C선 산 조반니S. Giovanni역을 이용한다. 베네치아 광장에서 산 조반니 인 라테라노 광장까지는 85번 버스를 타고 포르타 산 조반니Porta S.Giovanni 정류장에서 내린다. 테르미니역에서 카라칼라 욕장은 메트로 B선을 타고 치르코 마시모Circo Massimo역에서 하차하고, 714번 버스를 타면 테르메 카라칼라Terme Caracalla 정류장에서 내린다. 베네치아 광장에서 카라칼라 욕장까지는 628번 버스를 타고 테르메 카라칼라/발레 카메네Terme Caracalla/Valle Camene 정류장에서 하차한다.

어떻게 다닐까?

각 지역 안에서는 도보로 이동 가능하다. 다른 지역으로 이동하려면 메트로나 버스를 이용하자.

산 조반니&첼리오&테스타초&아벤티노
♀ 1일 추천 코스 ♀

지역마다 성격이 다르고 볼거리가 분산되어 있다. 취향에 따라 루트를 짜고 이동하는 것이 좋다. 종교적으로 의의가 있는 곳을 둘러보려면 산 조반니를, 고대 유적과 로마 전경을 보고 싶다면 첼리오와 아벤티노 지역을 선택하자. 산 조반니, 첼리오, 아벤티노를 다 둘러본다면 산 클레멘테 성당부터 시작해 산 조반니 인 라테라노 광장에서 카라칼라 욕장으로 이동하는 것이 편리하다.

순례자를 위한 코스, 산 조반니

산 조반니 인 라테라노 광장 둘러보기

→ 산 조반니 인 라테라노 광장에 위치

산 조반니 인 라테라노 대성당 살펴보기

→ 도보 1분

스칼라 산타에서 무릎으로 계단 오르기

↓ 도보 10분

산 클레멘테 성당에서 과거의 흔적 찾아보기

고대 유적과 로마 풍경을 보는 코스, 첼리오&아벤티노

카라칼라 욕장 관람하기

↓ 도보 18분

사벨로 공원에서 로마 전경 감상하기

→ 도보 1분

산타 사비나 성당 엿보기

→ 도보 3분

몰타 기사단 광장에서 비밀의 열쇠 들여다보기

[산 조반니]

산 피에트로 대성당보다 서열이 높은
산 조반니 인 라테라노 대성당
Basilica Papale di San Giovanni in Laterano [바질리까 빠빨레 디 싼 조반니 인 라떼라노]

로마에 설립된 최초의 성당이다. 산 피에트로 대성당, 산 파올로 푸오리 레 무라 대성당, 산타 마리아 마조레 대성당과 함께 로마 4대 성전으로 꼽힌다. 312년 기독교로 개종한 콘스탄티누스 황제가 이 성당을 건립해 로마 교황에게 기증했다. 로마뿐만 아니라 전 세계에서 처음 세워진 성당으로 오늘날까지 서열 넘버원이다. 성당의 중앙 입구에도 '전 세계 모든 성당의 어머니이자 머리'라고 새겨졌다. 성당은 천 년에 가까운 세월 동안 전 세계 성당의 중심이자 교황의 거처가 됐다. 14세기 아비뇽 유수가 일어나면서 교황 클레멘스 5세가 아비뇽으로 거처를 옮겼고, 성당은 점점 쇠락하게 됐다. 1377년 교황 그레고리오 11세에 의해 교황청은 로마로 다시 돌아오지만 이곳이 아닌 바티칸 궁전을 거처로 선택했다. 성당은 두 번의 화재로 손상되며 재건축을 반복했다. 성당 정면은 18세기에 알렉산드로 갈릴레이Alessandro Galilei가 설계한 것으로 예수와 열두 제자 조각상이 보인다. 중앙의 청동문은 포로 로마노의 쿠리아에서 옮겨온 것이다. 그 옆에는 나무로 만든 성스러운 문Porta Santa이 있다. 이 문은 희년에만 열려 50년에 한 번씩 들어갈 수 있다. 성당 안에 길게 뻗어 있는 중앙 복도와 작은 통로는 보로미니의 17세기 작품이다. 성당 내부는 모자이크로 화려하게 장식됐으며, 열두 제자 조각상과 콘스탄티누스 황제 조각상도 볼 수 있다.

Data 지도 377p-D
가는 법 메트로 A, C선 S. Giovanni역 하차, 도보 3분. 버스 85번 타고 Porta S.Giovanni 정류장 하차, 도보 1분
주소 Piazza di San Giovanni in Laterano, Roma
전화 06-6988-6433
운영시간 07:00~18:30 요금 무료
홈페이지 www.vatican.va/various/basiliche/san_giovanni/index_it.htm

Data 지도 377p-D
가는 법 메트로 A, C선 S. Giovanni 역 하차, 도보 3분. 버스 85번 타고 Porta S.Giovanni 정류장 하차, 도보 1분
주소 Piazza di San Giovanni in Laterano, Roma

키 큰 오벨리스크가 우뚝 솟은
산 조반니 인 라테라노 광장
Piazza di San Giovanni in Laterano [삐앗짜 디 싼 조반니 인 라떼라노]

산 조반니 인 라테라노 대성당이 있는 광장이다. 성당에 인접한 붉은색 건물은 라테라노 궁전Palazzo Lateranense으로 한때 교황이 머물렀으며, 라테라노 조약이 체결된 곳이기도 하다. 궁전 앞 광장에는 로마에서 가장 오래된 거대한 오벨리스크가 우뚝 서 있다. 이 오벨리스크는 357년 콘스탄티누스 황제가 이집트에서 로마의 대전차 경기장으로 옮겨왔고, 1587년 교황 식스토 5세에 의해 다시 이 광장에 놓였다. 오벨리스크의 높이는 47m에 달하며, 표면에 새겼던 상형 문자까지 살펴볼 수 있다.

예수의 발걸음이 닿았던
스칼라 산타 Scala Santa [쓰깔라 싼따]

산 조반니 인 라테라노 대성당 길 건너편에 위치한 예배당이다. 스칼라 산타는 '성스러운 계단'을 뜻하며, 예수가 십자가형을 받기 위해 밟고 올라간 계단이다. 이 계단은 4세기 콘스탄티누스 황제의 어머니인 성녀 헬레나에 의해 예루살렘의 빌라도 관저에서 로마의 라테라노 궁전으로 옮겨졌다. 1589년 건축가, 도메니코 폰타나Domenico Fontana에 의해 현재의 위치에 자리 잡았다. 28개의 대리석 계단은 나무로 덧씌워졌으며, 무릎으로만 기어서 오를 수 있다. 예수의 수난을 함께 나눈다는 의미로 순례자들은 기도를 하며 계단을 오른다. 이 계단 옆에는 걸어서 예배당까지 올라갈 수 있는 중앙 계단도 있다. 계단 꼭대기에 오르면 교황 전용의 예배당인 산크타 산크토룸이 자리한다.

Data 지도 377p-D
가는 법 산 조반니 인 라테라노 대성당에서 도보 1분 **주소** Piazza di San Giovanni in Laterano 14, Roma
전화 06-772-6641 **운영시간** 스칼라 산타 월~금 06:00~13:30, 15:00~18:30,
토·일 07:00~13:30, 15:00~18:30, 산크타 산크토룸 월~토 09:30~12:40, 15:00~17:10
요금 스칼라 산타 무료, 산크타 산크토룸 3.50유로
홈페이지 www.scala-santa.com

과거가 겹겹이 응축된
산 클레멘테 성당 Basilica di San Clemente [바질리까 디 싼 끌레멘떼]

12세기 건립된 성당으로 교황 클레멘스에서 이름이 유래했다. 성당 내부는 황금빛으로 화려하게 장식되어 있다. 중앙 제단의 애프스에는 12세기 모자이크 〈십자가의 승리Trionfo della Croce〉가 있다. 성당 곳곳에서는 과거 흔적이 발견된다. 이 성당의 터는 1세기에 일반 주택지로 사용됐고, 2세기에는 미트라스 신전으로, 4세기에는 성당으로 이용되었다. 지하 계단으로 내려가면 주택과 신전의 유적을 살펴볼 수 있다. 4세기 세워졌던 성당은 노르만족의 침략으로 인해 대부분 손실됐지만 교황 클레멘스의 일생을 그린 프레스코화가 흐릿하게 남아 있다. 성당 내부는 사진 촬영이 금지된다.

Data 지도 377p-C
가는 법 스칼라 산타에서 도보 10분. 콜로세움에서 도보 6분. 버스 85, 117번 타고 S.Giovanni in Laterano/S. Clemente 정류장 하차, 도보 1분 **주소** Via Labicana 95, Roma **전화** 06-774-0021
운영시간 월~토 10:00~12:30, 15:00~18:00, 일 12:00~17:30, 마지막 입장 30분 전
요금 무료, 지하 유적 10유로 **홈페이지** www.basilicasanclemente.com

[아벤티노]

사랑스러운 로마 전경과 마주하는
사벨로 공원 Parco Savello [빠르꼬 싸벨로]

로마 전경을 볼 수 있는 숨겨진 보석 같은 장소다. 1932년 라파엘레 데 비코Raffaele de Vico가 아벤티노 언덕에 조성한 공원으로 싱그러운 오렌지 나무가 있어 '오렌지 정원Giardino degli Aranci'이라고도 불린다. 공원 정면으로는 테베레강 건너 산 피에트로 대성당의 돔이 빼꼼히 모습을 드러낸다. 오른쪽으로 고개를 돌리면 비토리오 에마누엘레 2세 기념관이 있다. 자그마한 사이즈의 공원은 울창한 나무들이 마주 보며 그늘을 만들어내 산책하기 좋다. 공원 곳곳에는 사랑을 속삭이는 연인들로 로맨틱한 분위기가 더해진다. 오렌지빛 석양이 짙게 깔릴 무렵이면 공원 테라스에 일몰을 보기 위한 사람들이 하나둘씩 모여든다.

Data 지도 376p-A
가는 법 메트로 B선 Circo Massimo역 하차, 도보 11분. 버스 75번 타고 Aventino/Albania 정류장 하차, 도보 9분 **주소** Piazza Pietro d'Illiria, Roma **운영시간** 3·9월 07:00~20:00, 4~8월 07:00~21:00, 10~2월 07:00~18:00

경건함과 소박함을 겸비한
산타 사비나 성당 Basilica di Santa Sabina [바질리까 디 싼따 싸비나]

5세기 세워진 성당으로 고전적인 직사각형 형태를 띤다. 9세기와 13세기에 새롭게 단장하면서 성당의 많은 부분이 교체됐다. 성당 정문은 성당의 초기 모습 그대로 남아 있어 예술적 가치가 높다. 성당 내부는 소박하고 경건함이 감돈다. 중앙 제단 양쪽으로는 아치를 받치는 코린토스 양식 기둥 24개가 줄 서 있다. 당시 로마에서는 기둥을 장식으로만 사용했는데, 산타 사비나에서 처음으로 실용적인 목적으로 사용했다. 중앙 애프스(제단 뒤에 있는 반원형의 공간)에는 모자이크 장식도 볼 수 있다.

Data 지도 376p-A
가는 법 사벨로 공원에서 도보 1분
주소 Piazza Pietro d'Illiria 1, Roma
전화 06-579-401
운영시간 월·일 12:30~19:30, 화~토 08:00~19:30
요금 무료

비밀의 열쇠 구멍
몰타 기사단 광장 Piazza dei Cavalieri di Malta [삐앗짜 데이 까발리에리 디 말따]

영화 <그레이트 뷰티>에서 남자 주인공이 여자에게 작업을 걸 때 등장했던 곳이다. 광장에는 세상에서 가장 작은 나라, 몰타 기사단이 소유한 수도원이 있다. 몰타 기사단 수도원 Priorato dei Cavalieri di Malta 문 앞에는 사람들이 비밀스러운 풍경을 엿보기 위해 줄을 선다. 수도원 청동문의 작은 열쇠 구멍에 한쪽 눈을 가져다 대면 길게 펼쳐진 초록빛 정원 끝에 있는 산 피에트로 대성당을 정면으로 마주하게 된다. 몰타 기사단, 이탈리아, 바티칸 시국 세 나라가 한눈에 담기는 신비로운 광경에 절로 감탄사가 튀어나온다. 햇빛이 강한 시간에는 선명하게 보이지 않고, 사진으로 담기도 어려우니 오전이나 늦은 오후에 방문하는 것이 좋다. 밤에는 낮과 다른 느낌으로 고혹적으로 빛나는 산 피에트로 대성당을 만날 수 있다.

Data 지도 376p-E
가는 법 산타 사비나 성당에서 도보 3분
주소 Piazza dei Cavalieri di Malta, Roma

> **Tip** 몰타 기사단은 십자군 전쟁이 일어났을 때 유럽에서 활동하던 종교적 성격을 띤 군대 조직이다. 몰타섬에 독립 국가를 건설했으나 나폴레옹의 공격으로 나라를 잃고 로마까지 밀려나게 됐다. 영토는 없지만 국제법상 주권 국가로 인정받았다. 현재 로마에 본부가 위치한다.

목욕장, 그 이상의 무엇
카라칼라 욕장 Terme di Caracalla [떼르메 디 까라깔라]

고대 로마에서 두 번째로 큰 목욕 시설이다. 로마 제국 시대에는 네로 황제때부터 대규모 욕장을 짓는 일이 활발했다. 216년 카라칼라 황제 역시 자신의 과시욕을 충족시키고, 민심을 사로잡기 위해 욕장을 건립했다. 카라칼라 욕장은 규모도 크고 무척 화려하다. 한 번에 1,600명 수용이 가능했고, 하루에 평균 5천여 명이 목욕을 즐길 수 있었다. 온탕, 냉탕, 수영장 등의 독립된 공간으로 나뉘졌으며, 모자이크와 조각상 등으로 호화롭게 장식했다. 단순하게 목욕만 하는 곳이 아니라 운동 시설, 도서관, 경기장, 공연장, 정원 등을 보유해 만남의 장소로도 사용되었다. 카라칼라 욕장은 로마 시민에게 무료로 개방돼 신분에 관계없이 누구나 이용할 수 있었다. 욕장은 로마 제국의 역사와 맞물려 점점 쇠락의 길을 걷다가 537년 고트족의 침입으로 수로가 파괴되면서 완전히 문을 닫았다. 중세 시대에는 다른 고대 유적처럼 귀족들에게 약탈당해 많은 부분이 손상됐다. 지하에는 카라칼라 욕장에서 발굴한 유물들을 전시한다. 여름이면 이곳에서 카라칼라 오페라 페스티벌 Caracalla Opera Festival이 열린다. 고대 유적을 배경으로 달빛 아래서 푸치니와 베르니를 만날 수 있다.

Data 지도 377p-G
가는 법 메트로 B선 Circo Massimo역 하차, 도보 8분. 버스 628번 타고 Terme Caracalla/Valle Camene 정류장 하차, 도보 4분. 버스 714, 792번 타고 Terme Caracalla 정류장 하차, 도보 1분
주소 Viale delle Terme di Caracalla 52, Roma **전화** 06-3996-7700 **운영시간** 화~일 09:00~해지기 1시간 전(16:30~19:15 사이. 정확한 시간은 홈페이지 참고, 마지막 방문 1시간 전)
요금 8유로, 로마 패스 가능 **홈페이지** www.coopculture.it

[테스타초]

로마 한복판에 피라미드가?!
세스티우스의 피라미드 Piramide di Caio Cestio [삐라미데 디 까이오 체스띠오]

테스타초 지역의 랜드마크다. 메트로 피라미데역에서 바깥으로 나오면 낯선 광경을 목격하게 된다. 새하얀 피라미드가 주변과의 이질감은 무시한 채 꿋꿋하게 서 있다. 이 피라미드는 BC 1세기 세워진 것으로, 행정관이었던 가이우스 세스티우스Gaius Cestius를 위한 무덤이었다. 당시 로마는 이집트를 점령하며 이집트 건축물에 많은 영향을 받았다. 로마 시내 곳곳에 솟아 있는 수많은 오벨리스크가 그 사실을 증명한다. 피라미드는 36.4m의 높이로 대리석과 벽돌로 지었으며, 내부의 묘실에는 프레스코화로 장식되어 있다. 272년 피라미드를 아우렐리아누스 성벽의 일부로 활용하기도 했다. 오늘날까지 원형 그대로 곱게 보존되어 있는 피라미드를 보면 로마의 천재적인 건축 기술에 한 번 더 감탄하게 된다. 피라미드 방문은 가이드 투어를 통해서만 가능하고, 전화 예약이 필수다. 2023년 현재는 내부 관람이 잠시 중단된 상태다.

Data 지도 376p-I
가는 법 메트로 B선 Piramide역 하차, 도보 3분
주소 Via Raffaele Persichetti, Roma
전화 06-574-3193
홈페이지 www.coopculture.it

[테스타초]

다양하고 풍성하게 즐기는
포르토 플루비알레 Porto Fluviale

테스타초 지역에 있는 트렌디한 레스토랑이다. 식당 주변에는 알록달록한 그라피티와 벽화가 젊은 분위기를 뿜어내며 눈길을 사로잡는다. 포르토 플루비알레는 아침부터 새벽까지 카페, 레스토랑, 라운지 바 등의 역할을 두루두루 한다. 내부는 넓고 세련된 분위기로 커피, 식사, 술 등 원하는 것에 따라 공간을 달리한다. 메뉴는 파스타, 피자, 버거, 육류 요리, 생선 요리 등으로 다양하다. 피자는 마르게리타부터 보스카이올라Boscaiola까지 20여 가지가 훌쩍 넘는 메뉴를 보유하며 인기도 많다. 이곳에서 가장 추천할 만한 것은 선데이 브런치 뷔페다. 샐러드, 수프, 파스타, 달걀 요리, 고기 요리 등 구성이 꽤 괜찮은 이탈리아식 뷔페가 늦은 점심시간까지 마련되어 있다. 신선한 요리를 풍성하게 맛볼 수 있어 만족스럽다. 저녁 시간에는 술 한 잔에 간단한 뷔페가 곁들여지는 아페리티보도 즐길 수 있다.

Data 지도 376p-I
가는 법 메트로 B선 Piramide역 하차, 도보 8분 주소 Via del Porto Fluviale 22, Roma 전화 06-574-3199 운영시간 10:30~02:00 가격 피자 8.50유로~, 선데이 브런치(일요일 12:30~16:00) 22유로, 아페리티보(18:00~20:00) 10유로 홈페이지 www.portofluviale.com

> **Tip** 아페리티보aperitivo는 이탈리아 북부에서 시작된 식전주 문화다. 식전에 식욕을 돋우기 위해 가벼운 칵테일과 함께 핑거 푸드를 먹는다. 저녁 6~9시 사이에 바bar에서 아페리티보를 즐길 수 있다. 보통 술 한 잔과 함께 간단한 뷔페식 음식이 제공된다. 가격은 10유로 안팎이다.

[산 조반니]

로마 전통 피자를 굽는
리 리오니 Li Rioni

화덕에서 갓 구워낸 로마 전통 피자를 만날 수 있는 곳이다. 리 리오니는 1986년 문을 연 피체리아로 산 클레멘테 성당 근처에 위치한다. 콜로세움과도 가까워 야경을 본 후 들르기에 괜찮다. 이곳에서는 얇고 바삭바삭한 로마 스타일 피자를 만든다. 피자 도우는 풍미를 살리고, 소화가 잘 되게 하기 위해 24~48시간 동안 숙성시킨다. 피자는 토마토소스가 들어가지 않은 새하얀 비앙카 피자Pizza Bianca와 토마토소스가 들어가 붉은색을 띤 로제 피자Pizza Rosse로 나뉜다. 비앙카 피자 중에서는 버섯이 들어간 풍기 포르치니Fuggi Porcini가 먹음직스럽다. 로제 피자 중에서는 기본 중 기본 마르게리타Margherita를 주문하면 실망하지 않을 것이다. 입맛을 돋우기 좋은 튀김 종류도 있다. 라이스 크로켓인 수플리 디 리소Supplì di Riso와 하얀 대구 속살을 가볍게 튀긴 필레토 디 바칼라Filetto di Baccalà는 추천할 만하다. 한 조각씩만 제공해 가볍게 맛볼 수 있다. 상큼한 샐러드를 곁들이고 싶다면 카프레제Caprese con Bufala Campana e Basilico가 답이다.

Data 지도 377p-C
가는 법 산 클레멘테 성당에서 도보 1분, 콜로세움에서 도보 6분
주소 Via dei Santi Quattro 24, Roma **전화** 06-7045-0605
운영시간 수~월 19:00~24:00
가격 수플리 디 리소 2유로, 필레토 디 바칼라 4.50유로, 피자 6.50~10유로, 샐러드 8유로~
홈페이지 www.lirioni.it

[아벤티노]

여행에 활력을 더하는
일 젤라토 디 클라우디오 토르체 Il Gelato di Claudio Torcè

아벤티노 거리Viale Aventino에 자리 잡은 젤라토 체인점이다. 카라칼라 욕장에서 사벨로 공원으로 향하면서 들리기 좋다. 매장 내부 벽면에는 방문자를 환영하는 메시지가 한국어를 비롯해 다양한 언어로 적혀 있다. 과일, 초콜릿, 치즈, 요구르트 등 다양한 종류의 젤라토를 선보인다. 상큼한 맛을 원한다면 새하얀 레몬 젤라토 리모네Limone와 노란색 열대과일 젤라토 패션 프루트Passion Fruit를 추천한다. 시원한 젤라토가 입안을 적시며 여행에 활력을 더한다. 양이 적은 편이니 넉넉하게 맛보고 싶다면 메디오 사이즈 이상으로 주문하자. 매장 안의 바 테이블이나 매장 밖의 벤치에 앉아서 먹을 수 있다.

Data 지도 376p-F
가는 법 카라칼라 욕장에서 도보15분. 메트로 B선 Circo Massimo역 하차, 도보 4분 **주소** Viale Aventino 59, Roma **전화** 06-9788-2939
운영시간 월·화 11:00~21:00, 수~일 11:00~24:00
가격 젤라토 피콜로 2.70유로, 메디오 3.80유로, 그란데 6유로
홈페이지 www.claudiotorce.it

BUY

[테스타초]

이탈리아 식재료가 한가득
볼페티 Volpetti

이탈리아 냄새가 물씬 풍기는 식료품점이다. 다채로운 종류의 치즈와 와인이 진열대에 빼곡하다. 천장에는 이탈리아 햄인 살루메가 주렁주렁 매달려 있다. 한국에서는 귀한 트러플과 트러플 관련 제품을 합리적인 가격에 만날 수 있다. 피자, 파스타 등도 판매해 테이크아웃해서 간편하게 먹기 좋다.

Data 지도 376p-E
가는 법 메트로 B선 Piramide역 하차, 도보 7분.
버스 75번 타고 Marmorata/Galvani 정류장 하차, 도보 1분
주소 Via Marmorata 47, Roma **전화** 375-513-0898
운영시간 월·금 08:30~14:00, 16:30~20:15, 토 08:30~20:30
홈페이지 www.volpetti.com

이탈리아를 맛보다
이틀리 EATLY

이탈리아 요리에 관심이 많은 사람이라면 눈이 휘둥그레질만한 곳이다. 이틀리는 영어 단어 'eat'과 'Italy'를 합성한 것으로 이름만으로도 정체성을 충분히 드러낸다. 이곳은 거대한 식료품 쇼핑몰로 품질 좋은 이탈리아 식재료를 판매하고, 더 나아가 이탈리아 음식 문화까지 전파하기 위해 문을 열었다. 각층마다 주제를 다르게 하여 상품을 진열해 놓았다. 방대한 양의 이탈리아 와인 컬렉션을 원산지마다 보기 좋게 분류했다. 각양각색의 파스타 면은 고르기 어려울 정도로 다양하다. 퀄리티 높은 치즈도 갖췄다. 이탈리아 대표 커피 브랜드인 일리와 라바짜 원두는 선물로 사기에 적당하다. 각종 잼과 트러플 제품도 보유하며, 시식이 가능한 곳도 있다. 쇼핑뿐만 아니라 구경하는 재미도 쏠쏠하다. 레스토랑, 카페, 젤라테리아 등도 있어서 쇼핑몰 안에서 먹고 마시는 것이 다 해결된다. 쿠킹 클래스와 와인 시음회를 비롯한 각종 이벤트도 종종 열린다. 아이들을 위한 쿠킹 클래스도 흥미롭다. 홈페이지에서 강의 관련 자세한 정보를 제공한다.

Data 지도 376p-J
가는 법 메트로 B선 Piramide역 하차, 도보 15분 **주소** Piazzale XII Ottobre 1492, Roma
전화 800-975-880
운영시간 09:00~24:00
홈페이지 www.eataly.net

Roma By Area
10

로마 남부&에우르
Roma Sud&EUR

로마 남부는 아피아 가도를 중심으로 고대 로마 풍경이 펼쳐진다. 에우르에서는 고층 건물, 비즈니스 센터, 인공 호수가 늘어선 현대 로마를 볼 수 있다.

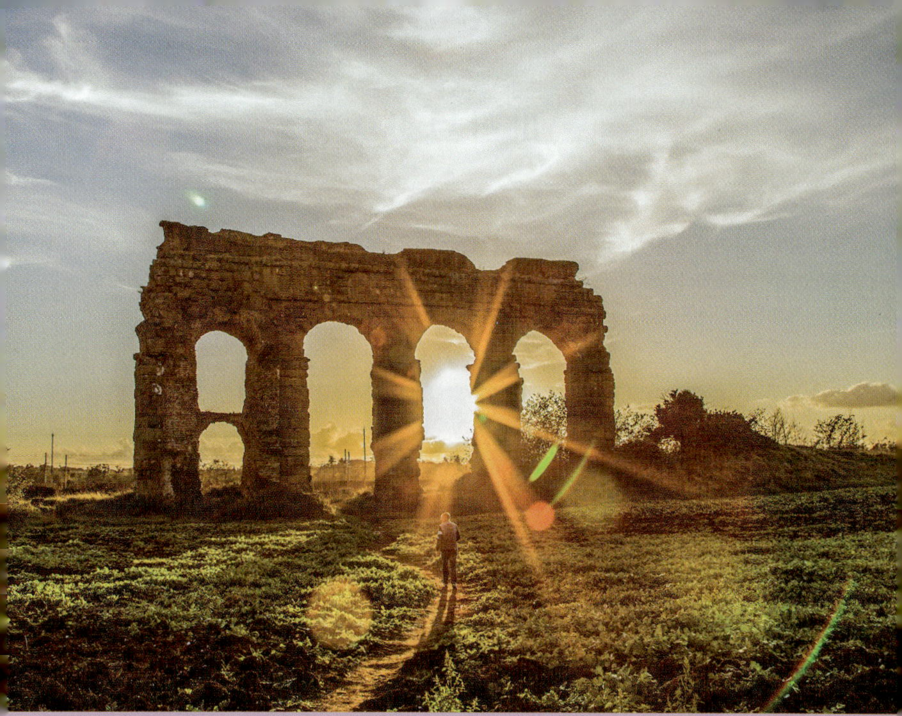

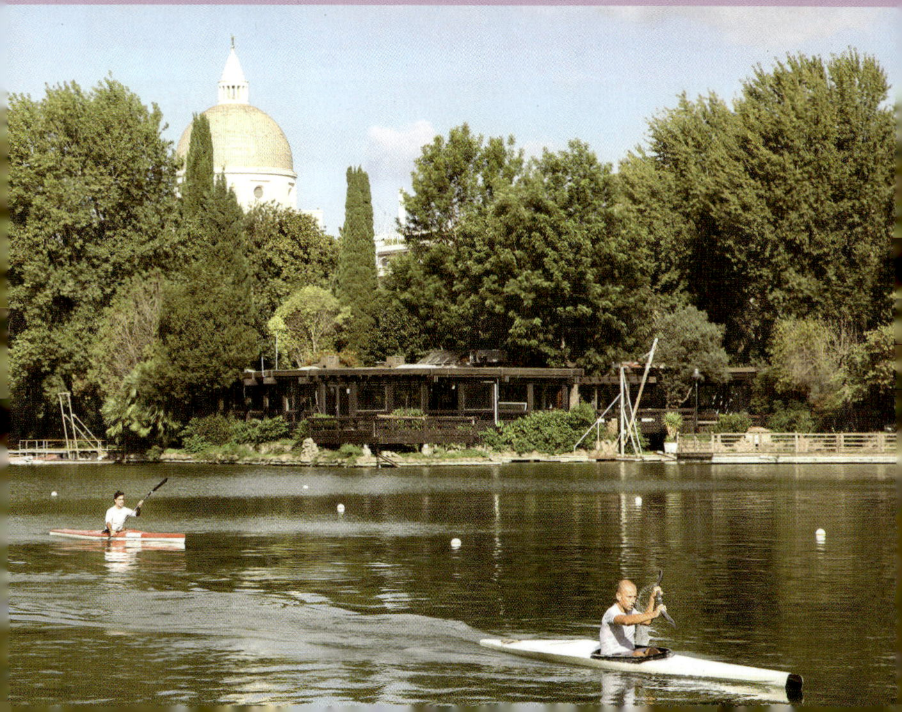

로마 남부&에우르
미리보기 🔍

고대 로마에서 가장 오래된 도로인 아피아 가도에는 수많은 역사가 담겨 있다. 아피아 가도가 펼쳐진 곳에는 유적지와 카타콤베(지하 공동묘지) 등이 자리한다. 에우르는 무솔리니 집권 시절에 개발된 로마 남쪽에 위치한 신도시다. 과거에 머물러 있는 로마 중심부와 달리 모던함이 물씬 풍긴다.

SEE

아피아 가도 주변에는 죽은 자의 영혼과 마주할 수 있는 도미틸라 카타콤베, 산 칼리스토 카타콤베, 산 세바스티아노 카타콤베가 있다. 고대 로마인들의 주거지였던 빌라 마센치오와 빌라 퀸틸리는 산책하듯 둘러볼 만하다. 에우르에는 파시즘의 상징인 치빌타 델 라보로 궁전과 호수가 있는 첸트랄레 델 라고 공원이 있다. 성 바오로의 발자취를 느껴보고 싶다면 산 파올로 푸오리 레 무라 대성당과 트레 폰타네 수도원으로 향하자.

EAT

아피아 가도 여행 중에는 레스토랑 옵션이 별로 없다. 관광 안내소와 체칠리아 메텔라 영묘 근처에서 카페와 레스토랑을 찾아볼 수 있다. 간단하게 도시락을 준비해 여행하는 것도 좋겠다. 에우르는 첸트랄레 델 라고 공원 근처에서 식사를 해결할 수 있다.

BUY

트레 폰타네 수도원에 있는 보테가 데이 트라피스티에서 수도사들이 제조한 카말돌리 화장품과 트레 폰타네 맥주를 판매한다.

어떻게 갈까?

로마 남부는 외곽에 위치해 가기가 쉽지 않다. 출발지에 따라 메트로와 버스를 갈아타야 한다. 테르미니역에서 아피아 가도는 버스 714번을 타고 콜롬보/마르코 폴로Colombo/Marco Polo 정류장에서 하차한다. 75번 버스를 탈 경우 첼리오 비벤나Celio Vibenna 정류장에서, 360번 버스를 탈 경우 포르타 산 조반니Porta S.Giovanni 정류장 하차 후 118번 버스로 환승해 아피아 안티카/트라비첼라Appia Antica/Travicella 정류장에서 내린다. 에우르는 메트로 B선 에우르 팔라스포르트EUR Palasport역을 이용하면 된다.

어떻게 다닐까?

로마 남부 아피아 가도에 놓인 유적지들은 도보로 이동이 가능하다. 에우르의 주요 스폿도 걸어서 여행할 수 있다.

로마 남부&에우르
📍 1일 추천 코스 📍

로마 남부에서는 아피아 가도를 중심으로 고대 유적지과 카타콤베를 방문하자. 로마에 있는 주요 관광지들을 모두 섭렵했다면 반나절쯤 에우르를 둘러봐도 좋다.

로마 남부 코스

아피아 가도에 남겨진
돌기둥 찾아보기

→ 도보 5분 →

아피아 가도 관광 안내소에서
안내 책자 챙기기

→ 도보 1분 →

도미네 쿼 바디스 성당
들어가기

↓ 도보 20분

빌라 마센치오 유유자적
둘러보기

← 도보 4분 ←

산 세바스티아노 카타콤베에서
지하 무덤 살펴보기

← 도보 10분 ←

산 칼리스토 카타콤베에서
지하 세계 엿보기

↓ 도보 3분

체칠리아 메텔라 영묘
구경하기

→ 버스 25분 →

빌라 퀸틸리 유적
감상하기

에우르 코스

 → 도보 7분 →  → 도보 8분 →

치빌타 델 라보로 궁전에서 인증샷 남기기 | 산티 피에트로 에 파올로 성당 방문하기 | 첸트랄레 델 라고 공원에서 휴식 취하기

라 미아 아피아 카드 La Mia Appia Card

아피아 안티카 고고학 공원 통합권이다. 책에서 소개하는 빌라 퀸틸리, 체칠리아 메텔라 영묘 외에도 안티콰리움 디 루크레치아 로마나Antiquarium di Lucrezia Romana, 콤플레소 디 카포 디 보베Complesso di Capo di Bove, 비아 라티나 무덤Tombe della Via Latina, 빌라 세테 바시Villa di Sette Bassi 등을 포함한다. 아피아 안티카를 좀 더 깊숙하게 탐색하고 싶은 여행자에게 추천한다. 가격은 15유로, 유효 기간은 1년이다.

Data 홈페이지 www.parcoarcheologicoappiaantica.it

관광 안내소

아피아 가도에 있는 관광 안내소에 방문하면 안내 책자와 정보를 얻을 수 있다. 자전거 렌트도 가능하다.

Data 지도 393p-B 가는 법 도미네 쿼 바디스 성당에서 도보 1분
주소 Via Appia Antica 58/60, Roma 전화 06-513-5316
운영시간 월~금 09:30~13:00, 14:00~일몰, 토·일 09:30~일몰

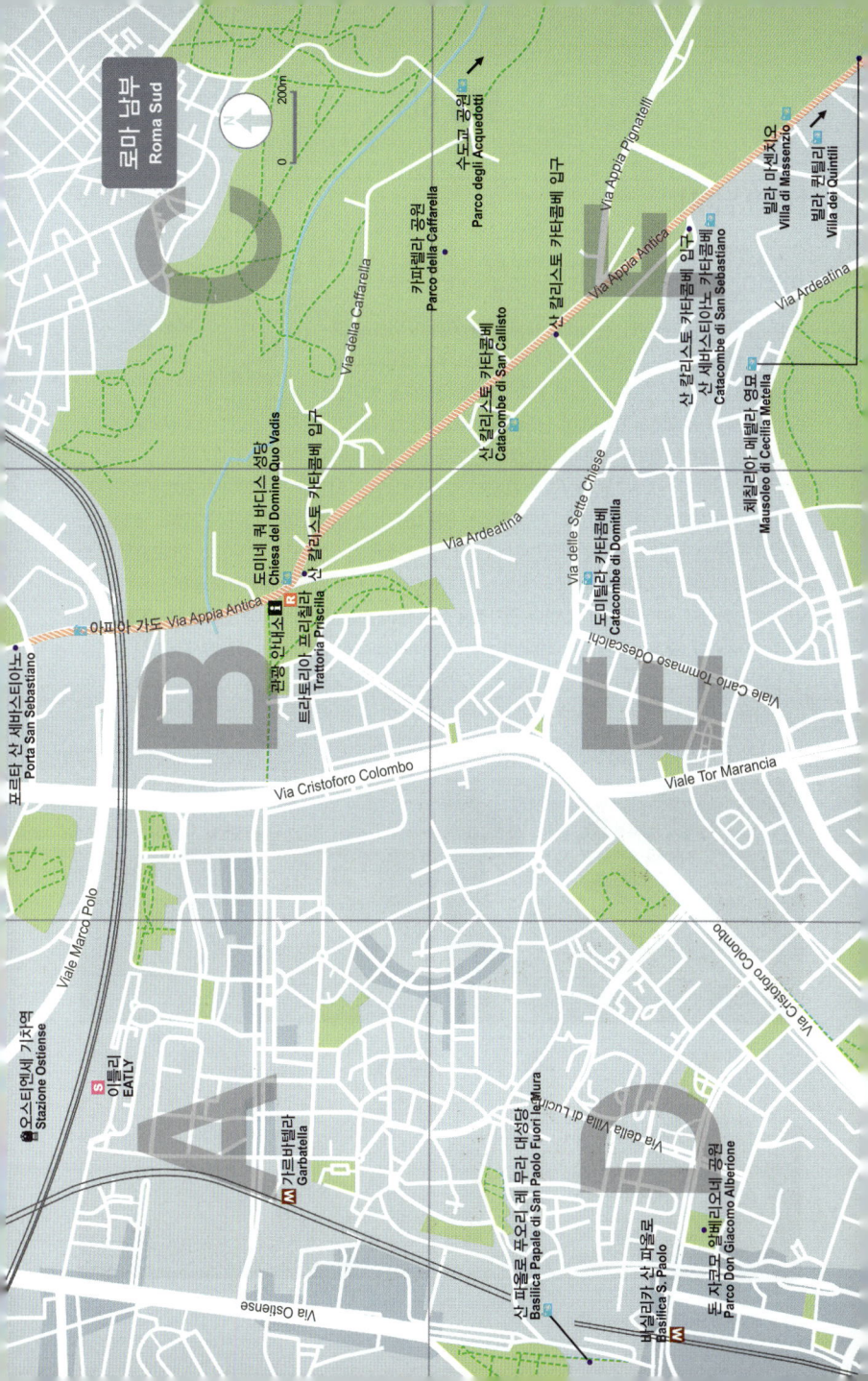

SEE

[로마 남부]

도로의 여왕
아피아 가도 Via Appia Antica [비아 압뻬아 안띠까]

'모든 길은 로마로 통한다.'는 말의 시작점이다. 아피아 가도는 고대 로마 최초의 도로다. BC 312년 집정관 아피우스 클라우디우스 카이쿠스에 의해 군대의 이동과 물자 교류를 목적으로 지어졌다. 로마에서 시작하여 이탈리아 남부 브린디시까지 그 길이가 540km에 달한다. 로마는 아피아 가도를 기반으로 유럽, 아시아,

Data 지도 393p-B
가는 법 버스 118번 타고 Appia Antica/Travicella 정류장 하차, 바로 앞. 버스 714번 타고 Colombo/Marco Polo 정류장 하차, 도보 10분
주소 Via Appia Antica, Roma

아프리카에 이르는 대제국을 건설할 수 있었다. 2천 년이 넘는 시간 동안 아피아 가도에는 파란만장한 역사가 새겨졌다. 제2차 포에니 전쟁을 위해 8만 대군이 출발한 곳이 아피아 가도였다. 스파르타쿠스가 이끌었던 반란군 노예 6천여 명이 줄지어 십자가 처형을 당한 곳도 이곳이다. 이 모습은 영화 〈글래디에이터〉에서 찾아볼 수 있다. 도로는 잘 다듬어진 돌들을 서로 맞물리도록 놓아 빈틈없이 견고하게 만들었다. 도로에는 1마일마다 원기둥을 세워 로마 중심지에서 얼마나 떨어져 있는지를 짐작할 수 있게 했다. 포르타 산 세바스티아노Porta San Sebastiano 근처의 아피아 가도에서 남겨진 원기둥을 찾아볼 수 있다. 아피아 가도 양쪽에는 로마 귀족들의 무덤과 기념물들이 늘어섰다. 아피아 가도에 자부심을 느꼈던 아피우스 클라우디우스 카이쿠스 역시 이 길 옆에 묻혔다. 마차가 달리던 아피아 가도를 현재는 자동차들이 쌩쌩 다닌다. 아피아 가도를 따라 걸으며 고대 로마인의 발자취를 느껴 보자.

포르타 산 세바스티아노

초기 기독교인들의 피난처
도미틸라 카타콤베 Catacombe di Domitilla [까따꼼베 디 도미띨라]

카타콤베는 고대 로마의 지하 공동묘지를 뜻한다. 고대 로마에서는 시체를 화장하는 풍습에서 점차 매장하는 풍습으로 바뀌기 시작했다. 도시 주변은 묘지들로 빼곡하게 차 더 이상 묘지를 만들 공간이 없게 됐다. 그래서 지하에 시체를 매장할 수 있는 카타콤베가 등장한 것이다. 도미틸라 카타콤베는 1세기 말 도미티아누스 황제의 조카 플라비아 도미틸라의 부지에 조성됐다. 로마에 있는 60여 개의 카타콤베 중 가장 오래된 것이다. 산 칼리스토 카타콤베와 함께 규모 면에서도 최대를 자랑한다. 네 개 층에 17km 길이의 터널이 형성됐다. 좁은 길을 따라 걸으면 좌우로 층층이 쌓인 무덤이 보인다. 무려 15만 개의 무덤이 이곳에 안치됐다. 어린아이가 잠든 작은 묘부터 가족들이 함께 한 큰 묘까지 두루 볼 수 있다. 벽과 천장에서는 종교화가 발견된다. 기독교 박해를 받던 시절 피난처로 사용됐던 흔적이다. 카타콤베 입구에는 기독교를 상징하는 키로 XP 십자가(XP는 그리스어로 예수를 뜻하는 'Χριστός'의 앞 두 글자를 딴 것), 물고기, 선한 목자 등의 문양들이 새겨져 있다. 티켓에는 가이드 투어가 포함되어 있으며, 40분 정도 걸린다. 카타콤베 내부는 사진 촬영이 불가능하다. 지하 무덤은 여름에도 서늘하게 느껴지니 얇은 겉옷을 챙겨가는 것이 좋다.

Data 지도 393p-E
가는 법 산 칼리스토 카타콤베에서 도보 8분. 버스 30, 160, 714번 타고 Navigatori 정류장 하차, 도보 9분 주소 Via delle Sette Chiese 282, Roma
전화 06-511-0342
운영시간 수~월 09:00~12:00, 14:00~17:00 요금 일반 10유로, 6~15세 7유로, 5세 이하 무료
홈페이지 www.catacombedomitilla.it

가장 인기 많은 카타콤베
산 칼리스토 카타콤베 Catacombe di San Callisto [까따꼼베 디 싼 깔리스또]

아피아 가도에 늘어선 카타콤베 중 방문자들의 발길이 가장 많이 향하는 곳이다. 카타콤베의 이름은 부제副祭 시절에 이곳을 관리했던 교황 칼리스토에서 유래했다. 2세기 중반 세워졌으며, 30m 깊이에 네 개 층으로 이루어졌다. 미로처럼 복잡한 터널이 20km 가량 이어진다. 터널을 따라 무덤 사이를 걷고 있으면 기분이 으스스하다. 16명 교황을 비롯해 5천여 명의 사람들이 이곳에 잠들어 있다. 음악의 수호성인 성녀 체칠리아의 유골도 9세기까지 카타콤베에 안치되다 트라스테베레에 산타 체칠리아 인 트라스테베레 성당이 들어서면서 무덤을 그곳으로 옮겼다. 무덤이 있던 자리에는 성녀 체칠리아의 대리석상이 놓였다. 이것은 스테파노 마데르노 작품의 복제품이며, 원본은 산타 체칠리아 인 트라스테베레 성당에 있다. 그리스도교를 상징하는 문양과 벽화도 곳곳에서 발견된다. 카타콤베 내부는 가이드 투어를 통해서만 살펴볼 수 있다. 영어, 이탈리아어, 스페인어, 프랑스어, 독일어, 폴란드어 등 선택 가능하다. 소요 시간은 40분이다. 카타콤베 내부는 사진 촬영이 금지된다.

Data 지도 393p-E
가는 법 버스 118번 타고 Catacombe S. Callisto 정류장 하차, 도보 2분 (도미네 쿼 바디스 성당 근처 입구 기준, 입구에서 도보로 20분) 주소 Via Appia Antica 110/126, Roma 전화 06-513-0151 운영시간 목~화 09:00~12:00, 14:00~17:00 요금 일반 10유로, 7~16세 7유로, 6세 이하 무료
홈페이지 www.catacombesancallisto.it

성 베드로가 예수의 환영을 본
도미네 쿼 바디스 성당 Chiesa del Domine Quo Vadis [끼에자 델 도미네 쿼 바디스]

성 베드로는 네로 황제의 기독교 박해를 피해 아피아 가도로 도망가는 길에 예수의 환영을 보게 됐다. 그는 예수에게 "Domine, quo vadis?(주여, 어디로 가시나이까?)"라고 물었고, 예수는 "Venio Roman iterum crucifigi(나는 십자가에 다시 못 박히기 위해 로마로 간다)"라고 답했다. 성 베드로는 그 말을 듣고 부끄러움을 느껴 다시 로마로 돌아가 십자가에 거꾸로 못 박혀 순교했다. 이 성당은 17세기 성 베드로가 예수의 환영을 본 곳에 세워진 건물이다. 성당 입구에는 예수의 발자국이 새겨진 돌조각 모조품을 볼 수 있다. 원본은 산 세바스티아노 카타콤베의 성당에 보관되어 있다.

Data 지도 393p-B
가는 법 산 칼리스토 카타콤베 정문 맞은편
주소 Via Appia Antica 51, Roma **전화** 06-512-0441
운영시간 4~10월 08:00~20:00, 11~3월 08:00~19:00
요금 무료 **홈페이지** www.dominequovadis.com

막센티우스 황제의 궁전 터
빌라 마센치오 Villa di Massenzio [빌라 디 맛쎈쪼]

고대 로마를 두고 콘스탄티누스 황제와 전투를 벌였던 막센티우스 황제가 거주했던 곳이다. 궁전 터에는 4세기 지어진 궁전, 대전차 경기장, 영묘 등의 유적이 남아 있다. 이곳의 대전차 경기장은 로마에 있는 대전차 경기장 중 가장 형태가 잘 보존되어 있다. 대전차 경기장 중앙에는 거대한 오벨리스크가 있었지만 나보나 광장의 피우미 분수를 장식하기 위해 1650년 옮겨졌다. 대전차 경기장 근처에는 막센티우스의 아들 로물루스의 무덤이 자리한다. 산책하듯 천천히 둘러보기 좋다. 벤치가 놓여 있어 잠시 쉬어갈 수도 있다.

Data 지도 393p-E
가는 법 산 세바스티아노 카타콤베에서 도보 4분
주소 Via Appia Antica 153, Roma
전화 06-0608
운영시간 화~일 10:00~16:00 (마지막 입장 15:30)
요금 무료
홈페이지 www.villadimassenzio.it

순례자들의 핫 플레이스
산 세바스티아노 카타콤베 Catacombe di San Sebastiano [까따꼼베 디 싼 쎄바스띠아노]

성지 순례자들에게 특별한 의미가 있는 카타콤베다. 베스파시아누스 황제의 기독교 박해 시절 성 베드로와 성 바오로의 유골이 임시 보관됐던 곳이기 때문이다. 로마의 장군이었던 성 세바스티아노도 디오클레티아누스 황제의 탄압으로 순교한 후 이곳에 잠들었다. 카타콤베의 이름은 성 세바스티아노에서 유래된 것이다. 카타콤베 방문은 가이드와 동행하에 가능하다. 투어는 40여 분 동안 진행된다. 카타콤베는 총 세 개 층으로 구성됐다. 광산이 있던 곳에 만들어져 동굴처럼 비좁고 어두운 길이 이어진다. 무덤에 남겨진 비문, 프레스코화 등을 볼 수 있다. 투어는 카타콤베와 연결된 산 세바스티아노 푸오리 레 무라 성당 Basilica di San Sebastiano Fuori le Mura에서 끝난다. 성당 내부에는 성 세바스티아노의 유골이 안치되어 있다. 또한 그가 화살을 맞고 순교한 모습을 표현한 조각상도 있다. 예수의 발자국이 새겨진 대리석상과 베르니니의 조각품 〈살바토르 문디Salvator Mundi〉도 소장하고 있다. 카타콤베 안에서는 사진 촬영이 금지된다.

Data 지도 393p-E
가는 법 산 칼리스토 카타콤베에서 도보 10분, 버스 118번 타고 Basilica S. Sebastiano 정류장 하차, 도보 1분 **주소** Via Appia Antica 136, Roma
전화 06-785-0350
운영시간 10:00~17:00 (마지막 입장 16:30)
요금 일반 10유로, 7~16세 7유로, 6세 이하 무료
홈페이지 www.catacombe.org

황제가 탐냈던 호화 저택
빌라 퀸틸리 Villa dei Quintili [빌라 데이 뀐띨리]

아피아 가도와 평행으로 놓인 누오바 아피아 가도Via Appia Nuova에 남겨진 2세기 저택의 흔적이다. 마르쿠스 아우렐리우스 황제 시절 집정관이었던 퀸틸리 형제의 거주지였다. 누구라도 탐낼 만큼 호화로웠던 그들의 저택은 형제를 비극으로 몰아갔다. 마르쿠스 아우렐리우스 황제의 아들인 코무두스 황제가 형제의 저택을 탐냈고, 이를 차지하기 위해 그들을 살해하기에 이르렀다. 코무두스 황제는 저택을 손에 넣은 후에 새로운 시설들을 추가해 규모를 더욱 확장시켰다. 빌라 퀸틸리는 작은 박물관을 통해 입장할 수 있다. 박물관에는 빌라 퀸틸리에서 발굴된 조각 장식을 전시하고 있다. 빠르게 살펴본 후 탁 트인 야외로 향하자. 초록빛 들판 위에 세워진 빌라 퀸틸리의 모습이 멀리서부터 눈앞으로 다가온다. 뼈대만 앙상하게 남아 있는 유적 터에서 주목해서 볼만한 것은 욕장 시설이다. 온욕장인 칼다리움caldarium과 냉욕장인 프리지다리움frigidarium이 비교적 보존 상태가 좋다. 방문자들이 많지 않아 여유롭게 즐길 수 있다.

Data 지도 393p-E
가는 법 버스 118, 654, 664번 타고 Appia/Bisignano 정류장 하차, 도보 1분 **주소** Via Appia Nuova 1092, Roma
전화 06-7129-1210
운영시간 화~일 09:00~해지기 1시간 전(16:30~19:15 사이). 정확한 시간은 홈페이지 참고, 마지막 입장 1시간 전)
요금 일반 8유로, 18~25세 2유로, 18세 미만 무료(체칠리아 메텔라 영묘 포함, 3일 동안 사용 가능), 로마 패스 가능
홈페이지 www.parcoarcheologicoappiaantica.it

성 바오로의 마지막 안식처
산 파올로 푸오리 레 무라 대성당 Basilica Papale di San Paolo Fuori le Mura
[바질리까 빠빨레 디 싼 빠올로 푸오리 레 무라]

로마에서 산 피에트로 대성당 다음으로 규모가 큰 성당이다. 산 피에트로 대성당, 산 조반니 인 라테라노 대성당, 산타 마리아 마조레 대성당과 함께 로마 4대 성전으로도 꼽힌다. 4세기 콘스탄티누스 황제가 성 바오로의 무덤이 있는 곳에 성당을 세웠다. 1823년 화재로 인해 초기 성당은 대부분 소실되어 재건축을 하였다. 성당 앞에는 성 바오로 석상이 굳건하게 지키고 있다. 성당에 들어서면 성스러운 분위기와 거대한 규모에 압도된다. 19세기 제작한 80개의 기둥이 웅장하게 줄지어 서 있다. 기둥 위에는 초대 교황 성 베드로를 시작으로 프란치스코까지 역대 교황들의 초상화가 그려져 있고, 성당 천장은 금빛으로 화려하게 장식했다. 발다키노 아래 성 바오로의 무덤이 있다. 성당 후면에는 13세기 모자이크 장식이 남아 있는데, 모자이크에는 예수, 성 베드로, 성 안드레아, 성 바오로, 성 루카의 모습이 담겨 있다.

Data 지도 393p-D
가는 법 메트로 B선 Basilica S.Paolo역 하차, 도보 6분. 버스 170번 타고 Marconi/Edison 정류장 하차, 도보 9분
주소 Piazzale San Paolo 1, Roma 전화 06-6988-0800
운영시간 07:00~18:30
요금 무료 홈페이지 www.basilicasanpaolo.org

푸른 초원 위에 그림 같은 고대 유적
수도교 공원 Parco degli Acquedotti [빠르꼬 델리 아꿰돗띠]

'분수의 도시'라고 불리는 로마에 풍부한 물이 공급되는 원천은 도시 곳곳을 연결하는 11개의 수로였다. 수도교 공원에는 드넓게 펼쳐진 들판 위에 고대 로마 수로의 흔적들이 남아 있다. 그중 눈여겨봐야 할 수로는 아쿠아 클라우디아Aqua Cluadia다. 칼리굴라 황제가 38년 착공해 클라우디우스 황제가 52년에 완공했다. 지상과 지하를 모두 합친 수로의 길이가 무려 69km에 달한다. 세계적인 대문호 괴테는 이 수로를 보고 '개선문을 연결한 것 같다'고 표현했다. 아치 형태가 끝없이 연결되어 있는 수로의 모습을 보면 그의 표현에 수긍이 간다. 공원은 영화 〈달콤한 인생〉과 〈그레이트 뷰티〉의 촬영 장소로 쓰이기도 했다. 이곳에서는 한가롭게 산책하거나 자전거를 타며 공원을 즐길 수 있다. 로마 외곽에 위치해 오고 가는 시간까지 반나절 정도 소요된다. 빡빡한 도심에서 벗어나 자연 속에서 고대 로마의 정취를 느끼고 싶은 여행자들에게 추천한다. 해질 무렵 풍경이 운치 있으니 늦은 오후쯤 방문해도 좋겠다.

Data 지도 393p-F
가는 법 메트로 A선 Giulio Agricola역 하차, 도보 12분
주소 Via Lemonia 256, Roma
홈페이지 www.parcoappiaantica.it

고대 로마 귀부인의 무덤
체칠리아 메텔라 영묘 Mausoleo di Cecilia Metella [마우쏠레오 디 체칠리아 메뗄라]

아피아 가도에 남아 있는 유명한 유적 중 하나다. 로마 공화정 시대 집정관이었던 퀸투스 카이킬리우스 메텔루스 크레타쿠스Quintus Caecilius Metellus Creticus의 딸 체칠리아 메텔라를 위해 세워진 영묘다. 로마 중심부에 있는 아우구스투스 영묘나 하드리아누스 영묘보다 앞선 BC 50년경에 건립됐다. 높이 11m 지름 30m의 원통형 건물의 형태를 띤다. 13세기에는 요새로 활용됐다. 건물 꼭대기에서는 총안의 흔적을 찾아볼 수 있다. 무덤에서 발굴된 유물들도 전시한다.

Data 지도 393p-E
가는 법 빌라 마센치오에서 도보 3분. 버스 660번 타고 Cecilia Metella 정류장 하차, 도보 3분. 버스 118번 타고 Basilica S. Sebastiano 정류장 하차, 도보 7분 **주소** Via Appia Antica 161, Roma **전화** 06-788-6254 **운영시간** 화~일 09:00~해지기 1시간 전(16:30~19:15 사이, 정확한 시간은 홈페이지 참고, 마지막 입장 30분 전) **요금** 일반 8유로, 18~25세 2유로, 18세 미만 무료(빌라 퀸틸리 포함, 3일 동안 사용 가능), 로마 패스 가능 **홈페이지** www.parcoarcheologicoappiaantica.it

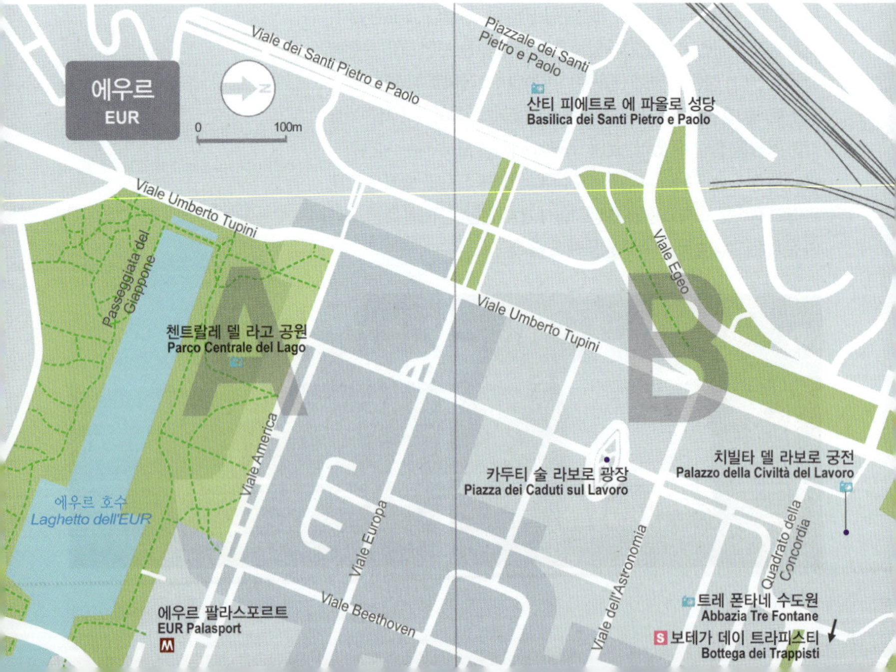

[에우르]

에우르의 랜드마크
치빌타 델 라보로 궁전 Palazzo della Civiltà del Lavoro [빨랏쪼 델라 치빌따 델 라보로]

에우르 지역을 상징하는 건물이다. 무솔리니가 집권하던 시절 만국박람회를 대비해 파시즘 홍보를 목적으로 세워졌다. 조반니 게리니Giovanni Guerrini, 에르네스토 브루노 라파둘라Ernesto Bruno Lapadula, 마리오 로마노Mario Romano 등이 신고전주의 양식으로 디자인했다. 1938년 짓기 시작해 1941년 완공했다. 로마에서 피우미치노 공항을 오고 가는 길에 눈에 띌 정도로 독특한 외관을 하고 있다. 새하얀 콘크리트로 만든 정사각형 건물에 54개의 아치가 있다. 직선과 곡선의 규칙적인 배열이 안정적이고 인상적이다. 아치의 모습이 콜로세움과 닮아 '네모난 콜로세움Colosseo Quadrato'이라고도 불린다. 건물 앞에는 조각상들이 일정한 간격으로 줄 서 있다. 2015년부터 이곳은 이탈리아 명품 펜디의 본사 건물로 사용하고 있다. 건물 0층에는 펜디에서 운영하는 갤러리가 자리한다.

Data 지도 402p-B
가는 법 메트로 B선 EUR Palasport역 하차, 도보 11분
주소 Quadrato della Concordia, Roma
전화 06-3345-0970
운영시간 갤러리 전시에 따라 다름
요금 갤러리 전시에 따라 다름

성 베드로와 성 바오로를 기리는
산티 피에트로 에 파올로 성당 Basilica dei Santi Pietro e Paolo
[바질리까 데이 싼띠 삐에뜨로 에 빠올로]

에우르 지역의 가장 높은 곳에 자리 잡은 성당이다. 1955년 성 베드로와 성 바오로에게 봉헌하기 위해 세워졌다. 아르날도 포스키니Arnaldo Foschini, 알프레도 에네르기치Alfredo Energici, 비토리오 그라시Vittorio Grassi 등이 성당 설계에 참여했다. 32m 지름의 거대한 반구형 돔이 포인트. 성당 앞에는 '천국의 열쇠'를 쥔 성 베드로와 칼을 들고 있는 성 바오로 조각상이 방문객을 맞는다. 성당 안은 로마 시내에서 볼 수 있는 화려한 성당들과는 다르게 무척 소박하다. 성당의 바깥 벽면에는 기독교를 상징하는 키로 십자가와 물고기 등의 문양이 새겨져 있다.

Data 지도 402p-B
가는 법 치빌타 델 라보로 궁전에서 도보 7분 주소 Piazzale dei Santi Pietro e Paolo 8, Roma
전화 06-592-6166
운영시간 07:00~12:00, 16:00~19:00 요금 무료
홈페이지 www.santipietroepaoloroma.it

도심 속 휴식처

첸트랄레 델 라고 공원 Parco Centrale del Lago [빠르꼬 첸뜨랄레 델 라고]

로마의 신도시 에우르가 한국의 일산이라면 이곳은 일산의 호수 공원에 비교할 만하다. 인공적으로 만들어진 에우르 호수Laghetto dell'EUR가 에우르 도심 한가운데 길게 뻗어 있다. 초록빛 녹음과 잔잔한 호수가 어우러져 평화로운 풍경을 선사한다. 주말이면 공원을 찾는 현지인들의 발걸음이 잦아진다. 호수를 따라 걸어도 좋고, 자전거를 타고 호수 한 바퀴를 빙 돌아도 좋다. 가족들과 피크닉을 해도 즐겁다. 반려동물과 산책하는 현지인들도 눈에 띈다. 호수에서는 카약을 대여해 시원하게 수상 스포츠를 즐길 수도 있다. 물 위에는 오리들도 유유자적 떠다닌다. 봄에는 호수 주변으로 벚꽃이 아름답게 피어나 낭만적인 분위기를 연출한다.

Data 지도 402p-A
가는 법 산티 피에트로 에 파올로 성당에서 도보 8분. 메트로 B선 EUR Palasport역 하차, 도보 2분
주소 Passeggiata del Giappone, Roma

산타 마리아 알라 스칼라 코엘리 성당

성 바오로의 순교 장소
트레 폰타네 수도원 Abbazia Tre Fontane [아바찌아 뜨레 폰따네]

네로 황제의 기독교 탄압으로 성 바오로가 참수형을 당한 곳에 세워진 수도원이다. 트레 폰타네 수도원은 '세 분수 수도원'이라는 의미로 성 바오로의 머리가 땅에 떨어지면서 세 번 튄 자리에 샘이 솟았다는 전설에서 가져온 이름이다. 이곳은 산티 빈첸초 에 아나스타시오 알레 트레 폰타네 수도원 Monastero Santi Vincenzo e Anastasio alle Tre Fontane, 산타 마리아 알라 스칼라 코엘리 성당 Chiesa Santa Maria alla Scala Coeli, 산 파올로 알 마르티리오 성당 Chiesa di San Paolo al Martirio으로 구성된다. 산타 마리아 알라 스칼라 코엘리 성당의 지하 감옥은 성 바오로가 참수형에 처하기 전 수감되었던 곳이다. 산 파올로 알 마르티리오 성당 앞에는 성 바오로가 참수터로 향할 때 밟았던 돌길을 펜스로 보호하고 있다. 성당 안에서는 끔찍했던 참수 장면을 묘사한 작품들을 볼 수 있다. 중앙 제단과 양옆(오른쪽과 왼쪽으로 각각 14걸음)에는 옆으로 누워 있는 성 바오로의 얼굴 표식이 발견된다. 바로 성 바오로의 머리가 세 번 튀었던 자리를 표시한 것이다. 중앙 제단 오른편에는 성 바오로가 목이 잘릴 때 사용됐던 돌기둥도 찾아볼 수 있다. 성당 안은 로마의 어느 성당보다도 무겁고 엄숙한 분위기가 흐른다.

Data 지도 402p-B
가는 법 버스 671번 타고 Laurentina/Tre Fontane 정류장 하차, 도보 6분. 메트로 B선 Laurentina역 하차, 도보 20분
주소 Via Acque Salvie 1, Roma
전화 06-540-1655
운영시간 수도원 06:30~20:45, 산타 마리아 알라 스칼라 코엘리 성당 09:00~12:00, 15:00~17:30, 산 파올로 알 마르티리오 성당 07:30~20:00
요금 무료 **홈페이지** www.abbaziatrefontane.it

산 파올로 알 마르티리오 성당

[에우르]

수도사가 만든 아이템이 가득
보테가 데이 트라피스티 Bottega dei Trappisti

트레 폰타네 수도원 입구 근처에 있는 수도사들이 만든 아이템을 판매하는 곳이다. 경건한 마음으로 수도원을 다 둘러봤다면 쇼핑을 시작하자. 이곳에서는 카말돌리 약국Farmacia di Camaldoli의 천연 화장품을 만날 수 있다. 카말돌리 약국은 산타 마리아 노벨라 약국의 '저렴이 버전'이라고 흔히 알려졌다. 화장품 케이스는 심플하지만 내용물만큼은 산타 마리아 노벨라 약국 못지않게 훌륭하다. 화장품, 보디용품, 오일 등을 판매한다. 한국인들에게는 수분크림인 네베 디 카말돌리Neve di Camaldoli가 유명하다. 풍부한 보습감을 안겨 주는 크레마 이드란테 프로폰다Crema Idrante Profonda도 추천할 만하다. 제품 설명서에는 전에 방문했던 한국인이 친절하게 한국어로 설명을 곁들여 놓았다. 155유로 이상 구매하면 세금 환급도 가능하니 여권을 챙겨가자. 이외에도 수도사들이 만든 초콜릿, 맥주 등을 판매한다. 트레 폰타네 수도원의 수도사가 만든 맥주 트레 폰타네Tre Fontane는 매장 안에 있는 바에서도 즐길 수 있다. 짙은 황금빛에 독특한 향이 묻어나는 맥주로 한 번쯤 마셔볼 만하다.

Data 지도 402p-B
가는 법 트레 폰타네 수도원 입구 맞은편 주소 Via delle Acque Salvie 3, Roma
전화 06-540-2309
운영시간 09:30~13:30, 15:30~19:30

Special
1 Day Tour

스페셜
원데이 투어

01 오스티아 안티카
02 카스텔 간돌포
03 티볼리
04 브라차노

05 오르비에토&치비타 디 바뇨레조

Special 1 Day Tour

01

오스티아 안티카
Ostia Antica

로마를 가로지르는 테베레강과 티레니아해가 만나는 곳에 형성된 지역이다. 고대 로마 시대에 풍요와 번영을 누렸던 도시의 흔적과 시야가 확 트인 바다를 만날 수 있다.

오스티아 안티카
미리보기 🔍

오스티아 안티카는 로마에서 남서쪽으로 24km 떨어진 곳에 위치한 고대 항구 도시다. 지중해 전역에서 로마로 들어오는 물자의 교역이 이곳에서 이뤄졌다. 가장 번성했을 시기에는 인구가 10만 명에 육박했었다고 한다. 현재는 과거의 영광이 허물어진 유적으로만 남았다. 유적지 근처에는 로마 사람들이 해수욕을 즐기는 해변도 있다.

SEE — 여행의 하이라이트는 오스티아 안티카 유적지다. 고대 로마 귀족과 서민의 생활상을 확인할 수 있는 유적이 즐비하다. 오스티아 해변은 로마에서 가장 접근성이 좋은 바다로 해수욕, 태닝, 산책 등으로 시간을 보낼 수 있다.

EAT — 오스티아 안티카 유적지에 간단하게 식사를 할 수 있는 카페테리아가 있다. 율리우스2세성 근처에도 레스토랑과 바를 찾아볼 수 있다. 도시락을 준비해 오스티아 해변에서 피크닉을 즐겨도 좋다.

BUY — 오스티아 안티카 유적지 안에 위치한 서점에서 오스티아 안티카의 역사가 담긴 서적과 기념품을 판매한다.

🚗 어떻게 갈까?

오스티아 안티카 유적지는 메트로 B선을 타고 피라미데Piramide역에서 내린 후 포르타 산 파올로Porta S. Paolo역에서 로마-리도Roma-Lido선 기차로 환승한 후 오스티아 안티카Ostia Antica역에서 하차한다. 소요 시간은 40분이다. 오스티아 해변도 같은 방법으로 포르타 산 파올로Porta S.Paolo역에서 로마-리도Roma-Lido선 기차를 탄 후 리도 첸트로Lido Centro역에서 내린다. 45분 정도 걸린다. 오스티아 안티카 유적지와 오스티아 해변 모두 로마의 교통권으로 이동 가능하다. 두 군데를 모두 하루에 돌아보려면 1회권(1.50유로)보다 24시간권(7유로)을 구매하는 것이 합리적일 수도 있으니 출발 지점부터 교통편을 생각한 후에 선택하자.

어떻게 다닐까?

오스티아 안티카 유적지에서 오스티아 해변까지는 오스티아 안티카Ostia Antica역에서 기차를 타고 두 정거장 지나서 리도 첸트로Lido Centro역에서 하차하면 된다.

오스티아 안티카
📍 1일 추천 코스 📍

오스티아 안티카 유적지는 내리쬐는 태양을 피할 만한 그늘이 없어서 이른 오전에 방문하는 것이 좋다. 유적지 관람 후에는 시원한 바닷바람을 맞으러 오스티아 해변으로 이동하자.

오스티아 안티카 유적지 둘러보기

기차 22분

오스티아 해변에서 망중한 즐기기

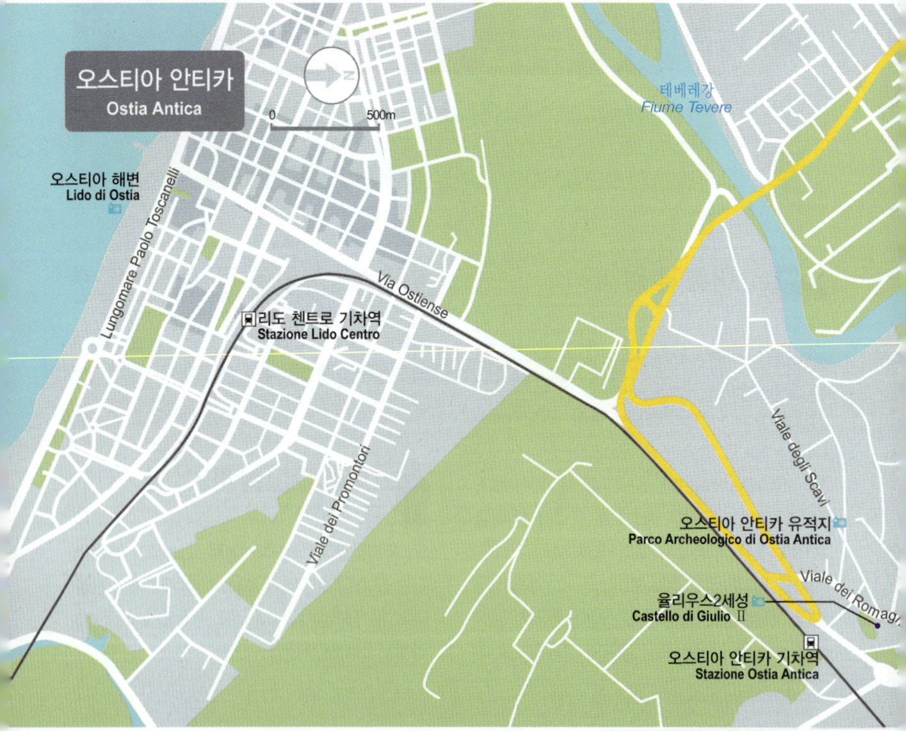

 SEE

잊힌 고대 도시
오스티아 안티카 유적지

Parco Archeologico di Ostia Antica [빠르꼬 아르께올로지꼬 디 오스띠아 안띠까]

타임머신을 타고 고대 로마 도시로 여행할 수 있는 곳이다. 오스티아 안티카는 흔히 이탈리아 남부의 유명한 관광지 폼페이와 비교된다. 나폴리만 연안과 인접해 있는 폼페이는 2천년 전 번성했던 고대 도시였지만 베수비오 화산의 폭발로 소멸했다. 오스티아 안티카는 BC 4세기 테베레강이 바다와 맞닿아 있는 지리적 요충지에 만들어진 고대 항구 도시였다. 테베레강을 통해 들어오는 물자로 사람들이 몰려들며 번영을 누렸다. 도시에는 귀족들의 별장, 서민들의 주택, 욕장, 신전, 물자 거래소 등 수많은 건물이 지어졌다. 그러나 테베레강에 쌓이는 퇴적물로 인해 강과 도시 사이의 간격이 점점 넓어져 항만으로서의 기능을 잃게 되었다. 5세기에는 바바리안족의 침입과 말라리아 전염으로 고통을 겪으며 쇠락의 길을 걸었다. 1907년 유적지 발굴이 시작돼 2/3가량 복원됐다. 고대 로마의 역사가 고스란히 남아 있는 욕장, 신전, 극장, 광장, 카페 등이 보존되어 있다. 와인을 저장했던 항아리, 욕장을 꾸몄던 모자이크와 프레스코화로 만들어진 메뉴판 등도 엿볼 수 있다. 폼페이보다 명성은 덜하지만 볼거리가 많고, 로마와도 가까워 방문하기 좋다.

Data 지도 412p
가는 법 기차 Roma-Lido선 Ostia Antica 역 하차, 도보 7분. 역 앞의 육교 건너기
주소 Viale dei Romagnoli 717, Ostia Antica
전화 06-5635-8099
운영시간 화~일 08:30~해지기 1시간 전(16:30~19:00 사이. 정확한 시간은 홈페이지 참고. 마지막 입장 1시간 전)
요금 18유로, 로마 패스 가능
홈페이지 www.ostiaantica.beniculturali.it

> **Tip** 봄과 가을에 방문하기 좋다. 여름에는 뜨거운 태양을 피할 만한 그늘을 찾기 어려우니 모자, 선글라스, 생수 등을 준비하자. 끊임없이 이어진 돌길을 걸으려면 편안한 신발 착용은 필수다.

오스티아 안티카 주요 유적지

오스티아 안티카 유적지를 꼼꼼하게 둘러보려면 반나절 이상 소요된다.
빛바랜 흔적과 마주하면 고대 로마인의 생활상이 눈앞에 그려진다.

코르포라치오니 광장 Piazzale delle Corporazioni

암피테아트레 뒤편에 펼쳐진 광장이다. 과거에 활발하게 무역이 이뤄졌던 곳이다. 광장에는 상업적인 용도로 사용했던 건물의 흔적이 보인다. 돌고래, 코끼리, 배, 등대 등을 표현한 모자이크도 남아 있다.

넵투누스 욕장 Terme di Nettuno

오스티아 안티카 유적지에서 가장 눈에 띄는 볼거리 중 하나다. 2세기 세워진 목욕장의 유적 터다. 넵투누스 욕장과 연결되어 있는 계단 위로 오르면 목욕탕 바닥에 깔린 세 가지 모자이크가 내려다보인다. 바다의 신 넵투누스가 전차를 탄 모습과 넵투누스의 아내 살라키아와 아들 트리톤의 모습이 생생하게 남아 있다.

오스티에네세 박물관 Museo Ostiense

유적지의 메인 로드인 데쿠마누스 막시무스Decumanus Maximus 북쪽에 위치한 작은 박물관이다. 오스티아 안티카 유적지에서 발굴된 조각과 석관을 전시한다. 일찍 문 닫으니 여유 있게 방문하는 것이 좋다. 박물관 근처에는 카페테리아, 바, 화장실 등 편의시설이 있다. 2023년 기준 박물관은 문을 닫은 상태다.

암피테아트레 Amphitheatre

BC 1세기 말 아그리파에 의해 지어진 극장이다. 본래 3천 명의 관중을 수용할 수 있는 규모였지만 셉티미우스 황제, 카라칼라 황제, 코모두스 황제를 거치며 확장되어 2세기에는 4천 명의 관중을 수용할 수 있었다.

카피톨리움 Capitolium

하드라이누스 황제가 지은 신전이다. 신들의 왕 유피테르와 그의 아내 유노, 지혜의 신 미네르바를 모시기 위해 건축했다. 형체가 반도 남지 않았지만 여전히 웅장함이 느껴진다.

테르모폴리움 Thermopolium

카페로 사용되던 공간이다. 고대의 부엌 구조를 살펴볼 수 있다. 카운터에는 당시에 사용됐던 프레스코화 메뉴판이 있다. 글을 깨우치지 못한 이들까지 포용하기 위해 글자 대신 그림을 넣어 만든 것이다.

포로 욕장 Terme del Foro

2세기에 건립된 공용 목욕탕이다. 오스티아 안티카에 세워진 욕장 중 가장 규모가 크다. 돌로 만든 공중 화장실인 포리카forica의 보존 상태가 좋다. 20여 개의 포리카가 줄지어 서 있다.

로마에서 가장 가까운 바다
오스티아 해변 Lido di Ostia [리도 디 오스띠아]

로마에서 시원하게 탁 트인 바다가 보고 싶다면 로마 근교에 위치한 오스티아 해변으로 향하자. 로마에서 기차를 타고 1시간도 채 걸리지 않아 눈앞에 바다가 펼쳐진다. 오스티아 해변은 여름에 현지인들이 물놀이와 태닝을 하기 위해 즐겨 찾는 곳이다. 무료 해변과 유료 해변으로 나뉘어 있다. 유료 해변에서는 더 다양한 부대시설을 이용할 수 있다. 이탈리아의 다른 바다에 비해 물이 깨끗한 편은 아니지만 충분히 즐길 만하다. 여름이 아닌 계절에도 바다 풍경을 즐기기 위해 현지인과 여행자의 발길이 끊이지 않는다. 해변 근처 카페에서 따뜻한 카푸치노를 마시며 풍경을 음미해도 좋다.

Data 지도 412p
가는 법 기차 Roma-Lido선 Lido Centro역 하차, 도보 10분

오스티아 안티카를 수호하는
율리우스2세성 Castello di Giulio II [까스뗄로 디 줄리오 쎄꼰도]

오스티아 안티카 유적지 입구에서 볼 수 있는 성채다. 15세기 교황 율리우스 2세가 교황에 선출되기 전에 건립한 것이다. 테베레강을 통한 외부의 침입을 막기 위해 군사적인 요새로 지어졌으나 홍수로 인해 테베레강 물줄기의 방향이 바뀌면서 설립 목적을 잃게 됐다. 성 안에 들어서면 군사 시설로 이용됐던 곳과 교황이 거주했던 공간을 살펴볼 수 있다. 오스티아 안티카 근처에서 발굴된 도예품도 전시한다.

Data 지도 412p
가는 법 오스티아 안티카 유적지 입구 맞은편
주소 Piazza della Rocca, Ostia Antica
전화 06-5635-8013
운영시간 4~10월 화~일 13:30~19:30, 11~3월 화~일 10:30~16:30
요금 6유로
홈페이지 www.ostiaantica.beniculturali.it

Special 1 Day Tour

02

카스텔 간돌포
Castel Gandolfo

알바노 호수가 둘러싸고 있는 카스텔 간돌포는 교황의 여름 별장이 있는 작은 마을이다. 고풍스러운 골목 곳곳을 누비며 카스텔 간돌포의 숨겨진 매력에 빠져 보자.

카스텔 간돌포
미리 보기 🔍

카스텔 간돌포는 더위를 피해 교황과 귀족들이 여름을 보내는 도시였다. 오늘날에는 피크닉을 즐기기 위해 로마 사람들의 발걸음이 향하는 곳이다. 탁 트인 알바노 호수와 아름다운 마을 풍경은 아무것도 하지 않고 그저 바라만 보고 있어도 좋다.

SEE 특별한 볼거리보다 마을 골목 풍경에 집중해 보자. 리베르타 광장을 중심으로 중세 거리가 펼쳐진다. 교황의 여름 별장 카스텔 간돌포 아포스톨리코 궁전도 살펴볼 수 있다. 햇빛을 받아 아름답게 빛나는 알바노 호수 정경은 큰 감동을 안겨 준다.

EAT 리베르타 광장과 근처 골목에 카페, 젤라테리아 등이 있다. 알바노 호수를 마주하며 식사를 할 수 있는 레스토랑도 있으니 참고하자.

BUY 골목길에 작은 숍들을 구경하기 좋지만 특별히 챙겨서 쇼핑해야 할 것은 없다. 교황과 카스텔 간돌포의 모습이 담긴 엽서와 캘린더는 기념품으로 간직할 만하다.

어떻게 갈까?

로마 테르미니역에서 기차를 타고 카스텔 간돌포 Castel Gandolfo역에서 하차한다. 소요 시간은 45분이다. 가격은 편도 2.10유로다. 카스텔 간돌포역에서는 티켓 구입이 어려우니 테르미니역에서 왕복 기차표를 미리 구입하자. 열차 탑승 시 티켓에 스탬프 찍는 것을 잊지 말자.

카스텔 간돌포
📍 반나절 추천 코스 📍

카스텔 간돌포는 반나절 정도 둘러보기 좋은 마을이다. 카스텔 간돌포 구석구석을 누빈 후에 알바노 호수로 향하자.

리베르타 광장 구경하기

→ 광장에 위치 →

카스텔 간돌포 아포스톨리코 궁전 방문하기

→ 도보 1분 →

카스텔 간돌포 골목 엿보기

↓ 도보 30분

알바노 호수 거닐기

관광 안내소
카스텔 간돌포 지도를 얻을 수 있다. 알바노 호수의 정보도 안내해 준다.
Data 지도 420p-B,E
가는 법 리베르타 광장에서 도보 1분

 ## 어떻게 다닐까?

카스텔 간돌포와 알바노 호수 모두 걸어서 이동할 수 있다. 카스텔 간돌포 기차역에서 카스텔 간돌포 중심지까지는 도보로 10분 정도 걸린다. 기차역에서 나와 오른쪽으로 뻗어 있는 큰 길을 따라 걷다 보면 왼쪽에 바로 표지판이 보인다. 표지판을 따라 오르막길을 걸으면 된다. 알바노 호수는 카스텔 간돌포역에서 도보로 20분 소요된다.

SEE

그림 같은 풍경이 펼쳐지는
카스텔 간돌포 Castel Ganolfo [까스뗄 간돌포]

카스텔 간돌포는 교황이 유유자적하게 여름을 보내는 마을이다. 여름에는 이곳에서 교황의 알현이 이루어진다. 교황의 여름 별장을 비롯해 마을 상당 부분이 바티칸 시국에 속한다. 마을을 둘러싸고 있는 알바노 호수와 아기자기한 골목길이 한 폭의 그림 같은 풍경을 선사한다. 카스텔 간돌포는 로마에서 남동쪽으로 28km 떨어져 있고, 기차로 45분밖에 걸리지 않아 부담 없이 들르기 좋다. 이곳에서 꼭 해야 하는 것은 없다. 작은 골목길을 누비며 소도시의 정취를 마음껏 느끼는 것으로 충분하다. 팔라초 폰티피초 거리Via Palazzo Pontificio에서는 알바노 호수를 한눈에 담을 수 있다. 레푸블리카 거리Corso della Repubblica와 로마 거리Via Roma 그리고 비냐 디 코르테 거리Via Vigna di Corte에 들어서면 17세기 거리 풍경이 펼쳐진다. 골목 사이사이 개성 있게 꾸며진 숍들도 구경할 만하다.

Data 가는 법 카스텔 간돌포 기차역에서 도보 10분

카스텔 간돌포의 심장부
리베르타 광장 Piazza della Libertà [삐앗짜 델라 리베르따]

카스텔 간돌포 중심부를 아름답게 수놓고 있는 광장이다. 광장 한가운데는 카를로 마데르나가 제작한 분수가 여행자들을 반긴다. 광장 옆에는 산 톰마소 다 빌라노바 성당Chiesa di San Tommaso da Villanova이 있다. 이 성당은 1661년 교황 알렉사드르 7세의 명으로 베르니니가 바로크 양식으로 건립한 것이다. 성당 규모는 작지만 우아하고 기품 있게 꾸며졌다. 광장 끝에 보이는 베이지색 건물은 교황의 여름 별장이다. 광장 주변으로는 카페, 젤라테리아 등을 쉽게 찾아볼 수 있다.

Data 지도 420p-B,E
가는 법 카스텔 간돌포 기차역 도보 10분 주소 Piazza della Libertà, Castel Gandolfo

교황의 여름 별장
카스텔 간돌포 아포스톨리코 궁전 Palazzo Apostolico di Castel Gandolfo
[빨랏쪼 아뽀스똘리꼬 디 까스뗄 간돌포]

교황이 여름 휴가를 보내는 곳이다. 17세기 교황 알렉산드르 7세의 명으로 카를로 마데르나가 별장을 설계했고, 베르니니도 건축에 참여했다. 2016년부터 일반인들에게도 박물관으로 공개됐다. 눈앞 가까이에서 교황들이 머물렀던 공간을 엿볼 수 있다. 교황의 의복, 초상화도 전시됐다. 예약을 통해서만 방문 가능하며, 1시간 동안 둘러볼 수 있다. 티켓 가격에는 영어, 이탈리아어, 스페인어 등 오디오 가이드가 포함된다.

Data 지도 420p-B,E
가는 법 리베르타 광장에 위치 주소 Piazza della Libertà, Castel Gandolfo 전화 06-6988-3145
운영시간 월~금 08:30~14:00, 토 08:30~18:30, 일(5~10월) 10:00~18:30(마지막 입장 1시간 전, 스케줄이 유동적이니 홈페이지 참고)
요금 일반 11유로, 25세 이하 국제 학생증 소지자·8~18세 5유로
홈페이지 www.museivaticani.va

화구호의 매력에 풍덩
알바노 호수 Lago Albano [라고 알바노]

알바노 호수는 화산 분화구에 물이 고여서 만들어진 화구호다. 알바노 호수의 짙푸른 물빛은 카스텔 간돌포를 비롯하여 알바노 호수를 둘러싸고 있는 카스텔리 로마니Castelli Romani 마을들을 더 특별하게 만든다. 카스텔 간돌포 마을에 위치한 전망대에서 시원하게 펼쳐진 호수 전경을 한눈에 담을 수 있다. 봄과 여름에는 태닝과 수상 스포츠를 즐기는 현지인들로 붐빈다. 물 위에서 보트, 수상스키, 카누 등을 탈 수 있다. 이곳에서 1960년 로마 올림픽의 카누 경기와 조정 경기가 열리기도 했다. 호수를 둘러싸고 있는 모래는 화산 폭발의 영향으로 검은빛을 띠고 있다. 돗자리와 도시락을 준비해 호수를 바라보며 피크닉을 만끽해도 좋고, 호수를 따라 뻗어 있는 레스토랑에서 시간을 보내도 좋다.

Data 지도 420p-A
가는 법 카스텔 간돌포 기차역에서 도보 20분

Tip 카스텔리 로마니는 '로마의 성들'이라는 뜻으로 로마 남동쪽 알바니 언덕Coli Albani에 모여 있는 열 세 개 소도시를 말한다. 카스텔 간돌포, 프라스카티Frascati, 그로타페라타Grottaferrata 등이 여기에 속한다.

풍경 좋은 레스토랑
리스토란테 부치 | Ristorante Bucci

카스텔 간돌포의 골목길을 구경하다가 출출해지면 들르기 좋은 곳이다. 가족이 운영하는 레스토랑으로 이탈리아 전통 요리를 맛볼 수 있다. 식당 내부는 빈티지한 목제 가구들로 아늑하게 꾸며 놓았다. 리스토란테 부치에서 가장 사랑스러운 공간은 바로 테라스다. 초록빛 넝쿨이 둘러싼 테라스는 알바노 호수 전경이 아름답게 펼쳐져 눈을 떼지 못하게 만든다. 로맨틱한 풍경 속에서 느린 산책 같은 식사를 즐길 수 있다. 가장 전망 좋은 자리를 차지하기 위해서는 오픈 시간에 맞춰 가거나 홈페이지에서 미리 예약하는 것을 추천한다. 화이트 트러플과 양송이버섯으로 만든 라자냐Lasagna Bianca Tartufo e Funghi Porcini는 풍미가 좋아 인기가 많다. 무난하게 먹을 수 있는 육류 요리들도 있다. 음식에 곁들이기 좋은 와인 셀렉션도 준비되어 있다.

Data 지도 420p-B,E
가는 법 리베르타 광장에서 도보 2분 주소 Via de' Zecchini 31, Castel Gandolfo
전화 06-932-3334
운영시간 월·화·목·토 12:30~14:30, 19:30~22:30, 금 19:30~22:30, 일 12:30~14:30
가격 메인 요리 15유로~,
홈페이지 www.hotelcastelgandolfo.com/bucci-restaurant

Special 1 Day Tour
03

티볼리
Tivoli

수려한 자연 풍경을 배경으로 로마 황제와 귀족들의 화려한 휴양지였던 곳이다. 유네스코 세계 문화유산으로 지정된 빌라 아드리아나와 빌라 데스테를 만나러 가볍게 떠나보자.

티볼리
미리보기 🔍

티볼리는 아니에네강 옆 언덕에 있는 작은 마을이다. 로마에서 북동쪽으로 30km 정도 떨어진 곳이다. 빼어난 경관을 갖추고 있어 로마 제국 시대부터 여름 휴양지로 각광받으며 빌라 아드리아나를 비롯해 수많은 별장들이 세워졌다. 티볼리의 인기는 르네상스 시대에도 이어져 빌라 데스테를 남겼다. 오늘날에도 아름다운 자연 풍경과 잔잔한 마을 분위기가 어우러져 현지인과 여행자의 휴식처가 되고 있다.

SEE
16세기 유럽, 정원 예술의 걸작인 빌라 데스테에서는 각양각색의 분수가 시원하게 물줄기를 뿜어낸다. 하드리아누스 황제의 별장이었던 빌라 아드리아나는 당시 화려했던 저택의 모습을 상상해 볼 수 있다. 빌라 그레고리아나 공원은 빌라 데스테와 빌라 아드리아나와 비교해 상대적으로 방문자들이 적은 곳이다. 이곳에서는 자연의 품에 안겨 폭포와 고대 유적 사이를 거닐 수 있다.

EAT
마을 중심에 위치한 빌라 데스테 근처에 카페, 레스토랑, 젤라테리아 등이 즐비하다. 빌라 데스테 잔디밭에 앉아 피크닉 하기도 좋으니 간단한 음식을 준비해 가도 좋다. 빌라 그레고리아나 공원 주위에는 탁 트인 전경을 마주할 수 있는 분위기 좋은 레스토랑이 있다. 빌라 아드리아나는 티볼리 외곽에 있어서 식사를 해결할 만한 곳이 많지 않으니 티볼리 중심부로 넘어와 레스토랑에 방문하자.

BUY
빌라 데스테와 빌라 아드리아나에 기념품 가게가 있다.

 Tip 코트랄Cotral 앱을 깔면 라치오주 여행이 더 쉬워진다. 출발지와 목적지를 넣고 검색하면 대중교통을 이용한 이동 경로를 안내해 준다. 버스 시간표를 확인할 수 있고 티켓 구매도 가능하다.

 Cotral: trasporti nel Lazio
Cotral Spa

티볼리
찾아가기

어떻게 갈까?

1. 버스

로마 → 티볼리

메트로 B선 폰테 맘몰로Ponte Mammolo역 하차 후 버스 플랫폼 쪽으로 바로 나가지 말고 한층 내려가 '빌리에티 Biglietti' 표지판을 찾는다. 표지판을 따라가면 바Bar 겸 티켓 판매소가 보인다. 빌라 아드리아나에 정차하는 버스와 빌라 데스테로 직행하는 버스가 있으니 목적에 맞게 선택하자. 빌라 아드리아나행 버스 티켓은 2.20유로며, 50분 소요된다. 빌라 데스테행은 2.20유로고, 1시간 정도 걸린다. 번거롭지 않으려면 미리 왕복 표를 구매하는 것이 좋다. 버스 시간 간격은 계절에 따라 다르니 스케줄을 코트랄 홈페이지(www.cotralspa.it)와 코트랄 앱에서 확인하자. 티켓을 구입한 후에는 다시 한 층 올라가 코트랄 Cotral 버스 플랫폼을 찾는다. 티볼리행 버스는 보통 플랫폼 2~3번에 서 있다. 전광판에서 행선지 확인이 가능하다. 버스 안에서는 따로 안내 방송이 없으니 운전기사에게 내리는 곳에 도착할 때 알려 달라고 요청하는 것이 좋다. 특히 빌라 아드리아나는 작은 길가의 피체리아 앞에서 정차하기 때문에 혼자서 정류장을 알아채기 어렵다. 빌라 데스테는 나치오니 우니테 광장Piazzale Nazioni Unite 정류장에서 내리면 된다.

빌라 아드리아나 정류장

빌라 데스테 정류장

티볼리 → 로마

빌라 데스테는 로마에서 오는 버스와 로마로 향하는 버스가 정차하는 곳이 조금 다르다. 로마에서 버스를 타고 내렸던 곳 아래편에 위치한 가리발디 광장Piazza Garibaldi 앞에 코트랄 버스 정류장이 있다. 버스 티켓을 미리 구매하지 못했다면 정류장 길 건너 맞은편 가리발디 거리Via Garibaldi에 있는 핑크색 건물인 바 이게아Bar Igea(지도 430p-E)에서 구입하면 된다.

2. 기차

로마에서 빌라 데스테를 갈 때는 기차도 이용할 수 있다. 메트로 B선 티부르티나Tiburtina역에서 내린 후 티부르티나역(기차역)에서 기차를 타고 티볼리Tivoli역에서 하차하면 된다. 1시간 정도 소요되고, 가격은 3유로다. 기차는 보통 20분~1시간 간격으로 있다. 테르미니역에서도 티볼리행 기차가 있지만 배차 간격이 넓다. 40~50분 걸리며, 요금은 2.60 유로다. 기차 스케줄은 이탈리아 철도청 홈페이지(www.trenitalia.com)에서 확인할 수 있다. 출발지는 'Roma Tiburtina', 도착지는 'Tivoli'로 검색하면 된다. 기차에 오르기 전 티켓 펀칭을 잊지 말자.

어떻게 다닐까?

빌라 데스테와 빌라 아드리아나는 4번과 4X번 버스로 연결된다. 티켓 가격은 1.30유로다. 시간은 10분 정도 소요된다. 버스 홈페이지(www.catbustivoli.com)에서 시간표 및 티켓 판매소 위치를 참고할 수 있다. 빌라 데스테에서 빌라 아드리아나로 향할 때는 로마행 코트랄 버스를 타는 곳과 동일한 피아차 가리발디Piazza Garibaldi 정류장에서 타면 된다. 버스 티켓은 코트랄 버스표를 판매하는 바 이게아(지도 430p-E)에서 구입하자. 버스를 탄 후 버스기사에게 티켓을 보여 주면 찢어서 검표한다. 4번 버스는 라르고 요우르체나르Lgo M. Yourcenar 정류장에서, 4X번 버스는 비아 디 빌라 아드리아나 184Via di Villa Adriana 184 정류장에서 하차한다. 빌라 아드리아나에서 빌라 데스테로 가는 버스는 빌라 아드리아나 매표소 앞 정류장에서 탄다. 버스 티켓은 매표소 뒤편 건물에서 구입하면 된다. 4번이나 4X번 버스를 타고 나치오니 우니테 광장Piazzale Nazioni Unite 정류장에서 내린다. 빌라 데스테와 빌라 아드리아나를 하루에 다 방문한다면 빌라 아드리아나를 먼저 관람하는 것이 좋다. 빌라 데스테에서 로마로 향하는 차편이 더 다양하고, 늦은 시간까지 있다. 빌라 데스테와 빌라 그레고리아나 공원은 마을 중심부에 위치해 도보로 가능하다.

티볼리
📍 1일 추천 코스 📍

가능하다면 월요일에는 티볼리 여행을 피하자. 빌라 테스테는 월요일 오후에만 운영하고 아예 문을 닫는 레스토랑도 많다. 스폿 두 군데를 방문하려면 하루가 온전히 소요되니 아침 일찍 부지런을 떨어야 한다. 반나절 여행을 원한다면 빌라 데스테만 방문해도 좋다.

선택 1 — 유네스코 세계 문화유산 모두 구경하기

 → 버스 10분 + 도보 25분 →  → 바로 위치 →

빌라 아드리아나의 건축물 둘러보기 / 빌라 데스테 분수 감상하기 / 티볼리 마을 구경하기

선택 2 — 티볼리 중심지만 여행하기

 → 도보 10분 →  → 바로 위치 →

빌라 데스테 분수 즐기기 / 빌라 그레고리아 공원 산책하기 / 티볼리 마을 탐방하기

티볼리
Tivoli

관광 안내소

로마에서 티볼리로 향하는 버스가 정차하는 곳 근처에 작은 부스가 설치되어 있다. 티볼리 지도도 받을 수 있으며, 버스 시간표도 확인할 수 있으니 참고하자.

Data 지도 430p-E
가는 법 코트랄 버스 정류장 근처
주소 Piazzale Nazioni Unite, Tivoli **전화** 07-7431-3536
운영시간 화~일 10:00~13:00, 16:00~18:00

끝없는 분수들의 향연
빌라 데스테 Villa d'Este [빌라 데스떼]

우아한 르네상스 저택 정원에 사이프러스 나무가 울창하게 우거지고, 아름다운 분수에서는 경쾌한 물줄기를 뿜어낸다. 빼어난 풍경 속에서 걷기만 해도 기분이 저절로 싱그러워진다. 빌라 데 스테는 '분수의 도시' 로마에서 얻은 감동을 이어갈 수 있는 곳이다. 이탈리아 명문 가문인 에스테가 출신 추기경 이폴리토 데스테Ippolito d'Este는 교황 선출 과정에서 강력한 라이벌인 율리우스 3세를 만나 낙선했다. 이후 로마 근교의 작은 마을인 티볼리로 방출됐다. 이폴리토 데스테는 한때 티볼리에 로마 황제의 별장이 들어섰던 것처럼 자신이 머물 럭셔리한 별장을 짓기로 계획했다. 1560년 피로 리고리오Pirro Rigorio가 빌라 데스테를 건축하기 시작해 1670년 베르니니가 완성했다. 르네상스 양식 저택에는 화려한 프레스코화가 채워졌고, 계단식 정원은 분수, 연못, 조각상 등으로 수려하게 장식됐다. 특히 저마다 독특한 색깔을 지닌 수많은 분수를 통해 이탈리아 정원 예술의 진수를 선보였고, 유럽 정원의 발전에도 큰 기여를 했다. 오래도록 교황과 귀족들의 휴양지로 사용됐지만 에스테 가문이 몰락한 후 정부에서 관리한다. 빌라 데스테는 2001년 유네스코 세계 문화유산에 등재됐다. 겨울에 방문하면 분수가 100%로 가동되지는 않아 아쉬울 수 있다.

Data 지도 430p-C
가는 법 코트랄 버스 정류장에서 도보 5분. 티볼리 기차역에서 도보 16분. 빌라 아드리아나에서 버스 4, 4X번 타고 Piazzale Nazioni Unite 정류장 하차, 도보 5분
주소 Piazza Trento 5, Tivoli
전화 0774-332920
운영시간 월 14:00~17:00, 화~일 08:45~해지기 1시간 전 (17:00~19:45사이). 정확한 시간은 홈페이지 참고, 마지막 입장 1시간 전)
요금 10유로, 특별전 진행 시 13유로
홈페이지 www.coopculture.it

|Theme|
빌라 데스테 분수 둘러보기

넓게 펼쳐진 초록빛 정원에 수많은 분수가 빼곡하다. 천천히 둘러보려면
2~3시간 이상 소요된다. 오르간 분수의 음악 연주도 시간에 맞춰 놓치지 말고 구경하자.

백 개의 분수 Cento Fontane

타원형 분수와 로마 분수 사이에 130m 가량 길게 늘어서 있는 분수다. 분수는 티볼리에 흐르는 세 개의 강을 표현하기 위해 3단으로 구성했다. 상단에 자리한 분수에는 에스테 가문을 상징하는 독수리, 배, 오벨리스크 등의 문양이 새겨졌다. 하단에는 다양한 얼굴을 한 동물 모양의 분수가 자리한다. 100여 개의 분수들이 시원하게 물줄기를 뿜으며 일렬로 서 있는 모습이 장관을 이룬다.

오르간 분수 Fontana dell'Organo

클로드 베나르드Claude Venard가 1568년 제작하기 시작해 1611년에 완성한 분수다. 오르간을 연주하는 분수로 유명하다. 분수 중앙에는 144개의 파이프가 연결된 오르간이 숨어 있다. 오직 물의 낙차에서 생기는 힘으로만 소리를 낸다. 흐르는 물소리를 배경으로 경쾌한 오르간 연주가 정원에 울려 퍼진다. 오르간이 연주되는 시간(10:30, 12:30, 14:30, 16:30, 18:30)은 매표소에서 확인할 수 있다. 오르간 양옆으로는 음악의 신 아폴로와 아폴로의 아들이자 음유시인인 오르페오 조각이 서 있다.

타원형 분수 Fontana dell'Ovato

1570년 빌라 데스테의 건축가였던 피로 리고리오가 제작한 웅장한 분수다. 티볼리를 형상화하고 있어서 '티볼리 분수Fontana di Tivoli'라고도 불린다. 분수 윗부분은 티볼리를 둘러싸고 있는 티부르티니산Monti Tiburtini을, 흘러내리는 세 개의 물줄기는 티볼리에 흐르는 아니에네강Fiume Aniene, 에르쿨라네오강Fiume Erculaneo, 알부네오강Fiume Albuneo을 상징한다.

로마 분수 Rometta

고대 로마를 상징하는 분수다. 오른쪽 상단에는 고대 로마의 시조인 로물루스가 쌍둥이 형제 레무스와 함께 늑대 젖을 먹고 있다. 그 아래에 오벨리스크가 꽂혀진 배는 로마에 위치한 티베리나섬을 묘사한 것이다. 분수 왼쪽은 로마의 일곱 언덕을 표현했으며, 그 사이에 흐르는 물은 테베레강을 의미한다.

넵투누스 분수 Fontana di Nettuno

빌라 데스테 최대 규모의 분수로 정원 가운데를 화려하게 장식하고 있다. 5m 길이의 물기둥이 시원하게 하늘을 향해 뻗어 나간다. 분수 하단에는 물줄기 사이로 바다의 신 넵투누스 조각상이 보인다. 분수 맞은편에서 바라보면 분수의 그림자가 연못에 비쳐 완벽한 데칼코마니를 이룬다.

산책인 듯 산행인 듯
빌라 그레고리아나 공원 Parco Villa Gregoriana [빠르꼬 빌라 그레고리아나]

아름다운 자연 풍경과 고대 유적이 어우러진 공원이다. 공원 이름은 교황 그레고리오 16세의 이름에서 가져왔다. 1835년 티볼리를 가로지르는 아니에네강이 범람하면서 주민들이 막대한 피해를 입자 교황 그레고리오 16세가 대책을 마련했다. 터널 두 개를 건설하여 강의 흐름을 바꾸도록 한 것이다. 터널에 모이는 물로는 거대한 인공 폭포를 짓고, 주변을 공원으로 조성했다. 폭포가 위치한 쪽에 입구가 있고, 신전이 보이는 쪽에 출구가 있다. 매표소에서 루트가 안내된 지도를 받을 수 있으니 참고하자. 공원에는 폭포, 동굴, 고대 신전 등이 곳곳에 숨어 있으니 인디아나 존스가 되어 탐험하는 기분으로 둘러보자. 우거진 숲과 가파르게 이어지는 길을 따라 걷다 보면 마치 산속 한가운데 있는 것처럼 느껴진다. 장엄한 폭포가 시원하게 물줄기를 쏟아내는 모습을 마주하면 마음까지 촉촉해진다. 공원 전체를 둘러보는 데는 1시간 30분 정도 소요된다. 험준한 길을 거닐려면 편안한 옷차림과 신발을 착용하자.

Data 지도 430p-B
가는 법 빌라 데스테에서 도보 10분 **주소** Largo Sant'Angelo, Tivoli **전화** 0774-332650
운영시간 2월 14일~3월 24일 10:00~17:00, 3월 25일~6월 10:00~18:30, 7월~9월 3일 09:00~19:00, 9월 4일~10월 15일 10:00~18:30, 10월 16일~28일 10:00~18:00, 10월 29일~11월 26일 10:00~16:30, 11월 27일~12월 17일 10:00~16:00(마지막 입장 1시간 전)
요금 일반 10유로, 25세 이하 학생 6유로, 6~18세 3유로
홈페이지 www.fondoambiente.it/luoghi/parco-villa-gregoriana

하드리아누스 황제의 여름 별장
빌라 아드리아나 Villa Adriana [빌라 아드리아나]

고대 로마 시대에 세워진 별장 중 가장 규모가 크고 호화스러운 곳으로 꼽힌다. 빌라 아드리아나는 하드리아누스 황제가 휴양지로 사용하기 위해 지었다. 당시 하드리아누스 황제의 막강한 권위가 건축물에 고스란히 투영돼 화려함의 극치를 이뤘고, 이 때문에 루이 14세가 지은 프랑스의 베르사유 궁전에 비교되기도 한다. 베르사유 궁전처럼 빌라 아드리아나도 유네스코 세계 문화유산으로 당당하게 이름을 올렸다. 빌라 아드리아나는 118년 착공해 134년에 완공했다. 다양한 재능을 지녔던 하드리아누스 황제는 직접 별장 설계에도 참여했다. 그리스와 이집트를 여행하면서 인상 깊었던 건축물들을 빌라 아드리아나에 재현해 놓았다. 이곳에는 정원, 수영장, 수상 극장, 목욕탕, 도서관 등 다양한 시설이 설립되었으나 세월이 지나면서 상당 부분 훼손되어 오늘날에는 건축물의 잔재만 남았다. 입구 근처 전시관에 원형 그대로 복원한 모형을 통해 건립 당시 이 별장이 얼마나 웅장했는지 짐작할 수 있다. 빌라 아드리아나는 드넓은 부지에 건축물이 흩어져 있어 한정된 시간 안에 꼼꼼하게 다 돌아보기는 힘들다. 주요 건축물들을 중심으로 살펴보자. 조각상으로 장식된 아름다운 연못 카노포와 수상 극장인 테아트로 마리티모는 빌라 아드리아나의 대표 건축물이니 빼놓지 말자.

Data 지도 430p-E
가는 법 코트랄 버스 정류장에서 도보 20분. 빌라 테스테에서 버스 4번 타고 Lgo M. Yourcenar 정류장 하차, 도보 20분 **주소** Largo Marguerite Yourcenar 1, Tivoli **전화** 07-7438-2733
운영시간 08:15~해지기 1시간 전(17:00~19:30 사이. 정확한 시간은 홈페이지 참고, 마지막 입장 1시간 30분 전) **요금** 10유로, 특별전 진행 시 12유로 **홈페이지** www.coopculture.it

빌라 아드리아나 주요 볼거리

빌라 아드리아나 전체를 둘러보려면 3~4시간 이상 걸린다. 유적지 입구에는 소요 시간별 코스를 안내하고 있으니 참고하여 동선을 짜 보자. 영어, 이탈리아어, 스페인어 등으로 된 오디오 가이드(5유로)를 렌트해 설명을 들을 수도 있다.

페칠레 Pecile

길게 늘어선 담벼락을 통과하면 오른쪽으로 보이는 정원이다. 120m 길이의 거대한 크기의 직사각형 수영장이 펼쳐진 곳이다. 하드리아누스 황제가 아테네를 여행할 때 유명한 건축물인 스토아 포이킬레Stoà Poikile에서 영감을 얻어 조성했다.

오로 광장 Piazza d'Oro

오로 광장은 '황금 광장'이라는 뜻이다. 그 이름에 걸맞게 진귀한 예술품들이 가득 찬 럭셔리한 정원이 있던 공간이었다. 현재는 폐허로 남아 있고, 이곳을 장식하던 수많은 조각상들은 여러 박물관으로 옮겨졌다.

카노포 Canopo

페칠레를 지나 오른쪽 방향으로 깊숙이 들어가면 카노포가 있다. 빌라 아드리아나에서 가장 눈여겨봐야 할 곳 중 하나다. 이집트 알렉산드리아의 카노푸스Canopus를 모방해 만든 것이다. 195m에 달하는 연못이 우아한 대리석상으로 둘러싸여 있다. 고요한 연못 위에 비치는 풍경이 아름답다. 물속에는 한적하게 물고기들이 노닌다.

세라페오 Serapeo

카노포 끝에 반원형의 님파에움nymphaeum이 있는 세라페오가 있다. 님파에움은 물의 요정인 님프에게 바쳤던 동굴 모양 성소로 고대 로마 시대에 정원을 장식하는 용도로 사용됐다. 당시에는 이곳에서 여름 연회가 열리고는 했다.

테아트로 마리티모 Teatro Marittimo

카노포와 함께 빌라 아드리아나의 하이라이트가 되는 곳이다. 고대 로마에서 보기 어려운 독특한 형태를 띤 수상 극장이다. 중앙에는 지름 43m의 원형 구조로 만든 인공 섬이 물 위에 떠 있다. 이곳에는 아트리움, 스파, 작은 정원, 화장실 등이 있었다. 바깥은 이오니아식 기둥이 빙 둘러싸고 있다.

눈과 입이 즐거운
시빌라 Sibilla

빌라 그레고리아나 공원 근처 베스타 신전Tempio di Vesta과 시빌라 신전Tempio della Sibilla 옆에 위치한 식당이다. 1720년 문을 연 이탈리안 레스토랑으로 세계 여러 나라의 저명인사들도 방문했던 곳이다. 사람들이 시빌라를 방문하는 이유는 테라스에서 펼쳐지는 특별한 광경 때문이다. 야외 테이블 바로 옆에는 고대 신전들이 서 있고, 앞에는 탁 트인 공원의 전경이 펼쳐진다. 이탈리아 전통 요리에 창의력과 개성을 한 스푼씩 첨가한 음식을 선보인다. 파스타는 대부분 평이 괜찮으며, 샐러드로는 카프레제가 가장 무난하다.

Data 지도 430p-B
가는 법 빌레 그레고리아나 공원에서 도보 6분 **주소** Via della Sibilla 50, Tivoli
전화 0774-335281
운영시간 화~일 12:30~15:00, 19:30~22:00
가격 파스타 12유로~, 샐러드 10유로, 메인 요리 12유로~
홈페이지 www.ristorantesibilla.com

파스타와 스테이크가 맛있는
란골리노 디 미르코 L'Angolino di Mirko

빌라 데스테를 방문한 후 식사하기 좋은 곳이다. 1912년 오픈한 레스토랑으로 가족이 3대째 운영을 이어가고 있다. 레스토랑의 규모는 아담해 보이지만 알고 보면 아늑한 본관, 우아한 분관, 운치 있는 테라스까지 있다. 조아키노 이아넬리Gioacchino Iannelli 셰프가 이탈리아와 라치오주의 전통적인 음식을 요리한다. 이곳에서는 수제 파스타 면으로 만든 파스타가 평이 좋다. 토르텔리니, 페투치나, 스파게토니, 카펠라치, 뇨키 등 다양한 파스타 면의 굵기에 따라 어울리는 소스를 곁들여 선보인다. 소고기, 돼지고기, 거위고기로 요리한 음식과 도미, 농어, 새우 등이 들어간 해산물 메뉴도 있다. 부드럽게 구운 스테이크는 추천할 만하다. 음식과 함께 즐기기 좋은 다양한 와인 셀렉션도 보유한다. 메뉴에는 없지만 와인을 글라스로도 요청할 수 있다. 디저트로는 홈메이드 티라미수Tiramisù fatto in Casa를 선택하자. 달달한 티라미수에 쌉쌀한 커피 한잔을 곁들이면 완벽한 조화를 이룬다.

Data **지도** 430p-C
가는 법 빌라 데스테에서 도보 2분
주소 Via della Missione 3, Tivoli
전화 0774-312027
운영시간 화~토 11:00~23:00, 일 11:00~20:00
가격 애피타이저 18유로~, 파스타 18유로~, 메인 요리 18유로~, 디저트 8유로~
홈페이지 www.angolinodimirko.com

Special 1 Day Tour
04
브라차노
Bracciano

로마에서 기차를 타고 1시간 정도 달리면 사랑스러운 중세 마을이 나타난다. 아기자기하게 조성된 마을 한복판에는 멋진 고성이 우뚝 서 있다. 한없이 맑고 푸른 호수는 마을 전경을 더욱 완벽하게 만든다.

브라차노
미리보기 🔍

브라차노는 라치오주에 속하는 작은 마을이다. 로마에서 북서쪽으로 30km 거리에 위치한다. 고풍스러운 오데스칼키성과 화산 호수인 브라차노 호수를 보기 위한 여행자들의 발걸음이 이어지고 있다.

SEE

15세기 지어진 오데스칼키성은 조용하고 한적하게 돌아보기 좋은 곳이다. 옛 주거 공간의 흔적이 남아 있는 성 구석구석을 꼼꼼하게 살펴보자. 성의 전망대에서는 호수와 마을 풍광도 굽어볼 수 있다. 고성 구경을 마친 후에는 브라차노 호수로 향하자. 드넓게 펼쳐진 호수를 보고 있으면 몸도 마음도 절로 상쾌해진다.

EAT

브라차노 기차역과 오데스칼키성 사이에서 쉽게 레스토랑을 찾을 수 있다. 브라차노 호수 근처에는 호수에서 잡힌 수산물로 요리하는 식당도 있으니 참고하자. 마을 도입부에는 마트와 과일 가게가 있으니 간단하게 간식을 준비해 호수를 방문해도 좋겠다.

BUY

딱히 지갑 꺼낼 일이 없으니 마을 구경에만 집중하자. 매혹적인 풍경을 두 눈과 가슴에 가득 담는 것이 최고의 기념품이다.

브라차노
—○— 찾아가기 —○—

어떻게 갈까?

메트로 A선 발레 아우렐리아Valle Aurelia역이나 B선 피라미데Piramide역에서 기차 FL3선을 타고 브라차노Bracciano역에서 하차한다. 발레 아우렐리아역에서는 1시간 정도 걸리고, 티켓 가격은 2.60유로다. 피라미데역에서는 1시간 10분 소요되고, 가격은 3.60유로다. 메트로에서 내려서 표지판을 따라 이동한 후 기차로 갈아타면 된다. 피라미데역과 오스티엔세Ostiense역은 연결되어 있으며, 기차 홈페이지(www.trenitalia.com)에서 스케줄 확인 시 'Piramide'가 아닌 'Roma Ostiense'로 검색해야 한다. 기차에 오르기 전에는 개찰기에 기차표를 넣어 탑승 일시를 꼭 각인시키자.

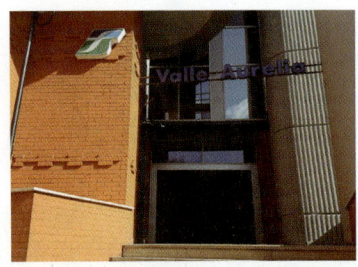

어떻게 다닐까?

브라차노 안에서는 도보로 충분하다. 발걸음을 내딛는 곳마다 한적한 소도시의 정취를 느낄 수 있다.

브라차노
📍 반나절 추천 코스 📍

적당히 걷고 적당히 게으름피우기에 이상적인 장소다. 오데스칼키성과 브라차노 호수를 방문한 후에는 천천히 마을 구경에 나서자. 이곳에서는 느긋하고 여유롭게 시간을 보낼 수 있다.

오데스칼키성 둘러보기

도보 20분

브라차노 호수에서 평화로운 풍경 즐기기

 **SEE**

톰 크루즈와 케이티 홈즈가 결혼한 곳
오데스칼키성 Castello Odescalchi di Bracciano [까스뗄로 오데스깔끼 디 브라챠노]

할리우드 스타 톰 크루즈와 케이티 홈즈의 결혼식 장소다. 그들의 결혼식은 이탈리아의 숨겨진 작은 마을이 전 세계의 주목을 받게 한 달콤한 이벤트였다. 덕분에 이곳으로 향하는 여행자들도 부쩍 늘어났다. 오데스칼키성은 1485년 나폴레옹 오르시니Napoleon Orsini의 의뢰로 프란체스코 디 조르조 마르티니Francesco di Giorgio Martini가 르네상스 양식으로 설립한 저택이다. 15세기 흑사병이 창궐했을 때는 교황 식스토 4세의 피신처가 되기도 했다. 1696년 성의 소유권은 교황 인노첸시오 11세를 배출한 유력 가문인 오데스칼키 가문에 넘어갔다. 오늘날 오데스칼키성은 콘퍼런스, 워크숍, 결혼식 등 다양한 용도로 활용된다. 성문을 통과하면 레드 카펫이 입구까지 길게 깔려 있으니 귀족처럼 우아한 걸음으로 들어서자. 성 안은 20여 개가 넘는 매혹적인 방들과 침실, 부엌, 안뜰 등 생활공간으로 가득차 있다. 르네상스 초기 회화 작품, 15~16세기 사용됐던 가구, 고가의 무기 컬렉션 등도 전시한다. 화려하게 장식된 방들을 다 구경한 후에는 벨베데레Belvedere 전망대에 오르자. 브라차노 호수의 그림 같은 전경과 벽돌색 지붕으로 덮인 마을 풍경을 한눈에 볼 수 있어 탄성이 절로 나온다.

Data 지도 443p-C
가는 법 브라차노 기차역에서 도보 10분 주소 Via Giulio Volpi 12, Bracciano 전화 06-9980-4348
운영시간 여름 월~금 10:00~18:00, 토·일 10:00~19:00, 겨울 월~금 10:00~17:00, 토·일 10:00~18:00
(마지막 입장 1시간 전) 요금 일반 10유로, 학생증 소지자·65세 이상(화요일) 8유로, 6~12세 7유로,
5세 이하 무료 홈페이지 www.odescalchi.it

보기만 해도 마음까지 시원해지는
브라차노 호수 Lago di Bracciano [라고 디 브라차노]

하늘에는 솜사탕 같은 구름이 두둥실 떠 있고, 푸른 호수 위에는 새하얀 백조가 유유자적 떠다니는 광경을 머릿속에 그려보자. 생각만으로도 마음이 평온해지지 않는가? 브라차노 호수에서는 당신이 상상한 풍경이 눈앞에 펼쳐진다. 화산 활동으로 생성된 화구호로 '사바티노 호수 Lago di Sabatino'라고도 불린다. 넓이 57.5㎢에 깊이 157.5m의 거대한 사이즈로 라치오주에서 두 번째로 큰 호수다. 호수는 브라차노, 안귈라라 사바치아Anguillara Sabazia, 트레비냐노 로마노 Trevignano Romano 세 마을에 둘러싸여 있다. 호수의 맑은 물은 로마 사람들의 주요 식수원이었다. 교황 바오로 5세에 의해 호수 물이 파올리노 수로Acquedotto Paolino를 통해 로마로 유입됐다. 현재까지도 바티칸 시국의 담수로 사용된다. 주말이면 시원하게 펼쳐진 풍광을 즐기기 위해 브라차노 호수를 찾는 사람들로 붐빈다. 호숫가를 따라 오붓하게 산책을 해도 좋고, 벤치에 앉아 호수를 바라보며 사색에 잠겨도 좋다. 날씨가 좋을 때는 수영, 태닝, 수상 스포츠 등을 즐길 수도 있다.

Data 지도 443p-B
가는 법 오데스칼키성에서 도보 20분

Special 1 Day Tour

05

오르비에토&치비타 디 바뇨레조
Orvieto&Civita di Bagnoregio

오르비에토의 시간은 느리게 흘러간다. 천천히 걷고 호흡하며 중세 분위기가 물씬 풍기는 마을 풍경 속으로 완벽하게 스며들어 보자. 구름 위에 떠 있는 도시, 치비타 디 바뇨레조까지 방문하면 최고의 하루가 완성된다.

오르비에토&치비타 디 바뇨레조
미리보기 🔍

오르비에토는 움브리아주 언덕 위에 세워진 작은 도시다. 로마에서 북서쪽으로 96km 떨어진 곳에 있다. '치타슬로(느리게 사는 도시)'의 발상지인 오르비에토에서는 특유의 맛과 멋이 살아 숨쉰다. 골목 구석구석은 마치 동화 속 마을처럼 눈길을 끌지 않는 곳이 없다. 타박타박 걸으며 그 모습을 눈과 마음에 차곡차곡 담아보자. 오르비에토에서 버스로 1시간을 달리면 아슬아슬하고 위태롭게 절벽 위에 서 있는 치비타 디 바뇨레조를 만날 수 있다.

SEE
오르비에토의 상징인 오르비에토 두오모는 웅장한 건축미를 자랑한다. 오페라 델 두오모 박물관에는 루카 시뇨렐리의 주옥같은 작품이 걸려 있다. 토레 델 모로에서 굽어보는 전경은 미술관에 걸린 풍경화처럼 빛난다. 오르비에토 지하 도시와 산 파트리치오 우물에서는 어두컴컴한 지하 세계로의 탐험이 시작된다. 오르비에토 근교에 위치한 치비타 디 바뇨레조의 비현실적인 전망은 여행자들의 마음을 빼앗는다.

EAT
슬로푸드의 본고장인 오르비에토에서는 패스트푸드는 찾아볼 수 없다. 작은 카페테리아라도 정성껏 직접 만든 음식을 판매한다. 오르비에토에서 생산되는 트러플로 요리한 음식과 품질 좋기로 유명한 오르비에토 화이트 와인은 특별히 찾아서 맛볼 만하다. 두오모 광장 주변으로 카페, 젤라테리아, 레스토랑 등이 있다.

BUY
두오모 거리Via del Duomo와 카부르 거리Corso Cavour에 숍들이 들어서 있다. 오르비에토의 넘버원 특산품인 오르비에토 화이트 와인은 어디에서도 쉽게 구할 수 있다. 오르비에토 주민들이 만든 세라믹과 목재 수공예품은 구경하는 재미가 쏠쏠하다.

오르비에토&치비타 디 바뇨레조
찾아가기

오르비에토

어떻게 갈까?

로마 테르미니역에서 기차를 타고 오르비에토역Orvieto에서 정차한다. 기차 종류와 시간에 따라 요금은 7.90~11.90유로 사이다. 시간은 1시간에서 1시간 50분 정도 소요된다. 기차는 30분에서 2시간 간격으로 출발한다. 정확한 스케줄은 홈페이지(www.trenitalia.com)에서 확인하자. 오르비에토행 기차는 가장 안쪽에 있는 플랫폼 1-2 Est.에서 출발하니 여유 시간을 갖고 역에 도착하지 않으면 기차를 놓치기 쉽다. 오르비에토역에서 내린 후에는 정문으로 나가 맞은편에 있는 붉은색 푸니콜라레역Funicolare으로 향한다. 푸니콜라레는 일종의 케이블카로 기차역이 있는 마테오티 광장Piazza Matteotti과 카헨 광장Piazza Cahen을 이어준다. 티켓은 편도 1.30유로다. 왕복 티켓을 한꺼번에 구매하는 것이 편리하다. 소요 시간은 2분 정도다. 평일에는 오전 7시 20분에서 오후 8시 30분까지 운행되며, 배차 간격은 10분이다. 주말에는 오전 8시에서 오후 8시 30분까지 탈 수 있고, 15분 간격으로 운행된다. 푸니콜라레 종착점에 도착해 출입구로 나서면 바로 오르비에토 중심지인 두오모 광장Piazza del Duomo으로 향하는 미니버스를 탑승할 수 있다. 푸니콜라레 티켓이 있으면 무료로 이용 가능하다. 5분 정도 버스를 타면 두오모 광장에 도착한다.

카르타 우니카 오르비에토 Carta Unica Orvieto

오르비에토에 있는 대부분의 명소를 방문할 수 있는 통합 관람권이다. 유효 기간은 1년이며, 가격은 일반 25유로, 10~17세와 65세 이상 20유로, 10세 미만은 무료다. 주요 관광지만 몇 군데 둘러본다면 굳이 살 필요 없다. 관광 안내소나 박물관 등에서 판매한다. 기차를 타고 오르비에토에 갈 경우 오르비에토 기차역에 있는 본 이탈리Bon Italy에서도 구입할 수 있다.

홈페이지 www.cartaunica.it

카르타 테마티카 Carta Tematica

주요 스폿을 테마별로 묶어 놓은 통합권이다. 피아차 두오모Piazza Duomo, 메디오에보Medioevo, 소테라네이Sotterranei, 에트루스키Etruschi 네 가지가 있다. 가격은 일반 15유로, 10~17세와 65세 이상 10유로, 10세 미만은 무료다.

홈페이지 www.cartaunica.it

어떻게 다닐까?

산 파트리치오 우물을 제외한 주요 스폿들은 두오모 광장 주변에 위치해 도보로 여행이 가능하다. 산 파트리치오 우물은 푸니콜라레에서 미니버스로 갈아타기 전에 방문하자.

관광 안내소

푸니콜라레역과 두오모 광장 두 곳에 있다. 푸니콜라레역 관광 안내소는 오픈하는 시간이 유동적이니 두오모 광장의 관광 안내소를 방문하자. 이곳에서 지도를 받아 여행할 수 있다. 카르타 우니카 오르비에토도 판매하며, 오르비에토 지하 도시 투어 예약도 가능하다.

Data 지도 452p-E 가는 법 두오모 광장에 위치 주소 Piazza Duomo 24, Orvieto 전화 07-6334-1772 운영시간 월~금 08:15~13:50, 16:00~19:00, 토·일 10:00~13:00, 15:00~18:00

유용한 관광 안내 사이트 www.orvietoviva.com

치비타 디 바뇨레조

🚗 어떻게 갈까?

로마에서는 치비타 디 바뇨레조로 바로 연결되는 대중교통이 없다. 오르비에토 기차역 맞은편 푸니콜라레역 앞 정류장에서 코트랄 버스를 타고 1시간 정도 달려 종착역인 바뇨레조 Bagnoregio에서 하차한다. 카헨 광장Orvieto(Comune)에서도 오르비에토역Orvieto Scalo보다 10분 전에 버스가 선다. 오르비에토 기차역 안에 있는 본 이탈리에서 버스 티켓 구매 및 버스 시간표 확인이 가능하다. 티켓 가격은 2.20유로다. 버스 티켓은 왕복으로 구입하자. 오르비에토에서 치비타 디 바뇨레조로 향하는 버스는 배차가 많지 않다. 일요일과 공휴일에는 버스를 운행하지 않고, 시즌에 따라 변경 가능하니 정확한 스케줄은 홈페이지(www.cotralspa.it)와 코트랄 앱에서 확인하자. 코트랄 버스에서 내리면 바뇨레조Bagnoregio에 도착한다. 이곳에서 작은 셔틀버스를 타고 7분 정도 가거나 도보로 20분 정도 이동한다. 셔틀버스는 배차 간격이 띄엄띄엄 있어서 걸어서 가야 하는 경우가 많다. 셔틀버스 티켓 가격은 1~2유로로 버스 안에서 구매 가능하다. 셔틀버스로 왕복 이동할 경우에는 내리기 전에 운전기사에게 다음 배차 시간을 확인하자.

〈버스 시간표〉

오르비에토역 → 바뇨레조	
월	06:30, 07:35, 08:00, 08:40, 13:00, 14,10, 16:20, 17:50, 18:30
토	06:30, 08:00, 08:05, 13:00, 14:10, 15:55, 17:50, 18:30

바뇨레조 → 오르비에토역	
월~금	05:20, 06:35, 06:50, 07:00, 10:00, 10:10, 12:35, 13:00, 13:10, 14:40, 15:50, 17:30
토	05:30, 06:50, 09:55, 10:10, 12:30, 13:00, 14:40, 17:25

🚶 어떻게 다닐까?

치비타 디 바뇨레조는 차가 진입할 수 없어 도보로만 가능하다.

오르비에토&치비타 디 바뇨레조
📍 1일 추천 코스 📍

오르비에토와 치비타 디 바뇨레조를 하루에 모두 보려면 버스 시간표를 고려해 치비타 디 바뇨레조를 오전에 방문하는 것이 낫다. 오전 6~7시쯤 로마에서 출발하면 8시 전에 오르비에토에 도착한다. 오르비에토에서 8시 버스를 타고 치비타 디 바뇨레조로 향하자. 오르비에토만 간다면 좀 더 여유롭게 여행할 수 있다.

오르비에토 코스

산 파트리치오 우물 내려가 보기

→ 미니버스 5분 +도보 2분 →

두오모 광장 관광 안내소에서 지도 챙긴 후, 오르비에토 지하 도시 투어 예약하기

→ 도보 1분 →

오르비에토 두오모 구경하기

↓ 도보 1분

오르비에토 지하 도시 투어 참여하기

← 도보 4분 ←

토레 델 모로에서 마을 전경 바라보기

← 도보 4분 ←

오페라 델 두오모 박물관 예술품 감상하기

오르비에토&치비타 디 바뇨레조 코스

치비타 디 바뇨레조 둘러보기

→ 버스 1시간+ 푸니콜라레 2분+ 미니버스 5분+ 도보 22분 →

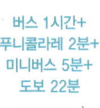

오르비에토 두오모 방문하기

→ 도보 3분 →

토레 델 모로에서 오르비에토 전경에 취하기

오르비에토 Orvieto

- 본 이탈리 Bon Italy
- 오르비에토 기차역 Stazione Orvieto
- 푸니콜라레 Funicolare
- 산 파트리치오 우물 Pozzo di San Patrizio
- 푸니콜라레역 Funicolare
- 카헨 광장 Piazza Cahen
- 산 도메니코 성당 Chiesa San Domenico
- 일 젤라토 디 파스콸레티 Il Gelato di Pasqualetti
- 오페라 델 두오모 박물관 Museo dell'Opera del Duomo di Orvieto
- 오르비에토 두오모 Duomo di Orvieto
- 오페라 델 두오모 박물관 (솔리아노 궁전) Museo dell'Opera del Duomo di Orvieto
- 치비타 디 바뇨레조 Civita di Bagnoregio
- 포폴로 광장 Piazza del Popolo
- 사포리 델 움브리아 Sapori dell'Umbria
- 토레 델 모로 이 시뇨리 Torre del Moro
- 두오모 거리 Via del Duomo
- 관광 안내소
- 푸니콜라레행 버스정류장
- 오르비에토 지하 도시 Orvieto Underground
- 안티카 보테가 알 두오모 Antica Bottega al Duomo
- 바 몬타누치 Bar Montanucci
- 레푸블리카 광장 Piazza della Repubblica
- 페베이 광장 Piazza Febei
- 두오모 광장 Piazza del Duomo
- 산 조베날레 성당 Chiesa di San Giovenale
- 오페라 델 두오모 박물관 (산토고스티노 성당) Museo dell'Opera del Duomo di Orvieto
- 포르타 마조레 Porta Maggiore
- 그로테 델 푸나로 Grotte del Funaro

[오르비에토]

오르비에토의 랜드마크
오르비에토 두오모 Duomo di Orvieto [두오모 디 오르비에또]

오르비에토에서 가장 시선이 집중되는 건축물이다. 오르비에토 두오모는 아기자기한 마을과는 상반되는 거대한 규모로 여행자를 압도시킨다. 이탈리아에서 밀라노 두오모 다음으로 두 번째로 큰 두오모다. 이 성당은 '볼세나의 기적'을 기리기 위해 건립됐다. 볼세나의 기적은 1263년 성지 순례를 떠나 볼세나에 머물던 베드로 신부에게 일어난 기적을 일컫는다. 베드로 신부가 미사에 사용하는 빵과 포도주가 실제 예수의 몸이라는 '화체설'에 의심을 품자 빵에서 피가 뚝뚝 흘러내려 성체포(빵과 포도주를 올려놓는 흰 천)가 피로 젖었다는 일화다. 두오모는 1290년 착공해 300여 년 후에야 완공됐다. 수 세기 동안 건축이 진행되면서 자연스럽게 로마네스크와 고딕 양식이 혼합됐다. 두오모 파사드의 아치형 문과 황금빛 모자이크에서 로마네스크 양식을 찾아볼 수 있다. 파사드 끝에는 고딕 양식의 아이콘인 첨탑이 뾰족하게 솟았다. 성당 내부의 코르포랄레 예배당Cappella del Corporale에는 성체포가 보관되어 있다. 산 브리치오 예배당Cappella di San Brizio에서는 루카 시뇨렐리Luca Signorelli의 걸작 〈최후의 심판Giudizio Universale〉을 볼 수 있다. 천사와 악마의 정교하고 생동감 넘치는 표현이 인상적인 작품이다. 미켈란젤로는 이 그림을 보고 감탄해 시스티나 예배당의 〈최후의 심판〉을 그릴 때 참고했다.

Data **지도** 452p-E
가는 법 두오모 광장에 위치 **주소** Piazza del Duomo 26, Orvieto **전화** 0763-342477
운영시간 월~토 3·10월 09:30~17:00, 4~9월 09:30~19:00, 11~2월 09:30~17:00,
일 3~10월 13:00~17:30, 11~2월 13:00~16:30 **요금** 오르비에토 두오모&오페라 델 두오모 박물관 통합권 5유로, 10세 미만 무료, 카르타 우니카 오르비에토 가능 **홈페이지** www.opsm.it

코르포랄레 예배당

최후의 심판

르네상스 초기 걸작을 소장한
오페라 델 두오모 박물관 Museo dell'Opera del Duomo di Orvieto(MODO)
[무제오 델로뻬라 델 두오모 디 오르비에또(모도)]

솔리아노 궁전Palazzo Soliano, 파팔리 궁전Palazzi Papali, 산타고 스티노 성당Chiesa di Sant'Agostino의 전시관을 통틀어 오페라 델 두오모 박물관이라고 부른다. 솔리아노 궁전과 파팔리 궁전은 오르비에토 두오모 바로 근처에 위치해 찾아가기 편리하다. 산타고스티노 성당은 주요 미술관 건물과 따로 떨어져 있고 소장한 작품 수도 적어 많이 찾지 않는다. 솔리아노 궁전에서는 시칠리아 출신의 조각가 에밀리오 그레코Emilio Greco의 청동 조각상을 전시한다. 볼거리가 많은 편은 아니니 시간에 쫓긴다면 패스해도 좋다. 파팔리 궁전은 박물관의 중심이 되는 건물이다. 르네상스 초기 회화 작품과 조각품을 보유하고 있다. 가장 주목할 만한 작품은 루카 시뇨렐리가 1504년에 제작한 〈산타 마리아 막달레나Santa Maria Maddalena〉다. 마리아 막달레나는 예수를 추종했던 인물로 여러 복음서에 등장한다. 예수에게 울면서 과거를 회개했고, 눈물이 예수의 발을 적시자 긴 머리카락으로 예수의 발을 닦고 그 위에 향유를 뿌렸다. 이로 인해 긴 머리카락과 향유 단지는 마리아 막달레나의 상징이 됐다. 이외에 성모 마리아와 아기 예수를 주제로 한 작품들도 있다. 시모네 마르티니Simone Martini의 〈성모자상Madonna con Bambino〉, 콥포 디 마르코발도Coppo di Marcovaldo의 〈옥좌에 앉은 성모자와 두 천사Madonna in Trono con il Bambino e Due Angeli〉 등이 볼만하다.

Data 지도 452p-A, E
가는 법 솔리아노 궁전은 오르비에토 두오모 바로 오른쪽에 위치. 파팔리 궁전은 두오모와 솔리아노 궁전 사이 안쪽에 위치
주소 Piazza del Duomo 26, Orvieto
전화 0763-342477
운영시간 3월·10월 월~토 09:30~18:00, 일 13:00~17:30, 4~9월 월~토 09:30~19:00, 일 13:00~17:30, 11~2월 월~토 09:30~17:00, 일 13:00~16:30
(마지막 입장 30분 전)
요금 오르비에토 두오모&오페라 델 두오모 박물관 통합권 5유로, 10세 미만 무료, 카르타 우니카 오르비에토 가능
홈페이지 www.museomodo.it

산타 마리아 막달레나

성모자상

옥좌에 앉은 성모자와 두 천사

루카 시뇨렐리는 누구?

루카 시뇨렐리는 이탈리아 초기 르네상스 시대의 중요한 화가로 꼽힌다. 토스카나주의 코르토나Cortona에서 출생했으며, 로마와 움브리아주에서 폭넓게 활동했다. 나체화를 그리는 능력이 탁월했고, 원근법 사용도 뛰어났다. 인체를 굵은 선으로 역동적이고 화려하게 표현한 것이 특징이다. 오르비에토 두오모에서 볼 수 있는 〈최후의 심판〉이 대표작이다. 바티칸 박물관 시스티나 예배당의 프레스코화 〈모세의 예언과 죽음Testamento e Morte di Mosè〉과 밀라노 브레라 미술관Pinacoteca di Brera의 〈그리스도의 채찍질Flagellation〉도 그렸다. 르네상스 전성기를 꽃피웠던 미켈란젤로와 라파엘로의 작품 세계에도 막대한 영향력을 끼쳤다.

느림의 미학, 오르비에토

오르비에토는 이탈리아의 소도시 그라베 인 키안티Grave in Chianti, 브라Bra, 포지타노Positano와 함께 치타슬로Cittaslow의 발상지가 되는 곳이다. 치타슬로는 '느린 도시'라는 의미로 영어인 '슬로 시티Slow City'로 흔히 알려졌다. 빠른 속도가 중요시되는 현대 사회에서 자연, 환경, 인간이 서로 공존하며 여유로운 삶을 영위하자는 취지에서 출범한 운동이다. 오늘날 세계의 많은 도시가 치타슬로 운동에 동참하고 있다. 1999년 치타슬로 운동이 시작된 이래로 2023년까지 33개국 287개 도시가 가입했다. 한국의 예산, 영월, 제천, 상주, 청송, 전주, 담양, 신안, 완도, 하동, 태안, 영양, 김해, 서천, 목포, 춘천, 장흥 등도 치타슬로에 속한다. 치타슬로는 엄격한 심사 기준에 따라 선정된다. 인구 5만 명 이하에 자연과 전통이 잘 보존되어 있어야 하고, 유기농으로 생산된 지역 특산물도 갖춰야 한다. 패스트푸드점, 대형 마트 등도 들어서면 안 된다. 치타슬로의 로고인 달팽이처럼 느릿느릿하게 오르비에토에서 시간을 보내며 치타슬로의 가치를 발견해 보자.

지하 세계로의 대탐험
오르비에토 지하 도시 Orvieto Underground [오르비에또 언더그라운드]

3천여 년 전 과거로 흥미진진한 시간 여행을 떠날 수 있는 곳이다. 지하 도시는 고대 토착 세력인 에트루리아인의 생활 터전이었다. 방대한 규모에 터널, 통로, 계단이 미로처럼 얽혀 있다. 이곳에는 무려 1,200여 개의 동굴이 자리한다. 동굴 안에서는 지하 무덤, 우물, 방앗간, 와인 저장고, 비둘기를 사육했던 공간 등의 흔적이 남아 있다. 지하 도시는 가이드 투어로만 입장이 가능하다. 두오모 광장의 관광 안내소에서 투어 예약을 할 수 있다. 시간과 인원이 한정되어 있으니 오르비에토에 도착하면 제일 먼저 관광 안내소부터 들르자. 투어는 영어, 이탈리아, 스페인어 등으로 진행된다. 소요 시간은 약 45분이다.

Data 지도 452p-E
가는 법 두오모 광장 관광 안내소 앞에서 집합
주소 Piazza Duomo 23, Orvieto **전화** 0763-340688
운영시간 11:00, 12:15, 16:00, 17:15(방문자 수에 따라 유동적)
요금 일반 7유로, 학생·65세 이상 5유로, 카르타 우니카 오르비에토 가능
홈페이지 www.orvietounderground.it

전망 좋은 타워
토레 델 모로 Torre del Moro [또레 델 모로]

오르비에토에서 가장 아름다운 전경을 볼 수 있는 곳이다. 토레 델 모로는 13세기 세워진 47m 높이의 시계탑으로 마을 어디에서도 쉽게 눈에 띈다. 시계탑 꼭대기까지는 엘리베이터가 연결되어 있지 않아 계단을 이용해야 한다. 계단을 오르다 보면 숨이 턱 끝까지 차오르지만 그만한 가치가 충분히 있다. 전망대에 올라서면 환상적인 360도 파노라마 뷰가 눈에 들어온다. 토레 델 모로는 시뇨리 세테 궁전Palazzo dei Signori Sette과도 연결되어 함께 구경할 수 있다. 이곳은 과거 교황들의 거주지로 현재는 오르비에토에 있는 건축물의 삽화와 설계도면 등을 전시한다.

Data 지도 452p-B
가는 법 오르비에토 두오모에서 도보 3분 **주소** Corso Cavour 87, Orvieto **전화** 0763-344567 **운영시간** 3·4·9·10월 10:00~19:00, 5~8월 10:00~20:00, 11~2월 10:30~16:30
요금 일반 3.80유로, 10세 미만 무료, 카르타 우니카 오르비에토 가능

이중 나선형 계단이 돋보이는
산 파트리치오 우물 Pozzo di San Patrizio [뽓쪼 디 싼 빠뜨리찌오]

바티칸 박물관에 있는 브라만테의 이중 나선형 계단에서 영감을 얻어 건축한 우물이다. 1527년 신성 로마 제국의 황제 카를 5세가 로마를 침공했을 때 교황 클레멘스 7세는 오르비에토로 피신을 하게 됐다. 교황 클레멘스 7세는 적에게 포위가 되더라도 원활한 물 공급이 이뤄질 수 있도록 안토니오 다 산갈로Antonio da Sangallo에게 우물을 건설하도록 지시했다. 그리하여 깊이 62m에 지름 13m의 거대한 원통형 우물이 탄생했다. 72개의 창문에서는 빛과 공기가 드나든다. 창을 통해 우물 안을 내려다보면 아찔한 깊이에 기분이 어질해진다. 이중 나선형 계단의 형태로 상행과 하행이 분리되어 내려가는 사람과 올라가는 사람은 서로 절대 마주칠 수 없다. 248개의 계단을 내려가면 물이 있는 바닥까지 닿을 수 있다. 한 번 내려가기 시작하면 중간에 다시 올라오기 어려우니 시간과 체력을 고려해 결정하자. 우물물에 동전을 던지면 오르비에토에 다시 돌아오게 된다는 속설이 전해져 우물 바닥에는 동전이 수북하게 쌓여 있다.

Data **지도** 452p-C
가는 법 카헨 광장의 푸니콜라레역에서 도보 2분 **주소** Viale Sangallo, Orvieto **전화** 0763-343768
운영시간 3·4·9·10월 09:00~18:45, 5~8월 09:00~20:00, 11~2월 10:00~16:45
요금 일반 5유로, 미성년자·25세 이하 학생·65세 이상·장애인 3.50유로, 6세 미만 무료, 카르타 우니카 오르비에토 가능 **홈페이지** liveorvieto.com

[치비타 디 바뇨레조]

천상의 도시
치비타 디 바뇨레조 Civita di Bagnoregio [치비따 디 바뇨레조]

오르비에토에서 1시간가량 버스를 타고 달리면 치비타 디 바뇨레조에 도착한다. 이곳은 미야자키 하야오 감독의 애니메이션 〈천공의 성 라퓨타〉의 모티브가 된 마을로 유명하다. 2,500여 년 전에 에트루리아인이 처음 건설한 도시로 불안정한 응회암 지대에 세워져 오랜 세월 풍화 작용을 겪으면서 계속해서 침식돼 왔다. 과거 사진과 비교해 보면 마을이 점점 더 홀쭉하게 야위어가는 모습이 눈에 확연하게 들어온다. 1695년 대지진으로 마을 주민 대부분이 떠났고, 2022년 기준으로 열 한 명만이 남아 있다고 한다. 그래서 치비타 디 바뇨레조를 '죽어가는 마을Paese che muore'이라고도 부른다. 100년 안에 지반이 다 무너져 마을이 사라질 수도 있다고 하니 지금 이 모습을 눈에 담을 수 있는 당신은 얼마나 행운아인가. 치비타 디 바뇨레조를 제대로 조망하기 위해서는 우선 전망대인 벨베데레Belvedere로 향하자. 벨베데레에 서면 눈앞에 펼쳐지는 신비로운 전경에 감탄을 금치 못하게 된다. 가파른 절벽 위에 혼자 위태롭게 서 있는 모습이 마치 하늘 위에 떠 있는 것 같은 착각을 하게 만든다. 전망대에서 치비타 디 바뇨레조의 풍광을 맘껏 조망한 후에는 마을로 들어서서 본격적으로 동네 구경을 시작하자.

마을로 들어가려면 길게 뻗어 있는 구름다리를 건너야 한다. 한 걸음씩 발걸음을 내디딜 때마다 점점 다가오는 마을의 모습에 마음이 들뜬다. 마을 입구에서는 느릿느릿 움직이는 고양이들이 이곳의 주인인 것처럼 방문자들을 맞이한다. 마을 중심에 위치한 산 도나토 광장Piazza San Donato에는 산 도나토 성당Chiesa di San Donato이 서 있고, 주변으로 골목들이 숨어 있다. 담쟁이 잎과 넝쿨이 무심하게 마을에 남아 있는 집들을 지키고 있다. 고즈넉한 풍경과 한적한 분위기가 마음을 느긋하게 만든다. 골목골목을 산책하듯 여유롭게 둘러보기 좋다. 마을은 규모가 작아 천천히 돌아봐도 1시간이면 충분하다. 여유가 있다면 노천카페에서 커피 한잔을 즐겨도 좋다.

Data 지도 452p-E
가는 법 오르비에토에서 코트랄 버스 타고 Via Garibaldi 23 정류장 하차 후 셔틀버스 타고 7분 혹은 도보 20분
전화 324-866-0940
운영시간 08:00~20:00
요금 일반 5유로, 6세 이하 무료
홈페이지 www.casacivitabagnoregio

[오르비에토]

오르비에토의 맛
안티카 보테가 알 두오모 Antica Bottega al Duomo

두오모가 보이는 골목길에 자리 잡은 식당이다. 매장 내부는 캐주얼한 분위기로 이탈리아의 옛날 선술집처럼 꾸며졌다. 천장에 주렁주렁 매달린 살루메가 눈길을 끈다. 이곳에서는 오르비에토에서 생산된 재료들로 만든 요리를 선보인다. 간단하게 식사를 하려면 파니노를 선택하자. 브루스케타와 함께 다양한 치즈와 살루메를 맛볼 수 있는 데구스타치오네 미스타 포르마지, 살루미Degustazione Mista Formaggi, Salumi는 사랑받는 메뉴 중 하나다. 구운 돼지고기가 도마 위에 썰려 나오는 탈리에레 디 포르케타Tagliere di Porchetta는 든든하게 배를 채워준다. 데구스타치오네와 탈리에레는 와인과 함께 해야 완벽한 식사가 완성된다. 직접 와인을 담가 판매하며, 글라스로도 맛볼 수 있다. 독특하게 와인 잔이 아닌 도자기 컵에 따라 준다. 식사가 끝나면 홈메이드 디저트와 함께 디저트 와인을 서비스로 제공한다.

Data 지도 452p-E
가는 법 오르비에토 두오모에서 도보 2분
주소 Via Pedota 2, Orvieto
전화 0763-341366
운영시간 11:00~23:00
가격 파니노 7.50유로~, 데구스타치오네 20유로~, 탈리에레 18유로~, 하우스 와인 4.50유로~
홈페이지 anticabottegaalduomo.business.site

베이커리에서 버스 티켓까지
본 이탈리 Bon Italy

오르비에토 기차역에 인접해 있는 가게다. 치비타 디 바뇨레조행 버스표와 카르타 우니카 오르비에토를 판매하는 곳이자 간단한 커피와 베이커리를 즐길 수 있는 곳이다. 기념품, 초콜릿, 와인 등도 판매한다. 매장 안쪽에는 테이블이 있어서 기차를 기다리며 요기하기 좋다. 코르네토, 파니노, 피자, 포카치아 등을 판매한다. 진열되어 있는 베이커리 중 맘에 드는 것을 골라 보자. 보기보다 빵맛이 괜찮다. 매장에서 판매하는 와인을 구입해 테이블에서 마실 수도 있다. 바쁜 스케줄 때문에 오르비에토 화이트 와인 맛보는 것을 깜빡했다면 이곳에서 마셔 보는 것도 나쁘지 않다. 투명한 노란빛에 과일 향이 묻어나는 오르비에토 클라시코 Orvieto Classico를 골라 보자.

Data 지도 452p-C
가는 법 오르비에토 기차역 안에서 정문 바라보고 오른쪽에 위치
주소 Piazza Giacomo Matteotti 13, Orvieto
전화 0763-301858
운영시간 월~금 05:30~22:30, 토 06:00~22:30, 일 06:30~22:30
가격 베이커리 1.50유로~

동굴 속 식사
그로테 델 푸나로 Grotte del Funaro

색다른 분위기의 레스토랑을 원한다면 방문해 볼 만하다. 그로테 델 푸나로는 고대에 에트루리아인이 사용했던 동굴을 개조해 만든 이색적인 레스토랑이다. 식당 내부는 언뜻 지하 감옥 같은 느낌을 준다. 피자, 파스타, 스테이크 등 이탈리아 음식을 요리한다. 고기와 리코타 치즈로 채워진 라비올리에 트러플이 올라간 요리 Ravioloni di Carne con Ragù Bianco di Chianina e Scaglie di Formaggio al Tartufo는 오르비에토에서 맛볼 수 있는 별미다. 오르비에토 출신의 블랙 트러플로 만든 파스타 Ombrichelli al Tartufo Nero di Orvieto와 안심 스테이크 Filetto di Manzo al Tartufo Nero di Orvieto도 많이 찾는다. 트러플의 진한 풍미가 낯선 이들에게는 난이도 있는 음식일수도 있다. 음식과 함께 오르비에토 와인도 곁들이자.

Data 지도 452p-A
가는 법 토레 델 모로에서 도보 7분 **주소** Via Ripa Serancia 41, Orvieto **전화** 0763-343276 **운영시간** 화~일 12:00~15:00, 19:00~22:30 **가격** 피자 6유로~, 파스타 9유로~, 메인 요리 12유로~
홈페이지 www.grottedelfunaro.com

간편하게 먹기 좋은
바 몬타누치 Bar Montanucci

1914년 문을 연 카페테리아다. 바쁜 여행자들이 빠르고 간단하게 식사할 수 있는 곳이다. 파니노, 샐러드, 채소 요리, 파스타 등이 뷔페처럼 진열되어 있어 직접 보고 고를 수 있다. 샐러드 종류가 다양하고 신선해서 좋다. 테이크아웃도 가능하다. 천천히 식사를 즐기고 싶다면 메뉴판에서 요리를 선택하자. 브루스케타, 파스타, 샐러드, 스테이크 등이 메뉴판에 있다. 핸드메이드 초콜릿과 케이크도 유명하다. 매장 안과 야외에 테이블이 세팅되어 있다. 날씨가 좋으면 분위기 있는 테라스에 자리를 잡아 보자.

Data 지도 452p-A
가는 법 토레 델 모로에서 도보 1분
주소 Corso Cavour 23, Orvieto
전화 0763-341261
운영시간 07:00~23:45
가격 브루스케타 4유로~,
샐러드 4유로~, 파스타 8유로~,
메인 요리 10유로~, 디저트 2유로~
홈페이지 www.
barmontanucci.com

두오모 옆 젤라테리아
일 젤라토 디 파스콸레티 Il Gelato di Pasqualetti

두오모 광장에 위치한 사랑스러운 젤라테리아다. 매장 입구가 초록빛 넝쿨로 우거져 있어 눈에 쉽게 띈다. 쫄깃한 피스타키오 Pistacchio와 커피 향을 머금은 카페Caffè가 인기 메뉴다. 과일 젤라토로는 딸기 젤라토 프라골라Fragola와 레몬 젤라토 리모네 Limone가 훌륭하다. 매장 내부와 테라스에 테이블을 넉넉하게 갖췄다. 테라스에서는 두오모의 늠름한 옆모습을 보면서 젤라토를 맛볼 수 있다. 동절기에는 문을 닫으니 토레 델 모로 근처에 있는 다른 매장(Via Duomo 10)을 방문하자.

Data 지도 452p-E
가는 법 오르비에토 두오모에서 도보 1분 주소 Piazza Duomo 14, Orvieto 전화 333-461-4555 운영시간 월~금 14:00~19:00, 토·일 12:30~19:00, 겨울 휴무 가격 젤라토 3유로~
홈페이지 www.ilgelatodipasqualetti.com

[오르비에토]

오르비에토 와인 사러 가자!
이 사포리 델움브리아 I Sapori dell'Umbria

사포리 델움브리아는 '움브리아의 맛'이라는 뜻이다. 오르비에토를 포함한 움브리아주에서 생산된 식료품을 주로 판매한다. 트러플, 올리브오일, 살루메, 치즈 등이 구비되어 있다. 그중에서 가장 눈에 띄는 것은 이탈리아 화이트 와인 중에서도 퀄리티 높기로 유명한 오르비에토 화이트 와인이다. 오르비에토 화이트 와인을 대표하는 오르비에토 클라시코Orvieto Classico는 이 지역의 대표 쇼핑 아이템이라 할 만하다. 산미가 적절하고 드라이한 와인으로 뒷맛이 깔끔하다. 저렴한 가격대도 있어 부담 없이 사기 좋다. 세트로 살 경우 더 저렴하다.

Data 지도 452p-B
가는 법 토레 델 모로에서 도보 1분
주소 Corso Cavour 119, Orvieto
전화 0763-342076
운영시간 수~월 09:30~18:30
홈페이지 www.isaporidellumbria.com

오르비에토의 쇼핑 거리
두오모 거리와 카부르 거리 Via del Duomo e Corso Cavour

오르비에토에서는 쇼핑을 하지 않고 특색 있는 상점들을 둘러보는 것만으로도 충분히 즐겁다. 두오모 거리와 카부르 거리를 거닐다 보면 아기자기한 가게들이 눈길을 사로잡는다. 세라믹 수공예품, 나무 수공예품, 기념품 등이 진열되어 있는 숍들이 즐비하다. 와인을 판매하는 에노테카도 있다. 맘에 드는 곳이 있다면 매장 안으로 들어서서 본격적으로 구경을 시작해 보자.

Data 지도 452p-B, E
가는 법 오르비에토 두오모에서 토레 델 모로로 향하는 거리와 토레 델 모로 앞에 펼쳐진 거리
주소 Via del Duomo, Orvieto/ Corso Cavour, Orvieto

여행준비 컨설팅

'로마 여행'이라는 새하얀 컨버스에 밑그림을 그려 보자. 반드시 넣어야 하는 것부터 당신의 취향이 반영된 디테일까지 순서대로 차근차근 컨버스를 채워 나가자.

D-90

MISSION 1 여행 일정을 계획하자

1. 출발일을 정하자

로마 여행을 하기 가장 좋은 시기는 적당한 기온에 맑은 날씨가 이어지는 4~6월과 9~10월이다. 한여름에는 너무 더워 금방 지치고, 겨울에는 해가 짧아지면서 우기가 시작된다. 로마는 겨울이라 하더라도 기온이 영하로 떨어지고 눈이 오는 일은 흔치않다. 겨울에는 비수기에 접어들어 숙박 비용을 절약할 수 있는 장점이 있다.

2. 여행 기간을 결정하자

로마는 3일이면 핵심 관광지를 둘러볼 수 있지만, 로마 구석구석까지 돌아보고 싶다면 5일 정도는 잡는 것이 좋다. 로마 근교까지 생각한다면 1주일 정도 여행 기간을 정하는 것이 이상적이다. 여유롭게 로마 시내를 둘러보고 로마와는 색다른 분위기가 펼쳐지는 로마 근교 한두 곳을 방문하자.

3. 여권을 체크하자

이탈리아는 대한민국 여권을 소지하고 있으면, 무비자로 90일간 여행이 가능하다. 이탈리아를 포함한 프랑스, 스페인, 독일 등 쉥겐협약국의 총 체류일이 180일간 90일을 초과하면 안 된다. 이탈리아 입국일 기준으로 여권 유효 기간은 6개월 이상 남아 있어야 하니 그렇지 않다면 여권 재발급을 신청하자. 항공권 발권을 위해 여권은 서둘러 신청하는 것이 좋다.

D-80
MISSION 2 항공권을 예약하자

1. 어디서 살까?

여행 시기가 정해졌다면 먼저 항공권 확보에 나서야 한다. 같은 비행기에 같은 좌석이어도 판매 시기와 경로에 따라 가격은 천차만별이다. 항공권 가격에 따라 전체 경비가 어마어마하게 늘어날 수도 있으니 여행 준비가 시작된 날부터 항공권 가격을 부지런하게 검색해 보자. 항공사의 웹 사이트와 항공권 비교 사이트를 모두 둘러보고 가격을 확인하자. 항공사의 프로모션이나 비수기에 쏟아지는 특가 상품들을 노리는 것도 좋은 방법이다.

주요 항공사 홈페이지
대한항공 www.koreanair.com
아시아나항공 www.flyasiana.com
항공권 가격 비교 사이트
스카이스캐너 www.skyscanner.co.kr
카약 www.kayak.co.kr
구글 플라이트 www.google.com/flights
항공권 예약 사이트
인터파크 www.interpark.com
익스피디아 www.expedia.com
와이페이모어 www.whypaymore.co.kr
투어익스프레스 www.tourexpress.com
웹투어 www.webtour.com
온라인투어 www.onlinetour.co.kr
여행박사 www.drtour.com

2. 어떤 표를 구입할까?

대한항공, 아시아나항공에서 인천국제공항과 로마 레오나르도 다빈치 국제공항(피우미치노공항)을 오가는 직항을 운행한다. 경유 항공사는 루프트한자, 에어프랑스, KLM네덜란드항공, 핀에어, 에티하드항공, 에미레이트항공, 카타르항공, 터키항공 등으로 선택의 폭이 넓은 편이다. 가격, 도착 시간, 경유 시간, 마일리지 등을 고려해 나에게 맞는 티켓을 골라 보자.

3. 티켓 구매 시 꼭 확인해야 할 것은?

항공권 탑승자에 적힌 이름은 반드시 여권 이름과 일치해야 한다. 이름이 잘못 기재되어 있을 경우 사용이 불가능하거나 변경 수수료를 물게 된다. 유효 기간, 수화물 무게 규정, 날짜 변경 수수료, 취소 수수료, 마일리지, 스톱오버 여부 등 항공권 조건을 꼼꼼하게 확인하자. 저렴한 항공권일수록 변경 및 취소가 불가능하거나 수수료가 올라가는 경우가 많다. 경유하는 항공권이라면 경유지에서의 체류 시간도 확인하자. 경유 시간이 2시간 이하일 경우 첫 비행기의 이륙이 조금이라도 지연된다면 연결되는 비행기를 놓치게 될 수도 있다. 경유 시간이 긴 경우에는 경유 도시를 둘러볼 계획을 세워 봐도 좋겠다.

D-70
MISSION 3 여행 예산을 짜자

1. 항공권은 얼마나 들까?

항공권은 여행 예산에서 가장 큰 비중을 차지하는 것 중 하나다. 항공권의 가격에 따라 전체 예산이 좌우될 수 있다. 항공사, 직항, 경유, 성수기, 비수기, 구입처 등에 따라 가격은 달라진다. 항공권 가격은 직항은 140~170만 원, 경유는 90~130만 원 정도다. 일정이 정해졌으면 항공권 가격 비교 사이트에서 가격을 자주 확인해 보자. 항공사 홈페이지, 여행 커뮤니티, SNS 등을 통해서는 항공사별 기획 상품이나 특가 상품을 포착할 수도 있다.

2. 숙박비는 얼마나 들까?

예산이 여유로운 여행자라면 3성급 이상의 호텔을, 예산이 빠듯한 배낭여행자라면 도미토리나 한인 민박을 선택하게 된다. 성수기 기준 로마의 5성급 호텔은 1박에 600유로 이상이며, 3성급 호텔은 150~250유로다. 한인 민박은 40~45유로, 도미토리는 40~70유로 정도다. 숙박비에는 여행자에게 부과되는 시티 택스가 포함되어 있지 않으니 시티 택스까지 포함해 예산을 잡자. 시티 택스에 대한 내용은 141p를 참고하자.

3. 식비는 얼마나 들까?

간단하게 먹을 수 있는 파니노나 조각 피자는 6~7유로 정도다. 일반 레스토랑에서는 20~30유로 정도면 충분하다. 고급스러운 미슐랭 레스토랑은 100유로 이상 든다. 커피와 젤라토는 한국보다 훨씬 저렴하다. 커피는 1~2유로, 젤라토는 2~3유로다. 조식이 제공되거나 요리가 가능한 숙소에 묵는다면 식비를 절약할 수 있다.

4. 교통비는 얼마나 들까?

메트로, 버스, 트램 등을 이용할 수 있는 1회권은 1.50유로다. 개시 시간부터 100분간 사용 가능하다. 교통수단의 이용이 잦다면 24시간권(7유로)을 선택하는 것이 합리적이다. 로마 패스를 활용해 교통비를 절약할 수도 있다.

5. 입장료는 얼마나 들까?

유료 스폿을 얼마나 많이 관람하는지에 따라 비용이 달라진다. 여행자들이 많이 방문하는 콜로세움 통합권은 16유로(예약비 2유로), 바티칸 박물관은 17유로(예약비 5유로), 보르게세 박물관은 13유로(예약비 5유로)다. 대부분의 박물관이나 미술관은 10유로 이상 입장료를 지불해야 한다. 로마 패스를 효율적으로 이용하면 입장료와 교통비를 절감할 수 있다. 로마 패스에 대한 내용은 082p를 참고하자.

D-50
MISSION 4 여행 정보를 수집하자

1. 책을 펴자
로마는 길가에 남아 있는 돌덩이 하나에도 수천 년의 역사와 이야기가 담겨 있지만 아무런 지식이 없다면 그냥 지나치게 된다. 로마는 깊게 공부하면 공부할수록 더 많이 보이는 도시다. 로마의 역사, 건축, 미술 관련 서적으로 로마에 대한 배경 지식을 쌓아 보자. 여행 가이드북에는 여행 전문가가 제공하는 알찬 여행 정보가 담겨 있다. 〈로마 홀리데이〉를 기본으로 나만의 색깔 있는 여행 계획을 세워 보자.

2. 영화를 보자
로마는 영화 세트장보다 더 영화 같은 풍경이 펼쳐져 다양한 영화의 배경이 됐다. 로마를 배경으로 한 영화를 통해서 미리 로마 여행을 예습할 수 있다. 책 속의 사진보다 영상이 더 생생하게 다가온다. 〈로마의 휴일〉, 〈천사와 악마〉, 〈로마 위드 러브〉는 로마에서 촬영을 한 대표적인 영화다. 로마가 배경이 된 영화는 084p에서 더 자세하게 확인할 수 있다.

3. 인터넷을 검색하자
여행 정보를 가장 쉽게 접할 수 있는 곳은 블로그나 여행 커뮤니티다. 무료로 최신 정보를 얻을 수 있는 장점이 있지만 객관성과 정확성 측면에서는 부족할 수 있다. 트립어드바이저(www.tripadvisor.co.kr) 같은 여행 리뷰 사이트에 올라오는 여행자들의 후기는 관광지, 숙소, 레스토랑 등을 선정하는데 도움이 된다.

4. 관광청을 활용하자
이탈리아 관광청 사이트(www.turismoroma.it)에서는 로마에 관한 많은 정보를 얻을 수 있다. 홈페이지 상단 중앙에서 영어로 언어를 변경한 후 내용을 확인하자. 인스타그램(turismoromaweb)이나 페이스북(Turismo Roma)에서 관광청을 팔로우를 하면 업데이트된 정보나 이벤트를 바로바로 확인할 수 있어서 좋다.

5. 지인에게 경험담을 듣자
인터넷에 올라온 좋은 리뷰는 상업성을 한 번씩 의심하게 된다. 지인이 들려주는 로마 이야기는 아무 대가(?!) 없이 받는 것이기 때문에 한층 더 신뢰가 간다. 물론 여행하는 시기가 달라 정보가 바뀌었을 수는 있지만 내 취향을 아는 사람의 조언이라 더 귀에 쏙쏙 들어온다.

D-40
MISSION 5 숙소를 예약하자

1. 로마 숙소의 종류
로마는 호스텔부터 한인 민박, B&B, 중저가 호텔, 고급 호텔까지 선택의 폭이 넓다. 로마의 숙소들은 전반적으로 오래된 건물에 자리하고 있는 경우가 많아 건물 컨디션이 그다지 좋은 편은 아니다. 숙소는 출발하기 3~4주 전에 예약하면 문제 될 것이 없다. 그러나 성수기에는 원하는 숙소 잡기가 어려우니 한두 달 전에 미리 예약을 하자.

2. 숙소 위치는 어디로 할까?
로마에 대한 지역별 정보와 지도를 익히고 나면 숙소 위치 선정이 더 수월해진다. 나보나 광장과 스페인 광장 주변은 관광지로 둘러싸여 있어 도보로 여행하기도 쉽고 치안도 좋은 편이다. 가격은 전반적으로 다소 높은 편이다. 매일 아침 일어나 특별한 풍경 속에서 하루를 시작하고 싶다면 콜로세움, 바티칸 시국, 트라스테베레 근처도 괜찮다. 테르미니역 주변은 교통이 편리하고 저렴한 숙소들이 많지만 거리가 지저분하고 치안도 좋지 않다.

3. 어떻게 예약할까?
가격을 비교해 주는 호텔 예약 사이트를 적극적으로 활용하자. 로마의 호텔을 위치, 성급, 가격별로 검색해 볼 수 있다. 숙소의 외관, 객실 상태, 부대시설과 같은 기본 정보를 비롯해 이미 투숙했던 여행자들의 리뷰도 볼 수 있어 유용하다. 사이트에서 프로모션을 진행하는 경우에는 할인 혜택을 받을 수도 있다. 예약, 변경, 취소 등도 신속하게 처리할 수 있다. 호텔 예약 사이트를 통해 원하는 호텔을 골랐다면 해당 호텔의 웹사이트도 확인해 보자. 호텔 자체적으로 제공하는 프로모션이나 시즌 할인, 특별 이벤트 등의 혜택을 누릴 수도 있으니 가격 비교를 해 보고 예약을 진행하자. B&B를 이용할 경우에는 해당 사이트에서 호스트 정보, 위치, 편의시설, 이용 규칙, 이용자 리뷰를 확인한 후 결정하자.

숙소 예약 사이트
부킹닷컴 www.booking.com
익스피디아 www.expedia.co.kr
호텔스닷컴 kr.hotels.com
아고다 www.agoda.com
호스텔월드 www.korean.hostelworld.com
에어비앤비 www.airbnb.co.kr

D-15
MISSION 6 여행자 보험과 국제 운전면허증 받기

1. 여행자 보험

낯선 곳에서 여행을 하면서 어떤 일을 겪게 될지는 아무도 알 수 없다. 외부 활동으로 다치거나 지병이 재발하는 경우 병원에 가지 않고 끙끙 앓기만 할 수는 없는 일이다. 타인에 의해 귀중품을 도난당하는 경우도 생긴다. 이런 경우를 대비하는 것이 바로 여행자 보험이니 귀찮더라도 꼭 가입하는 것이 좋다.

보상 내역을 꼼꼼하게 따져 보자

패키지여행 상품을 신청하면 보통 포함되는 것이 '1억 원 여행자 보험'이다. 대단해 보일 수도 있지만 사망할 경우 1억 원을 보상한다는 것이니 혹하지 말자. 일반적으로 여행자들이 겪게 되는 일은 도난이나 상해가 대부분이다. 이 부분에 중점을 두고 보장이 얼마나 잘 되어 있는지를 꼼꼼하게 확인하자. 도난 보상 금액이 올라갈수록 보험비도 올라간다. 값비싼 물품을 지녔다면 도난 보상 금액이 조금 높은 것을 선택해야 마음이 든든하다.

보험 가입은 미리하자

여행자 보험은 인터넷이나 여행사를 통해 신청한다. 출발 직전에 공항에서도 보험 가입을 할 수 있다. 그러나 동일한 조건임에도 인터넷을 통해 가입하는 것보다 훨씬 비싸다. 보험 신청을 하기 위해 번호표를 뽑고 오래 기다리는 경우도 생긴다. 미리 여유 있게 가입해서 돈과 시간 모두 절약하자. 항공사 마일리지 적립 등 보험에 들면 혜택을 주는 상품도 있다. 보험사의 정책에 따라서도 보험 혜택이 불가능한 항목들(고위험 액티비티 등)도 있으니 미리 확인하자.

증빙 서류는 똑똑하게 챙기자

보험 증서와 비상연락처를 잘 챙겨두자. 사고로 다쳤을 경우 병원과 경찰서에서 받은 영수증과 폴리스 리포트를 챙겨야 보상받을 수 있다. 도난을 당했다면 가장 먼저 경찰서에서 폴리스 리포트부터 받자. 서류 미비 시 보상받기가 어렵다.

보상금 신청은 어떻게 하나?

귀국 후 보험 회사로 연락해 청구 서류를 다운로드해 작성하고 관련 증빙 서류를 첨부하여 보상 신청 절차를 밟는다. 도난의 경우 '분실lost'이 아니라 '도난stolen'으로 기재되었는지 꼭 확인해야 한다. 그래야 보상받을 수 있다. 도난 물품의 가격을 증명할 수 있는 영수증을 첨부할 수 있다면 좋다.

2. 국제 운전면허증

렌터카 여행을 계획했다면 필수적으로 갖춰야 한다. 운전면허 시험장, 경찰서 민원실, 인천공항 국제운전면허 발급센터에서 발급받을 수 있으며 여권, 운전면허증, 6개월 이내 촬영한 여권용 사진 1매, 수수료 8,500원을 준비해 가야 한다. 소요 시간은 30분 이내. 지역에 따라 여권 신청 시 국제 운전면허증을 동시에 발급받을 수 있는 시스템을 갖춘 곳도 있다. 국제 운전면허증을 사전에 준비하지 못했을 경우 인천국제공항 국제운전면허 발급센터(제1여객터미널 3층, 제2여객터미널 2층)에서도 발급이 가능하다. 발급센터 근처에 즉석사진촬영기도 마련되어 있다. 면허증을 발급받았다면 여권의 이름과 국제 운전면허증의 이름 철자가 같은지 확인하자.

D-5
MISSION 7 여행 비용 준비하기

1. 현금

로마로 여행이 정해졌다면 유로 환율을 유심히 살펴보자. 유로화가 떨어진 시점에 환전을 한다면 여행 경비를 절약할 수 있다. 인천국제공항에서 환전하는 것이 가장 비싸므로 가급적이면 시내 은행에서 미리 환전하자. 주거래 은행이 있다면 인터넷 환전 혹은 전화 환전도 가능하다. 환전한 돈은 은행에 갈 필요 없이 출국 날 공항에 도착해 해당 은행 창구에서 찾기만 하면 된다. 환전 우대도 받을 수 있어 유용하다. 여행사 홈페이지에서 항공권과 호텔 예약을 하면 환전 우대 쿠폰을 제공하기도 한다.

2. 신용카드

신용카드를 가져가면 현금을 많이 들고 다닐 필요가 없어 편리하다. 환율이 하락했을 때는 현금을 사용하는 것보다 카드를 사용할 때 오히려 더 이득을 볼 수도 있다. 카드는 상점에서 물건을 살 때도 편리하지만, 급할 때는 ATM에서 현금 서비스를 받을 수도 있다. 또한 인터넷으로 숙소나 교통편, 입장권 등을 예약해야 할 경우에도 유용하다. 로마에 갈 때는 비자 카드나 마스터 카드 등 해외에서 사용 가능한 카드를 가져가야 한다. 고급 호텔, 레스토랑, 상점 등에서는 대부분 신용카드 사용이 가능하지만 일부 로컬 식당에서는 사용할 수 없는 곳도 있으니 유의해야 한다. 신용카드는 쓸 때마다 수수료가 붙으니 큰 금액을 내야 할 경우 사용하는 것이 좋다. 그리고 현지에서 카드를 분실하거나 도난당한 경우에는 곧바로 해당 카드사에 신고를 해야 다른 불상사를 막을 수 있다. 해외에서 신용카드를 사용한 후 카드가 불법 복제되는 경우도 많으니 귀국 후에는 꼭 사용 내역을 확인하고 살펴보아야 한다.

3. 현금카드

내 통장에 있는 현금을 현지 화폐로 바로 인출할 수 있다. 로마의 ATM에서 그때그때 필요한 만큼만 유로로 출금한다. 환율 상황을 도무지 알 수 없는 경우에는 높은 환율에 통째로 환전하는 위험을 줄일 수 있다. 인출 ATM에 따라서 약간의 수수료가 붙는다. 해외에서 사용할 수 있는 Plus나 Cirrus 등의 마크가 찍힌 국제 현금카드를 준비하자. 마그네틱 선이 손상되거나 비밀번호 입력 오류로 정지될 수도 있으니 두 장 이상의 카드를 분산 보관하자. 로마에는 씨티은행이 없으니 찾으러 다니지 말고 근처의 ATM을 이용하자.

D-2
MISSION 8 여행 가방 꾸리기

꼭 가져가야 하는 것들

여권
없으면 출국 자체가 불가능하다. 분실을 대비해 스마트폰으로 사진을 찍어 두거나 복사본을 따로 보관하자. 여권용 사진도 몇 장 챙기자.

항공권
전자 티켓이라도 예약 확인서를 미리 출력해 두자. 공항으로 떠나기 전 여권과 함께 반드시 다시 확인해 두자.

여행 경비
현금, 신용카드, 현금카드 등을 꼼꼼히 챙기자. 분실을 대비해 분산해 보관하자.

각종 증명서
국제 운전면허증과 국제 학생증.

의류&신발
계절에 맞는 옷과 편한 신발을 준비하자.

가방
큰 가방 외에 가볍게 들고 다닐 수 있는 작은 가방을 별도로 준비하면 좋다.

우산
가방에 쉽게 넣을 수 있는 삼단으로 접는 작은 우산을 준비하자.

세면도구
호텔에서 묵으면 샴푸, 샤워 젤, 비누 등이 제공되므로 칫솔과 치약만 챙겨 가면 된다. 호스텔을 이용할 경우 기본적인 세면도구를 모두 챙겨가자.

비상약품
감기약, 소화제, 진통제, 반창고, 연고 등 기본적인 약을 준비하자. 생리용품도 마찬가지다.

카메라
메모리 카드와 배터리를 넉넉하게 가져가자.

어댑터 및 충전기
카메라, 핸드폰, 노트북 등의 충전기를 잘 챙기자.

스마트폰
현지에서 유심 카드만 사면 이용 가능하다. 로마에는 호텔, 레스토랑, 카페 등에서 무료 와이파이를 이용할 수 있다.

선글라스
지중해의 강한 햇빛에서 눈을 보호하기 위해서는 필수다.

자외선 차단제
로마는 봄부터 햇빛이 강렬하기 때문에 피부가 쉽게 그을린다. 귀찮다고 건너뛰면 나중에 후회한다.

반짇고리
단추가 떨어지거나 가방이 망가졌을 때 유용하다.

소형 자물쇠
소매치기 방지를 위해 가방의 지퍼 부분을 잠가 두면 든든하다.

지퍼백
젖은 빨래거리나 남은 음식 보관 등 용도는 무궁무진하다. 비행기 탑승 시 액체류를 반입할 경우 꼭 지퍼백에 넣자.

손톱깎이&면봉
없으면 아쉬운 필수 생활용품 중 하나다.

물티슈
여행을 하면서 쓸 일이 많이 생긴다. 소지하기 좋은 작은 사이즈의 물티슈도 챙기자.

D-day
MISSION 9 로마로 입국하기

인천국제공항에서 출국

1. 항공사 카운터 확인

출발 2시간 전까지 공항에 도착해 출국장인 3층으로 간다. 공항 출국장에 도착하면 운항 정보 안내 모니터를 통해 자신이 이용할 항공사의 카운터 위치를 확인할 수 있다.

2. 탑승 수속

자신이 타는 항공사 카운터로 가서 여권과 전자 항공권을 제출하면 보딩 패스를 받을 수 있다. 카운터는 이코노미 클래스와 비즈니스 클래스, 퍼스트 클래스 등으로 구분되어 있다. 남은 좌석 중에서 원하는 좌석을 선택할 수 있으니 이때 요청하면 된다.

3. 짐 부치기

보통 이코노미 클래스는 20kg까지 수하물을 부칠 수 있다. 항공사별로 정한 무게를 초과할 경우 추가 요금을 지불해야 한다. 칼, 송곳, 면도기, 발화 물질, 100ml가 넘는 액체나 젤 등은 기내에 반입할 수 없으니 항공 수하물 안에 집어 넣자.

4. 보안 검색

여권과 보딩 패스를 보여 주면 출국장 안으로 들어갈 수 있다. 보석이나 고가의 물건을 지니고 있다면 세관에 미리 신고하자. 들고 있던 짐은 엑스레이를 통과해야 하며, 노트북을 소지했을 경우 가방에서 꺼내 별도로 바구니에 넣어야 한다.

5. 출국 수속

출국 심사대에서 여권과 보딩 패스를 보여 주면 된다. 출국 검사를 받을 때는 얼굴 확인을 위해 모자와 선글라스 등을 벗어야 한다.

6. 탑승

탑승구에는 아무리 늦어도 30분 전까지는 도착해야 한다. 외국 항공사의 경우 모노레일을 타고 별도의 청사로 이동해야 하는 경우도 있으니 시간적 여유를 두고 출국 수속을 마쳐야 한다.

로마 레오나르도 다빈치 국제공항으로 입국

1. 공항 도착

공항에 비행기가 도착하면 짐을 챙겨서 내린다. 잊고 내리는 물건이 없는지 다시 한번 확인하자.

2. 입국 심사

입국 심사대에 여권만 제시하면 도장을 찍어 준다.

3. 수하물 찾기

해당 항공편이 표시된 레일로 이동해 짐을 찾는다.

4. 세관 신고

수하물을 찾은 후 특별히 신고할 물건이 없으면 'Nothing to Declare' 쪽으로 나간다.

서바이벌 여행 이탈리아어

주요 관광지 주변의 호텔, 레스토랑, 상점 등에서는 영어로 충분히 의사소통이 가능하다. 하지만 로마에 가면 로마법에 따라야 하듯이 간단한 이탈리아어 몇 가지를 알아 가면 당신을 바라보는 현지인들의 눈빛이 좀 더 따스하게 달라질 것이다.

숫자
- 0 zero [제로]
- 1 uno [우노]
- 2 due [두에]
- 3 tre [뜨레]
- 4 quattro [꽛뜨로]
- 5 cinque [친꿰]
- 6 sei [쎄이]
- 7 sette [쎗떼]
- 8 otto [옷또]
- 9 nove [노베]
- 10 dieci [디에치]

요일
- 월요일 lunedì [루네디]
- 화요일 martedì [마르떼디]
- 수요일 mercoledì [메르꼴레디]
- 목요일 giovedì [조베디]
- 금요일 venerdì [베네르디]
- 토요일 sabato [싸바또]
- 일요일 domenica [도메니까]

인사&자주 쓰는 표현
- 안녕하세요. Ciao! [차오]
- 안녕하세요(아침, 낮). Boun Giorno [부온 조르노]
- 안녕하세요(저녁). Buona Sera [부오나 쎄라]
- 안녕히 가세요. Arrivederci [아리베데르치]
- 만나서 반가워요. Piacere [삐아체레]
- 감사합니다. Grazie [그라찌에]
- 괜찮습니다. Prego [쁘레고]
- 실례합니다. Scusi [스꾸지]
- 예. Si [씨]
- 아니요. No [노]

영어할 줄 아세요?
Parla inglese? [빠를라 잉글레제]

저는 이탈리아어를 하지 못해요.
Non parlo italiano.
[논 빠를로 이딸리아노]

이해 못 했어요.
Non capisco. [논 까삐스꼬]

숙박
체크인 해주세요.
Vorrei fare check-in.
[보레이 파레 체크인]

어느 분 앞으로 예약되어 있습니까?
A che nome è la prenotazione?
[아 께 노메 에 라 쁘레노따찌오네]

홍길동으로 방 하나 예약했어요.
Ho prenotato una camera con Gil-Dong, Hong.
[오 쁘레노따또 우나 까메라 꼰 길동홍]

1박에 얼마인가요?
Cuanto costa per una notte?
[꽌또 꼬스따 뻬르 우나 노떼]

레스토랑
OOO 주세요. OOO, per favore.
[뻬르 파보레]

메뉴판 주세요. Il menu, per favore.
[일 메누 뻬르 파보레]

계산서 주세요. Il conto, per favore.
[일 꼰또, 뻬르 파보레]

맛있어요. È buono(a).
[에 부오노(나)]

쇼핑
도와드릴까요? Desidera?
[데지데라]

재킷을 보고 싶어요.
Vorrei vedere una giacca.
[보레이 베데레 우나 자까]

입어 봐도 돼요? Posso provarlo?
[뽓쏘 쁘로바를로]

이건 커요. È grande.
[에 그란데]

이건 작아요. È stretto(a).
[에 스뜨렛또(따)]

OOO을 사고 싶어요.
Vorrei Comprare OOO.
[보레이 꼼쁘라레 OOO]

얼마예요? Quanto costa?
[꽌또 꼬스따]

비싸네요. È caro(a). [에 까로(라)]

길 찾기
OOO이 어디예요? Dov'è OOO?
[도베 OOO?]

화장실이 어디예요?
Dov'è il bagno? [도베 일 바뇨]

메트로역이 어디예요? Dov'è la stazione della metropolitana?
[도베 라 스따찌오네 델라 메뜨로뽈리따나]

걸어서 얼마나 걸리나요?
Quanto ci vuole a piedi?
[꽌또 치 부올레 아 삐에디]

OOO행 편도표 한 장 주세요.
Mi dia un biglietto per OOO, solo andata. [미 디아 운 빌리엣또 뻬르 OOO 쏠로 안다따]

OOO행 왕복표 한 장 주세요.
Mi dia un biglietto per OOO, andata e ritorno
[미 디아 운 빌리엣또 뻬르 OOO, 안다따 에 리또르노]

위급 상황
아파요. Mi sento male
[미 쎈또 말레]

도와주세요! Aiuto! [아유또]

INDEX

📷 SEE

21세기 국립 미술관	317
괴테의 집	247
국립 베네치아 궁전 박물관	176
국립 현대 미술관	315
나보나 광장	194
대전차 경기장	166
도리아 팜필리 공원	366
도리아 팜필리 궁전	208
도미네 쿼 바디스 성당	397
도미틸라 카타콤베	395
디오클레티아누스 욕장 국립 박물관	333
라르고 디 토레 아르젠티나	210
레푸블리카 광장	332
로마 국립 오페라 극장	332
로마 현대 미술관	319
리베르타 광장	422
마르켈루스 극장	183
마메르티노 감옥	166
마시모 궁전 국립 박물관	331
마테이 광장	213
몰타 기사단 광장	381
바르베리니 광장	237
바르베리니 궁전	239
바티칸 박물관	274
바티칸 시국	270
발비의 묘소 국립 박물관	201
베네치아 광장	176
베네토 거리	238
보르게세 공원	314
보르게세 미술관	311
브라차노 호수	445
비토리오 에마누엘레 2세 기념관	175
빌라 그레고리아나 공원	434
빌라 데스테	431
빌라 마센치오	397
빌라 아드리아나	435
빌라 줄리아 에트루스코 국립 박물관	316
빌라 퀸틸리	399
빌라 파르네시나	361
사벨로 공원	380
산 로렌초 푸오리 레 무라 성당	338
산 루이지 데이 프란체시 성당	198
산 세바스티아노 카타콤베	398
산 조반니 인 라테라노 광장	379
산 조반니 인 라테라노 대성당	378
산 카를로 알레 콰트로 폰타네 성당	240
산 칼리스토 카타콤베	396
산 클레멘테 성당	380
산 파올로 푸오리 레 무라 대성당	400
산 파트리치오 우물	457
산 프란체스코 다시시 아 리파 성당	359
산 피에트로 광장	295
산 피에트로 대성당	289
산 피에트로 인 몬토리오 성당	363
산 피에트로 인 빈콜리 성당	337
산타 마리아 델 포폴로 성당	249
산타 마리아 델라 비토리아 성당	236
산타 마리아 델리 안젤리 에 데이 마르티리 성당	334
산타 마리아 마조레 대성당	335
산타 마리아 소프라 미네르바 성당	204
산타 마리아 인 발리첼라 성당	201
산타 마리아 인 아라코엘리 성당	182
산타 마리아 인 코스메딘 성당	185
산타 마리아 인 트라스테베레 성당	360
산타 마리아 인 트레스테베레 광장	359
산타 사비나 성당	381
산타 체칠리아 인 트라스테베레 성당	358

산타 크로체 인 예루살렘 성당	339	에브라이코 디 로마 박물관	213	콜론나 광장	207
산타 프라세데 성당	338	엘레판티노	206	콰트로 분수	240
산타고스티노 성당	200	오데스칼키성	444	퀴리날레 광장	241
산타녜세 인 아고네 성당	195	오르비에토 두오모	453	테르미니역	330
산탄드레아 델라 발레 성당	211	오르비에토 지하 도시	456	테아트로 아르젠티나	211
산탄드레아 알 퀴리날레 성당	244	오스티아 안티카 유적지	413	테아트로 올림피코	319
산탄젤로 다리	297	오스티아 해변	416	토레 델 모로	456
산탄젤로성	296	오페라 델 두오모 박물관	454	트레 폰타네 수도원	406
산티 코스마 에 다미아노 성당	162	율리우스2세성	416	트레비 분수	242
산티 피에트로 에 파올로 성당	404	인술라 델아라 코엘리	184	트리니타 데이 몬티 성당	244
산티냐치오 디 로욜라 성당	206	자니콜로 언덕	365	티베리나섬	215
세스티우스의 피라미드	383	제수 성당	209	파스퀴노	198
수도교 공원	401	줄리아 거리	216	파르코 델라 뮤지카 오디토리움	320
스칼라 산타	379	진실의 입	185	판테온	202
스타디오 올림피코	318	체칠리아 메텔라 영묘	402	팔라티노 언덕	160
스파다 궁전	214	첸트랄레 델 라고 공원	405	포로 로마노	155
스페인 광장	245	치비타 디 바뇨레조	458	포로 보아리오	186
아라 파치스 박물관	246	치빌타 델 라보로 궁전	403	포로 이탈리코	318
아레아 사크라 디 산 오모보노	184	카라칼라 욕장	382	포르타 세티미아나	361
아콰 파올라 분수	364	카스텔 간돌포	421	포르타 포르테세 벼룩시장	364
아피아 가도	394	카스텔 간돌포 아포스톨리코 궁전	422	포르타 피아	321
알바노 호수	423	카푸치니 수도원	238	포리 임페리알리	163
알템프스 궁전 국립 박물관	199	카피톨리니 박물관	177	포폴로 광장	248
		캄포 데 피오리	212	피에트라 광장	207
		캄피돌리오 광장	180	핀초 언덕	247
		코르시니 미술관	362		
		콘스탄티누스 개선문	162		
		콜레 오피오 공원	336	**🍽 EAT**	
		콜로세움	151	가인	342

그랩&고	340	
그로테 델 푸나로	461	
그롬	341	
라 보카차	367	
라이프	255	
라 카바나	187	
라 프레체몰리나	168	
란골리노 디 미르코	439	
리 리오니	385	
리스토란테 부치	424	
리에비티아모	322	
맥도날드	341	
모르디 샌드위치하우스	299	
미미 에 코코	222	
바빙톤스 티 룸	251	
벤키	253	
본 몬타누치	462	
본 이탈리	461	
뷔타 산타 마르게리타	340	
산테우스타키오 일 카페	223	
살팀보카	219	
샤샤 카페	301	
세티모 코르테	369	
수플리 로마	368	
시빌라	438	
아를루	298	
안티카 보테가 알 두오모	460	
안티카 에노테카	254	
안티코 카페 그레코	252	
안티코 포르노 로숄리	221	

에그	299	
에노테카 트라스테베레	370	
올드 베어	220	
올드브릿지	300	
옴브레 로세	368	
이 피치카롤리	217	
일 젤라토 디 클라우디오 토르체	386	
일 젤라토 디 파스콸레티	462	
일 젤라토 이 카루소	323	
일 펠리니	321	
젤라테리아 발렌티노	251	
젤라테리아 프리지다리움	221	
지올리띠	224	
첸트로	343	
카트만두 패스트 푸드	345	
카페 델레 아르티	322	
카페 카페	167	
카페 폰디	344	
칸티나 에 쿠치나	218	
콘트라리오 비네리아 콘 쿠치나	168	
타차 도로	223	
테라차 카피렐리	186	
파네 에 살라메	250	
파니노테카 슬럽	301	
파스티체리아 레골리	344	
파스티피초 궤라	253	
파시	345	
포르노 캄포 데 피오리	222	

포르노 펠리치아니	300	
포르토 플루비알레	384	
폼피	252	
피오르 디 루나	370	
피자 지자	298	
피자 플로리다	224	
핀세레	323	

🛒 BUY

AS 로마 스토어	259	
AS 로마 팬 숍	227	
갈레리아 알베르토 소르디	259	
누오보 메르카토 에스퀼리노	346	
두오모 거리와 카부르 거리	463	
라 리나센테	256	
라 펠트리넬리	227	
메르카토 델레 스탐페	260	
보테가 데이 트라피스트	407	
볼페티	386	
비알레티	260	
산타 마리아 노벨라 약국	258	
세포라	349	
안티카 피치케리아 루제리	226	
이 사포리 델옴브리아	463	
이틀리	387	
카스트로니	302	
캄포 마르치오	225	

코인	347
키코	257
토이즈 콘 테	259
퍼시픽 트레이딩	348
포카치	257
플라잉 타이거	348
피노키에토	256
한국식품	347

🛏 SLEEP

더 로마헬로	351
레지덴차 볼로 아파트먼츠	229
릴레 트레비 95 부티크 호텔	263
마르티스 팰리스 호텔	228
부티크 호텔 캄포 데 피오리	229
블루 호스텔	350
비앤비 어 픽처 오브 로마	303
아르피넬리 릴레	263
알베르고 델 세나토	228
코믹스 게스트하우스	303
콜로세오 파노라믹 룸스	169
팔라초 만프레디	169
포트레이트 로마	262
프리 호스텔스	351
하슬러 로마	261
호텔 레지덴차 산 칼리스토	371
호텔 만프레디 스위트 인 로마	262
호텔 산타 마리아	371
호텔 아르테미데	349
호텔 콜로세움	350

꿈의 여행지로 안내하는 친절한 길잡이

최고의 휴가는 **홀리데이 가이드북 시리즈**와 함께~